全国高职高专机电类专业规划教材

水电站电气设备

主　编　黄庆丰　金永琪
副主编　邓志刚　禹　红　杨泽江
主　审　应明耕

黄河水利出版社
·郑州·

内容提要

本书是高职高专机电类专业统编教材,是根据全国水利水电高职教研会制定的《水电站电气设备》课程教学大纲编写完成的。本书主要讲述联网电压等级 110 kV 及以下,装机容量 50 000 kW 及以下水电站电气部分内容,主要包括电站主接线及其接入方式、短路电流计算、高低压设备的工作原理及其选择应用、配电装置及布置、防雷保护等电气一次设备,以及控制、信号、测量、同期等电站常规二次回路及部分计算机控制回路。

本书为高等职业技术学院水电站动力设备、水电站机电设备、水电站电力设备专业的电气设备课程教材,也可作为专科学校、中专或技工学校相关专业培养应用型技术人才的教材或参考书,也可供从事水电站电气部分设计、运行、安装、检修及管理等工作的有关工程技术人员与电气工人参考。

图书在版编目(CIP)数据

水电站电气设备/黄庆丰,金永琪主编.—郑州:黄河水利出版社,2009.1 (2022.9 修订重印)
全国高职高专机电类专业规划教材
ISBN 978-7-80734-379-0

Ⅰ.水… Ⅱ.①黄…②金… Ⅲ.水力发电站-电气设备-高等学校:技术学校-教材 Ⅳ.TV734

中国版本图书馆 CIP 数据核字(2009)第 008338 号

组稿编辑:王路平 电话:0371-66022212 E-mail:hhslwlp@126.com
简 群 66026749 931945687@qq.com

出 版 社:黄河水利出版社
地址:河南省郑州市顺河路黄委会综合楼 14 层 邮政编码:450003
发行单位:黄河水利出版社
发行部电话:0371-66026940、66020550、66028024、66022620(传真)
E-mail:hhslcbs@126.com
承印单位:河南承创印务有限公司
开本:787 mm×1 092 mm 1/16
印张:19.5
字数:450 千字 印数:12 001—13 500
版次:2009 年 1 月第 1 版 印次:2022 年 9 月第 5 次印刷

定价:36.00 元

前 言

本书是根据教育部《关于加强高职高专教育人才培养工作意见》和《面向21世纪教育振兴行动计划》等文件精神，由全国水利水电高职教研会拟定教材编写规划，报水利部批准，由全国水利水电高职教研会组织编写的机电类全国统编教材。

本书根据2007年全国水利水电高职教研会关于水利水电类高职高专专业教材选题和编审出版规划，按高职教研会审定的课程教学大纲编写，是水电站动力设备、水电站机电设备、水电站电力设备专业的电气设备课程教材。

为了不断提高教材质量，编者于2021年8月根据近年来在教学实践中发现的问题和错误，对全书进行全面修订和完善。

本书着重阐明水电站电气设备的构造和工作原理，既保留了该课程的理论系统性和应用性，又收入了当前在水电站和电力系统中使用的新技术、新设备和装置。内容编写中剔除了理论和公式的推导，突出技术应用，具有明显的职业教育特色。通过本书的学习，不仅可以掌握水电站电气一次部分的设计过程和技术要素，对水电站变电站的电气部分（一次和二次）运行与维护方面的知识和技能更具有全面提升功效。本书既可作为学历教学用书，也可作为职业资格和岗位技能培训教材。

在教学过程中，建议按“项目教学”法组织教学，主要分为四个步骤：①根据已建水电站拟设计课题，布置任务；②组织参观现场，明确目标任务；③通过课堂教学、现场教学和课后练习相结合，学生带着任务，边学边做，逐步完成课题任务；④对设计成果进行检查和答辩，评定各阶段学习成绩。本课程划分为知识准备和电气主接线设计、电气设备布置设计、防雷接地设计、电气二次设备配置及安装图设计4个项目。知识准备阶段讲授绪论、电力系统中性点的运行方式、电弧及电气触头的基本理论3章，以课堂教学和多媒体演示为主；电气主接线设计项目包含了水电站电气一次设备与载流导体、水电站电气主接线及电气设备配置、水电站自用电接线、电力系统短路电流计算、电气一次设备选择等5章内容；电气设备布置设计包含了配电装置及布置、电气总布置2章内容；防雷接地设计包含防雷与接地装置1章；电气二次设备配置及安装图设计包含电气二次电路图1章。完成了以上4个项目的初步设计，便全面掌握了课程精髓。

本书由福建水利电力职业技术学院黄庆丰任第一主编，并编写第一、八、十章；浙江同济科技职业学院金永琪任第二主编，并编写第十二章；四川水利职业技术学院杨泽江编写第二、三章；湖南水利电力职业技术学院禹红编写第四章；云南农业大学水利水电职业技术学院邓志刚编写第五、六章；沈阳农业大学高等职业技术学院武银龙编写第七、十一章；四川水利职业技术学院罗彩建编写第九章。全书由黄庆丰统稿，由浙江同济科技职业学院应明耕主审。

由于编者水平有限，书中难免有些缺点和错误，希望读者批评指正。

编 者

2021年8月

目　录

第一章 绪 论

内容提示 了解电力发展规律，了解电力系统的组成和基本要求；掌握电气设备的分类和用途，掌握电气设备额定参数、额定电压的确定方法。

第一节 电力工业发展概况

一、世界电力发展概况

由于电能便于长距离输送和分配，又容易转化为机械能、热能，加之又是信息的最重要载体，因而它一经得到工业规模的生产，就由最初用于电照明、电报，迅速扩展到电动力以至整个工业生产的各部门。从1875年法国巴黎北火车站建成世界上第一座火电厂为附近照明供电，此后装机容量和发电量均以每年8%～9%的速度增长，基本上是每10年翻一番，远远超过其他工业部门的发展速度。

电力的旺盛需求和经济运行的需要，促进了大型发电机组的发展。1962～1963年，美国火电厂先后投入65万kW和70万kW机组。1965年，美国雷文斯伍德火电厂安装并投入运行世界上第一台100万kW机组。1973年，瑞士BBC公司制造的130万kW双轴发电机组在美国肯勃兰电厂投入运行。苏联于1981年制造并投入了世界上容量最大的120万kW单轴汽轮发电机组，水电单机容量已达到70万kW。我国三峡水电厂是世界第一大水电厂，装机容量26×70万kW=1 820万kW。

大型火电厂、水电站和核电站的建成，促进了超高压和特高压输电网的建设。1935年，美国在研究和解决导线电晕问题的基础上建成287 kV高压输电线路。1952年，瑞典为将北方大量水电输送到南部，首次采用德国研究出的二分裂导线，建成380 kV输电线路。1959年，苏联建成500 kV线路。1965～1969年，加拿大、苏联和美国先后建成735 kV、750 kV和765 kV线路。1985年5月，苏联首次建成1 150 kV高压输电线路，最远输电距离890 km，并进行工业性试运行。超高压线路的长度一般每10年增加1倍。

在发电方式和发电构成以及输电方式没有发生根本性变化之前，超高压、远距离交直流输电将继续沿着提高电压、增大距离、增加输电容量的方向前进，电力系统的网络将更加密集，系统的总容量也将相应增大。1 000 kV、1 150(1 100) kV、1 500 kV特高压输电将在各工业国家得到广泛的应用，直流输电在实现远距离输电的同时，也将在交直流混合输电（包括多端直流输电）、非同期联网和电网分割（背靠背方式）、海底输电等方式下发挥其作用。

二、中国电力发展概况

中国电力工业1882年在上海诞生，到1949年发电装机容量和发电量仅为185万kW

和43亿kWh,分别居世界第21位和第25位。1949年以后,我国电力工业得到飞快发展。1978年发电装机容量达到5 712万kW,发电量达到2 566亿kWh,分别跃居世界第8位和第7位。改革开放之后,装机先后超过法国、英国、加拿大、德国、俄罗斯和日本,从1996年底开始一直稳居世界第2位。

同时,我国与发达国家电力装备技术水平差距不断缩小。火电主力机型从20世纪50、60、70年代的5万kW、10万kW、20万kW,发展到80年代利用引进技术生产30万、60万kW。进入21世纪以来,60万kW超临界、100万kW超超临界机组引进技术国产化进程明显加快;水电具备了70万kW机组的制造能力;核电可以自主设计生产65万kW压水堆核电机组。电网已具备750 kV及以下、额定电流4 000 A及以下、短路电流水平63 kV及以下交流输变电设备研发及制造能力,产品类型涵盖"常规敞开式设备"至"全封闭组合电器"在内的全系列。±500 kV及以下高压直流输电工程的关键设备——晶闸管阀及换流变压器已基本实现由国内成套供货。交、直流输电系统控制保护设备的技术水平已居于世界领先行列。

经济指标不断下降。供电标准煤耗从1978年的471 g/kWh下降到2004年的376 g/kWh;发电厂用电率从6.61%下降到5.95%;线路损失率从9.64%下降到7.59%;单位产值电耗从1980年的0.21 kWh降至2000年的0.151 kWh。

可再生能源发电取得进步。①风力发电建设规模逐步扩大。从"七五"开始建设风电场,到2004年底,内地已建成43个风电场,单机容量达到2 000 kW,累计装机1 292台,总装机容量达到76.4万kW,占全国电力装机容量的0.17%。②地热发电得到应用。到1993年底,西藏地热发电的总装机容量达到28.13 MW,年发电量9 700万kWh,约占拉萨电网年发电量的20%。③太阳能发电开始起步。至1999年,光伏发电系统累计装机容量超过13 MW。2004年建成容量为1MW的太阳能发电系统,这是目前中国乃至亚洲总装机容量第一的并网光伏发电系统,同时也是世界上为数不多的兆瓦级大型太阳能光伏发电系统之一。

由于人均发电装机占有量偏低,电力供应的高速增长仍难以满足更快增长的电力需求,电力工业仍存在较大发展空间。预计2020年全国发电装机容量将可能超过9.5亿kW,其中水电2.46亿kW(含抽水蓄能2 600万kW),煤电5.63亿kW,核电4 000万kW,气电6 000万kW,新能源发电4 100万kW。

但电力发展与资源、环境矛盾日益突出。我国电力发展的基本方针是:提高能源效率,保护生态环境,加强电网建设,大力开发水电,优化发展煤电,积极推进核电建设,适度发展天然气发电,鼓励新能源和可再生能源发电,带动装备工业发展,深化体制改革。2020年火电平均供电煤耗控制在330 g/kWh标准煤,厂用电率下降到5.1%;发电水耗控制在2.5 kg/kWh(目前发达国家水平);粉煤灰综合利用率达到75%;线路损耗下降到6.8%。通过节能、节电,加强全国联网,调整产业结构,逐步降低单位产值能耗等综合措施,到2020年力争节约发电装机超过1.2亿kW、标煤2亿t。

三、我国水电发展概况

水电是主要的清洁能源。中国是世界上水能资源最丰富的国家,可开发水力约5.4

亿 kW。但与发达国家相比,其水力资源开发利用程度并不高,目前开发的仅有 1.2 亿 ~ 1.3 亿 kW,开发度约为 22%,发达国家水电的平均开发度已在 60% 以上。

新中国成立以来,中国的水电建设从小到大、从弱到强不断发展壮大。小水电站的范畴已由单站容量从 20 世纪 50 年代的 500 kW、60 年代的 3 000 kW、70 年代的 1.2 万 kW、80 年代的 2.5 万 kW,上升到 90 年代的 5 万 kW。50 年代至 60 年代初,主要修复丰满大坝和电站,续建龙溪河、古田等小型工程,着手开发一些中小型水电站。在 50 年代后期条件逐步成熟后,对一些河流进行了梯级开发,如狮子滩等工程。60 年代中期到 70 年代末这段时期内开工的有龚嘴、映秀湾等工程。70 年代初第一座装机容量超过 100 万 kW 的刘家峡水电站投产。80 年代容量 271.5 万 kW 的葛洲坝水电站建成,之后一系列大水电站相继建设,容量 1 820 万 kW 的三峡工程也于 1994 年正式开工,2008 年 26 台 70 万 kW 的水轮发电机组全部投入使用,年均发电量达到 847 亿 kWh。2004 年,随着黄河公伯峡水电站首台 30 万 kW 机组的投产,中国水电装机总容量突破了 1 亿 kW,跃居世界水电装机容量首位。金沙江上总装机容量为 1 860 万 kW 的溪洛渡和向家坝,大渡河上的瀑布沟、黄河上游的拉西瓦、澜沧江上的小湾等巨型水电站近两年相继立项、开工。雅砻江上总装机容量为 800 万 kW 的锦屏一级和锦屏二级电站等的前期准备工作也在进行中。未来 20 年,中国还将在金沙江、雅砻江、大渡河流域开发 10 多个装机容量超过 300 万 kW 的巨型水电站,水资源极为丰富的“三江”流域将成为中国未来水电开发的主战场。这些正在兴建和拟建的水电站加上业已建成的二滩电站,其装机总容量相当于 5 个三峡电站。

第二节 电力系统概述

一、电力系统基本概念

由发电厂(包括升压变电站)、降压变电所、输配电线路及电力用户所组成的统一整体,称为电力系统。电力系统加上发电机的动力装置称为动力系统。电力系统中除发电机以外的部分称为电力网。动力系统、电力系统和电力网三者的联系与区别见图 1-1。

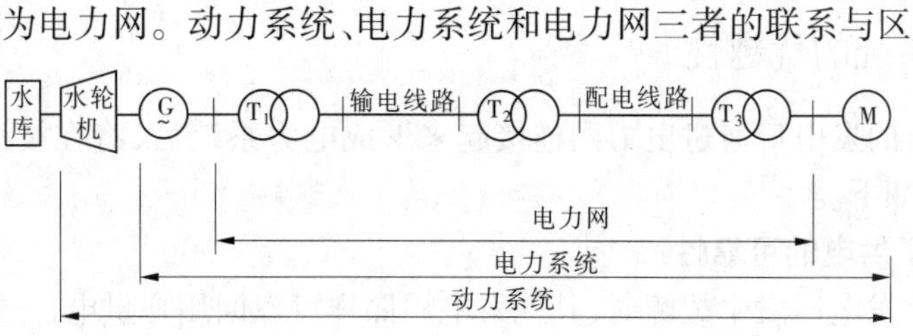

图 1-1 动力系统、电力系统、电力网示意图

发电厂是把其他形式的一次能源转变成二次能源的一种特殊工厂。按原动机的类别分为火力发电厂、水力发电站、潮汐发电站、风力发电站和核能发电厂等。此外还有地热发电、太阳能发电和沼气发电等。

火电厂是利用煤、石油、天然气或油页岩等燃料的热能将锅炉中的水变成高温高压蒸汽,推动汽轮机,带动发电机发电的电厂。它又分为凝汽式发电厂和热电厂,前者专供发电，热效率只有 30% ~40%，宜建在燃料产地；后者既发电又向用户供热，热效率可达 60% ~70%，宜建在热用户附近。

水电站是利用河流的水能，推动水轮机，带动发电机发电的工厂。水电站的装机容量与水头、流量及水库容积有关。按集中落差的方式，水电站一般分为堤坝式、引水式和混合式三种；按主厂房的位置和结构又可分为坝后式、坝内式、河床式、地下式等数种；按运行方式则分为有调节水电站、无调节（径流式）水电站和抽水蓄能水电站，后者是利用夜间用电低谷时或丰水期的剩余电力，使水轮机以水泵方式工作，将下游的水抽回到水库内积蓄，以便峰荷或枯水时发电。

核电站是利用核燃料在反应堆中产生的热能，将汽锅中的水变为高温高压蒸汽推动汽轮机组发电的电厂。目前世界上已投入运行的有 200 多座，预计今后核电站将成为主要电源之一。

电力网按供电范围、输送功率和电压等级分为地方电力网和区域电力网。地方电力网一般电压等级为 110 kV 及以下。区域电力网则为 110 kV 以上，供电范围广，输送功率大。10 kV 及以下的电力网一般称为配电网。电力网按结构特征又分开式电力网和闭式电力网两种。凡用户只能从单方向得到供电的叫开式电力网；用户可从两个或两个以上方向得到供电的叫闭式电力网。按电压等级电力网分为低压（1 kV 及以下）、高压（1 ~330 kV）、超高压（330 ~1 000 kV）和特高压（1 000 kV 以上）几种。

变电所是电力网的重要组成部分，它是汇集电源、升降电压和分配电力的场所，是联系发电厂和用户的中间环节。变电所有升压和降压之分。升压变电所通常是发电厂的升压站部分，紧靠发电厂。降压变电所通常远离发电厂而靠近负荷中心。根据变电所在电力网结构中所处的地位和供电的范围分为区域变电所、地方变电所和终端变电所等。区域变电所在大型电力网中又有枢纽变电所、中间变电所和地区变电所之分。

电力线路也是电力网的重要组成部分，它担负着输送电能和分配电能的任务。由电源向电力负荷中心输送电能的线路，称为输电线路或送电线路，其电压等级一般在 35 kV 及以上。主要担负分配电能任务的、电压较低的线路，称为配电线路。

二、电力系统的优越性

把孤立运行的发电厂通过电力网连接起来形成电力系统后，将在技术经济上带来很大好处，现分析如下。

（一）提高了供电的可靠性

系统中一个发电厂发生故障时，其他发电厂照样可以向用户供电；一条输电线路发生故障时，用户还可以从系统中的不同部分取得电源。因此，具有合理结构的电力系统的可靠性大为增高。

（二）提高了供电的稳定性

电力系统容量较大，个别大负荷的变动即使有较大的冲击，也不会造成电压和频率的明显变化。小容量电力系统或孤立运行电站则不同，较大的冲击负荷很容易引起电网电压和频率的较大波动，影响电能的质量。严重的甚至将系统冲垮，即系统或机组间解裂，造成整体供电中断。

（三）提高了发电的经济性

联成和扩大电力系统可获得多方面的经济效益。

1. 充分利用动力资源

如果没有电力系统，很多能源就难以充分利用。在电力系统中可实现水电和火电之间的相互调济，丰水期可多发水电，少发火电，节约燃料；枯水期则多发火电以补充水电。

2. 提高发电的平均效率和其他经济指标

只有在大的电力系统内才能采用大容量的机组，从而获得较高的发电效率、较低的相对投资和较低的运行维护费用。此外，在电力系统内，在各发电厂之间可以合理地分配负荷，可以让效率高的机组多发电，在提高平均发电效率上实现经济调度。

3. 减小总装机容量

电力系统中的综合最大负荷常小于各发电厂单独供电时各片最大负荷的总和。这是因为不同地区间负荷性质的差别、负荷的东西时差和南北季差等，有利于错开各地区的高峰负荷，导致减小系统中的综合最大负荷，从而减小了总工作容量。另外，各发电厂的机组之间可以相互备用，还可以错开检修时间，减小备用容量。

系统总装机容量（等于工作容量加备用容量）的减小，降低了电站的综合投资和电能生产费用。

三、对电力系统运行的基本要求

由于电能不能储存，电力流程与其他产品的流程相比具有不同的特点。电能的生产、分配、输送、再分配直至消费必须在同一时刻完成，这就是电力流程的连续性。根据这一特性，要使电力流程的最后环节——电能的消费得以维持，就必须随时保证电力流程的消费前环节不致中断。

基于电能的上述特点和电力工业在国民经济中的作用与地位，电力系统应满足下述基本要求。

（一）保证供电的安全可靠

确保用户能够随时得到供电，叫做电力系统的可靠性。

电力系统因故停电会给工农业生产和人民日常生活带来不同程度的损失，可能使产量下降，产品报废，生产计划不能完成，生活受到干扰；严重的可导致设备损坏和人身伤亡。例如炼钢厂高炉停电 30 min，钢水就要凝固，使高炉报废；电解铝厂停电 15 min 会使电解槽遭到破坏；矿井和医院停电还可能带来人身事故。总之，停电对用户造成的经济损失很难具体统计，平均约为停电电价的50倍。通常按重要性将用户分为Ⅰ、Ⅱ、Ⅲ三类加以区别对待，以保证其相应的供电可靠性。

为了保证可靠性，必须做到安全生产和安全用电。为此，要保证电力系统中各元件的质量，及时搞好设备的正常维护及定期的检修与试验；加强和完善各项安全技术措施，提高电力系统的运行和管理水平，杜绝可能发生的直接或间接的人员责任事故。

（二）保证电能质量

衡量电能质量的指标是波形、频率和电压。通常要求电力系统的供电电压（或电流）的波形为严格的正弦形，发电机和变压器的设计制造部门已考虑了这一要求，但在电能输送和分配过程中也要不使波形发生畸变，避免或消除再出现一些谐波源。通常系统运行中所说的电能质量主要指频率和电压两个指标。当频率和电压超过允许范围（见表1-1和表1-2）时，可能造成企业减产，出次品、废品，影响用电设备的安全运行，甚至引起人身设备事故。频率主要取决于电力系统中有功功率的平衡，电压则取决于无功功率的平衡，可通过调频、调压和无功补偿等措施来保证频率和电压的稳定。

表1-1 我国电网频率允许偏差值

运行情况		允许偏移值(Hz)
正常运行	中小容量电网	±0.5
	大容量电网	±0.2
事故运行	30 min之内	±1
	15 min之内	±1.5
	绝对不允许	-4

表1-2 我国对用户供电电压的允许变化范围

线路额定电压 U_N	正常运行电压允许变化范围
35 kV及以上	$\pm 5\% U_N$
10 kV及以下	$\pm 7\% U_N$
低压照明及农业用电	$(+5\% \sim -10\%) U_N$

（三）完成足够的发电功率和发电量

根据电力对国民经济的强烈制约作用，电力必须先行。因此，电力系统要超前搞好规划设计，不断增加投入；同时也要充分挖掘设备潜力，最大限度地向用户提供需要的电力。

（四）保证电力系统运行的经济性

要使电能在生产、输送和分配过程中效率高、损耗小、成本低，必须降低一次能源消耗率（每千瓦时的煤耗、油耗或水耗）、厂用电率和线损率，使这三个指标达到最小，这便是经济运行。电能成本的降低不仅节省了能源，还将有助于用户生产成本的降低，因而给整个国民经济带来效益。要实现经济运行，除进行合理规划设计外，还须对整个系统实施最佳经济调度。

总之，保证对用户不间断地供给充足、优质而又经济的电力，是电力系统的基本任务。

第三节 水电站电气设备概述

一、主要电气设备简介

水电站是利用水能生产和分配电能的工厂，通常装设下述主要电气设备。

（一）一次设备

直接参与生产和分配电能的电气设备称为一次设备，它通常包括以下五类。

1. 能量转换设备

如发电机、变压器、电动机等。发电机和主变压器是电站的主体，简称主机主变。

2. 开关设备

这类电器用于电路的接通和开断。按作用及结构特点，开关电器又分为以下几种：

(1)断路器。不仅能接通和开断正常的负荷电流，也能开断短路电流。它是作用最重要、功能最完善的开关电器。

(2)熔断器。可用于开断过负荷电流或短路电流，切除故障回路。

(3)负荷开关。允许带负荷接通和开断电路，但其灭弧能力有限，不足以开断短路电流。将负荷开关和熔断器串联在电路中便大体上相当于断路器的功能。

(4)隔离开关。主要用于设备或电路检修时隔离电源，造成一个可见的、足够的空气距离。

按功能又将开关电器分为保护电器、操作电器和隔离电器三类。在电路故障时能开断一定的短路电流以切除故障电路的，称为保护电器；能接通和开断一定的负荷电流的，称为操作电器；不能开断负荷电流，起隔离电源作用的，称为隔离电器。熔断器纯属保护电器；隔离开关是隔离电器；负荷开关为操作电器，有时也兼作隔离电器；断路器则既是保护电器，又是操作电器。

3. 载流导体

该类设备有母线、绝缘子和电缆等，用于电气设备或装置间的连接，通过强电流传递功率。母线是裸导体，需要用绝缘子支持和绝缘。电缆是绝缘导体，并具有密封的封包层以保护绝缘层，外面还有销装或塑料护套以保护封包。

4. 互感器

互感器分为电压互感器和电流互感器等，分别将一次侧的高电压或大电流按变比转变为二次侧的低电压或小电流，以供给二次回路的测量仪表和继电器。

5. 电抗器和避雷器

电抗器主要用于限制电路中的短路电流，避雷器则用于限制电气设备的过电压。

（二）二次设备

对电气一次设备、机械设备及水工建筑物等的工作状况进行监测、控制和保护的辅助性电气设备，称为二次设备。例如各种电气仪表、继电器、自动控制设备、信号及控制电缆等。二次设备不直接参与电能的生产和分配过程，但对保证主体设备正常、有序地工作和发挥其运行经济效益，起着十分重要的作用。

二、电气设备的额定参数

用以表明电气设备在一定条件下的长期工作最佳运行状态的特征量的值叫做额定参数。电气设备的额定参数主要有额定电压、额定电流和额定容量。

（一）额定电压

电气设备的额定电压是按长期正常工作时具有最大经济效果所规定的电压。为使电气设备实现标准化和系列化生产，国家规定了标准电压等级，如表 1-3 所示。

表 1-3　我国交流额定电压等级(线间电压)　　　　(单位:kV)

用电设备额定电压与电力网额定电压	发电机额定电压	变压器额定电压		
		原边绕组		副边绕组
		接电力网	接发电机	
0.22	0.23	0.22	0.23	0.23
0.38	0.4	0.38	0.4	0.4
(3)	3.15	3	3.15	3.15 及 3.3
6	6.3	6	6.3	6.3 及 6.6
10	10.5	10	10.5	10.5 及 11
—	13.8	—	13.8	—
—	15.75	—	15.75	—
35		35		38.5
60		60		66
110		110		121
220		220		242
330		330		363
500		500		550
750		750		825
1 000		1 000		1 100

一般 110 kV 以上电压等级电网电压级差不应小于 2 倍,110 kV 以下电压等级电网电压级差不应小于 3 倍。

1. 用电设备和电力网的额定电压

我国用电设备的额定电压与电力网的额定电压是相等的。下面用图 1-2 来说明它们之间的关系。

设发电机在额定电压下运行,供电给电力网 a、b 部分。由于线路有电压损失,负荷 1 ~4点将接受到不同的电压,线路首端电压 U_a 大于末端电压 U_b,而且由于负荷是变化的,电力网中各点电压也非恒定不变。实际上电力网各点电压随距离和时间而变,但设备的额定电压不可能按上述变化的电压来制造,设备生产必须标准化,用电设备的额定电压只能力求接近于实际的工作电压。一般规定,用电设备的工作电压允许在额定电压的 ±5% 范围内变动,而沿线的电压降一般允许为 10%。因此,若取电力网首端和末端电压的算术平均值,即 $U_N = (U_a + U_b)/2$ 作为用电设备的额定电压,就能满足上述要求,这个电压也就是电力网的额定电压。

2. 发电机额定电压

发电机总是处于电力网首端,其额定电压比电力网的高 5%,即 $U_{GN} = 1.05U_N$,允许线路电压降 10%,从而保证用电设备的工作电压均在 ±5% 以内。

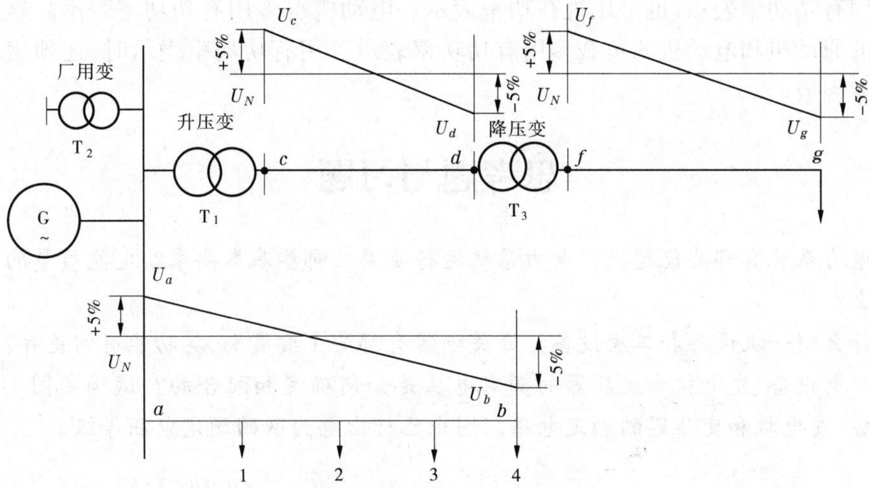

图 1-2　电力网的电压变化

3. 变压器额定电压

(1)升压变压器的原绕组通常与发电机电压相连,其额定电压 U_{T_1} 应与发电机额定电压 U_{GN} 相等,即 $U_{T_1}=U_{GN}$。副绕组接电力网首端,其额定电压 U_{T_2}(通常指空载电压)比电力网额定电压 U_N 高 10%,即 $U_{T_2}=1.1U_N$;变压器满载时其绕组本身损失电压约 5%,故副边实际工作电压高出电网额定电压 5% 左右。

10 kV 及以下电压等级的变压器的阻抗压降在 7.5% 以下,若线路短,线路上压降小,其副绕组额定电压可取 $1.05U_N$,见表 1-3。

(2)降压变压器的原边绕组可能接在线路的始端、末端或沿线上。

站用变压器 T_2 接于发电机母线上,其原边绕组额定电压取为发电机额定电压 U_{GN},即 $U_{T_1}=U_{GN}=1.05U_N$。

原边绕组接在线路末端或沿线上,原边绕组额定电压一般取为电网额定电压 U_N。

实际使用时可改变升压或降压变压器的分接头位置,在一定范围内调整电压变比以适应原边和副边电压的要求。但因升压变压器和降压变压器的电压比差别较大,一般不能互相代用。

(二)额定电流和额定容量

电气设备的额定电流是指周围介质在额定温度时,其绝缘和载流导体及其连接的长期发热温度不超过极限值所允许长期通过的最大电流值。

我国采用的周围介质额定温度如下:

电力变压器和大部分电器(如断路器、隔离开关、互感器等)的额定周围空气温度取为 40 ℃,少数电器的取为 35 ℃。

开启式空气冷却的发电机进入机内的额定空气温度为 35 ~ 40 ℃。

敷设在空气中的母线、电缆和绝缘导线等为 30 ℃(或 25 ℃)。

埋设地下的电力电缆的额定泥土温度为 25 ℃(或 15 ℃)。

额定容量的规定条件与额定电流同。变压器额定容量用视在功率表示。发电机额定容量常用有功功率表示,也可用视在功率表示。电动机也多用有功功率表示。这是因为发电机的原动机和电动机的负载多用有功功率表示。用有功功率表示时,还须表示出其额定功率因数。

思考题与习题

1. 电力系统有哪些优越性?电力系统运行要满足哪些基本要求?电能质量的主要指标是什么?

2. 什么叫一次设备和二次设备?开关电器有哪些主要类别,其功能有何差异?

3. 用电设备、发电机和变压器的额定电压是如何确定和配合的?试确定图1-3中的用电设备、发电机和变压器的额定电压。图中已标出电力网的额定电压等级。

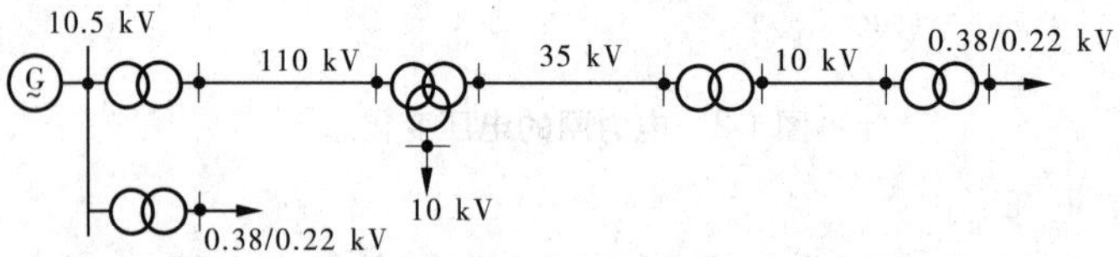

图1-3　习题3的电路图

第二章　电力系统中性点的运行方式

内容提示　重点掌握中性点不同运行方式的特点及应用，能够绘制中性点不接地系统发生单相接地故障时，各相电流及电压的变化向量图。

电力系统的中性点实际上是指系统中发电机和变压器的中性点。我国电力系统目前所采用的中性点运行方式主要有四种，即中性点不接地、中性点经消弧线圈接地、中性点经高电阻接地和中性点直接接地。中性点不接地和中性点经消弧线圈接地、中性点经高电阻接地称为中性点非直接接地系统，常称小接地短路电流系统；中性点直接接地系统称大接地短路电流系统。下面就这几种运行方式，分别加以讨论。

第一节　中性点不接地系统

中性点不接地系统亦称中性点绝缘系统。

图 2-1(a)所示为中性点不接地的三相对称系统。$\dot{U}_{\mathrm{u}}$、$\dot{U}_{\mathrm{v}}$、$\dot{U}_{\mathrm{w}}$ 为三相对中性点电压(电源相电压)，$\dot{U}_N$ 为中性点对地电压，各相对地电压为

$$\left.\begin{aligned}\dot{U}_{\mathrm{u0}} &= \dot{U}_{\mathrm{u}} + \dot{U}_N\\ \dot{U}_{\mathrm{v0}} &= \dot{U}_{\mathrm{v}} + \dot{U}_N\\ \dot{U}_{\mathrm{w0}} &= \dot{U}_{\mathrm{w}} + \dot{U}_N\end{aligned}\right\}\tag{2-1}$$

各相对地的电容用集中电容 C_{u}、C_{v}、C_{w} 表示，在各相对地电压的作用下，各相对地电容电流为

$$\left.\begin{aligned}\dot{I}_{C\mathrm{u}} &= j\omega C\dot{U}_{\mathrm{u0}}\\ \dot{I}_{C\mathrm{v}} &= j\omega C\dot{U}_{\mathrm{v0}}\\ \dot{I}_{C\mathrm{w}} &= j\omega C\dot{U}_{\mathrm{w0}}\end{aligned}\right\}\tag{2-2}$$

一、中性点不接地系统的正常运行

正常运行时，三相对称，即 $\dot{I}_{\mathrm{u}}+\dot{I}_{\mathrm{v}}+\dot{I}_{\mathrm{w}}=0$，$\dot{I}_{C\mathrm{u}}+\dot{I}_{C\mathrm{v}}+\dot{I}_{C\mathrm{w}}=0$，所以 $\dot{U}_N=\dot{U}_0=0$，则各相对地电压为各相电源的相电压，各相对地电容电流大小相等($I_{C\mathrm{u}}=I_{C\mathrm{v}}=I_{C\mathrm{w}}=\omega CU_{\mathrm{u}}$)，相位各相差 120°。电流、电压相量图见图 2-1(b)、(c)。

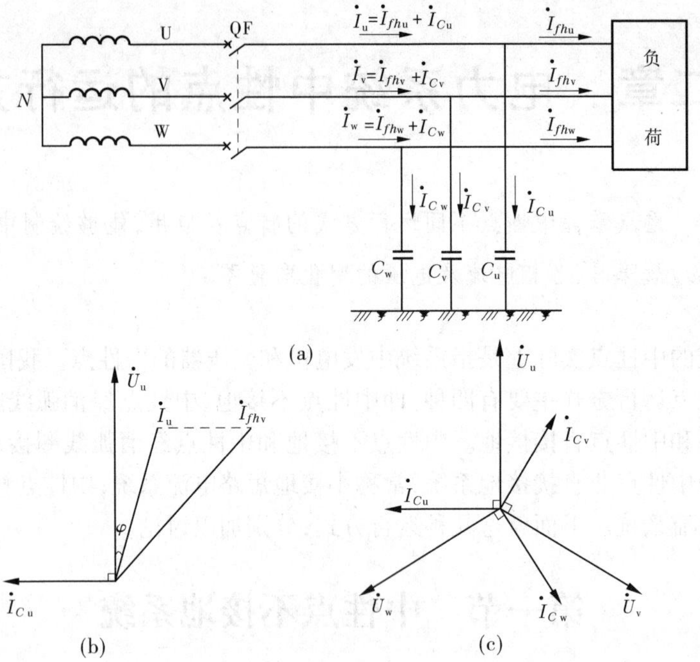

图 2-1　中性点不接地的三相对称系统正常运行情况

二、中性点不接地系统的单相接地故障

假设中性点不接地系统 W 相发生金属性失地(接地电阻为零,也称完全失地),则故障相对地的电压为零,即 $\dot{U}'_{w0}=0$,如图 2-2 所示。由式(2-1)可得 $\dot{U}'_N=-\dot{U}_w$,所以 $\dot{U}'_{u0}=\dot{U}_u-\dot{U}_w$,$\dot{U}'_{v0}=\dot{U}_v-\dot{U}_w$,$\dot{I}'_{Cu}=j\omega C\dot{U}'_{u0}$,$\dot{I}'_{Cv}=j\omega C\dot{U}'_{v0}$,接地相电容电流为 $\dot{I}_C=-(\dot{I}'_{Cu}+\dot{I}'_{Cv})$。此时,电流、电压相量图如图 2-2(b)所示,从中可以看出中性点不接地系统发生金属性失地时的几点结论:

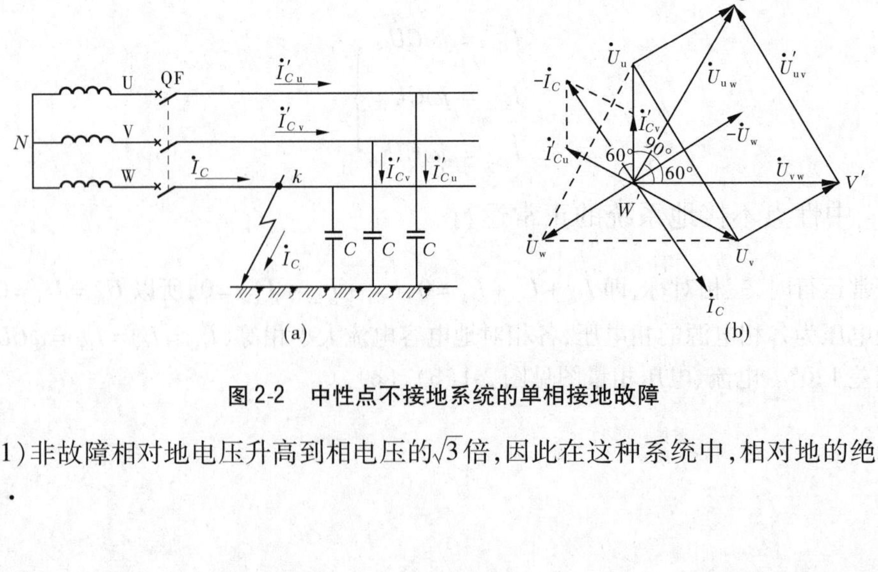

图 2-2　中性点不接地系统的单相接地故障

(1)非故障相对地电压升高到相电压的$\sqrt{3}$倍,因此在这种系统中,相对地的绝缘水平

应该按照线电压来考虑。

(2)各相间的电压大小和相位维持不变,三相系统的平衡没遭破坏,因此可以继续运行一段时间,一般规定 2 h,长期运行可能引起非故障相绝缘损坏造成相间短路。因此,在这种系统中一般应装设绝缘监察装置。当发生单相接地时,及时发出信号,使值班人员迅速采取措施,尽快消除故障。

(3)接地点通过的电流为电容性电流,其数值可达未接地时一相对地电容电流的 3 倍,即 $I_C = \sqrt{3} I'_{Cu} = 3\omega C U_u$,实用计算中可按式(2-3)或式(2-4)计算:

对架空线 $$I_C = \frac{UL}{350} \tag{2-3}$$

对电力电缆线路 $$I_C = \frac{UL}{10} \tag{2-4}$$

式中 I_C——接地电流,A;

U——系统的线电压,kV;

L——电压同为 U 并具有直接电联系的所有线路的总长度,km。

当接地电流大到一定程度时,容易在接地点形成持续或间歇性电弧。持续性电弧可能烧坏设备或引起相间短路;间歇性电弧将导致相与地之间产生谐振过电压,其值可能达到 2. 5 ~3 倍相电压峰值,从而危及设备绝缘。

故障相不完全接地时(经过一定电阻接地时),故障相对地的电压值大于零而小于相电压,非故障相对地的电压值则大于相电压而小于线电压,相间电压仍维持不变。此时,接地电流也比完全接地时小些。

6 ~10 kV 的电网当单相接地故障电流小于 30 A,20 ~63 kV 电网当单相接地故障电流小于 10 A 时,中性点应采用中性点不接地方式。

第二节 中性点经消弧线圈接地系统

在中性点不接地系统中,当接地电流较大时,容易在接地点形成持续或间歇性电弧,为克服这一缺点,可以在变压器或发电机的中性点与大地之间接入消弧线圈,以减小接地电流,这种方式称中性点经消弧线圈接地,如图 2-3(a)所示。

一、消弧线圈的工作原理

消弧线圈是一个具有铁芯的可调电感线圈。线圈的电阻很小,电抗却很大,且电抗值可以通过改变线圈的匝数来调节。消弧线圈的铁芯柱有很多的间隙,可以避免铁芯饱和,从而获得一个比较稳定的电抗值,使补偿电流与电压成线性关系。

正常工作时,电源对称,三相对地电容值相等,中性点对地电位为零,线圈中无电流通过。当系统发生单相接地故障时,例如 W 相发生金属性接地,中性点对地电压 $\dot{U}'_N = -\dot{U}_w$,该电压作用在消弧线圈上,产生电感电流 $\dot{I}_L = -j\frac{\dot{U}_w}{\omega L}$,$\dot{I}_L$滞后于 $\dot{U}_w$ 90°。接地点通

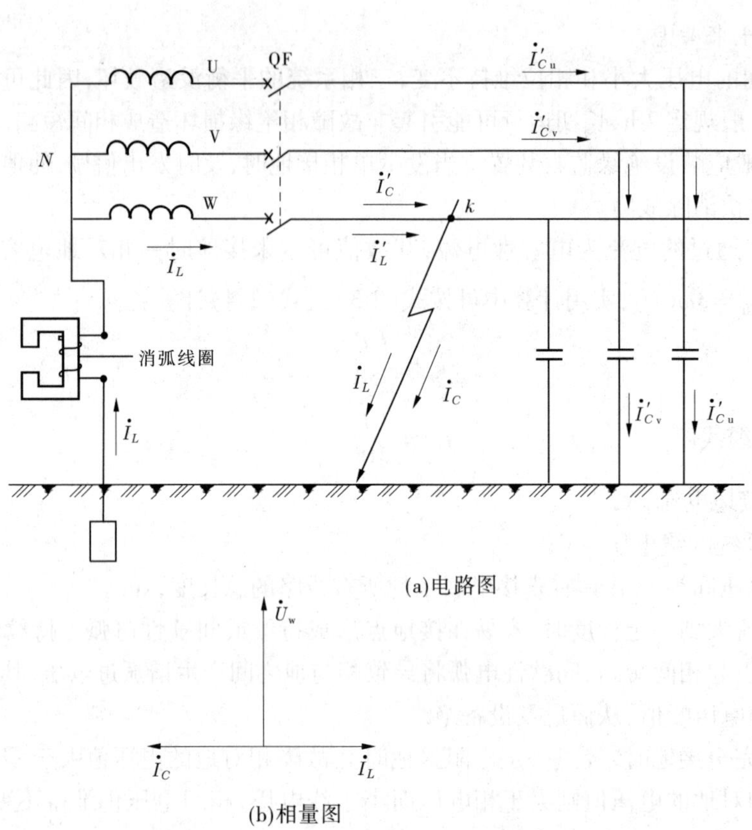

图 2-3　中性点经消弧线圈的接地三相系统

过的电流是单相接地电容电流 $\dot{I}_C$（超前于 $\dot{U}_w 90°$）和消弧线圈电感电流 $\dot{I}_L$ 的向量和。由于 $\dot{I}_C$ 和 $\dot{I}_L$ 两者相差 180°，所以接地点 $\dot{I}_L$ 和 $\dot{I}_C$ 互相抵消，即起补偿作用。其向量如图 2-3(b)所示。如果适当选择消弧线圈电感(匝数)，就可以使接地点的电流变得很小或等于零，在接地点就不致产生电弧以及由电弧所引起的危害。

根据消弧线圈的电感电流对接地电容电流补偿的程度不同，有三种补偿方式：

(1)全补偿：就是使 $I_L = I_C$，即$\dfrac{1}{\omega L} = 3\omega C$，发生单相失地时接地点电流为零。从消弧的观点看，全补偿效果最好。但若采用全补偿，则在正常运行时，由于电网三相对地的电容不完全相等或断路器操作时三相触头不能同时闭合等原因，在未发生接地故障的情况下，中性点对地之间出现一定的电压(称不对称电压)，从而导致产生串联谐振过电压，危及电网的绝缘。因此，一般系统都不采用全补偿。

(2)欠补偿：就是使 $I_L < I_C$，即$\dfrac{1}{\omega L} < 3\omega C$，发生单相失地时接地点尚有未补偿的电容性电流。在欠补偿运行情况下，如果切除部分线路，或系统频率降低，或者线路一相断线等，均可能使系统接近或者达到全补偿，以致出现串联谐振过电压，因此也不能采用这种补偿方式。

(3)过补偿：就是使 $I_L > I_C$，即 $\frac{1}{\omega L} > 3\omega C$，发生单相失地时接地点有多余的电感性电流。过补偿可避免产生谐振过电压，因此得到广泛采用。但必须指出，在过补偿方式下，接地点将流过某一数值的电感性电流，这一电流值不能超过规定值，否则故障点的电弧不能自动熄灭。

中性点经消弧线圈接地系统和中性点不接地系统一样，发生一相完全接地时，故障相对地的电压变为零，非故障相对地的电压值升高 $\sqrt{3}$ 倍，但线间电压不变，发生单相接地时，可以继续运行一段时间（一般不超过 2 h）。因此，这种系统各相对地的绝缘水平也按线电压考虑。

二、接线及选择

消弧线圈构造如图 2-4 所示。

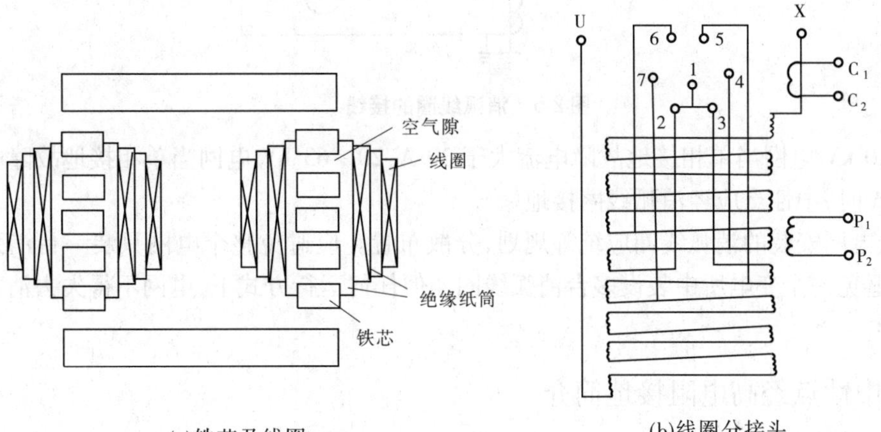

(a)铁芯及线圈　　(b)线圈分接头

图 2-4　消弧线圈的铁芯及线圈

消弧线圈的接线如图 2-5 所示。为了测量系统单相接地时消弧线圈补偿电流 I_L，通常在消弧线圈的接地端装电流互感器 TA，其二次侧接电流表。中性点避雷器 FV 是为了防止过电压损坏消弧线圈。

国产消弧线圈为 XDJ 系列，电压等级分为 6 kV、10 kV、35 kV、60 kV 四种，容量为 175 ~ 3 800 kVA。如 XDJ－550/35 按序表示为消弧线圈、单相、油浸、额定容量 550 kVA，额定电压 35 kV。

选择消弧线圈时，应使消弧线圈的额定电压等于被补偿电网的额定电压，消弧线圈的容量可按式(2-5)计算：

$$S_h = 1.35 I_C \frac{U_N}{\sqrt{3}} \tag{2-5}$$

式中　S_h——消弧线圈计算容量，kVA；

I_C——接地电容电流，A；

U_N——电网额定电压，kV。

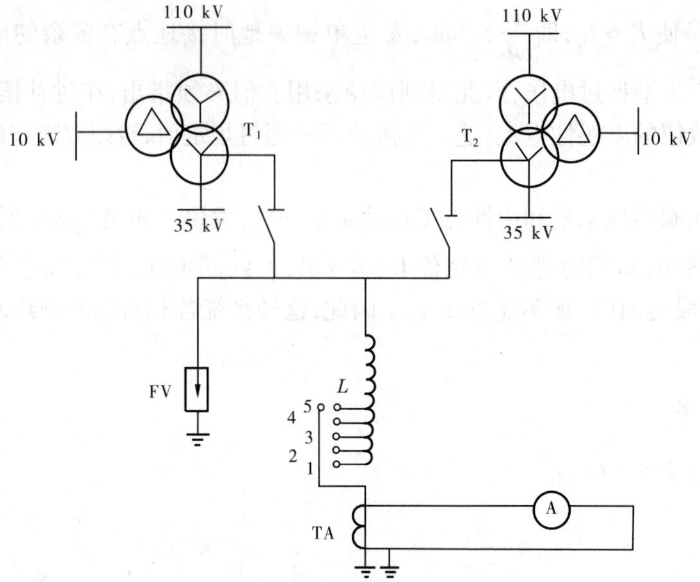

图 2-5　消弧线圈的接线

6～10 kV 电网当单相接地故障电流大于 30 A，20～63 kV 电网当单相接地故障电流大于 10 A 时，中性点应经消弧线圈接地。

一个电网安装的消弧线圈应统筹规划，分散布置。应避免整个电网只装一台消弧线圈，也应避免一个变电所中装设多台消弧线圈。但任何运行方式下，电网不得失去消弧线圈的补偿。

三、中性点经高电阻接地简介

当接地电容电流超过允许值时，也可以采用中性点经高电阻接地方式，此接地方式和消弧线圈相比，改变了接地电流相位，加速泄放回路中的残余电荷，促使接地电弧自熄，从而降低弧光间隙接地过电压，同时可提供足够的电流和零序电压，使接地保护可靠动作，一般用于大中型发电机的中性点。其接地变压器和接地电阻的选择详见相关电气工程设计手册。

第三节　中性点直接接地系统

中性点直接接地的三相系统，也称大接地短路电流系统，如图 2-6 所示。在这种系统中发生单相一点接地时，通过接地点的短路电流 $I_k^{(1)}$ 很大，继电保护装置立即动作，断路器跳开，将接地的线路切除，避免了在接地点产生间歇电弧。同时，因中性点电位为接地体所固定，在发生单相接地时，非故障相的对地电压不会升高，因而各相对地的绝缘水平决定于相电压，这就大大降低了电网造价（可降低 20% 左右），网络电压等级愈高，其经济效益愈显著。因此，110 kV 及以上电网大多采用中性点直接接地方式。对于 3～35 kV 的电网，绝缘经费占总费用的比例较小，采用中性点直接接地方式的意义不大。

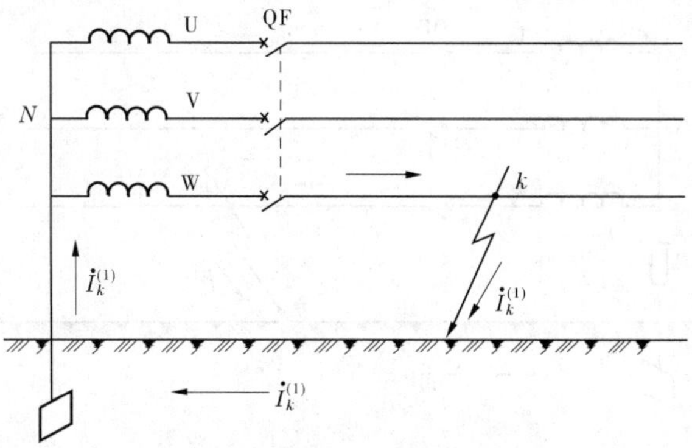

图 2-6　中性点直接接地系统

中性点直接接地系统发生单相接地时,短路电流很大,甚至可能超过三相短路电流,这样就要选择容量较大的开关设备。由于单相短路电流较大,引起网络电压降低,以致影响系统的稳定。另外,由于强大的短路电流在导体周围形成较强的单相磁场,使邻近的通信线路受到干扰。在大容量的电力系统中,为了减小单相短路电流,只能将系统中一部分变压器的中性点直接接地。

中性点直接接地系统发生单相接地时,必须断开故障线路,导致用户供电中断。为了克服这一缺点,提高供电可靠性,常在中性点直接接地系统的线路上装设自动重合闸装置。当发生单相接地故障时,在继电保护的作用下断路器跳闸,经过一定时间后,又在自动重合的作用下断路器合闸。如果单相接地为瞬时性的,线路接通后用户供电即恢复。如果单相接地为永久性的,则继电保护再次使断路器跳闸。对极重要的用户,为保证不中断供电,则应具有备用电源。

1 000 V 以下的低压电网,因为考虑照明和动力共用一个系统,常采用 380/220 V 三相四线制供电,采用中性点直接接地的方式。

第四节　中性点经阻抗接地的三相系统

一、中性点经低电阻接地的三相系统

以电缆为主体的 35 kV、10 kV 城市电网,由于电缆线路的对地电容较大,随着线路长度的增加,单相接地电容电流也随之增大,采用消弧线圈补偿的方法很难有效地熄灭接地处的电弧。同时,由于电缆线路发生瞬时性故障的概率很小,如带单相接地故障运行时间过长,很容易造成故障扩大而形成相间短路,使设备进一步损坏,甚至引起火灾。考虑到供电可靠性的要求,故障时暂态电压、暂态电流对设备的影响,对通信线路的影响,继电保护的技术要求以及本地的运行经验等,可采用低值电阻(单相接地故障瞬时跳闸)的接地方式,如图 2-7 所示。

采用中性点经低电阻接地方式运行时,为限制接地相的电流,减少对周围通信线路的干扰,中性点接地电阻的大小以限制接地相电流不超过 600 ~1 000 A 为宜。

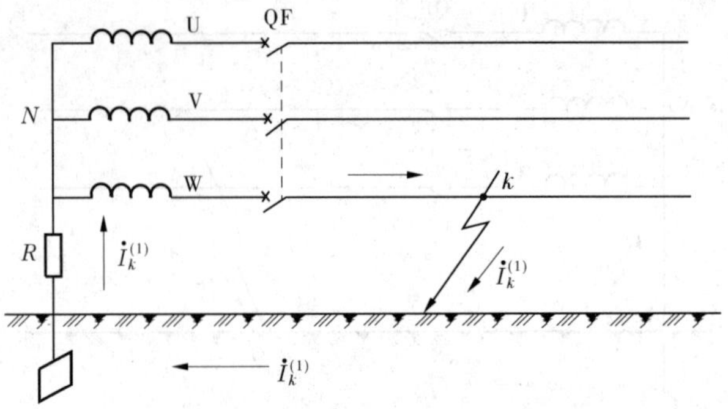

图 2-7　中性点经低电阻接地的三相系统

同时，由于电缆线路的永久性故障概率较大，不再采用线路自动重合闸。此外，采用经低电阻接地的配电网，必须从电网结构、自动装置上采取措施，以达到在跳闸后能迅速恢复供电或对用户不中断供电的目的，从而保证可被用户接受的供电可靠性。

二、中性点经高阻抗接地的三相系统

对发电机—变压器组单元接线的 200 MW 及其以上的发电机，当接地电流超过允许值时，常采用中性点经电压互感器一次绕组形成高阻抗接地的方式，电阻接在电压互感器的二次侧。这种接线方式可以改变接地电流的相位，加快回路中残余电荷的泄放，促使接地电弧的熄灭，限制间歇性电弧产生的过电压。同时经电压互感器提供的零序电压，有助于实现发电机定子绕组 100% 范围的保护。

另外，较小城市的配电网一般以架空线路为主，除采用中性点经消弧线圈接地方式外，还可考虑采用经高值阻抗接地方式（一相接地时不跳闸，可以继续运行较长时间），以降低设备投资、简化运行工作并维持适当的供电可靠性。

中性点经高阻抗接地的运行方式尚需在配电网上进行试验性运行，检验效果取得经验，以便进一步的改进和完善。

思考题与习题

1. 什么是大接地短路电流系统和小接地短路电流系统？

2. 中性点不接地系统发生单相接地时各相对地电压、中性点对地电压、线电压、接地电容电流如何变化？

3. 什么样的电力网应采用中性点不接地的三相系统？

4. 消弧线圈如何消除接地电容电流？一般采取什么补偿方式，为什么？

5. 中性点直接接地系统有何优缺点？为提高供电可靠性应采取什么措施？

第三章　电弧的基本理论及电气触头

内容提示　熟悉电弧形成和熄灭的过程，熟悉电气触头的类型及各自特点；掌握直流电弧和交流电弧的特点，掌握开关电器电弧熄灭的基本方法及机理，掌握减小接触电阻的方法。

第一节　电弧的形成与熄灭

一、电弧现象

发电机、变压器以及各种用电设备，投入电网或从电网中退出，都要使用开关电器。当开关电器切断有电流的电路时，触头间往往产生强烈而刺眼的亮光，这种亮光即称电弧。

电弧的形成可分为以下过程。

（一）电弧的电极发射出大量自由电子

1. 热电子发射

开关电器触头（即电弧的电极）在分离过程中，由于动、静触头间的接触压力和接触面积不断下降和减小，接触电阻迅速增大，在触头分开瞬间，电极表面即出现局部集中电流，出现强烈的炽热点，使阴极表面温度剧增，阴极中的电子获得足够的逸出功后，即可发射出来，称热电子发射。发射电子的多少与阴极表面材料及表面温度有关。

2. 强电场发射

开关电器触头初分瞬间，由于触头的距离很小，其间电场强度（$E=U/d$）很高，当电场强度超过 $10^5 \sim 10^6$ V/cm 时，即使阴极表面温度不高，大量的电子也将获得逸出功而从阴极表面发射出来，称强电场发射。当触头继续分离时，电场强度相对减小，强电场发射作用也就逐渐减弱。

（二）电弧间弧柱区的气体游离

气体游离有两种方式，即碰撞游离和热游离。

1. 碰撞游离

在强电场的作用下，触头发射的一些自由电子和间隙中原有的少量电子加速向阳极运动，高速运动的电子积蓄了动能，并不断地与中性质点发生碰撞。只要运动的电子具有的动能大于中性质点的游离能，则可使束缚在原子核周围的电子释放出来，形成自由电子和正离子，这一过程称碰撞游离或电场游离。碰撞游离时新形成的自由电子也以高速向阳极运动，当碰撞其他中性质点时，又将产生碰撞游离。这样连续发生碰撞，使间隙带电质点大量增加而有足够大的电导，如图 3-1 所示。在外加电压作用下，带电点定向运动形成电流，这就是介质被击穿产生的弧光放电。使触头间隙击穿的最小外加电压，称击穿电压。

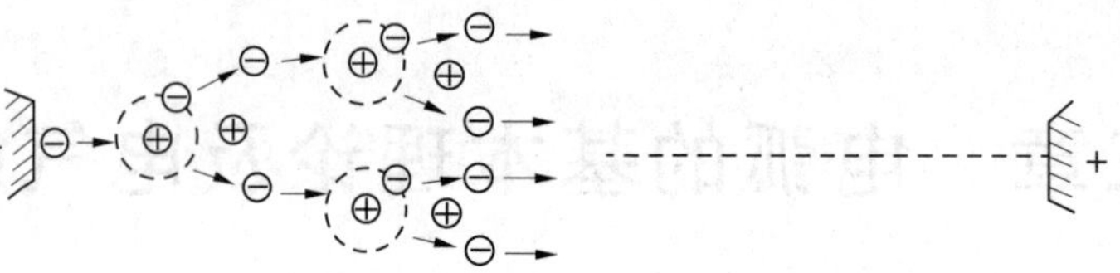

图 3-1 碰撞游离的过程示意图

2. 热游离

弧光放电时,电弧的温度可高达 5 000 ℃以上。此时处于高温下的间隙中的中性质点产生剧烈运动并具有相当大的动能,它们之间发生碰撞,又可游离产生自由电子和正离子,这一过程称气体热游离。

(三)电弧的稳定燃烧

电弧稳定燃烧时,弧柱的温度很高,电弧电压或弧柱的电场强度很低。因此,弧柱中的自由电子主要依靠热游离产生,而碰撞游离对维持电弧燃烧的作用很小,几乎可以忽略。

二、电弧的熄灭

在游离的同时,还存在一种与游离现象相反的过程,即带电质点互相中和为不导电的中性质点,这一过程称去游离。

电弧的去游离过程有复合和扩散两种方式。

(一)复合

正负带电质点接近时互相吸引而彼此中和成为中性质点的现象称复合。由于电子运动速度约为离子运动速度的100倍,所以正、负离子间的复合要比电子和正离子的复合容易得多。通常,动能小的电子先附在中性质点上,形成负离子,再与正离子复合。另外,电弧与固体介质或不带电的金属表面接触,也可以加强复合,其原理是:固体表面可以吸附带电质点,再吸引异性质点进行中和。

(二)扩散

弧柱中的带电质点逸出弧柱外的现象称扩散。电弧中发生扩散是由于电弧与周围介质的温度相差很大,以及弧柱内与周围介质中带电质点浓度相差很大的缘故。弧柱内的带电质点减少,有助于电弧的熄灭。

去游离使带电质点大大减少,它是电弧能否熄灭的主要因素。当游离作用大于去游离作用时,电弧电流越来越大;如两者作用平衡,则电弧稳定燃烧;如去游离作用大于游离作用,则电弧电流减小,直到熄灭。

三、电弧的危害

电弧具有导电,只需低电压就能维持稳定燃烧,能量集中、温度极高、亮度很大,质量极轻、外力作用下极易变形等特点。因此,电弧的存在,延长了电路断开的时间;当电弧持续不熄时,电弧表面温度可达 3 000 ~4 000 ℃,中心温度可达 10 000 ℃以上,易使断路器内部温度和压力剧增引起爆炸;易造成飞弧短路事故。因此,电弧长时间不能熄灭,将危及电力系统的安全运行,造成生命或财产的极大损失。

四、影响电弧形成和熄灭的因素

(1)电弧温度。降低电弧温度可以减少带电质点的产生,减缓带电质点热运动速度,因此可以减弱游离,增强扩散和复合,有利于电弧熄灭。降低电弧温度主要靠外界对电弧的冷却来实现。

(2)电场强度。场强越小,带电质点的反向运动速度就越小,复合的几率就越大。同时,场强降低,电弧电流减小,电弧温度下降,热游离也随之减弱。

(3)介质特性。电弧燃烧时所在介质的特性,如气体介质的导热系数、介电强度、热游离温度和热容量等数值越大,复合作用越强,电弧越易熄灭。气体介质中,氢气具有良好的灭弧性能和导热性能,其灭弧能力约为空气的 7.5 倍;水蒸气、二氧化碳和空气次之;六氟化硫(SF_6)气体的灭弧能力很强,约为空气的 100 倍。固体有机介质如有机纤维、有机玻璃等靠近开关电器触头安装,在发生电弧时,有机介质分解为氢、二氧化碳等气体,有助于电弧熄灭。

(4)气体介质的压力。电弧在气体介质中燃烧时,气体压力越大,则单位体积中的质点数量就越多,质点间的距离就越小,碰撞游离作用困难而复合作用加强,热传导也越强烈。

(5)触头材料。触头应采用熔点高、导热能力强和热容量大的耐高温金属,以减少热电子发射和电弧中的金属蒸气。许多触头的端部镶有耐高温的铜钨合金,就是基于这个道理。

第二节　直流电弧的特性及熄灭

一、直流电弧的物理特性

在直流电路中产生的电弧,称直流电弧。直流电弧的特性,可以用电弧燃烧时电弧电压和电流的关系曲线 $u_h = f(i_h)$,即稳定电弧伏安特性曲线以及沿弧长电压分布来表示,如图 3-2 和图 3-3 所示。

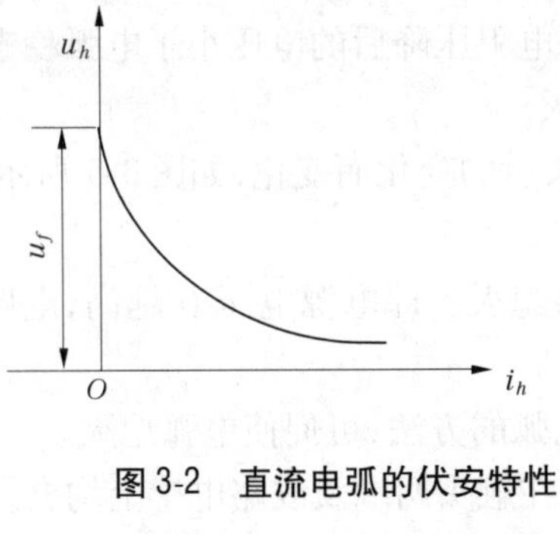

图 3-2　直流电弧的伏安特性

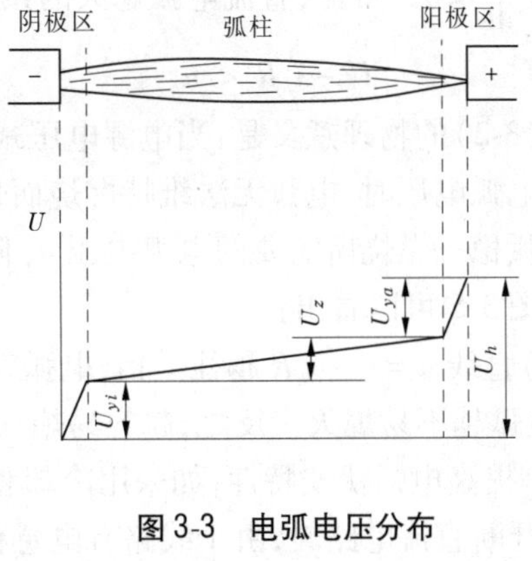

图 3-3　电弧电压分布

图 3-2 所示曲线与纵轴相交处的电压,称发弧电压。断开时,触头间的电压小于发弧

电压 u_f，触头间不会产生电弧。发弧电压的大小与弧隙距离、弧隙的温度与压力以及触头的材料等因素有关。此外，由图 3-2 还可看出，直流稳定电弧相当于一个非线性电阻，当电弧电流增大时，电弧温度随之增高，热游离也急剧增加，电弧电流增大到一定数值后，热游离已成为游离的主要因素，此时只要在触头两端维持一定的电弧电压，就能使电弧稳定燃烧。稳定燃烧时电弧电压基本上是一个不变的数值，与电弧电流的大小无关。

图 3-3 所示电弧电压 U_h 由阴极区压降 U_{yi}、弧柱压降 U_z 和阳极区压降 U_{ya} 三部分组成，即 $U_h = U_{yi} + U_z + U_{ya}$。阴极区和阳极区的范围均很小，如在大气中为 10^{-3} mm 左右。阴极区电子较少，由积聚的正离子形成正空间电荷，致使电位有急剧的变化。阴极电压降通常为 10～20 V，该电压降决定于阴极材料和介质性质，与电弧电流无关。弧柱特性与阴极区特性不同，弧柱压降及电位梯度与电流大小、电弧长短，特别是介质及其形状有关，电位梯度随去游离因素的加强而增大，弧柱压降约与弧长成正比。阳极区压降比阴极区小，这是阳极基本上只接受从弧柱中来的电子，虽有负空间电荷形成，但负离子的浓度并不大的缘故，该压降随电弧电流的增大而减小，甚至接近于零。

对于仅几个毫米长的电弧，通常称为短弧。其电弧电压主要由阴极和阳极区压降组成，所以近极区的特性对整个电弧的特性起决定性的作用。它的特性表现为电弧电压为 20～30 V 的常数。如果施加在触头间的电压小于电弧电压，则电弧就不会维持而会熄灭。

对于长度为几厘米以上的电弧，称为长弧。其电弧电压主要由弧柱压降组成，弧柱中发生的过程起主要作用，可以认为大致与电弧长度成正比。通常采用把长弧分割成许多个短弧的方法熄弧。

二、直流电弧的熄灭

当 K 开断具有电阻 R 和电感 L 的直流电路时，等值电路如图 3-4 所示。

从图 3-4 可知

$$U = u_h + u_R + u_L = u_h + i_h R + L\frac{\mathrm{d}i_h}{\mathrm{d}t} \tag{3-1}$$

电弧熄灭过程中，电弧电流将逐渐减小到零，即 $L\frac{\mathrm{d}i_h}{\mathrm{d}t}<0$。可见，直流电弧熄灭的条件是

$$U - i_h R < u_h \tag{3-2}$$

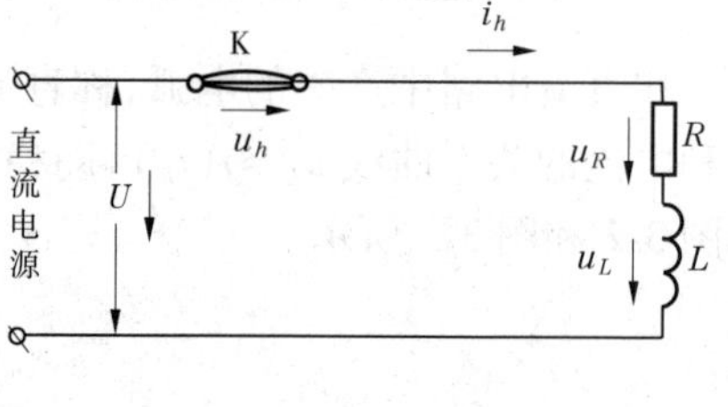

图 3-4　等值电路

式(3-2)的物理意义是：当电源电压减去线路电阻压降后的电压小于电弧稳态燃烧所需要的电弧电压时，电弧无法维持燃烧而自行熄灭。

电弧稳态燃烧所需要的电弧电压 u_h 随电弧长度的变化而变化，如图 3-5 所示。

从图 3-5 可以看出：

（1）直线 $u = U - i_h R$ 越往上抬，电弧就越不易熄灭。即电源电压 U 越高，电路电阻 R 越小，电弧越不易熄灭。反之，越容易熄灭。

（2）提高电弧伏安特性，如采用冷却和拉长电弧的方法，可促使电弧熄灭。

在开断直流电路时，由于线路有电感存在，则在触头两端及线路电感上均会发生过电压。过电压不仅危及线路中导线和电器的绝缘，而且会造成电弧重新击穿。过电压值与

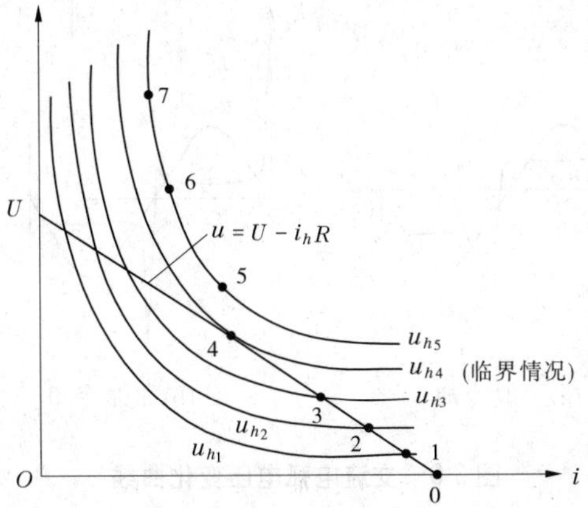

图 3-5　直流电弧随电弧长度不同而变化

($L_1 < L_2 < L_3 < L_4 < L_5$)时工作点的移动

$L=\dfrac{di_h}{dt}$有关,在线路电感一定的情况下,熄弧时电弧电流下降的速度越快,过电压值亦越高,熄灭电弧性能越好的开关电器,过电压也就越高。因此,为了避免产生过高的过电压,直流电弧不能采用过强的灭弧措施,如直流电路中不宜使用断路器。

第三节　交流电弧的特性及熄灭

一、交流电弧的特性

交流电弧与直流稳定电弧相比,特点如下:

(1)在交流电路中,电流瞬时值 i_h 随时间变化,因而电弧的温度 T_h、直径 d_h 以及电弧电压 u_h 也随时间变化,所以交流电弧的各参数与直流稳态电弧有所不同,交流电弧的这种特性称为动特性。

(2)交流电弧电流为正弦波,如图 3-6 所示。在电弧电流的半个周期内,电弧电压曲线的中间大部分是平坦的,即电弧电压保持恒定,只有在电流接近零点时,电弧电压突然升高,呈现电弧电压的尖峰,但时间很短。这一现象可用图 3-6 的稳定电弧伏安特性来说明。电流小时,电弧电压高;电流加大时,电弧电压减小且近于常数。图 3-6(a)、(b)分别表示一般冷却和加强冷却的交流电弧电压变化曲线。从对比中可见,加强冷却会使电弧电压尖峰高。

如上所述,交流电弧在交流电流自然过零时将自动熄灭,但在下半周随着电压的升高,电弧还会复燃;如果电流自然过零后,电弧不再重燃,电弧就此熄灭。

二、交流电弧的熄灭条件

交流电流过零后,电弧是否重燃,决定于两个方面,即弧隙介质电强度和加在弧隙两端的电压。

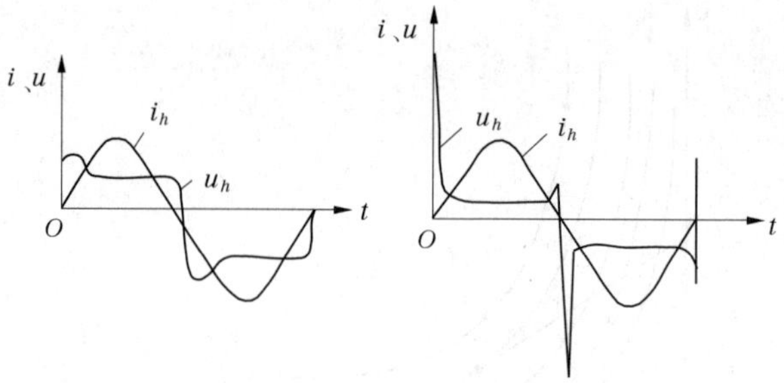

(a)一般冷却　　　　(b)加强冷却

图 3-6　交流电弧电压变化曲线

(一)弧隙介质电强度的恢复过程

弧隙介质能够承受外加电压作用而不致使弧隙击穿的最大电压,称为弧隙的介质电强度 U_j。

电流过零前,电弧在燃烧,弧隙中介质的温度很高、热游离强烈,带电质点形成等离子通道,弧隙导电性能很好,没有什么耐压度。电流接近零时,一方面弧隙介质从电源取得的功率不断减小,另一方面弧隙介质又不断向外散出热量,于是弧隙温度迅速降低,弧隙介质热游离基本停止,复合加剧,带电质点越来越少,电流过零后,弧隙介质耐压强度逐渐恢复,这一过程称为弧隙介质电强度的恢复过程。弧隙的耐压强度与介质种类、弧隙的冷却情况以及弧隙的长度等因素有关。

此外,当电流过零极性改变时,弧隙中剩余带电质点的运动方向也要随极性的改变而改变,而此时质量比电子在 1 000 倍左右的正离子还来不及变更运动方向,几乎还停留在原来的地方未动,造成新的阴极附近缺少导电的电子而充满正离子空间电荷,在电流过零后 0. 1 ~ 1 μs 的极短时间内,弧隙就达到 150 ~ 250 V 的介质强度,称起始介质电强度。如图 3-7 所示,这种现象称为近阴极效应,它与电极状态和材料等有关。近阴极效应广泛应用于低压开关用来熄灭交流电弧。

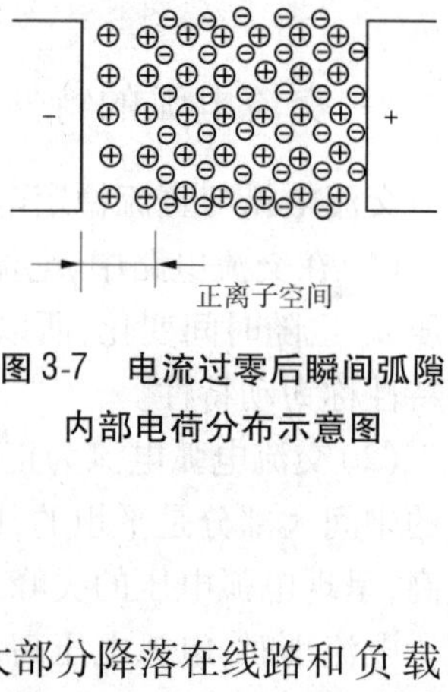

图 3-7　电流过零后瞬间弧隙内部电荷分布示意图

(二)弧隙电压的恢复过程

电流过零前,电弧电阻较小,电弧电压也很低,电源电压大部分降落在线路和负载的阻抗上。如电流过零时电弧熄灭,弧隙介质的电强度逐渐恢复,最后变成绝缘介质,电源电压便全部加在弧隙上。电流过零后,弧隙间不断上升的外加电压称为恢复电压 u_{hf}。恢复电压的变化过程称为弧隙电压恢复过程。电压恢复过程与电路的参数及开关电器本身的结构性能有关。实际上,电路有电感、电容存在,电压恢复过程有时是非周期性过程,有时是周期性的振荡过程,不可能立即上升到电源电压,而需经过一段恢复过程。

(三)交流电弧的熄灭条件

比较电流过零后弧隙介质恢复的强度和恢复电压值的大小,便可判断电弧是否熄灭。只要电流过零后,弧隙的介质恢复电强度 u_j 永远大于恢复电压 u_{hf}(见图 3-8(a)),弧隙就不再被击穿，电弧即可熄灭。否则，电弧仍将重燃，如图 3-8（b）所示。由此可知，交流电弧的熄灭条件是：电流自然过零后，弧隙的介质电强度恢复曲线永远高于电压恢复曲线，即 $u_j(t) > u_{hf}(t)$。

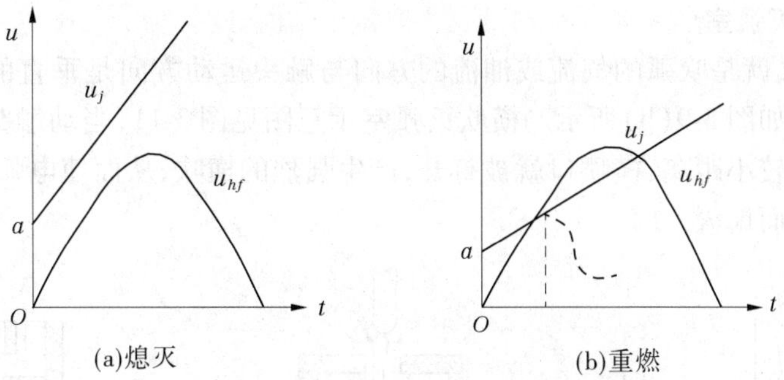

图 3-8　交流电弧电流过零后的重燃和熄灭

三、交流电路的断开

断开交流电路的难易程度与被断开电路的功率因数有关。

断开纯电阻性交流电路时，电源电压 u 与电弧电流 i_h 同相。电弧电流为零时，电弧在熄灭状态，电源电压 u 也过零点，弧隙的介质恢复电强度 u_j 往往大于电源恢复电压 u_{hf}，施加一定的灭弧条件，就可保持这种趋势，使电弧熄灭。

当线路发生短路时，通常线路中的电阻 R 要比线路感抗 X_L 小得多，因此可按纯电感性电路来分析讨论。断开纯电感性交流电路时，电弧电流 i_h 滞后于电源电压 u90°，即电弧电流电弧过零时，电源电压达到最大值，所以触头间电源恢复电压 u_{hf}往往大于弧隙的介质恢复电强度 u_j。如果没有强有力的灭弧措施迅速提高弧隙的介质电强度 u_j，电弧就无法在短时间内熄灭。

显然，断开电感性交流电路时，电压恢复速度最快，因此断开纯电感性交流电路要比断开纯电阻性交流电路困难得多。为了降低恢复电压上升速度，通常在高压断路器触头间加装几欧到几十欧的并联电阻，对电路过渡过程起阻尼作用。

第四节　熄灭电弧的基本方法

根据上述讨论的电弧现象和过程，现代开关电器广泛采用的基本灭弧方法有下列几种。

一、吹弧

利用气体或液体介质吹动电弧的灭弧方法，广泛应用于高压断路器中。吹弧的主要作用是拉长和冷却电弧。

按吹弧方向区分，吹弧装置可分为纵吹灭弧室、横吹灭弧室和纵横吹灭弧室。

（一）纵吹灭弧室

纵吹的意义就是吹弧的气流或油流的方向与触头运动方向平行，或者说与电弧轴线方向平行，如图 3-9（a）所示。油断路器简单的纵吹灭弧室示意图见图 3-10，绝缘筒内有横隔板，在两个横隔板之间形成油囊。当动、静触头分开时，产生电弧，电弧高温产生的气体在油囊建立压力，开断电流越大，电弧能量越大，压力也越高。随着动触头向下运动，高压气体通过中间的圆孔不断对电弧向上纵吹，使电弧冷却，保证电流过零后电弧熄灭。

（二）横吹灭弧室

横吹的意义就是吹弧的气流或油流的方向与触头运动方向是垂直的，或者说与电弧轴线方向垂直，如图 3-9（b）所示。横吹灭弧室示意图见图 3-11，当动触头开始运动时，产生电弧，再运动较小距离，横喷口就被打开，产生强烈的横吹，从而使电弧比纵吹方法更有效的冷却、拉长而熄灭。

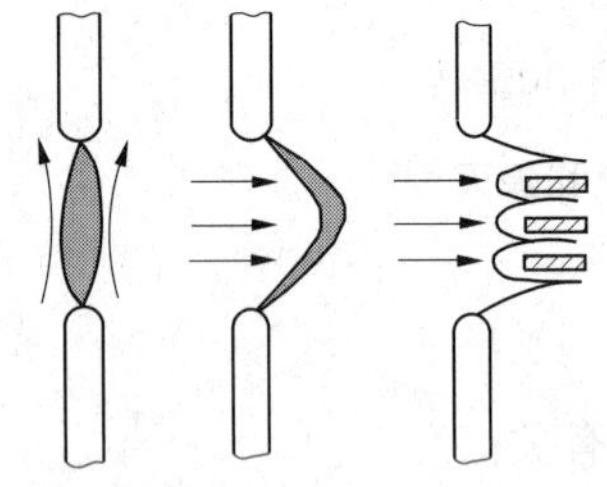

(a)纵吹　(b)横吹　(c)纵横吹

图 3-9　吹弧示意图

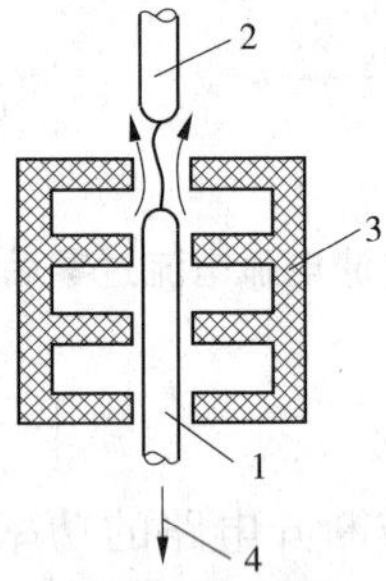

1—动静头；2—静触头；
3—绝缘筒；
4—动触头运动方向

图 3-10　纵吹灭弧室示意图

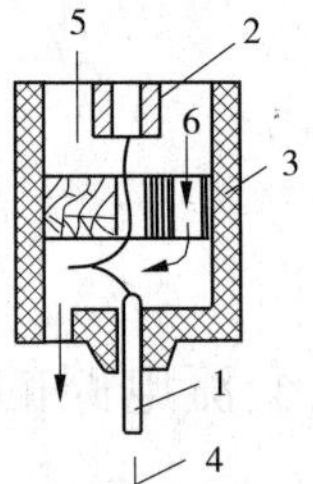

1—动触头；2—静触头；
3—绝缘筒；
4—动触头运动方向；
5—缓冲室；6—横喷口

图 3-11　横吹灭弧室示意图

（三）纵横吹灭弧室

上述横吹灭弧室在开断小电流时因灭弧室内压力太小，开断小电流的性能很差。为了改善小电流时的灭弧性能，可将纵吹与横吹结合起来（见图 3-9（c））。开断电流时，电弧先经过横吹，然后再经过纵吹。在大电流灭弧时主要靠横吹，在小电流灭弧时主要靠纵吹，这就是纵横吹灭弧室。油断路器一般采用纵横吹灭弧室。

二、迅速拉长电弧

迅速拉长电弧，可以使电弧的长度及表面积迅速增大，有利于电弧的冷却和带电质点向周围介质中扩散，便于灭弧。

目前高压断路器通常采用强力断路弹簧，分闸速度已经从 1 m/s 提高到 16 m/s 以上，加快了触头的分离速度。

三、采用多断口灭弧

在开关电器的同一相内制成两个或多个断口，如图 3-12 所示。断口的增加，使得电弧在灭弧室中分成几个串联的短弧，只要各断口的速度相同，那么全电压将分别加在这个断口上，从而使每个断口上的弧隙电压降低，电弧拉长的速度也成倍增加，显然能提高灭弧能力。同时，由于长弧分成几个短弧，也将使开关电器足以灭弧的行程减小，缩短了熄弧时间，并且减小了开关电器的尺寸。

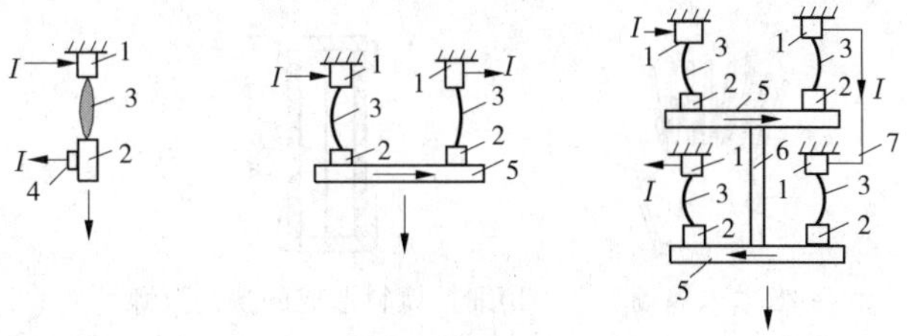

(a)一个断口　(b)二个断口　(c)四个断口

1—静触头；2—动触头；3—电弧；4—滑动触头；
5—触头导电横担；6—绝缘杆；7—导电连接条

图 3-12　一相内有几个断口的触头示意图

四、使电弧在周围介质中移动灭弧

使电弧在周围介质中移动，也能达到与拉长电弧或吹弧同样的效果，这种方法常用于低压开关电器中。使电弧在周围介质中移动的方法有电动力、磁力和磁吹动三种，如图 3-13 所示。

图 3-13(a)所示为在电弧的各种电流之间的电动力；图 3-13(b)所示为电弧电流在邻近磁性材料影响下，为使磁通通过最小磁阻的途径，有使电弧向磁性材料接近的作用力；图 3-13(c)所示为利用与主电路串联的磁吹线圈产生磁通，使电弧在此作用下按一定方向移动。

此外，利用电弧加热周围空气产生气流，或引起气体膨胀产生压力，也有吹动电弧向上运动的作用力。

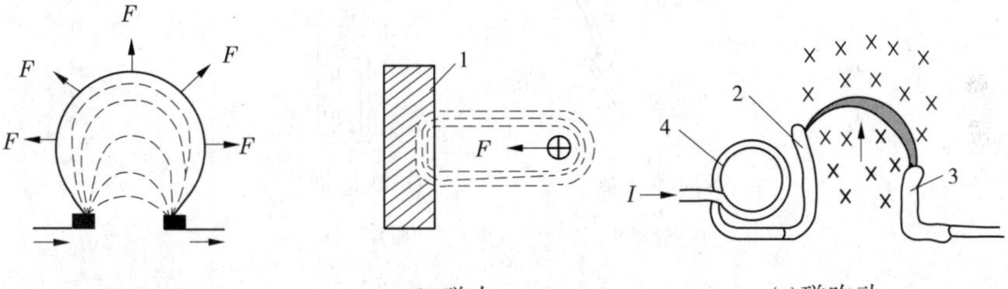

(a)电动力　(b)磁力　(c)磁吹动

1—磁性材料；2—静触头；3—动触头；4—磁性线圈

图 3-13　电弧在周围介质中的移动

五、利用固体介质的狭缝或狭沟灭弧

低压开关电器中广泛采用固体介质构成的狭缝或狭沟灭弧装置，如图 3-14 所示。图 3-14(a)为陶土等绝缘材料制成的灭弧片；图 3-14(b)为采用石英砂细粒形成狭沟。电弧在狭缝或狭沟中产生，使气体受热膨胀，电弧与固体介质紧密接触，附在固体介质表面的带电质点强烈地复合和冷却，去游离作用显著增强。

此外，有的开关电器还利用能在电弧高温作用下分解气体的某些有机材料固体介质来构成狭缝。

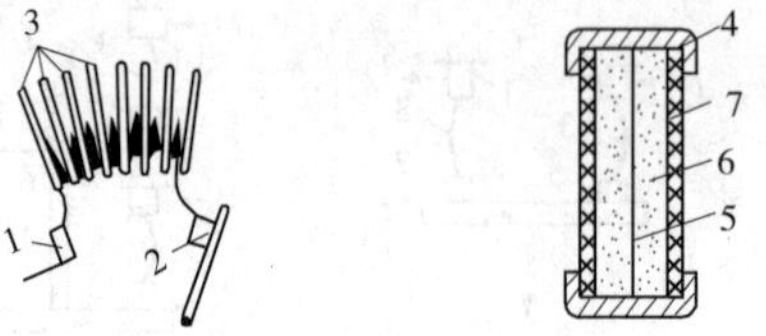

(a)绝缘灭弧栅　　　(b)细粒填料形成的狭沟灭弧

1—固定触头；2—可动触头；3—绝缘灭弧栅片；

4—铜帽；5—熔体；6—石英砂；7—瓷管

图 3-14　狭缝或狭沟的灭弧

六、将长弧分割成几个短弧

这种方法也常用于低压开关电器中，如图 3-15 所示。在触头间发生的电弧进入与电弧垂直的金属栅片内后，将一个长弧分割成一串短弧。在交流电路中，当电弧电流过零时，每一短弧同时熄灭，第一短弧相应的阴极附近起始介质电强度立即达 150 ~ 250 V，若所有电弧阴极的介质电强度的总和永远大于触头间的外加电压，电弧就不再重燃。这就是以近阴极效应的原理为基础的交流短弧灭弧原理。

在直流电路中，常利用短弧上的阴极和阳极电压降灭弧。如适当选择金属栅片的数目，使所有短弧的阴极和阳极电压降的总和大于触头上的外加电压，电弧就迅速熄灭。这就是以直流电弧特性为基础的直流短弧灭弧原理。

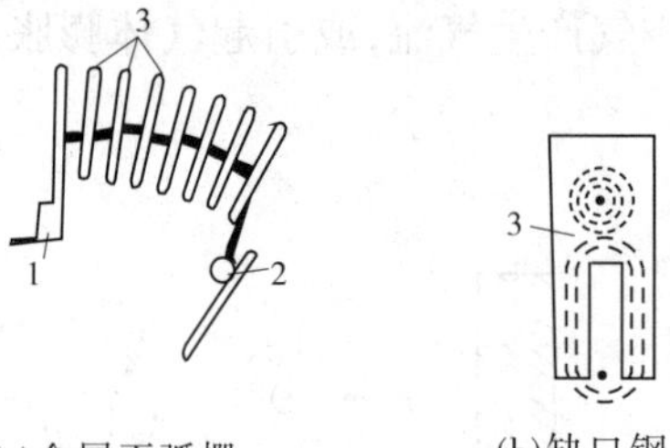

(a)金属灭弧栅　　　(b)缺口钢片

1—静触头；2—动触头；3—栅片

图 3-15　将长弧分割成几个短弧

七、高压力气体介质灭弧

高压气体中电子的自由行程缩短，难以发生碰撞游离；分子和带电质点的密度增大有利于复合，故吹弧与高压力相结合，能达到更好的灭弧效果。主要靠气体的高压力而灭弧的装置是密闭产气管。在管内电弧的高温作用下，内壁的少量纤维材料分解为具有良好灭弧性能的氢气、二氧化碳和水蒸气等，使管内压力剧增而灭弧。

八、真空灭弧

在非常稀薄的气体中，碰撞游离和热游离都难以发生和维持，而带电质点的扩散却极为容易,故高真空的介电强度很高。当空气的真空度为 10^{-6} mm 水银柱时,介电强度比标准大气压高 14 ~ 15 倍,可使交流电弧在第一次自然过零时熄灭,且不发生过电压。

第五节　电气触头

一、概述

电气触头是指两个导体或几个导体之间相互接触实现导电的部分,如母线或导线的接触连接处及开关电器中的动、静头,均为电气触头。电气触头,特别是开关电器中的触头,它被用来接通和断开电路,是开关电器的执行元件,其工作可靠与否,不但直接影响到电器的质量,而且可能影响电力系统的稳定。

电气触头按接触形式可分为点接触、线接触和面接触三种,如图 3-16 所示。

电气触头,特别是可分触头的工作可靠性是很重要的,对触头的基本要求是:

(1)结构可靠,便于调整、维修和更换。

(2)具有良好的导电性能和接触性能。

(3)长期通过规定的电流不过热,短时通过短路电流应满足动稳定和热稳定要求。

(4)可分触头应能可靠地开断规定断流量的电弧,有足够的抗熔焊和抗电弧烧伤的性能。

二、电气触头的接触电阻

电气触头的质量很大程度上决定于触头的接触电阻值,这是因为触头在正常工作和通过短路电流时的发热都与其接触电阻的大小有关。实际上,触头间的接触面即使经过精加工,总不可能是理想的平面。因此,不论是线接触还是面接触,真正的接触只是在某些突出的点上,如图 3-17 所示。从图 3-17 看出,电流收缩集中通过某些接触点,因电流途径变长和通流截面减小而产生的附加电阻,称为收缩电阻。接触表面受到大气或电弧高温作用等都会在接触处形成电阻较大的表面膜(如氧化膜、气体或液体的吸附膜),此表面膜的电阻称为表面膜电阻。在通常情况下,接触电阻由收缩电阻和表面膜电阻共同组成,而触头电阻为接触电阻与触头体电阻之和。

下面介绍影响接触电阻的因素及降低接触电阻的措施。

(一)触头材料

将电阻率低(包括自身电阻及其表面膜电阻)和硬度低的材料用于触头的接触部分,可得数值小而稳定的接触电阻。常用的触头材料有铜、黄铜和银,或将铜及其他导电材料表面镀银、镶银、搪锡等均可改善接触性能。目前,新型高压开关电器中的触头多数采用铜－钨合金材料。铝制触头在空气中氧化最为厉害,并产生具有很大电阻率的氧化膜层,因此其接触表面都应涂上防止氧化的中性凡士林油层加以覆盖。在屋外和潮湿的场所中,不能将铝触头用螺栓与铜触头连接。这是因为铝和铜直接接触会形成电位差(铜和铝为电化次序相差较远的材料),当铜和铝的接触面渗入含有溶解盐的水分(即电解液)时,在电偶的作用下会产生电解反应,铝被强烈地电腐蚀。结果,触头很快遭到破坏,以致可能造成重大事故。为预防这种现象发生，通常在上述情况采用加铜铝过渡接头片或在表面被覆镀层的方法，使接触电阻长期保持稳定。

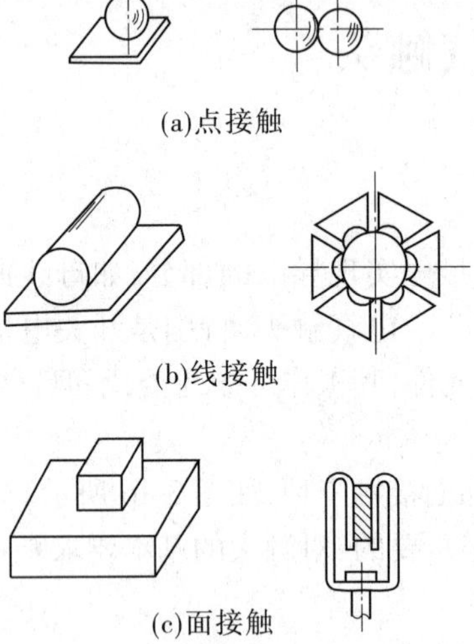

(a)点接触

(b)线接触

(c)面接触

图 3-16　接触形式

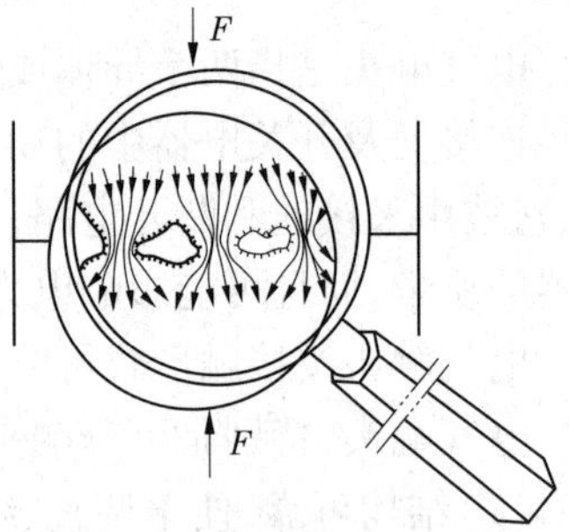

图 3-17　接触连接处的放大图

(二)接触压力

接触压力增加，接触点将增加，且表面膜将被压碎，接触电阻可降低。但压力增大到一定程度后，接触电阻不再显著减小。若接触压力过大，则易于磨损或损坏镀层。触头间的接触压力一般是利用触头本身或附加钢弹簧产生的。

(三)接触形式

一般说来，线和面接触头的接触电阻比点接触小，但在压力不大的情况下，点接触有可能出现比较小和比较稳定的接触电阻。线和面接触的触头，在有自动调整和自动净化作用时，才能保持稳定和较小的接触电阻。面接触一般仅限于在低压开关电器中应用，线接触普遍应用于高、低压开关电器中，而点接触通常应用于电流较小的继电器和开关电器的辅助接点中。

(四)接触面的加工情况

触头的接触面不要求很光滑，重要的是平整。两个平整而较粗糙的面接触在一起，真实接触点多，因而具有较小的接触电阻。真实接触点的多少，不但对长期发热，而且对短路稳定性都起重要作用。

三、触头的结构型式

触头的结构型式如图 3-18 所示。

(一)固定触头

用紧固件如螺栓、铆钉等压紧的电气触头为固定触头，该触头中相互接触的导体之间不能相对移动。固定触头分为可拆式连接和不可拆式连接，常用于母线之间、母线与电器引出端的连接等，如图 3-18(a)～(d)所示。固定触头的接触表面都应有适当的防腐措施，以防止外界的侵蚀，保证可靠和耐久。防腐的方法一般是在触头连接后，在外面涂以

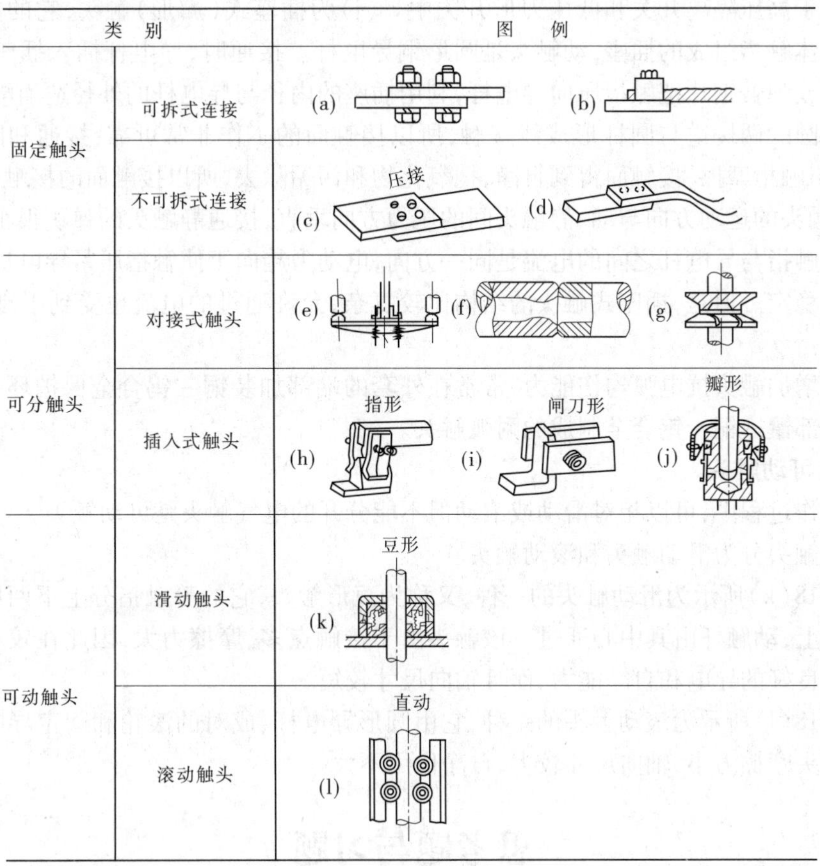

图 3-18 触头的结构与分类

绝缘漆、瓷釉或中性凡士林油等。

(二)可分触头

在工作过程中,可以断开和闭合的电气触头是可分触头。该触头用于开关电器中,一般一个为动触头,一个为静触头。可分触头在闭合时一般靠弹簧压紧。

可分触头按其结构可分为对接式和插入式两种。

对接式触头的结构如图 3-18(e)~(g)所示,其特点是:结构简单、断开速度快,接触面不稳定,随压力的变化而变化,关合时触头易发生弹跳,对接触面上氧化物的自净作用差,动热稳定性差。动热稳定性差是由于触头间的接触点可能很少,从横向来看,互相接触的触头中电流的方向是相反的,当短路电流通过时,触头间产生大的电动力与外加压力 F 的作用正好相反,可能使触头稍有分开,引起触头熔焊。因此,对接式触头只适用于额定电流 1 000 A 以下。

插入式触头的结构如图 3-18(h)~(j)所示。(h)为指形触头,动热稳定性较好,有一定自净能力,结构简单,但不易与灭弧室配合使用,因此一般不作为灭弧触头,目前在一些新型隔离开关中应用较多。(i)为闸刀形触头,采用线接触,结构简单,有一定自净能力,广泛应用于高压隔离开关和低压刀形开关中。(j)为插座式(瓣形)触头,它的静触头是由多片梯体触指组成的插座,动触头是圆形铜导电杆。接通时,导电杆插入插座里面,由强力弹簧或弹簧钢片把触指压向导电杆,利用插座的内径与导电杆的外径适当配合,使每片触指内圆的两棱边与圆杆形成线接触,所以接触面的工作非常可靠:接通和断开过程中,圆杆与触指摩擦,接触面得到自净,把氧化物和污垢除去,所以接触面的接触电阻比较稳定;动触头的运动方向与动、静触头间的压力方向垂直,接通静触头的弹跳很小;触指片之间以及触指与导电杆之间的电流是同一方向,电动力趋向于使触指压紧导电杆,短路时的接触很稳定。但是,插座式触头的结构比较复杂,允许通过的电流也受到限制,断开时间也较长。

为了增加触头抗电弧灼伤能力,常常在外套的端部加装铜-钨合金保护环,在动、静触头的端部镶嵌铜-钨合金制成的耐弧触头。

(三)可动触头

在工作过程中,可以相对滑动或滚动但不能分开的电气触头是可动触头。

可动触头分为滑动触头和滚动触头。

图3-18(k)所示为滑动触头的一种,又称为豆形触头,它的静触指分上下两层均匀分布在圆周上,动触杆由其中心通过。该触头由于接触点多、摩擦力大,因此在较小的压力下就具有良好的导电和自净能力,而且轴向尺寸较短。

图3-18(l)所示为滚动触头的一种,它由圆形导电杆、成对的滚轮和固定导电杆等组成。该触头摩擦力小,轴向尺寸较大,自净作用不大。

思考题与习题

1. 电弧具有什么特征和危害?其形成过程是怎样的?
2. 什么是带电质点的复合和扩散?它们与哪些因素有关?
3. 直流电弧具有什么特性?直流电弧电压由哪些部分组成?各部分的主要特征是什么?
4. 直流电弧熄灭的条件是什么?为什么直流电路中不能使用断路器来切断电路?
5. 交流电弧具有什么特性?交流电弧熄灭的条件是什么?
6. 什么是弧隙介质电强度和弧隙恢复电压?
7. 开关电器熄灭电弧的基本方法有哪些?它们根据什么原理构成?
8. 什么叫电气触头?电气触头有哪些接触方式?各有何特点?
9. 触头的接触电阻由哪几部分组成?降低接触电阻常采取哪些措施?
10. 电气触头有哪些类型?哪些结构型式的触头具有自净能力?如何提高可分触头的动热稳定性和耐电弧能力?

第四章　水电站电气一次设备与载流导体

内容提示　本章重点介绍以下内容:①高压短路器及其操作机构的作用、常用类型、使用中应注意的事项;②高压隔离开关的作用、常用类型、使用中应注意的事项;③电流互感器和电压互感器的作用、常用类型、接线方式、使用中应注意的事项;④高低压熔断器的作用、常用类型及结构特点、使用中应注意的事项;⑤各种低压电器的用途、常用类型及结构特点、使用中应注意的事项。

受篇幅限制,本章略去电气一次设备的结构图,教师可以从有关网站上下载,在上课时进行补充讲解。

教学手段上要求课堂教学、多媒体课件演示和现场教学相结合,相互补充,巩固和提高对电气一次设备的认知和应用。

水电站电气设备中直接参与生产、输送、分配和使用电能的设备称为一次设备,主要有高压开关电器、互感器、绝缘子、电力电缆及常用的低压开关等。

第一节　开关电器概述

在电力系统中,在改变运行方式或停电检修时,需要进行正常的投入与切出各类电力设备;在出现故障时还须迅速分断短路电流,切除故障电路,以保证系统或装置的其他部分的正常工作。这种直接用于正常投切和切除故障电路的电气一次设备称为开关电器,主要有断路器、隔离开关、熔断器、负荷开关等。分类如下:

(1)按使用的电压高低,分为高压开关电器和低压开关电器两类。

(2)按安装场所,分为户内式和户外式两类。

(3)按功能承担的任务,即开关电器在开断和关合电路中所担负任务的不同,分为以下几类:

a. 操作电器。操作电器是能在电力系统正常工作情况下开断和关合工作电流的开关电器,如断路器、负荷开关。

b. 保护电器。保护电器是在电力系统故障出现短路电流时能可靠切断短路电流的开关电器,如熔断器、断路器。

c. 隔离电器。隔离电器是主要用于检修时隔离电压、运行时倒闸操作等的开关电器,如高压隔离开关、负荷开关。

d. 结合型开关。将上述的几类开关电器(主要是低压开关)中的两种加以适当结合,可获得扩大功能的结合型开关电器,如:①将低压隔离刀闸加上简陋的灭弧罩,有的还在操作机构中增设加速弹簧,便成为一种兼作引接的低压负荷开关;②将某种型式的熔断器加装手动操作机构,成为引接刀闸和熔断器相结合的刀熔开关;③将高压负荷开关和熔断器装配在一起的组合式开关电器,具有类似高压断路器的功能,在某些电路中可代替断路器使用。

第二节　高压断路器

高压断路器是操作电器和保护电器之一,正常时用来接通和断开电路,故障时用来切断故障电流,以免故障范围蔓延。它是电力系统中最重要的控制和保护设备,也是开关电器中功能最完善、任务最繁重、结构最复杂、价格也较昂贵的一种。

高压断路器按安装地点的不同可分为户内型和户外型两种。

根据高压断路器所采用的灭弧介质及其作用原理,断路器分为真空断路器、六氟化硫断路器、压缩空气断路器、油断路器等。

一、断路器型号表达方式及基本参数

断路器型号主要由以下7个单元组成:

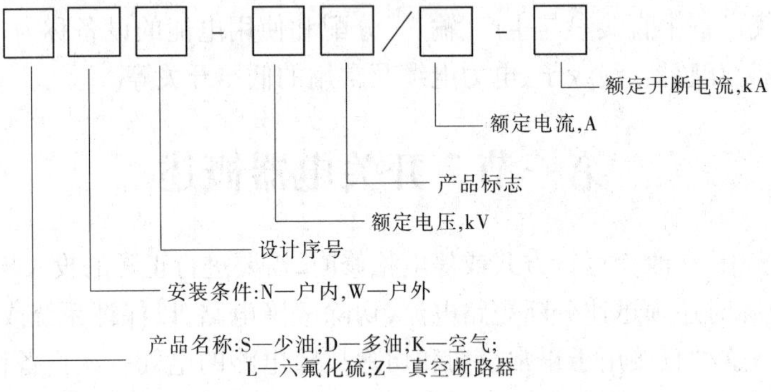

断路器的基本参数:

(1)额定电压。它是表征断路器绝缘强度的参数,是断路器长期工作的标准电压。高压断路器的额定电压与其直接联接的电网电压相同。由于电网不同地点的电压可能高出额定电压10%左右,故制造厂规定断路器的最高电压为1.15倍电网的额定电压,当电网额定电压为330 kV及以上时,断路器额定电压取1.1倍电网的额定电压。如ZN28－12、LW8－40.5,前者用于10 kV电网,后者用于35 kV电网。

(2)额定电流。它是表征断路器通过长期电流能力的参数,是断路器的触头结构和导电部分在规定环境温度下允许通过的长期工作电流,其相应的发热温度不会超过厂家标准。

(3)开断电流。它是表征断路器开断能力的参数,指断路器在额定电压下能可靠开断的最大短路电流的有效值。

(4)开断容量。断路器的开断能力也可间接用开断容量S_{kd}来表示,它是额定电压与额定开断电流的乘积:

$$S_{kd} = \sqrt{3}U_N I_{kd} \tag{4-1}$$

注意：S_{kd}不是断路器开断时的实际容量。

(5)动稳定电流。它表明断路器在冲击短路电流作用下，承受电动力的能力。该值不会小于开断电流的2.55倍。

(6)热稳定电流。它是表征断路器承受短路电流热效应能力的参数。用通电时间(一般取4 s)和最大电流有效值来综合表示。

(7)开断时间。它是表征断路器操作性能的参数。从操作机构跳闸线圈接通跳闸脉冲起，到三相电弧完全熄灭的一段时间，称为断路器的开断时间，它等于断路器的固有分闸时间 t_g 和熄弧时间 t_{xh}之和，即

$$t_{kd} = t_g + t_{xh} \tag{4-2}$$

现代快速断路器 $t_g = 0.03 \sim 0.07$ s，$t_{xh} = 0.02 \sim 0.05$ s，则 t_{kd}为0.1 s左右。

(8)合闸时间。它是表征断路器操作性能的参数。它指从断路器合闸线圈加上电压起，到断路器接通时为止的一段时间。它与合闸操作时间不同，后者还应增加操作开关(或自动装置)的接通时间和合闸接触器的合闸时间。

二、常用高压断路器

高压断路器的基本结构一般由支架、本体结构、传动系统、操作机构等构成。其中本体结构由灭弧装置、触头系统、导电系统、绝缘材料等组成，是断路器的核心，不同灭弧介质的断路器其本体结构也不同。

(一)真空断路器

真空断路器因其灭弧介质和灭弧后触头间隙的绝缘介质都是高真空而得名，其具有体积小、重量轻、适用于频繁操作、灭弧不用检修的优点，在10 kV和35 kV电网应用中已占据主导位置。

1. 真空断路器的组成

真空断路器主要包含四部分：真空灭弧室、触头及导电部分、电磁或弹簧操动机构、支架及其附件。

图4-1所示为典型的真空灭弧室，动静触头分别焊在动静导电杆上，用波纹管实现密封。动触头在机构驱动力的作用下，能在灭弧室沿轴向移动，在真空容器中进行电流开断与关合，以真空度为6.6×10^{-2} Pa以上的高真空作为绝缘和灭弧介质。真空度为6.6×10^{-2} Pa的空间，其气体相对大气压下的空间来说比较稀薄，分子的自由行程大，发生碰撞游离的机会少，因此其绝缘强度比变压器油、1个大气压下的六氟化硫和空气高很多。另外，真空间隙击穿产生的电弧，是由触头电极蒸发出来的金属蒸气形成的，很容易熄灭。

真空断路器的触头一般采用磁吹对接式，如图4-2所示，其触头的中间是一接触面的四周开有三条螺旋槽的吹弧面。触头闭合时，只有接触面相互接触；当开断电流时，最初在接触面上产生电弧，在电弧磁场作用下，驱使电弧沿触头四周切线方向运动，即在触头外缘上不断旋转，避免了电弧固定在触头某处而烧损触头。

2. 真空断路器的优点及存在问题

真空断路器具有以下优点：

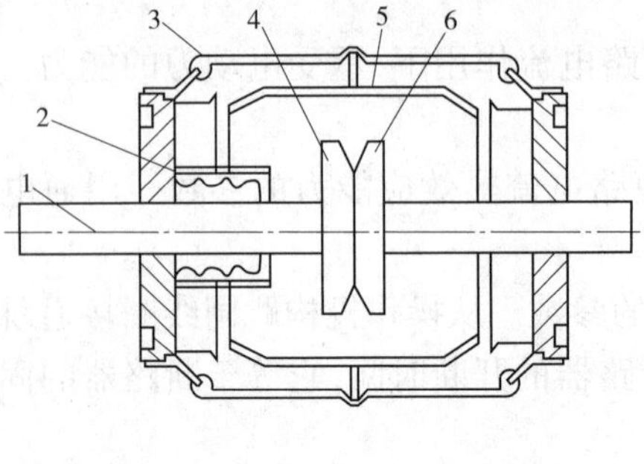

1—动触杆;2—波纹管;3—外壳;4—动触头;5—屏蔽罩;6—静触头

图 4-1 真空灭弧室的结构原理

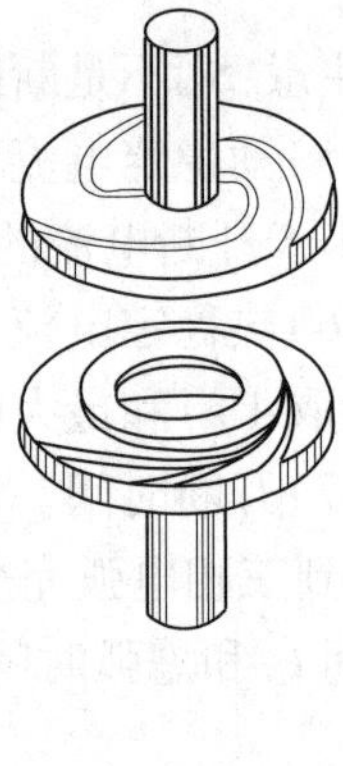

图 4-2 内螺槽触头

(1)寿命长,适于频繁操作。真空开关的触头不氧化,烧损量小,满容量开断次数可达 30 次以上,而少油断路器满容量开断最多 3 次即需检修。10 kV ZN 系列真空断路器额定电流开断次数为 10 000 次,远高于 SN10 – 10 型少油断路器。

(2)触头开距与行程小,仅为油断路器开距的 1/10 左右,这不仅减小了灭弧室体积,而且大大减小了操动机构的合闸功,并且分合闸速度快,操作噪声及机械振动均小。

(3)燃弧时间短,一般不超过 20 ms,燃弧时间基本上不受分断电流大小和负载性质的影响。

(4)可以无油化,防火防爆。由于触头密封在灭弧室内,灭弧过程与外界隔绝,既不受外界污秽的影响,也不污染外界。

(5)体积小,质量轻,10 kV 级真空断路器的质量约为少油断路器的一半。

(6)检修间隔时间长,维护方便。

真空断路器目前存在的弱点和问题有:

(1)真空灭弧室的真空度保持和有效的指示尚待改进。在通常情况下,真空度在 20 年内能保持在 1.3×10^{-2} Pa 以上,但真空度可能因某些意外(如外壳破裂、波纹管疲劳而漏气等)而降低,并且尚无很可靠的检测方法。

(2)价格较昂贵,约为相同额定参数的少油断路器价格的 4 ~ 5 倍。

(3)容易产生危险的过电压。这个问题正从改进触头材料和结构方面逐步解决。

3. 常用真空断路器

1)国产 ZN□和 ZW□系列产品

ZN□系列用于户内配电装置,ZW□系列用于户外配电装置,主要有 12 kV 和 40.5 kV 两个电压等级。

ZN28 – 12 是目前在 10 kV 电压等级上使用最多的真空开关,产品结构为落地式,配 CD17 型直流电磁操动机构或 T17 电机储能弹簧机构,既可单独使用,也可做成断路器手车,配 JYN、KYN 型户内手车式开关柜。

40.5 kV 户内高压真空断路器有 ZN85 – 40.5/T(3AV3)与 KYN61 – 40.5(Z)开关柜配套使用,ZN23 – 40.5、ZN39 – 40.5、ZN12 – 40.5 一体式真空断路器手车与 JYN1 – 40.5、GBC – 40.5 开关柜配套使用,ZN12 – 40.5 一体固定式真空断路器与 XGN17 – 40.5

开关柜配套使用。

ZW□系列有 ZW6－12、ZW7－40.5、ZW8－12、ZW10－12、ZW32－12、ZW7－40.5、ZW30－40.5 等产品，其中 40.5 kV 产品机构箱内配有装入式电流互感器，方便使用。

FZW□－12 系列户外交流高压真空隔离负荷开关，用于 10 kV 配电网。可开断和关合负荷电流，也可开断空载变压器以及定距离空载线路、电力电缆和电容器组，还具有开断短路电流能力，具有分断、隔离、连接、切换、保护等功能。

2）西门子产品 3AE－SION 真空断路器

3AE－SION 真空断路器是西门子结合 30 多年的真空产品设计和运行经验，并针对中国电力市场开发和生产的最新一代产品，融合了德国的最新科技。紧凑型、模块化设计使安装简单化，接线灵活化，可选的相距及极距满足各种特殊需要。机电寿命可达到 30 000次，在正常工况下，10 000 次操作次数内免维护。断路器采用了大爬距绝缘设计，配用最新开发的大爬距真空灭弧室，适合全绝缘运行工况的要求。

中德专家联合研发的第三代 VEP 中压固封极柱式真空断路器，将超低阻型真空灭弧室及一次回路主导电件固封在环氧树脂内可适用于恶劣工作环境；固封极柱中缓冲层的应用保证了固封极柱在各种运行环境下更为可靠；固封极柱固体绝缘从一定程度上替代了六氟化硫气体作为外绝缘的需要，因而更加环保；超低阻型真空灭弧室的应用从根本上满足了大电流真空断路器对温升的要求并降低了电能损耗；优化且模块化的弹簧操动机构可靠性高，维护方便，因此是第二代套筒式真空断路器的换代产品。

3）ABB 产品 VD4 和 VD4M

VD4 真空断路器为户内式开关设备元件，在工作电流范围内进行频繁的操作或多次开断短路电流；机械寿命可高达 30 000 次，满容量短路电流开断次数可高达 100 次。适合于重合闸操作并有极高的操作可靠性与使用寿命，安装形式既可以是固定式，也可以是抽出式，还可安装于框架上使用。VD4M 与 VD4 比较主要有两点改变：VD4M 型的相柱为环氧树脂包封式，并配用永磁机构。

真空断路器都有向智能化方向发展的趋势，即配置了数字监控装置。

（二）六氟化硫（SF_6）断路器

利用六氟化硫气体作为绝缘及灭弧介质的断路器称为六氟化硫断路器。目前六氟化硫断路器已经成为我国 35 kV 及以上屋外高压断路器的首选品种，已经取代原来的油和空气作为灭弧绝缘介质的断路器。

1. 六氟化硫气体的特性

1）物理性质

六氟化硫为无色、无味、无毒、不可燃且透明的惰性气体，分子量为 146.07，比空气重 5 倍。六氟化硫气体在不同的压力下，其液化温度不同。在常压下，液化温度为－63.8 ℃，而在常温（10～20 ℃）下，其液化压力为 1.5～2.0 MPa。六氟化硫在水和油中的溶解度很低。六氟化硫的热导率随温度不同而变化，它在 2 000～3 000 K 时，具有极强的导热能力，而在 5 000 K 左右时热导率极低。正是由于这种特性，对熄灭电弧起重要作用。

2）化学性质

六氟化硫在常温下是极为稳定的化合物，其惰性远远超过氮气，它与氧气、氢气、铝及其他物质不发生作用。在大气压力下,至少在500 ℃以下保持高度的化学稳定性。只是在2 000 K以上才有较强烈的分解,当温度升到3 700 K以上时,大部分可分解为硫和氟的单原子,但一旦促使它们分解的能量消除(温度降低),分解物将迅速在小于10 s时间内再结合成六氟化硫。但在有水分混入时,在电弧高温下会生成有严重腐蚀性的氢氟酸。因此,控制六氟化硫气体中的含水量是很重要的。另外,六氟化硫在电晕、电弧或高温加热下分解,发生化学反应,产生极少量对人体有剧毒的微量物质,可破坏眼、鼻等处黏膜组织,引起呼吸系统疾病如肺气肿,应给予充分重视,可用吸附剂如活性氧化铝、分子筛、SE-1和FO_3等物质过滤以除去有毒物质。用于电器内部的结构材料应避免含有硅元素,如含有硅的陶瓷、玻璃等,因为F、HF等分解物对硅有强烈腐蚀作用,以氧化铝为填料的环氧树脂等是比较好的材料。

3)绝缘性能

六氟化硫气体绝缘性能很好,在均匀电场及相同压力下,六氟化硫的绝缘性能为空气的2~3倍;在3倍大气压下,六氟化硫气体与变压器油的绝缘强度相同。因为六氟化硫分子直径比空气中的氧、氮等分子大得多,所以电子在六氟化硫气体中的平均自由行程很短,它经常要与中性分子发生弹性碰撞,并将积累起来的动能消耗掉,所以发生碰撞游离的几率是很小的。

再者,六氟化硫为强电负性气体,即六氟化硫气体及由它分解出的氟原子,在10^3 K以下对电子有很大的亲和力,能吸附电子生成负离子,使空间的自由电子减少,而负离子活泼性很差,易与正离子复合形成中性粒子,基于上述原因,绝缘强度将大为提高。

4)灭弧性能

六氟化硫气体具有很强的灭弧能力,在静止的六氟化硫气体中,其开断能力要比空气大100倍。当用六氟化硫气体吹弧时,采用不高的压力和不太高的速度,就能在高电压下开断相当大的电流。

2. 六氟化硫断路器的优缺点

1)优点

(1)灭弧室单断口耐压高(可达400 kV)。对于同一电压等级的产品,它的断口数目比压缩空气断路器和少油断路器少。例如LW6-500型六氟化硫断路器为4个断口串联,而KW4-500型空气断路器为8个断口串联。

(2)开断能力大,通流能力强。因六氟化硫气体热导率高,对触头及导体冷却效果好。在六氟化硫气体中工作的触头,不与氧气接触,不会氧化,接触电阻保持稳定。所以,额定电流可达到8 000 A以上。

(3)电寿命长,检修间隔周期长。因六氟化硫气体中触头烧损极为轻微,六氟化硫分解后还可以还原。在电弧作用下的分解物不含有碳等影响绝缘能力的物质。在严格控制水分的条件下分解物无腐蚀性。

(4)开断性能优异。六氟化硫气体中电弧能量较少,介质恢复速度特别快,因此开断离断路器出口处0.5~8 km范围内发生的故障性能特别好。在六氟化硫气体中的电弧,当电弧电流过零时,其介质强度恢复率可达每微秒数千伏,因而能在失步开断、异相接地短路等苛刻条件下开断电弧电流。

六氟化硫断路器除能开断很大的短路电流外，还能开断空载长线路（或电容器组）不发生电弧重燃现象，因而过电压小。

（5）无火灾危险，无噪声公害。

（6）发展六氟化硫全封闭式组合电器，可以大大减小变电所占地面积，可以“下地”、“入洞”、“高压进城”，对负荷集中、用电量大的城市户内变电所或地下变电所特别有利。

2）缺点

（1）在不均匀电场中，气体的击穿电压下降很多。因此，对断路器零部件加工要求高。

（2）对断路器密封性能要求高，对水分与气体的检测与控制要求很严。

（3）六氟化硫容易液化，－40 ℃时，工作压力不得大于0.355 MPa；－30 ℃时，工作压力不得大于0.5 MPa。

3. 六氟化硫断路器的分类

六氟化硫断路器按结构型式可分为绝缘子支柱式与落地罐式两类。

绝缘子支柱式类同常规的压缩空气断路器与少油断路器，只是用气体代替了压缩空气或油。这种断路器属积木式结构，系列性及通用性强，灭弧室可布置成T形或Y形。

落地罐式类同多油断路器的形式，但气体被密封在一个罐内，灭弧装置装在罐内，导电部分借助绝缘套管引出，套管的底部可装电流互感器。这种结构的整体性强，机械稳固性好，防振能力强，但系列性差。

目前，国内生产的六氟化硫断路器有10～500 kV电压等级的产品。如LW□－12、LW□－40.5、LW□－126等各电压系列。此外，常与配电装置中的其他电器，如互感器、母线、隔离开关等一起构成六氟化硫封闭式组合电器（GIS），可大量节省场地和建筑面积。

六氟化硫环网供电单元以体积小、不受环境影响及安全可靠而著称。六氟化硫环网供电单元一般由进线间隔、出线间隔及变压器回路间隔组成。从结构上看，有紧凑型和扩充型。

（三）油断路器

在高压断路器的多种类型中，油断路器曾是我国应用最普遍的一类。由于存在一系列明显的缺点，油断路器正在逐步被真空断路器和六氟化硫断路器所代替。因此，油断路器的工作原理和构造可参阅有关书籍，在这里不再介绍。

（四）压缩空气断路器

采用约20个大气压的压缩空气作为灭弧介质和断口弧隙绝缘介质的断路器，叫做压缩空气断路器。它具有灭弧能力强、动作迅速等特点。但结构复杂，金属材料消耗量大。一般用于220 kV及以上的大系统中。

三、高压断路器的操作机构

断路器在工作过程中的合、分闸动作是由操动系统来完成的。操动系统由相互联系的操作机构和传动机构组成。后者常归入断路器的组成部分。操动机构的工作性能和质量对断路器的工作性能和可靠性影响很大。

（一）操作机构的分类和基本要求

根据正常操动合闸所直接利用的动能形式的不同，操动机构分为手动型、电磁型、电动型、液压型、气动型和弹簧型等多种类型。除手动型外，其他均为自动操动机构。其中，电磁型和电动型需直接依靠合闸电源提供操动功率；液压型、气动型和弹簧型则只需间接利用电能，并经转换设备和储能装置用非电能形式操动合闸，故短时失去电源后可由储能装置提供操动功率，因而减小了对电源的依赖程度。

断路器操动机构的类型和产品型式多种多样，但其基本要求是一致的，主要有以下几个方面。

1. 具有足够的操作功

在操作合闸时操作机构要输出足够的操作功，除保证断路器获得一定的合闸速度外，还要克服分闸弹簧的反力并储能于分闸弹簧中，以实现快速的分闸。若操作功不够，在断路器关合到短路电路时，有可能出现触头合不到底等情况，对断路器极为不利。

2. 有维持合闸装置

上述巨大的操作功率不能在合闸后仍长期提供。为保证当操作功消失后，在分闸弹簧的强劲作用下断路器仍能维持合闸状态，操作机构中必须有维持合闸的装置，且该装置不应消耗功率，实现"无功维持"。

3. 有可靠的分闸装置和足够的分闸速度

操动机构的分闸装置，其实就是解除合闸维持、释放分闸弹簧储能的装置。它除需满足远距离自动和手动操作外，还应能就地进行手动脱扣。为了设备和系统的安全，分闸装置务必工作可靠、灵敏快速，在任何情况下不允许误动或拒动。断路器分闸后，操动机构应自动回复到准备合闸位置。

4. 具有自由脱扣装置

在断路器进行合闸的过程中又接到分闸命令时，操作机构应立即终止合闸过程，迅速进行分闸。这种在合闸过程中的分闸叫做自由脱扣。可见自由脱扣装置是分闸装置的重要补充，二者常结合在一起。无论对自动或手动操动机构，该装置都是不可缺少的。

对应上述基本要求，不论何种型式的操作机构均由作功（合闸）元件、合闸维持装置、分闸与自由脱扣装置、缓冲元件及部分操作电路等部分组成。

（二）操作机构的结构及工作原理

1. 电磁操作机构（CD 系列）

直接依靠电磁力合闸的操作机构称为电磁操作机构。它结构简单、工作可靠、价格低廉，但直接依赖合闸电源，所需功率较大，结构较笨重，合闸时间还不够短，一般只用于 110 kV 及以下的断路器中。下面以 CD10 型电磁操作机构为例，介绍操作机构的结构及工作原理。

CD10 型是一种户内壁挂式操动机构。可以电动合闸、电动分闸、手动分闸、非正常手动合闸，也可进行自动重合闸。操动电源采用直流 220 V 或 110 V。

1）结构原理

如图 4-3 所示，CD10 型操动机构主要由以下三部分组成。

（1）合闸电磁系统。该系统位于操动机构的中、下部，由合闸线圈 10、合闸铁芯 15、

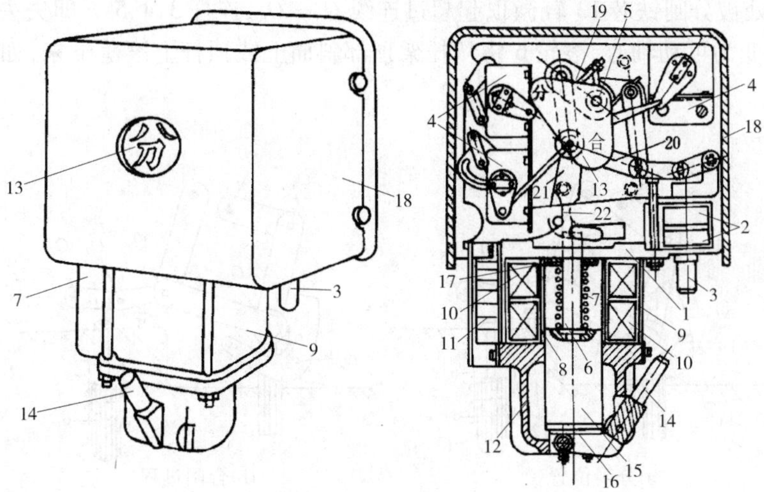

1—铸铁支架;2—分闸线圈;3—分闸铁芯;4—辅助开关;5—操动轴;6—顶杆;7—复位弹簧;
8—内圆筒;9—外铁筒;10—合闸线圈;11—接线板;12—缓冲法兰;13—位置指标牌;
14—手动合闸手柄;15—合闸铁芯;16—橡皮衬垫;17—黄铜垫;18—外壳;19—操动拐臂;
20—自由脱扣机构;21—维持托架;22—托架复位弹簧

图 4-3　CD10 型操动机构结构图

铸铁支架 1、内圆筒 8、外铁筒 9、缓冲法兰 12、橡皮衬垫 16 及复位弹簧 7 等组成。铸铁支架的水平部分、外铁筒和缓冲法兰的上部经铁芯组成一个闭合磁路。外铁筒和内圆筒构成保护线圈的护套。在合闸铁芯的上顶端装有顶杆 6,当合闸线圈得电时,铁芯向上运动,利用顶杆驱动机械传动装置(属自由脱扣机构)使断路器合闸。在顶杆 6 上还套装复位弹簧 7,合闸时,复位弹簧被压缩,合闸后,通过辅助开关 4 将合闸电源切断,合闸铁芯在重力和复位弹簧的作用下,克服剩磁的影响迅速落下。此外,在铸铁支架水平部分的下端还设一黄铜(或铝)垫也对削弱剩磁力有益。

(2)维持机构。如图 4-4 所示,维持机构由托架 9 和弹簧 10 组成。托架由两块形状相同的弯板相互固结,其间可通过合闸铁芯的顶杆 11,并可绕一固定的转动中心 O_8 向左偏转,但不能倒向右侧。合闸时,顶杆向上顶起滚轮 6,托架向左偏转让过滚轮。当滚轮被举高超过托架顶面时,托架便在弹簧 10 的作用下复位到滚轮的下方,托住滚轮不随合闸铁芯和顶杆一起下落,从而将断路器维持在合闸位置。这时,滚子的压力方向略偏于轴心 O_8 的右边,使托架保持稳定。同时因托架顶面略向右倾斜,滚子有一向右的分力,由自由脱扣机构平衡。解除合闸维持的唯一条件是自由脱扣机构脱扣,使滚子在托架顶面向右滚落。

(3)自由脱扣机构。如图 4-4 所示,自由脱扣机构位于操动轴拐臂 8 和合闸电磁系统之间,由连杆 1 ~ 5、滚轮 6、支撑杆 12 和分闸铁芯 13 等组成。其中连杆 1、2、3 具有相同的尺寸;连杆 4、5 的尺寸相同。各杆两端均与销轴铰接。销轴 O_2、O_3 及操动轴 O_1 的位置固定,其他销轴位置均可动。

自由脱扣机构有入扣和脱扣两种状态。入扣状态时,轴心 O_7 位于轴心 O_3—O_6 连线稍偏下处,依托支撑杆 12 使连杆 3、4、5 处于稳定状态,O_6 便成为临时固定轴心,这是断路器在合闸前后及合闸过程中自由脱扣机构所处的状态,如图 4-4(a) ~ (d)所示。脱扣状态时，O_7 处被分闸铁芯 13 轻微顶起超过连线 $O_3—O_6$，连杆 3、4、5 立即失去稳定，O_6 便由固定轴心变为可动轴心，滚轮 6 将从托架顶部斜面上或顶杆上滚落下来，如图 4-4(e)、(f)所示。

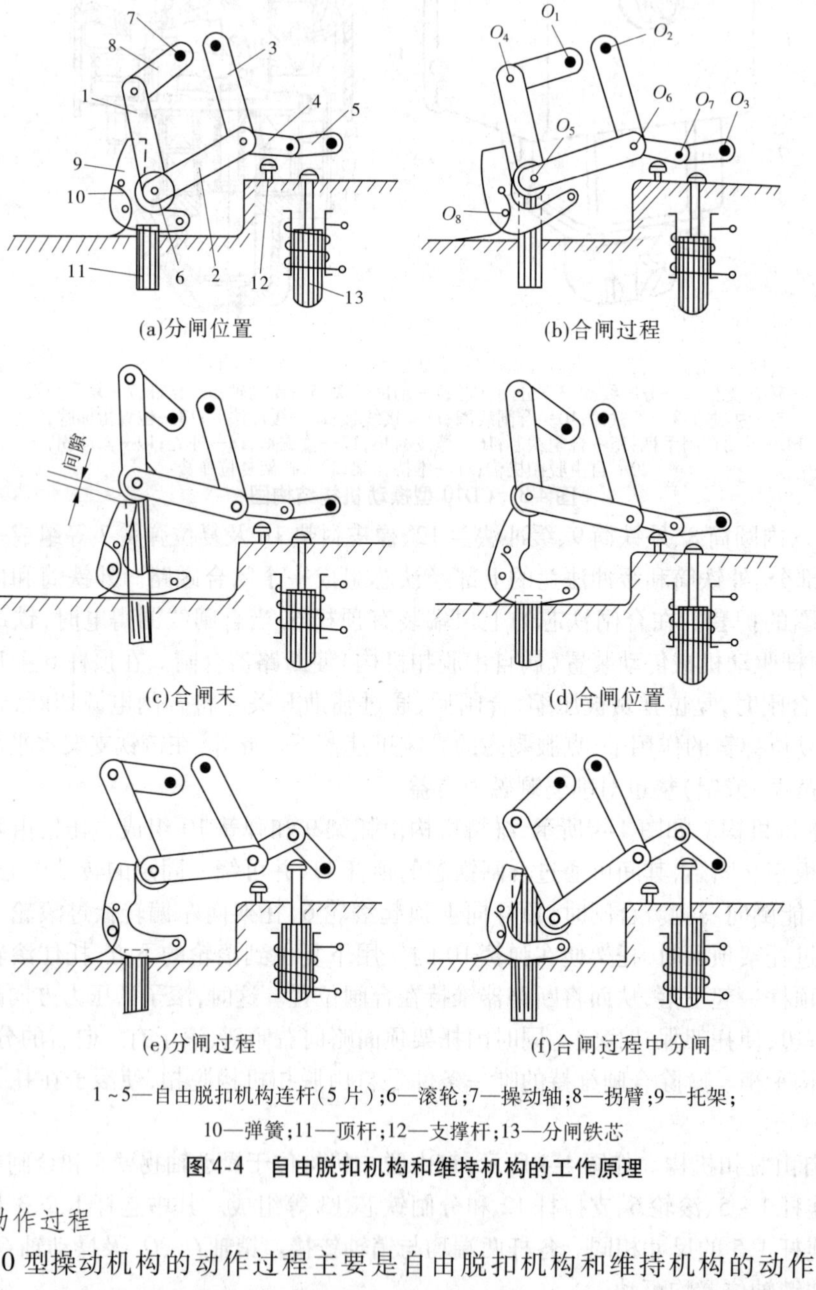

(a)分闸位置　(b)合闸过程

(c)合闸末　(d)合闸位置

(e)分闸过程　(f)合闸过程中分闸

1～5—自由脱扣机构连杆(5 片)；6—滚轮；7—操动轴；8—拐臂；9—托架；
10—弹簧；11—顶杆；12—支撑杆；13—分闸铁芯

图 4-4　自由脱扣机构和维持机构的工作原理

2）动作过程

CD10 型操动机构的动作过程主要是自由脱扣机构和维持机构的动作过程。如图 4-4所示。操动轴 7 与拐臂 8 为硬性连接。图 4-4(a)～(d)为合闸全过程，自由脱扣机构均处于入扣状态，即 O_6 为固定轴心。滚轮 6 在顶杆 11 的驱动下，以 O_6 为中心、以连杆 2 为半径作圆弧运动，并通过连杆拐臂机构 1～8，驱动操动轴 7 按顺时针方向转动合闸。

这一过程中,合闸电源的切断时机最为重要,应以电动合闸时滚轮冲过托架顶面一定间隙为宜,如图 4-4(c)所示。切断过早,托架不能复位而无法维持合闸;切断过迟则可能烧毁合闸线圈和冲坏机构。调节辅助开关(图 4-3 中的 4)的驱动螺杆长度即可改变切断电源的时机。

在图 4-4(e)、(f)中,因分闸铁芯 13 的顶杆的冲击,自由脱扣机构进入脱扣状态,即 O_6 由固定轴心变为可动轴心。滚轮 6 在向右的分力作用下从托架顶面(见图 4-4(e))或从顶杆顶面(见图 4-4(f))向右滚落而分闸。当合闸铁芯和分闸铁芯都回落复位后,自由脱扣机构凭自身重量使滚轮回落到托架下部的圆弧中,并重新进入入扣状态。操作机构又回到合闸前状态,如图 4-4(a)所示。

目前使用的主要有 CD17、CD17A 等。

2. 弹簧操作机构(CT 系列)

断路器的弹簧操作机构是利用弹簧储存的能量进行合闸的机构。其优点是不需要大功率合闸用直流电源,动作迅速;缺点是机械结构比较复杂,加工制造和调整的工艺要求高,故障概率相对较高。

3. 液压操作机构(CY)

断路器的液压操作机构是利用压缩气体储能,用压力油作为传递动力的介质,并借助各种操作油阀进行控制,全面实现操动机构的各项要求。该类操动机构结构比较复杂,制造工艺和密封要求较高,但动作迅速,体积小,噪音和冲击力都很小,不需要大功率合闸电源,短时失去电源仍可进行合分闸,在 110 kV 及以上的断路器配套中得到广泛应用。

第三节　隔离开关

隔离开关是高压电力系统中保证工作安全的开关电器。其结构较为简单,没有专门的灭弧装置,因此只能开断很小的电流,不能用来开断负荷电流。该电器在分闸时,动、静触头间有明显可见的断口,绝缘可靠。

一、隔离开关的作用

(1)隔离电源。在进行 1 kV 以上的高压电气装置检修的时候,用隔离开关将需要检修的线路或电气设备与电源隔离,以保证检修人员及设备的安全。

(2)隔离开关用于电力系统运行方式改变时的倒闸操作。例如将设备或线路从一组母线切换到另一组母线。

(3)隔离开关可以用于投、切小电流电路。例如电压互感器、避雷器回路、长度不超过 10 km 的 35 kV 空载线路或长度不超过 5 km 的 10 kV 空载线路、35 kV 1 000 kVA 及以下和 110 kV 3 200 kVA 及以下的空载变压器等。

二、隔离开关的型号

隔离开关型号含义如下:

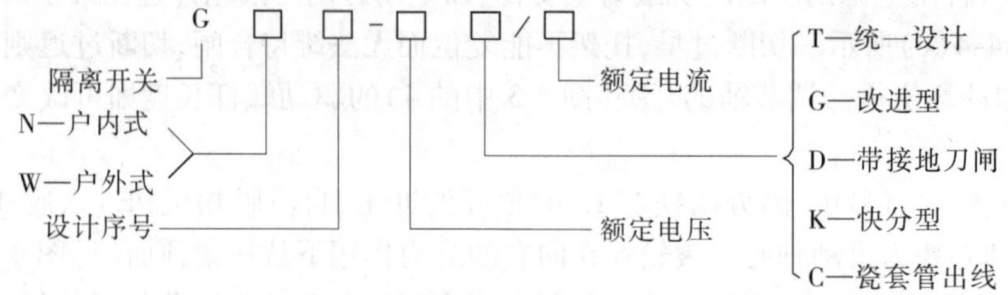

例如,GN19－10T/400隔离开关为户内隔离开关,额定电压为10 kV,额定电流为400 A。

三、隔离开关的分类

(1)按装设接地点的不同,分为户内式和户外式两种。

(2)按绝缘支柱数目分为单柱式、双柱式和三柱式三种。

(3)按动触头运动方式可分为水平旋转式、垂直旋转式、摆动式和插入式等。

(4)按有无接地闸刀,可分为无接地闸刀、一侧有接地闸刀、两侧有接地闸刀三种。

(5)按操动机构的不同,分为手动式、电动式、气动式和液动式等。

(6)按极数分为单极、双极、三极三种。

(7)按安装方式分为平装式和套管式等。

四、户内式隔离开关

户内式隔离开关都采用闸刀形式,有单级和三极(三相)两种。闸刀的运动方式为垂直旋转式。其基本组成部分是导电回路、传动机构、绝缘部分和底座。

(一)GN6型和GN8型隔离开关

GN6型和GN8型隔离开关均为三级式,其结构基本相同,所不同的是GN6型为平装式,而GN8型为穿墙式,即GN6型采用支柱瓷绝缘子,而GN8型部分或全部采用套管绝缘子。

如图4-5所示,电回路主要由闸刀(动触头)、静触头及接线端组成。静触头固定在支柱绝缘子上;闸刀由两片刀片做成,一端通过销轴固定在另一组支柱绝缘子的触头座上。合闸时两片刀片夹紧静触头。为了保证动、静触头间的接触压力和压缩行程,在闸刀与静触头接触处装有弹簧。对额定电流较大的还普遍采用磁锁装置来加强动、静触头间通过短路电流时的接触压力。磁锁装置的作用原理如图4-6所示,当短路电流沿并行的两片闸刀流向静触头时,刀闸外侧的两片钢片受磁力作用互相吸引,增加了刀闸对静触头的接触压力,从而保证触头对短路电流的稳定性。

隔离开关利用操动机构通过传动连杆使三相连动的转轴转动,再通过每相的拐臂——连杆(即拉杆瓷瓶)驱动各相闸刀作垂直旋转,从而达到合分闸操动的目的。

目前,GN6、GN8型隔离开关已被GN19型取代。

(二)GN19型隔离开关

GN19型隔离开关有平装型(GN19－12型)和穿墙型(GN19－12C型)两种,在结构上与GN6型和GN8型基本相同。主要不同点是闸刀改用两槽型铜片以提高机械强度和

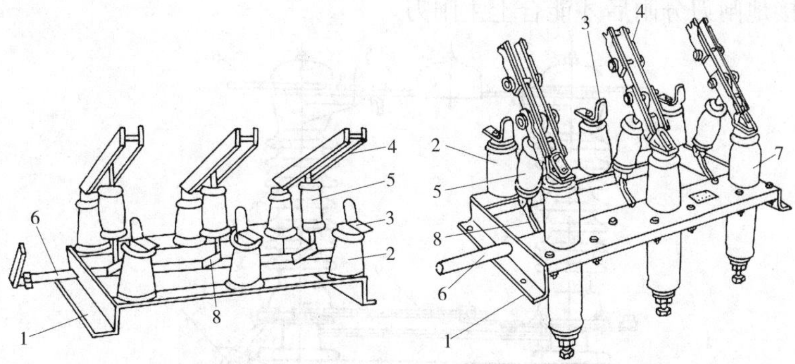

(a)GN6型　　(b)GN8型

1—底座;2—支柱绝缘子;3—静触头;4—闸刀;5—拉杆瓷瓶;6—转轴;7—套管绝缘子;8—拐臂

图 4-5　GN6 型和 GN8 型高压隔离开关

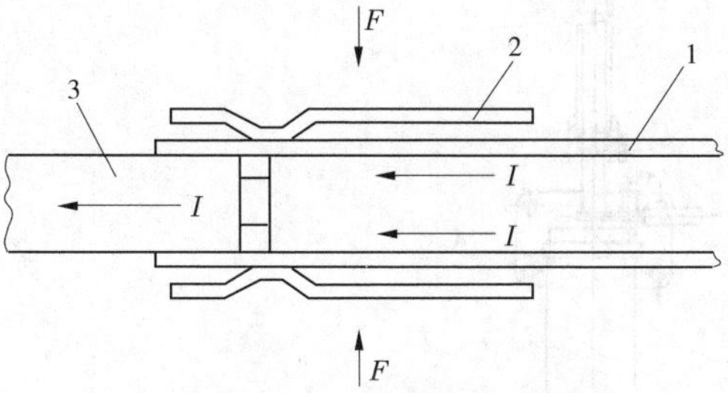

1—并行闸刀片;2—钢片;3—静触头

图 4-6　磁锁装置的作用原理

散热效果。容量较大的亦加装磁锁装置。该型隔离开关的额定电压为 10 kV,配用 CS6－lT(G)型手动操动机构。

(三)GN28－12 型隔离开关

GN28－12 型隔离开关为组合式,适用于 XGN1 型箱式柜,分母线隔离开关和线路隔离开关两种。母线隔离开关、线路隔离开关、旁路隔离开关的开关两侧各一组接地刀闸组装在一个构架上,既缩小了体积,又便于整组安装,免去了运行人员挂拆接地线工作量,以及挂拆接地线不当造成的人身和设备事故。隔离开关配用旋转式全机械闭锁机构,具有操作简便灵活、五防功能可靠等特点。配用 CS6－1 型手动操动机构。

五、户外隔离开关

户外隔离开关的工作条件比较复杂,应能抵抗冰、雪、雨、风、暴晒、酷热等恶劣气候长期反复的作用,一般要求有较高的绝缘和机械强度。

110 kV 及以下电压等级主要有 GW4(双柱平行结构)和 GW5(双柱 V 字形结构)系列,有带接地刀闸和不带接地刀闸两种。如图 4-7 所示为 GW4－35G(D)型一相结构图。绝缘支柱 2 分别装在底座 1 的轴承座上,用交叉连杆 9 连接两绝缘支柱主轴 8 和 8′的拐臂,可使两主轴同步反向转动 90°。导电杆分成 3 和 5 两段,分别固定在两个绝缘支柱顶部,其触头为指形结构。接地闸刀取垂直转动,并通过单独的一套操动机构和传动机构作三相连动操作。它与主传动机构相互连锁,以保证只有在主闸刀分闸后才能合上接地闸刀,也只有在接地闸刀分闸后才能合上主闸刀。

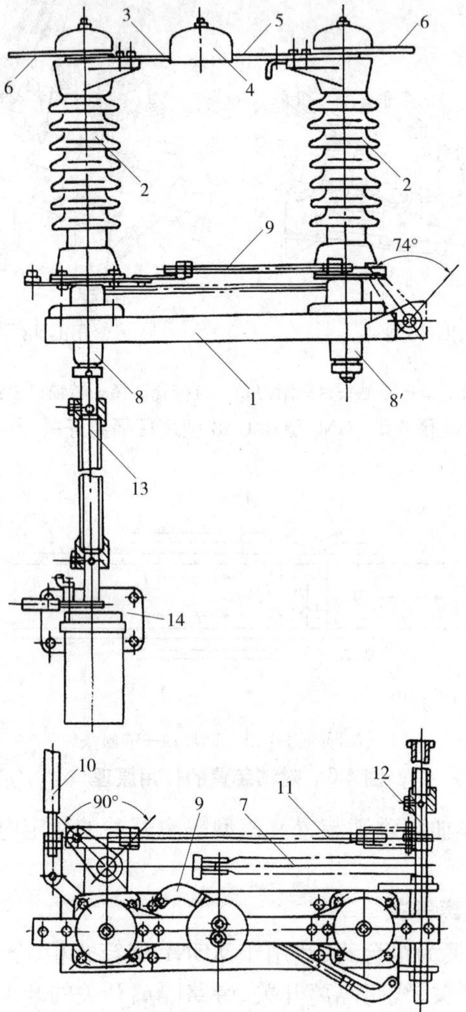

1—底座;2—绝缘支柱;3—左闸刀;4—触头及防护罩;5—右闸刀;6—接线端;
7—接地闸刀;8—轴;9—交叉连杆;10~13—连杆;14—操动机构

图 4-7　GW4-35G(D)型隔离开关一相结构图

第四节　高低压熔断器

熔断器是最简单和最早使用的一种保护电器。当电路发生短路或严重过载时,直接利用熔体产生的热量引起本身熔断,从而切断故障电路,使电气设备免遭损坏,并维持电力系统其余部分的正常工作。

一、基本知识

(一)基本构成和工作原理

熔断器主要由金属熔件(熔体)、支持熔件的触头、灭弧装置和绝缘底座等四部分构成。其中决定其工作特性的主要是熔体和灭弧装置。常用的熔体材料有铅－锡合金、铅、锌、铜和银等。

铅－锡合金、铅和锌的熔点较低，分别为200 ℃、237 ℃和420 ℃，但电阻率都较大，故熔件的截面较大（尤其是额定电流大时），产生的金属蒸气多，不利于灭弧，故这类材料的熔体只用于500 V及以下的低压熔断器。锌与其他两种相比虽熔点较高，但它在空气中不易氧化，因而保护特性较稳定。

铜的导电、导热性能良好，用它做成的熔体截面小，在电弧作用下的金属蒸气少，有利于提高熔断器的切断能力。但铜的熔点高达1 080 ℃，当工作电流略小于熔体额定电流时，铜熔体发热可能高达近1 000 ℃而未熔化，这对触头系统和其他部件都非常不利，可利用"冶金效应"加以解决。即在熔体某点（通常在熔体中段）的表面上焊上小锡（或铅）球，当铜熔体温度升高时，小球中的锡（铅）熔化而渗入固体铜内部，形成铜－锡（铅）合金。其内阻增大，发热加剧，而熔点降低，致使锡球处在较低的温度下熔断，继而产生电弧使铜熔体在电弧的高温下熔化和气化。另外，铜在空气中特别是在高温下较易氧化，可采用镀银的办法解决。经过以上处理，铜便成为较理想的熔体材料，广泛地应用于高压和低压熔断器。

如果熔断器中只有熔体的熔断而无可靠的灭弧，则不仅不能切断故障电流，而且势必引起事故的扩大。熔断器的灭弧是由专门的灭弧装置——装有熔体的熔管来完成的。

（二）熔断器的分类

按熔断器的安装地点可分为户内式和户外式；按使用电压的高低分为高压熔断器和低压熔断器；按灭弧方法及主要由其所决定的结构特点的不同分为瓷插式、封闭产气式、封闭填料式和产气纵吹式等；按限流特性分为限流式和非限流式。

若故障电路中的熔断器在开断过程中通过的最大短路电流值比无熔断器时有明显的减小，则为限流熔断器。反之，如果熔断器在开断过程中对通过的电流值无明显的影响，则为非限流式。

高压熔断器的型号含义如下：

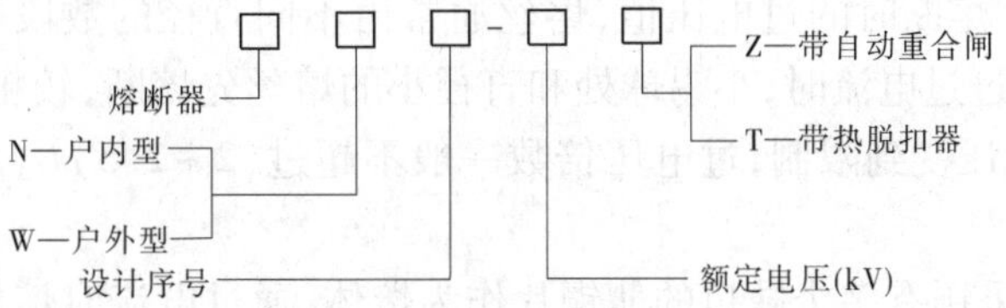

（三）熔断器的技术特性与参数

熔断器的额定参数有：

（1）熔断器的额定电压。它指断路器长期能够承受的正常工作电压。一般等于安装处的电网额定电压。

（2）熔断器的额定电流。它指一般环境温度（不超过40 ℃）下熔断器壳体的载流部分和接触部分允许通过的长期最大电流有效值。

（3）熔体额定电流。它指允许长期通过熔体不致发生熔断的最大电流有效值。该电流可小于或等于熔断器的额定电流，但不能超过。

(4)熔断器的开断电流。它指熔断器允许切断的最大电流有效值，由熔断器的灭弧能力决定。

(四)熔断器的安秒特性

熔断器的安秒特性是指熔断器的熔体熔断时间 t 与电流 I 之间的关系曲线，如图 4-8 所示。由图可知，通过熔体的电流越大，熔断时间越短；反之，通过熔体的电流越小，熔断时间越长。当电流减小到某一值 I_{min} 时，熔断时间为无穷大，此电流称为熔体的最小熔断电流。I_{min} 与熔件额定电流 I_{jN} 之比值称为熔断系数，该系数一般为 1.2～1.5。

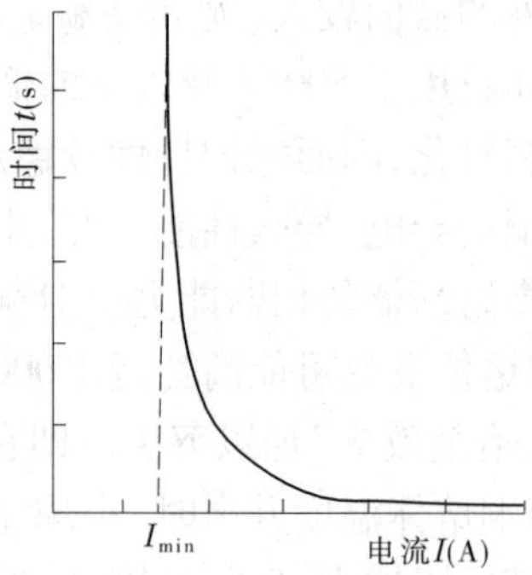

图 4-8　熔断器的安秒特性曲线

二、高压熔断器

(一)户内高压熔断器

目前常见的户内高压熔断器有 RN1、RN2、RN3 和 RN4 等型，用于 6～35 kV 的户内配电装置中。它们均为填充石英砂的限流型熔断器。其中 RN1 和 RN3 型用于交流电力线路及配电变压器的过载及短路保护；RN2 型只用于电压互感器的保护，其额定电流只有 0.5 A 一种。

1. RN1 型等户内型高压熔断器

RN1 型熔断器主要部件熔管的结构如图 4-9(b)、(c)所示。瓷管内部的石英砂 10 形成大量细小的固体介质狭缝狭沟，对电弧起分割、冷却和表面吸附(带电粒子)作用，同时缝隙内骤增的气体压力也对电弧起强烈的去游离作用，致使电弧呈截波式地迅速熄灭。额定电流为 7.5 A 及以下的熔体，由于熔丝很细且长，应绕在瓷芯棒 7 上加以固定，如图 4-9(c)所示，同时亦可缩短熔管的长度。额定电流 10 A 及以上的熔体较粗些，由 1、2 根或 4 根镀银熔丝并联，各绕成螺旋形(以增大熔丝长度)直接埋在石英砂中，如图 4-9(b)所示。为了限制熔断时的过电压值，熔丝通常由不同直径的数段串联而成。连接处焊有小锡球 9，当流过过电流时，小锡球处和直径小的熔丝先熔断，较粗段后熔断，因每段熔丝不长，使击穿电压受到限制，过电压倍数一般不超过(2～2.5) U_N。熔体熔断后由指示装置 12 显示。

RN3 型熔断器采用有多个缺口的薄铜片作为熔体，通过电流时熔体各部件的温度不同，可保证在正常工作时的触头和其他部件不致过热；在过电流时则缺口处先行熔断，从而限制过电压倍数在 2.5 倍以下。该型熔断器的其他构造和性能则与 RN1 型基本相同。

RN5 型的熔管与 RN1 型通用，故它们的保护特性相同。但 RN5 型采用多棱支柱绝缘子，并在外形上做了一些改进，使之体积更小、质量更轻，泄漏距离和防污性能也有所改善。

2. RN2 型熔断器

RN2 型熔断器的结构原理与 RN1 型和 RN5 型相同，但熔体只有 0.5 A 一个规格，专用于电压互感器保护。该熔断器无指示装置，动作后可由电压互感器二次侧的电压表判断。

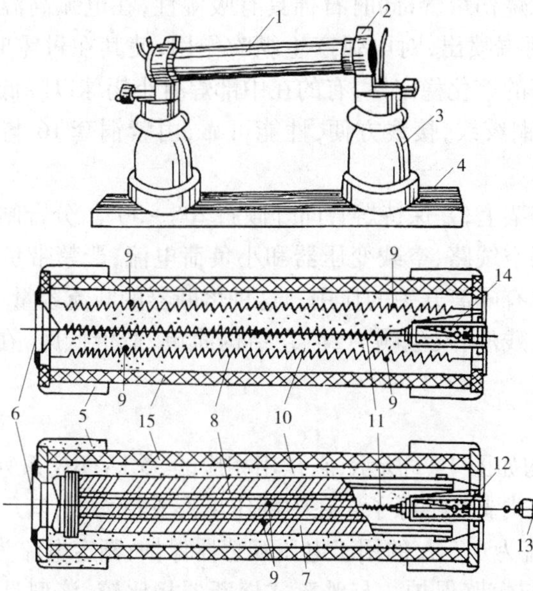

1—熔管;2—插座;3—支柱绝缘子;4—底座;5—端帽;6—端盖;7—瓷芯棒;8—熔体;9—小锡球;10—石英砂;11—拉丝;12—指示装置;13—小铜帽;14—弹簧;15—瓷管

图 4-9　RN1 型熔断器的外形及结构

(二)户外高压熔断器

户外高压熔断器分为跌落式和限流式两类,前者用于输配电线路和电力变压器的过载和短路保护,后者主要用做电压互感器及其他用电设备的过载和短路保护。

1. RW 系列跌落式熔断器

跌落式熔断器在 6 ~ 10 kV 配电变压器上用得很普遍。它们的结构基本相同,由熔管和上、下动静触头及绝缘子等组成。图 4-10 所示为 RW3 型的结构。鸭嘴罩 3 可绕销轴 O_1 转动,在弹性金属片的作用下被压向下限位置,它里面有一抵舌(搭钩)3′,在闭合时用它来卡住上动触头 2 并施加接触压力。上动触头 2 装在熔管 5 的上端,可绕销轴 O_2 转动,它在销轴弹簧的作用下力图向下运动,但被管内熔件拉紧保持在图示的上限位置。一旦熔件熔断,上动触头便在销轴弹簧的作用下向下转动,脱开鸭嘴罩内的抵舌 3′,熔管在自身重力的作用下绕 O_3 转动而跌落。

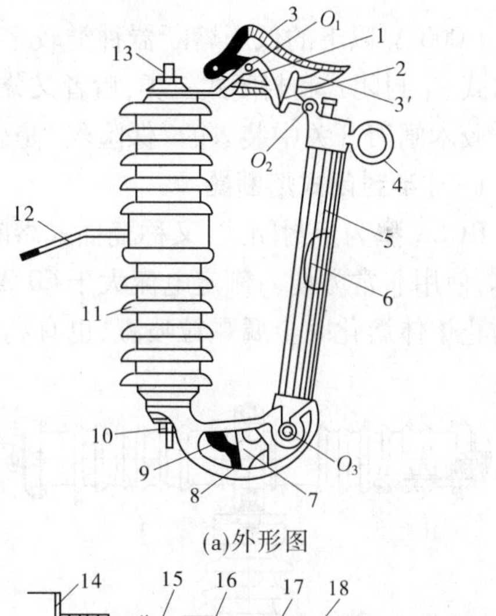

1—上静触头;2—上动触头;3—鸭嘴罩;3′—抵舌;4—操作环;5—熔管;6—熔丝;7—下动触头;8—抵架;9—下静触头;10—F 接线端;11—瓷绝缘子;12—固定板;13—上接线端;14—钮扣;15—绞线;16—紫铜套;17—小锡球;18—熔体;O_1、O_2、O_3—销轴

图 4-10　RW3 型跌落式熔断器结构原理

熔管 5 由层卷纸板或环氧玻璃钢制成,

两端开口，内壁衬以石棉套防止电弧烧伤熔管，同时石棉具有吸湿性，在电弧高温下蒸发并分解出的氢气、二氧化碳等向管两端喷出，对电弧产生纵吹作用，使其在过零时熄火。熔体由特种合金材料制成，具有良好的熔化稳定性，有的在中部焊有小锡球以降低熔化温度。熔丝的尾线采用镀锡的多股紫铜绞线，接线方便，性能可靠，由紫铜套 16 与熔体联接。

该熔断器由固定板 12 安装在支架上，并保持熔管向外倾斜 20°～30°。分合闸用绝缘钩、棒操作。可以分断和关合空载架空线路、空载变压器和小负荷电流，严禁带负荷分合闸。分断后具有明显的断开点，固具有隔离开关的作用。这种熔断器的断流容量小，熔断时还会从熔管两端喷出火焰及金属残渣，发生响声，但它结构简单，造价低廉，在 6～10 kV 户外配电变压器上应用是可取的。

2. RW10－35 型限流熔断器

RW10－35 型限流熔断器的结构如图 4-11 所示，它是用相应的 35 kV RN 系列熔管 1 装入户外式瓷套管 2 中，再用户外棒式支柱绝缘子 4 在中部作 T 形支持而成，其运行保护特性与相应 RN 系列相同。额定电流为 0.5 A 的用于电压互感器保护；额定电流为 2～10 A 的用于线路或电力变压器的过载与短路保护。与跌落式熔断器相比较，该型具有分断能力大、限流能力强、运行可靠性高等优点，布置上取水平、垂直安装均可。

三、低压熔断器

1 000 V 以下的低压熔断器种类较多，按结构（主要取决于灭弧方法）的不同可分为开启式、半封闭式和封闭式三类，后者又分为无填料管式、有填料管式和有填料螺旋管式等。

胶木闸刀开关中装入的“保险丝”是属于开启式熔断器的一种。

（一）半封闭式熔断器

RCLA 型为半封闭式，又称瓷插式熔断器，其结构如图 4-12 所示。拔出瓷盖即可更换熔体，使用非常方便。额定电流大于 60 A 者在瓷底座腔内侧衬有 2～3 mm 厚的石棉布，以防止熔体熔化时金属颗粒喷溅，也有利于灭弧。

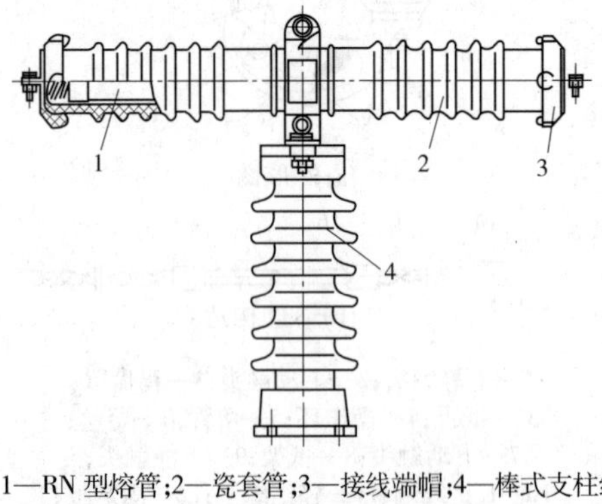

1—RN 型熔管；2—瓷套管；3—接线端帽；4—棒式支柱绝缘子

图 4-11　RW10－35 型限流熔断器结构原理

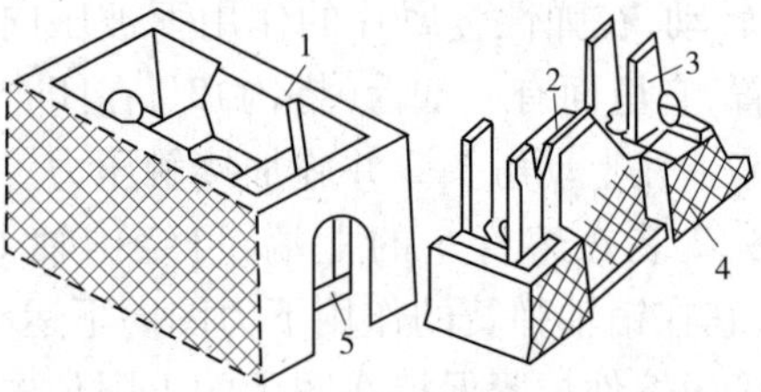

1—瓷底座；2—熔体；3—动触头；4—瓷盖；5—静触头

图 4-12　RCLA 型瓷插式熔断器

瓷插熔断器的主要缺点是开断能力小，一般不能用于主盘或动力分盘配电回路，广泛用于照明和其他网络末梢用电设备回路。

(二)无填料管式熔断器

RM 系列为无填料的密闭管式熔断器,图 4-13 所示为 RM10 型熔断器的结构。

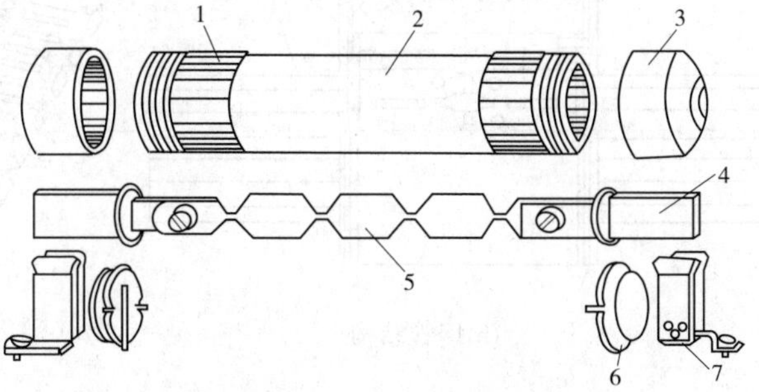

1—黄铜套;2—熔管;3—端盖;4—刀形触头;5—熔体;6—垫片;7—静插座

图 4-13 RM10 型熔断器结构

熔体采用变截面的锌片,平时不易氧化。通过短路电流时,蜂腰处首先熔断,形成数段短电弧。同时由钢纸纤维制作的熔管内壁在电弧高温作用下,立刻产生大量气体,使密闭的管内压力骤增。由高压介质和短弧原理的共同作用促使电弧在过零前即行熄灭,故也是一种限流式熔断器。因变截面处的弧隙较短,可限制过电压倍数。

RM 系列使用安全,开断能力中等。动作后熔管可重复使用,熔体更换方便,价格也较低廉。最适用于短路电流不太大的低压电网中,作动力回路和成套配电装置的过载和短路保护。

(三)有填料的封闭式熔断器

此类熔断器常见的如 RTO、RSO 和 RL1 等系列,其填料均为石英砂。

1. RTO 型熔断器

RTO 型填料式封闭管熔断器的外形及结构如图 4-14 所示。熔体用薄紫铜片冲制成筛孔网状,中间焊有锡桥,如图 4-14(c)所示。熔体焊接在两端触刀上,埋入管内石英砂中。当电路发生过载时,先在锡桥处熔断,形成多个并联电弧,电弧能量被石英砂吸收而灭弧。当发生短路时,除锡桥处熔断外,熔体小截面处也几乎同时迅速熔化而将电弧拉长,电弧在石英砂的狭缝狭沟中迅速熄灭。与熔体并联的指示熔丝 7 也几乎同时熔断,指示器 6 被其小弹簧推出,显示该熔断器已动作。

RTO 型熔断器使用安全,开断能力大,保护特性好,既有良好的过载反时限特性,又有良好的短路保护特性。但成本较高,且熔断后不能更换熔体而需报废和更换整个熔管,耗费较大。通常适应于低压短路电流过大的场所。

2. RSO 型快速熔断器

RSO 型快速熔断器的结构与 RTO 型相似。所不同点一是 RSO 型的接线端做成汇流排式,表面镀银,直接用螺栓紧固在母线上;二是其熔体用银带冲制成蜂腰形或网状形式。该型熔断器的熔断速度快,分断能力强,适用于硅整流元件的过载和短路保护。

3. RL1 型螺旋式熔断器

RL1 型螺旋式熔断器的结构如图 4-15 所示。熔体放置在充满石英砂的瓷管中,瓷管两端用与熔体相连的端盖封闭构成熔管 4。在熔管的上端还设有红色指示器 3,当熔体熔断后,红色消失,可从瓷质螺帽 1 端部的玻璃窗口看到。

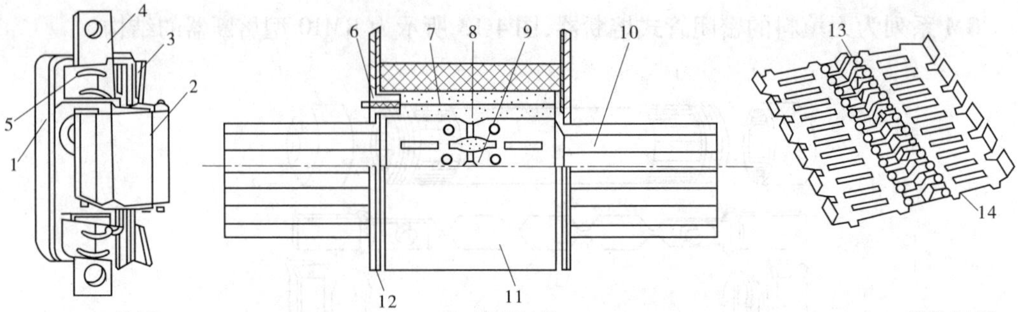

(a)外形　　(b)熔管结构　　(c)熔体展开

1—底座;2—熔管;3—静触头;4—接线板;5—弹簧;6—指示器;7—指示熔丝;8—石英砂;
9—熔体;10—插刀;11—管体;12—端盖板;13—小锡桥;14—引燃栅

图 4-14 RTO 型熔断器外形及结构

在熔体熔断后,可在带电压的情况下徒手旋下瓷帽,连同熔管一起取出,更新熔管重新使用。该熔断器也属限流型,还具有分断能力高、使用方便、安装尺寸小等优点,常用于照明线路和中小型电动机的过载和短路保护。

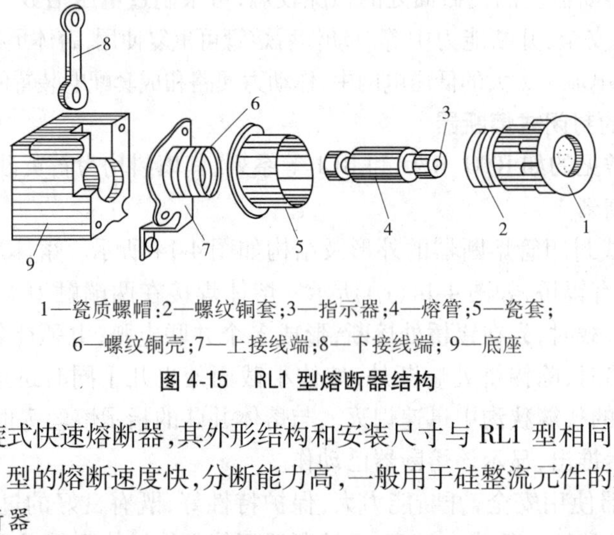

1—瓷质螺帽;2—螺纹铜套;3—指示器;4—熔管;5—瓷套;
6—螺纹铜壳;7—上接线端;8—下接线端; 9—底座

图 4-15 RL1 型熔断器结构

RLS1 型是螺旋式快速熔断器,其外形结构和安装尺寸与 RL1 型相同,不同的是熔体的材料和结构。RLS1 型的熔断速度快,分断能力高,一般用于硅整流元件的过载和短路保护。

4. 自复式熔断器

近来低压电器容量逐渐增大,低压配电线路的短路电流也越来越大,要求用于系统保护开关元件的分断能力也不断提高,为此而出现了一些新型限流元件,如自复式熔断器(见图 4-16)等。在互相绝缘的两个端子间用金属钠连通,在正常工作时钠电路是固体。用导热率和铝相同的陶瓷(BeO)圆筒包围在钠电路的四周,把钠电路中正常工作电流通过时产生的热量有效地传到端子,以降低钠电路的热态电阻。工作电流正常时,钠

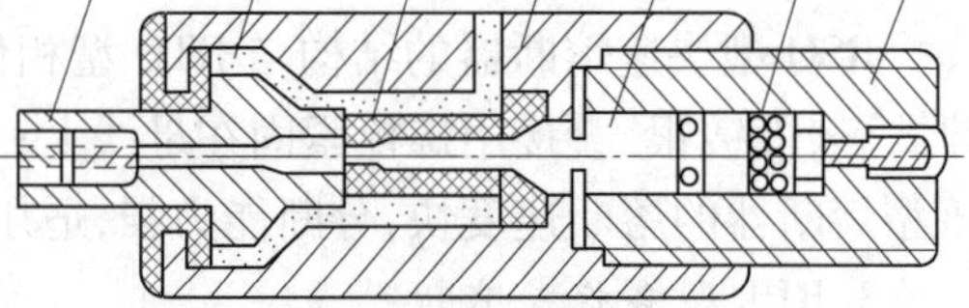

1—接线端子;2—云母玻璃;3—氧化铍瓷管;
4—不锈钢外壳;5—钠熔体;6—氩气;7—接线端子

图 4-16 RZ1 型低压自复式熔断器

是低阻值(R_0)。在发生短路故障时,短路电流的热效应使钠电路变为气相,钠的气化是从狭小的截面开始的。为了实现快速自复,用高压氩气(Ar)借助于活塞对钠电路施加外压。当短路电流通过时,钠快速气化形成高温等离子体,这一限流元件的电阻剧增,从而把故障电流限制在较低数值。这时钠电路的活塞向外移动,防止钠气压上升过高。此时串连在外电路上的断路器自动脱扣切断电路。随后,因为高压气体氩气使活塞恢复原位,钠电路亦快速恢复原状,电阻也恢复到R_0,时间约5 ms。

第五节　高压负荷开关

高压负荷开关是一种结构比较简单,具有一定开断和关合能力的开关电器。它具有灭弧装置和一定的分合闸速度,能开断正常负荷电流和过负荷电流。负荷开关与高压熔断器串联使用,前者作为操作电器投切电路的正常负荷电流,而由后者作为保护电器开断电路的短路电流及过载电流,在功率不大或不是主要的配电回路中代替断路器,可以简化配电装置及继电保护,降低设备费用。

负荷开关按安装地点的不同分为户内式和户外式。按灭弧方法的不同分为固体产气式、压气式、油浸式、真空式和SF_6式等。

负荷开关目前主要用于10 kV及以下配电网络中,常用产品型号有:

(1)户内压气式的FN3－12、FN16－12和户外产气式的FW5－12等。相应与RN3－12熔断器组合成FN3－12R、FN16－12R等型号。

(2)真空负荷开关,如ZFN16－12等。

(3)六氟化硫负荷开关,如FLN36－12D等。

第六节　互感器

互感器有电流互感器和电压互感器两种,是电站中供测量和保护用的不可缺少的重要设备,其使用的正确与否直接关系到电站的安全和经济运行。

一、电流互感器

(一)电流互感器的作用

电流互感器是一种特殊的变压器,它正常工作在接近短路状态,因而称为变流器。其作用有以下几个方面:

(1)将一次侧的大电流变为二次侧的标准化小电流。当电流互感器的一次侧电流为一次额定值时,二次侧电流便为二次额定值5 A(也有1 A或0.5 A的)。实现测量仪表和继电器的小型化和标准化,并可采用小截面电缆进行远方测量和保护。

(2)将测量仪表和继电器等在电气上与高电压可靠隔离,保证工作人员的安全。

(3)使二次脱离一次成为独立的系统。使测量和保护装置脱离一次设备构成集中的装置。

(二)电流互感器的工作原理

电流互感器与单相变压器相似,由一、二次绕组及铁芯构成,如图 4-17 所示。电流互感器的一次绕组电流 I_1 由一次主回路决定,不受二次回路的影响;而二次电流则主要决定于一次绕组的电流,$K_I=\dfrac{I_1}{I_2}=\dfrac{N_2}{N_1}$,$K_I$ 为电流互感器的变流比,由互感器结构决定,一般为一常数。I_2 也受负载阻抗的影响,因为负载阻抗值很小,电流互感器的正常工作状态近似于变压器的短路状态。

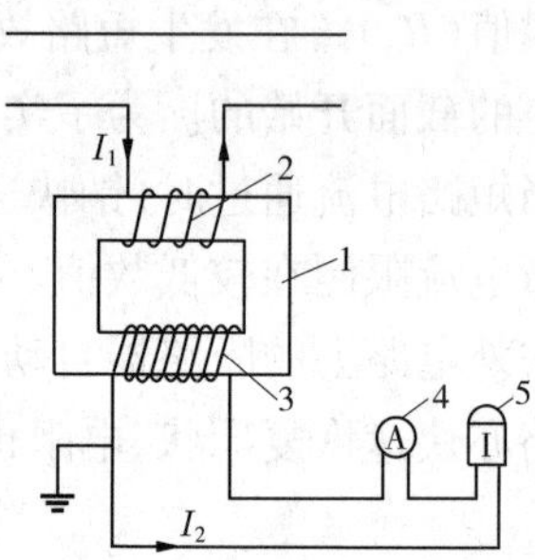

1—铁芯;2——次绕组;3—二次绕组;4—电流表;5—电流继电器

图 4-17　电流互感器的原理接线图

运行中的电流互感器一旦其二次侧回路开路,会在二次侧感应出很高的电压,对工作人员的安全构成威胁;还可能造成二次回路的绝缘击穿,甚至引发火灾。同时,很大的激磁磁势 F_0 作用在铁芯中,使铁芯过度饱和而严重发热,导致互感器烧坏。所以,在运行中的电流互感器二次回路严禁开路。如果需要接入仪表测试电流、功率,或更换表计和继电器等,应先将电流回路进线一侧短路或就地造成并联支路,确保作业过程中无瞬间开路。此外,电流回路的导线或电缆芯线必须用截面不小于2.5 mm 的铜线,以保持必要的机械强度和可靠性。

(三)电流互感器的误差

电流互感器的误差有电流误差和相角误差两项,如图 4-18 所示。

电流误差

$$f_i=\frac{\frac{N_2}{N_1}\cdot I_2-I_1}{I_1}\times 100\% = \frac{I_2'-I_1}{I_1}\times 100\%$$

$$=\frac{AB}{OC}\times 100\% = -\frac{AC}{OC}\sin\angle ACB\times 100\%$$

$$=-\frac{I_0}{I_1}\sin(\varphi_2+\alpha)\times 100\% \tag{4-3}$$

相角误差

$$\delta_i=\frac{BC}{OC}=\frac{AC}{OC}\cos\angle ACB=\frac{I_0}{I_1}\cos(\varphi_2+\alpha) \tag{4-4}$$

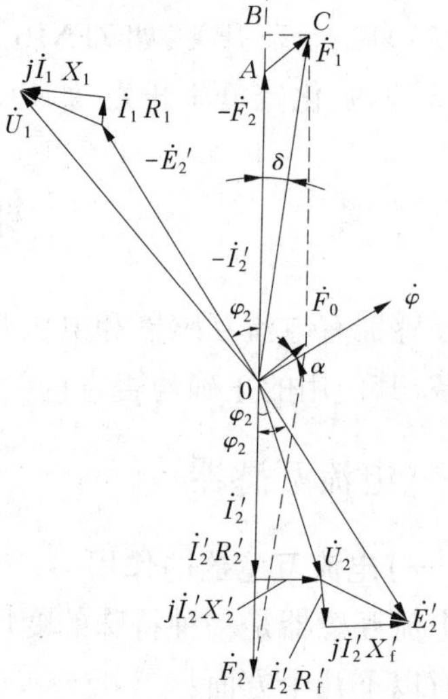

图 4-18　电流互感器的向量图

其中,δ_i 的单位取弧度。由式(4-3)、式(4-4)和向量图可见,电流互感器误差与一次电流、激磁电流、二次回路阻抗和铁芯损耗角有关。因此减小误差的方法可以从制造和使用两方面解决。在使用上:①应使一次回路电流选在电流互感器一次额定电流的 100% ~120% 范围内;②二次负载应控制在电流互感器额定二次负载的 25% ~100% 范围内;③功率因数在相应的范围内。

电流互感器的误差,可以用准确度等级来表示。准确度等级是指在规定的二次负荷范围内,一次电流为额定值的100% ~120%时电力互感器的电流误差f_i的最大限值。我国对电流互感器准确度等级划分为:测量用0.1、0.2、0.5、1、2、3、5七个等级;继电保护用分稳态保护用P级(5P或10P两个等级)和暂态保护用TP级。0.1、0.2级作实验室的精密测量;月供电量超过100万kWh的线路或用户要用0.2级互感器作为计费测量电能表用,其他类型的线路或用户可用0.5级互感器;1、2、3、5级用于一般性监视测量或某些保护;继电保护用电流互感器要满足5P或10P要求。10P就是要求在一次回路通过最大短路电流时的变比误差不超过10%。

I_1与其额定值I_{1N}之比$I_1/I_{1N}=n$叫做一次电流倍数。电流误差f_i随倍数n而变化,在$n=1\sim1.2$时,f_i有极小值,n值再增大时f_i明显上升。当误差$f_i=-10\%$时的一次电流倍数n称为电流互感器的10%倍数,记为$n_{10\%}$。每个电流互感器的$n_{10\%}$值并非定值,它随二次负载Z_{2f}的大小及计算角$\varphi_2+\alpha$值而变。显然Z_{2f}越大,误差越大,$n_{10\%}$就越低。取$\varphi_2+\alpha$为90°时的$n_{10\%}=f(Z_{2f})$变化曲线叫做电流互感器的10%倍数曲线,如图4-20所示。图中曲线的左下方区域均能保证误差f_i不超过-10%。使用中要使回路最大短路电流对电流互感器一次侧额定电流的比值倍数落在图4-19曲线的下方,即满足了10P要求。

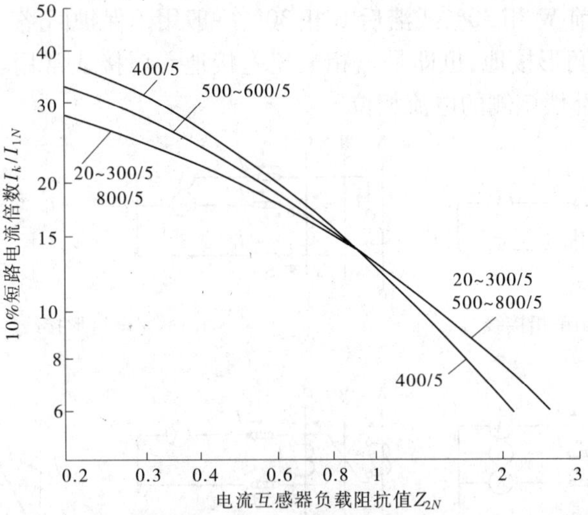

图4-19 LAJ-10型电流互感器10%倍数曲线(20~800 A,D或B级)

不同的二次负载,直接影响电流互感器的误差和准确度等级,要求电流互感器实际二次负载不超过额定负载。电流互感器的额定负载可用额定容量S_{2N}或二次额定阻抗来表征。电流互感器的额定容量是指在额定二次电流I_{2N}和在某一准确度等级的额定二次阻抗Z_{2N}下,二次绕组的输出容量,即

$$S_{2N} = I_{2N}^2 Z_{2N} \tag{4-5}$$

由于二次额定电流已标准化(5 A或1 A),所以S_{2N}也可用Z_{2N}代替。如LMZ1-10-3 000/5型电流互感器,0.5级对应的Z_{2N}为1.6 Ω(40 VA),1级时为2.4 Ω(60 VA),所以该互感器作为计量用,应控制二次负载阻抗值不大于1.6 Ω,否则会降低准确度等级,使电能计量不准确。

（四）电流互感器的接线方式

1. 电流互感器的极性

电流互感器的极性，用减极性原则，一次绕组用 L_1、L_2，二次绕组用 K_1、K_2 注明，L_1、K_1 和 L_2、K_2 为两对同名端子，当一次电流 I_1 从 L_1 流入时，同时二次电流从 K_1 流出。

电气装置在安装接线时，同名端子不可接错，否则会造成功率型测量仪表和继电保护装置运行中的紊乱，甚至误动作。

2. 电流互感器的接线

电流互感器常用的几种接线方式如图 4-20 所示。

图 4-20(a)为单相电流互感器接线，一般用于负载平衡的三相电力系统中的一相电流测量。

图 4-20(b)为完全星形接线，用于 110 kV 及以上的三相电路和低压三相四线制电路的测量，以及某些继电保护（例如差动保护）回路。

图 4-20(c)为不完全星形接线，用于 35 kV 及以下小电流接地系统的三相测量回路，以及没有差动保护的保护回路。

图 4-20(d)为 U、W 两相电流差接线方式，此时流过负载的电流为电流互感器二次电流的$\sqrt{3}$倍，相位则超前 W 相 30°，或滞后 U 相 30°，一般用于保护回路。

图 4-20(e)为三角形接地，也即是三相电流差接地。该接线常用于主变压器高压侧的差动保护回路，以补偿该侧的电流相位。

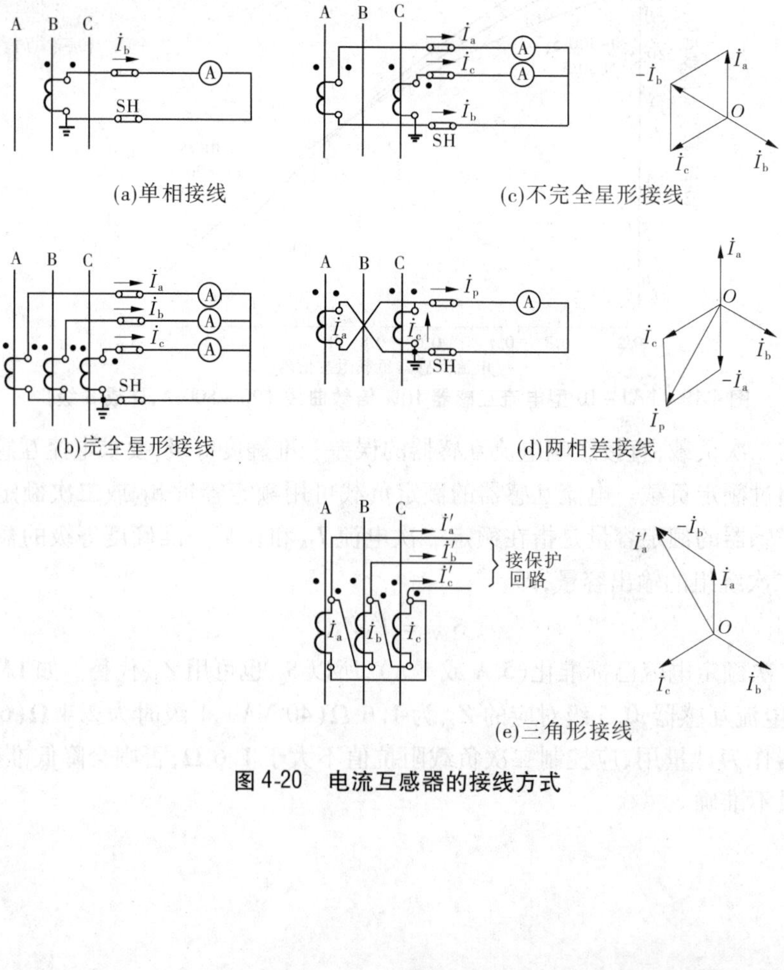

图 4-20　电流互感器的接线方式

以上各种接线方式均须有一点保护接地，并在回路中的适当位置接入实验盒 SH，以保证在二次回路测试作业时，运行中的电流互感器的二次侧不致发生开路。

（五）电流互感器的型号表示及类型

电流互感器种类很多，国家标准 JB/T 3837—1996 对变压器类产品的型号编制作出了具体规定。其中对电流互感器的产品型号编制的规定如表 4-1 所示。

表 4-1　电流互感器的产品型号编制的规定

序号	分　类	含　义	代表字母
1	型　式	电流互感器	L
		直“流”电流互感器	LL
		中“频”电流互感器	LP
		零“序”电流互感器 - 电缆型	LX
		- 母线型	LXM
		“速”饱和电流互感器	LS
		中“间”变流电流互感器	LJ
		“光”电式电流互感器	LG
2	结构型式	电容型	—
		链型	A
		套管式（“装”入式）	R
		支“柱”式	Z
		线“圈”式	Q
		贯穿式（“复”匝）	F
		贯穿式（“单”匝）	D
		“母”线型	M
		“开”合式	K
		倒立式	V
3	绕组外绝缘介质	变压器油	—
		空气（“干”式）	G
		“气”体	Q
		“瓷”	C
		浇“注”成形固体	Z
		绝缘“壳”	K
4	结构特征	带有“保”护级	B
		带“保”护级（暂“态”误差）	BT
		SF_6 气体绝缘配组“合”电器用	H
5	油保护方式	带金属膨胀器	—
		不带金属膨胀器	N

注：①“油保护方式”只用于 35 kV 及以上的油浸式电流互感器。

②当对正常产品采用加大负荷、加强绝缘或加大额定短时热电流时，应在产品型号字母后面加字母“J”表示。

③以瓷箱做支柱时，支柱式“Z”不表示。

④主绝缘为瓷绝缘时，“C”表示；外绝缘为瓷箱时，“C”不表示。

示例：电容型结构、油浸纸绝缘、带保护级、带金属膨胀器、第 6 次改型设计、110 kV 级、高原地区、Ⅲ级污秽地区用电流互感器的产品型号为：LB6 - 110GY W2。

电流互感器按与其他电气设备的组合情况分为装入式和独立式，前者只有铁芯和二次绕组，通常要借用外设备套管的线棒和主绝缘作为互感器的一次绕组和主绝缘，故又叫套管式电流互感器。独立式电流互感器可按以下方法分类：

按使用地点分为户内式和户外式两类。

按绝缘结构分为干式、瓷绝缘、浇注式和油浸式。

按一次绕组匝数分为单匝式和复匝式(见图 4-21)。单匝式又可分为贯穿式和母线式。复匝式则有绕组式、8 字形、U 字形等结构。

按安装方法可分为穿墙式和支持式。

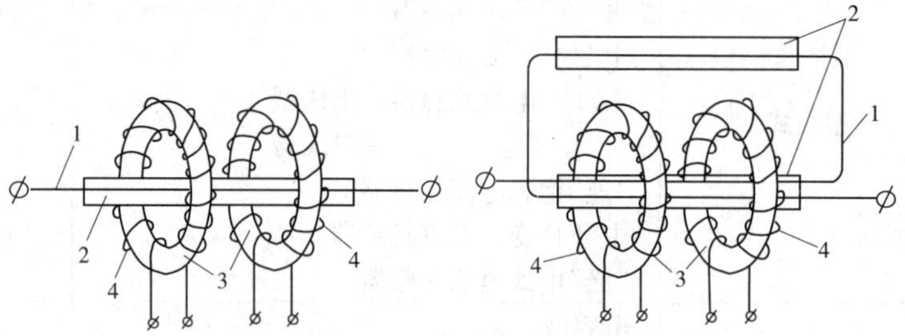

(a)单匝式　　(b)复匝式

1—一次绕组；2—主绝缘；3—铁芯；4—二次绕组

图 4-21　电流互感器的结构原理

(1)10 kV 电流互感器主要有穿墙式(如 LA－10、LAJ－10 等)、母线式(如 LMZ－10)、支柱式(如 LZZB8－10K 等)，如图 4-22 及图 4-23 所示。

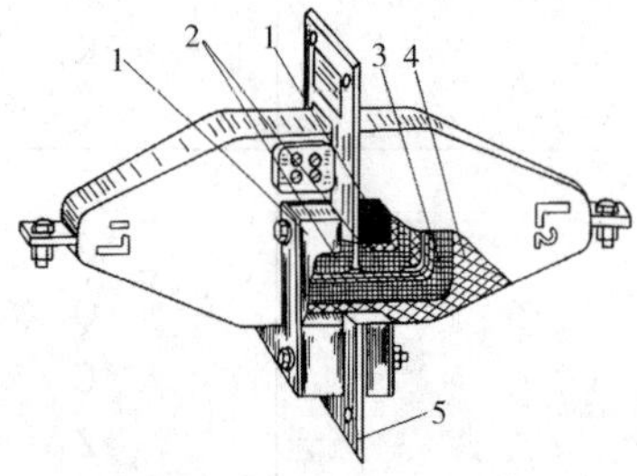

(a)复匝式半封闭浇注绝缘结构

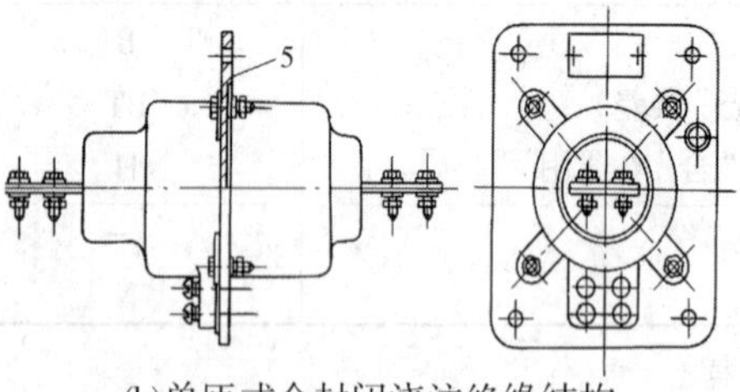

(b)单匝式全封闭浇注绝缘结构

1—铁芯；2—二次绕组；3—一次绕组；
4—树脂绝缘；5—中部法兰盘

图 4-22　LA－10 型电流互感器

图 4-23　LZZB8－10 K 型户内环氧树脂浇注电流互感器

(2)35 kV 电流互感器主要有独立式(如 LCW－35)和装入式(如 LR(D)－35、LSJ(C)－35)。

LCW－35 为油浸瓷绝缘、多匝链式绕组的户外支持式电流互感器,其结构如图 4-24 所示。储油柜上还设置油位表 8 以便观察油位。储油柜顶盖上还设置安全气道 11,可排出因故障产生的气体。在储油柜与底座之间设有保护间隙 7,保护瓷箱不致受过电压的损伤。

LR(D)型有一个环形铁芯,其上用绝缘圆铜线均匀绕成二次绕组,外包斜纹布带,再整个浸渍绝缘漆。该产品系列本身既无一次绕组,也无主绝缘,是借用被装入设备的电容式套管的导电杆和主绝缘。其外形为一圆环,环的一个端面标有 L_1,表示一次绕组首端方向,二次绕组有 A—E 五个抽出头,其中 A 为首端,B—E 为尾端。首端引出不变,改变尾端抽出头可改变互感器一次额定电流值,通常 A—E 引出时的 I_{1N}值为 A—B 引出时的 3 倍。尾端的非引出抽头则应开路,不得短接。

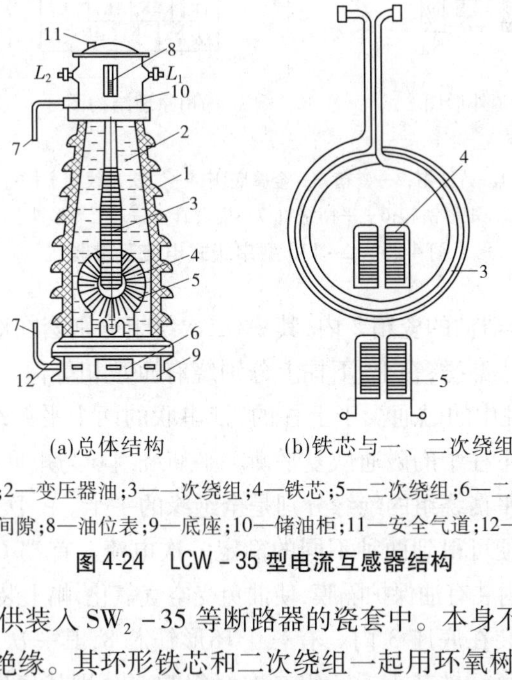

(a)总体结构　　(b)铁芯与一、二次绕组剖视

1—瓷箱;2—变压器油;3——次绕组;4—铁芯;5—二次绕组;6—二次接线盒;
7—保护间隙;8—油位表;9—底座;10—储油柜;11—安全气道;12—接地螺丝

图 4-24　LCW－35 型电流互感器结构

LSJ(C)系列产品供装入 SW_2－35 等断路器的瓷套中。本身不带一次绕组,但具有对贯穿的一次导体的主绝缘。其环形铁芯和二次绕组一起用环氧树脂浇注成封闭体,类似于无法兰盘或底座的母线式电流互感器。其绕组的抽头和标志与 LR(D)型同。

装入式电流互感器作为其他大型设备的内部部件,其构造简单,价格低廉,且无需另作设备布置,简化了高压配电装置,故宜优先选用。缺点是准确度低,常不能满足计费电能测量的要求。

(3)110 kV 及以上的电流互感器有独立式(如 LCW－110)、串激式(如 L－110)、光电电流互感器(如 OCT 系列)。

LCW－110 也是链型支持式电流互感器,除了绝缘要求而引起的差别,其他与 35 kV 的一样。

L－110 型串级式电流互感器其外形如图 4-25(a)所示,也是一种油浸瓷绝缘户外支持式结构。但内部铁芯和绕组由两级电流互感器串联,组成所谓串级式结构,其原理如

图 4-25(b)所示。

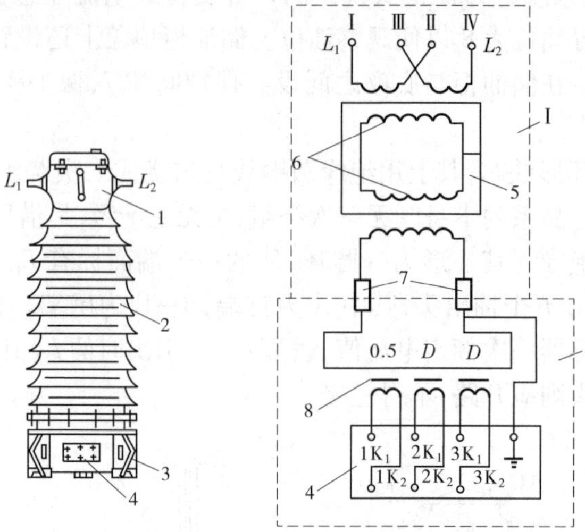

(a)外形图　　(b)原理结构图

1—铸铁帽;2—瓷箱;3—金属底座;4—二次出线端子板;

5—矩形铁芯;6—平衡绕组;7—瓷套管;8—三个环形铁芯

图 4-25　L-110 型串级式电流互感器

Ⅰ级置于充满变压器油的瓷箱 2 内,其一、二次绕组分别套在对地绝缘的矩形铁芯 5 的上、下柱上。为了减小漏磁,在上、下柱上分别绕有匝数相等但方向相反的两个平衡绕组 6,若因漏磁造成下柱中的磁通少于上柱的,则串联的两个平衡绕组中将出现环流,它产生的附加磁通使上、下柱中的磁通恢复平衡。平衡绕组 6 与矩形铁芯 5 有一点相连接。一、二次绕组对铁芯和平衡绕组的绝缘分别是全绝缘的一半。一次绕组 L_1—L_2 由两部分组成,采取并联或串联便可得到两种不同的额定一次电流。首端 L_1 与铸铁帽绝缘,尾端 L_2 与铸铁帽相连接,帽内装有油保护隔膜,使油免受空气氧化,帽上装有油位计供观察油面。

Ⅱ级是低压部分,装在底座 3 内。有三个环形铁芯 8,其一次绕组共绕于三个铁芯上,二次绕组分别绕在每一铁芯上。三组二次绕组端头分别从底座上的端子板 4 引出。一次绕组的两端经底座顶板上的两个瓷套管 7 与Ⅰ级的二次绕组相联接,绕组的一端必须作保护性一点接地。

L-110 型电流互感器Ⅰ级二次绕组的额定电流为 20 A,Ⅱ级为 20/5 A。

串级式电流互感器几经变流,误差较大,热稳定性和电动力稳定性也较差,耐受过电压的能力也不高。但如果串级不超过两级,并采取补偿措施,其误差可控制在允许范围内。其优点是节省绝缘材料,尺寸小,质量轻,故在 110 kV 及以上电压等级中仍被广泛采用。

(4)部分电流互感器外观见图 4-26。

LVQB-110(W1,W2,W3)户外气体式电流互感器　LZZB1-35户内环氧树脂浇注式电流互感器　LB1-220(W1,W2)户外油浸式电流互感器

图 4-26　部分电流互感器外观

二、电压互感器

(一)电压互感器的作用

电压互感器也是一种特殊的变压器,它将一次侧的高电压变为二次侧的标准化低电压(额定 100 V),以实现测量仪表和继电器的小型化和标准化,同时将二次电压回路和一次高压电路可靠隔离,既保证工作人员的安全,又便于形成独立的二次回路和集中的二次装置。

电压互感器的一次侧电压即电网电压。二次侧并联接入测量仪表和继电器等的电压绕组,其阻抗都非常大,故所带负荷很小且恒定不变,致使电压互感器正常工作在接近变压器空载状态。即有

$$\frac{U_1}{U_2} \approx \frac{E_1}{E_2} = \frac{N_1}{N_2} = K_u \quad 或 \quad U_1 = K_u U_2 \tag{4-6}$$

式中　N_1、N_2——一、二次绕组的匝数;

K_u——电压互感器的变压比。

式(4-6)说明,电压互感器的一、二次电压有基本固定的倍数关系,但以二次侧负载接近空载为条件。过大的负载引起 K_u 值变化,还可能引起绕组过热;在极端情况下,若二次侧发生短路,电压互感器有被烧毁的危险,故一般在二次侧装设熔断器或自动开关作短路保护。

(二)电压互感器的误差

电压互感器的误差有电压误差和相角误差两项。

由二次电压 U_2 折算到一次侧的值与实际 U_1 值之差,定义为电压误差,其相对百分值为

$$f_u = \frac{K_u U_2 - U_1}{U_1} \times 100\% \tag{4-7}$$

二次反相电压($-\dot{U}_2$)与一次电压 $\dot{U}_1$ 的相角差定义为电压互感器的角误差 δ_u。

电压互感器的误差,除了与互感器本身铁芯、绕组的质量有关,运行中主要决定于一次电压和二次负载等参数。

(1)一次电压的影响。使用时应使一次额定电压与电网的额定电压相适应。

(2)二次负载的影响。负荷过多时,二次负载阻抗下降,二次电流增大,在电压互感器绕组上的电压降上升,使误差增大;二次负载的功率因数过大或过小时,除影响电压误

差外，相位误差也会相应地增大。因此，使用中应将其二次负载阻抗和功率因数限制在相应的范围内。

电压互感器的误差，以其准确度级表示。

（三）电压互感器的参数

1. 额定电压

一次额定电压 U_{1N} 是使电压互感器的误差不超过允许限值的最佳一次工作电压等级，并与相应的电网额定电压等级一致，即 3 kV、6 kV、10 kV、35 kV、110 kV 等，对于高压侧采用星形接线的单相电压互感器还应除以 $\sqrt{3}$。

基本二次侧额定电压 U_{2N} 为 100 V，对于星形接线的单相电压互感器还应除以 $\sqrt{3}$。

附加二次每相绕组的额定电压对 35 kV 及以下的小电流接地系统的电压互感器为 100/3 V；对 110 kV 及以上的大电流接地系统的为 100 V。

2. 准确度等级

电压互感器的准确度级，是指在规定的一次电压和二次负荷变化范围内，负荷的功率因数为额定值（一般为 0.8）时，电压误差的最大值。

我国规定的电压互感器准确度级有 0.2、0.5、1、3、3P、6P 六级，0.2、0.5、1 级的使用范围同电流互感器，3 级用于某些测量仪表和继电保护装置，继电保护用电压互感器还要满足 3P 或 6P 要求。

3. 额定容量

电压互感器最高准确度等级所允许的二次负荷的限值叫做互感器的额定容量。显然，对于三相电压互感器，只有最大相负载不超过其额定容量的 1/3，才能保持最高的准确度等级。

（四）电压互感器的接线

电压互感器除发电机励磁专用的以外，用于向测量、保护、同期等二次回路提供所需二次电压。由于所供二次回路对其功能的具体要求不同，电压互感器有图 4-36 所示几种主要接线方式。过去在水电站及相应小电网中，按惯例均在二次侧采用 b 相接地制，而不采用中性点接地制。按新设计规范要求，宜取消 b 相接地，均采用中性点接地方式。

（1）图 4-27（a）、（b）中的单相电压互感器装于线路断路器外侧，提供同期所需的系统侧单相电压（额定 100 V）。其中，图（a）用于小电流接地系统的 35 kV 及以下线路，一次侧接 A、B 相；图（b）用于大电流接地系统的 110 kV 及以上线路，一次侧接 A 相、“地”。

（2）图 4-27（c）为由两台单相电压互感器接成的不完全星形接线，简称 V/V 接线，可提供同期、测量、保护所需的三相线电压（额定 100 V），但不能提供相电压。

（3）图 4-27（d）为一台三相三柱式电压互感器接成 Y，Y_0 接线。其功能与上述 V/V 接线相同，也只能提供三相线电压。该互感器的三相三柱铁芯没有零序磁通通道，若原边三相电压中有零序电压分量，或副边负载电流中有零序电流分量，都将引起零序磁通，并经各铁芯柱和外壳形成零序通道，使误差增大，并同时造成线圈过热，故原边中性点不能引出接地，副边中性点应接地。（老的接线是副边中性点经击穿保险器接地，其作用是当互感器绝缘故障并同时引起 b 相熔断器熔断时，击穿保险器，使二次电压回路保留一个保

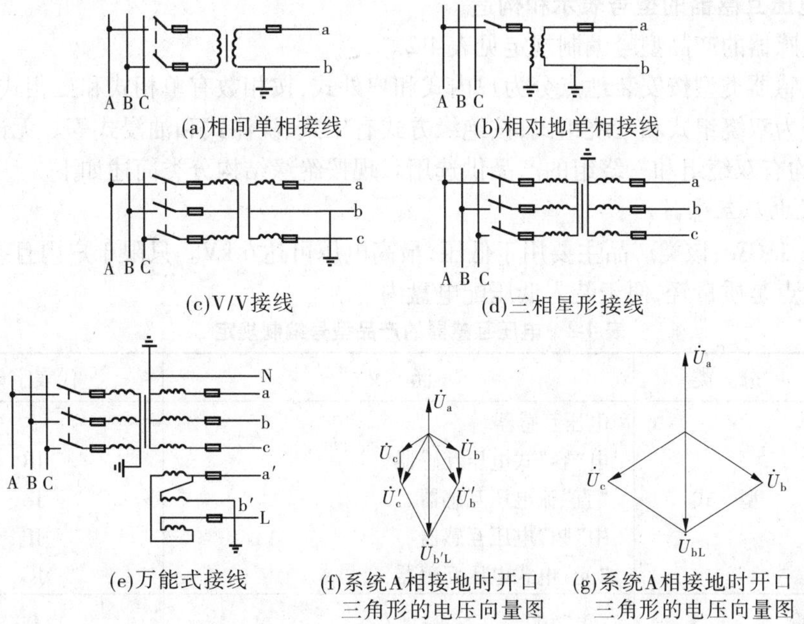

(a)相间单相接线 (b)相对地单相接线

(c)V/V接线 (d)三相星形接线

(e)万能式接线 (f)系统A相接地时开口三角形的电压向量图 (g)系统A相接地时开口三角形的电压向量图

图 4-27　电压互感器的接线方式

护接地点。)

图 4-27(d)也可以用三只单相双绕组电压互感器,且可将原边中性点引出接地,这时不仅提供三相线电压,还可提供三相对地电压。但在小电流接流系统中,发生单相接地故障时非故障电压升高为线电压并可运行 2 h,故单相电压互感器要按线电压选择其额定电压,如此则正常工作时误差偏大。

(4)图 4-27(e)采用一台三相五柱三绕组互感器,或用 3 台单相三绕组电压互感器,接成 $Y_0/Y_0/\triangle$。其一次绕组接成星形并将中性点直接接地,使每相绕组承受相对地电压。基本二次绕组也接成星形并引出中性线,既可反映电网的三相线电压,也可反映电网的三相对地电压,因而补充了绝缘监视和其他功能。附加二次绕组则接为开口三角形,构成零序电压过滤器,其工作原理及额定电压说明如下。

开口电压 $U_{b'L}$为附加二次绕组三相电压之和,按变压比反映了电网零序电压的 3 倍。将 $U_{b'L}$接至电压继电器,则可构成单相接地保护或称零序电压保护。分析可知正常情况下 $U_{b'L}=0$,当发生单相接地故障时,则有以下两种情况:

①对于小接地电流系统,发生 A 相接地时的电压向量图如图 4-27(f)所示,取互感器每相附加二次绕组的额定电压为 100/3 V。

②对于大接地电流系统,发生 A 相接地时的电压向量图如图 4-27(g)所示,二次绕组 U_{bL}的额定值仍定为 100 V,故其附加二次绕组的额定电压也为 100 V。

图 4-27(e)用于 110 kV 及以上大接地电流系统时,开口三角形接线中还引出 a′线,电压 $U_{a'b'}$即为 $U_{yb'}$,即 b 相的倒相电压,专用于同期。本接线是功能最多、最全面的一种接线方式,故称万能式接线,常用于主接线中的母线段、桥接点等多单元汇集处,或大型发电机出口处。

(五)电压互感器的型号表示和构造

电压互感器的产品型号编制规定见表4-2。

电压互感器类型按安装地点分为户内式和户外式;按相数有单相式和三相式;按每相的绕组数分为双绕组式和三绕组式;按绝缘方式有干式、浇注式和油浸式等。无论电压等级的高低,均有双绕组和三绕组的产品供选用。现按绝缘结构分类简述如下。

1. 干式电压互感器

如JDG、JSGW,该类产品主要用于低压,最高电压可达6 kV。只限于户内且空气干燥的场所。优点是质量轻,便于装入低压配电盘内。

表4-2 电压互感器的产品型号编制规定

序号	分 类	涵 义	代表字母
1	型 式	电压互感器 电“容”式电压互感器 “直”流电压互感器 中“频”电压互感器 “光”电式电压互感器	J JR JZ JP JG
2	相数	“单”相 “三”相	D S
3	绕组外绝缘介质	变压器油 空气(“干”式) “气”体 浇“注”成形固体	— G Q Z
4	结构特征	带剩余(零“序”)绕组 三柱带“补”偿绕组 “五”柱三绕组 串级式带剩余(零“序”)绕组 有测量和保护“分”开的二次绕组 “V”形接线 SF_6 气体绝缘配组“合”电器用	X B W C F V H
5	油保护方式	带金属膨胀器 不带金属膨胀器	— N

注:①“油保护方式”只用于35 kV及以上的油浸式电流互感器。

②当对正常产品采用加大负荷、加强绝缘或加大额定短时热电流时,应在产品型号字母后面加字母“J”表示。使用在屋外的,在额定电压后加W,如JDZ－10W。

示例:单相、油浸纸绝缘、串级式带剩余绕组、带金属膨胀器、第6次改型设计、110 kV级、高原地区、Ⅲ级污秽地区用电压互感器的产品型号为:JDC6－110GY W2。JDZF7－10GY W1和JDZXF14－6中的“F”为带分离二次绕组,即有两个100 V或两个$100/\sqrt{3}$ V的绕组。

2. 环氧树脂浇注绝缘电压互感器

1)使用在屋内

JDZ□－3～35和JDZX□－3～35系列,为单相户内式环氧树脂浇注全封闭式产品。

前者如 JDZ10－10，为双绕组型，含一个一次绕组和一个二次绕组，电压比为 10∶0.1，可构成图 4-27(a)、(c)、(d)等接线方式；后者如 JDZX10－10，为三绕组型，含一个一次绕组和两个二次绕组，较前者增加一个附加绕组，电压比为$\frac{10}{\sqrt{3}}/\frac{0.1}{\sqrt{3}}/\frac{0.1}{3}$，可用于接地保护，用三只组成万能式接线方式。

JSZF－3、6、10G 型电压互感器为半封闭环氧树脂浇注结构，用于屋内 10 kV 及以下的中性点非有效接地电力系统中。

JSZV－6～10R 采用环氧树脂浇注全封闭式结构，由两台全绝缘电压互感器组成"V"式接线，一次绕组带有熔断器保护，二次输出为 100 V 作测量使用，另外带有 110 V、220 V 输出电几种屋内电压互感器的外形见图 4-28。压端子作操作机构电源，电源容量为 1 100 VA。熔断器装在一次端子内部。

(a)JDZ10–10 型外形图　(b)JDZX10–10 型外形图　(c)JSZV–6~10R 型外形图

图 4-28　屋内电压互感器外形图

2)使用在屋外

JDZF－35W、JDZ－35W、JDZFW－35、JDZW－35 型产品是采用专用环氧树脂(Ciba CW5837)真空浇注的全封闭式结构，适用于户外 35 kV 系统。

JDZW－10、JDZ－10W 型电压互感器，为户外全封闭式电压互感器，采用具有耐电弧、耐紫外线、耐老化的户外专用环氧树脂(瑞士 Ciba CW5837)浇注成型。

JSZVR－6～10W 型采用环氧树脂浇注全封闭式结构，由两台单相电压互感器分别带有熔断器浇注为一体。一次端子与二次端子分别引出。用户可根据需要接成 V 式三相电压互感器，亦可两台单独使用，互不影响。熔断器装在一次端子内部，更换时，在停电情况下，不用拆除一次外部接线，非常方便。正常二次输出为 100 V。亦可根据需要分别带有 110 V、220 V 控制电源。电源容量为 1 100 VA。

3. 油浸绝缘电压互感器

油浸绝缘电压互感器的绝缘性能高，使用电压范围广阔，目前主要使用在 35 kV 及以上电压等级电网中。旧型号有 JDJ 和 JDJJ 系列，相应新型号表示为 JD 和 JDX 系列。

JD6－35、JDX6－35 型电压互感器外形如图 4-29 所示。JD6－35 为双绕组型，含一个一次绕组和一个二次绕组，电压比为 10∶0.1，可构成图 4-27(a)、(c)、(d)等接线方式；JDX6－35 为三绕组型，含一个一次绕组和两个二次绕组，较前者增加一个附加绕组，电压比为$\frac{10}{\sqrt{3}}/\frac{0.1}{\sqrt{3}}/\frac{0.1}{3}$，可用于接地保护，用三只组成万能式接线方式。

(a)JD6-35 型外形图　　(b)JDX6-35 型外形图　　(c)JDN2-35 型外形图　　(d)JDXN2-35 型外形图

图 4-29　屋外电压互感器外形

JSJW 型是三相五柱三绕组户内油浸式电压互感器。其铁芯为三相五柱式，在中间三柱上分别绕有各相的一、二次及附加三个绕组，两旁铁芯柱专为三相零序磁通提供回流通道，故可允许一次绕组中性点接地，以接入系统的各相对地电压（系统单相接地或绝缘降低时，三相对地出现零序电压）。

JCC1－110 型是 110 kV 的串级式电压互感器，如图 4-30 所示。器身置于充满变压器油的瓷箱 2 内。铁芯 4 为方形结构，由四根电木板 6 支撑对底座绝缘。瓷箱上部设置油扩张器 1，其上装有油标和带吸湿器的呼吸器。一次绕组分为两段，分别绕在上、下铁芯柱上，尾端 x 引出后再接地。两个二次绕组只绕在铁芯下柱上，置于一次绕组段的外面。铁芯不接地，但与一次绕组中点相连。一次绕组承受相对地电压 U_{xg}，故铁芯对地电位为

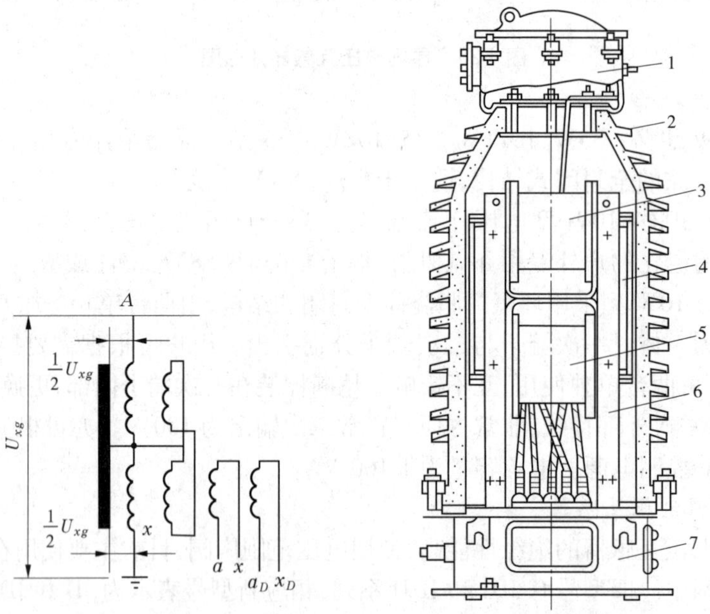

(a)原理图　　(b)结构图

1—油扩张器；2—瓷箱；3—上段一次绕组；4—铁芯；

5—下段一次绕组；6—支撑电木板；7—底座

图 4-30　JCC1－110 型串级式电压互感器

$\frac{1}{2}U_{xg}$，与一次绕组两端头的电位差也为$\frac{1}{2}U_{xg}$，因而可降低绕组对铁芯的绝缘要求。因铁芯置于瓷箱内的变压器油中，只需用电木板支撑，其绝缘不成问题，故总的来说采用串级式改善了互感器的内部绝缘结构。

JCC1－110 三绕组的额定电压按序为$\frac{110}{\sqrt{3}}/\frac{10.1}{\sqrt{3}}/0.1$ kV。用三台该型互感器可构成图 4-27(e)所示的万能式接线，其中要引出 a′线用于主变压器同期回路。用一台该型互感器构成图 4-27(b)所示的接线，此时二次电压回路应从附加二次绕组引出，可获得 100 V 额定电压。

串级式电压互感器的体积小，质量轻，内部结构的通用性强(用两个铁芯和四段一次绕组串联可组成 220 kV 串级式互感器)，生产方便，成本低。但准确度不高，一般只为 1 级。

旧型号 JLSJW－10 系列电流电压组合式互感器为三相户外油浸式，包含接成 V/V 接线的两只单相电压互感器和接成不完全星形接线的两只电流互感器，原理如图 4-31(a)所示。JLS－10 型(见图 4-32)组合式互感器是在 JLSJW－10 系列基础上改进发展而成的，它在注油孔处增加了防潮装置，有效地防止了外部潮气进入油中，延长了产品的使用寿命。与老产品相比，容量大、体积小、质量轻、安装方便。

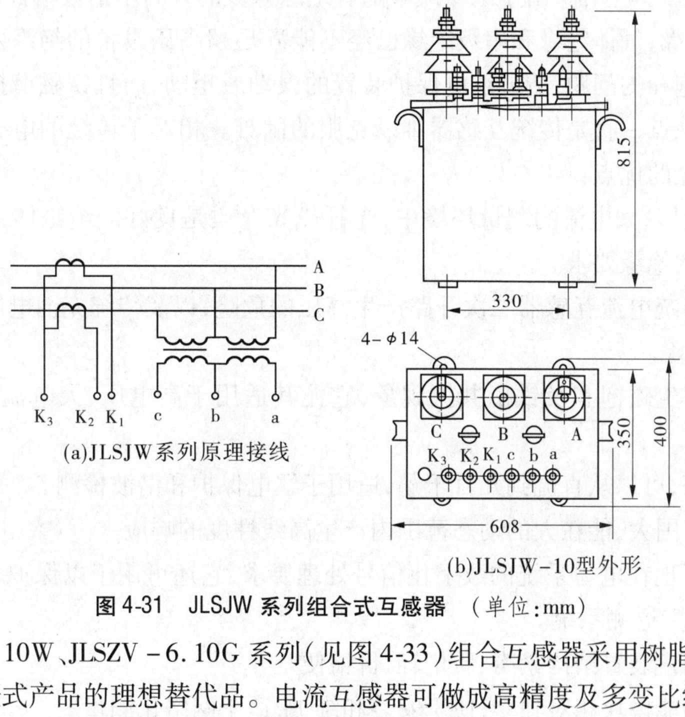

(a)JLSJW系列原理接线

(b)JLSJW－10型外形

图 4-31　JLSJW 系列组合式互感器　(单位:mm)

JLSZV－6.10W、JLSZV－6.10G 系列(见图 4-33)组合互感器采用树脂真空浇注式结构，是老式油侵式产品的理想替代品。电流互感器可做成高精度及多变比结构，给以后系统增容带来极大方便。为适应防窃电需要，将变比直接浇注在浇注体表面醒目位置，以避免通过更换标牌及改变标牌变比来窃电。另外，本系列产品的二次端子加盖板密封、盖板紧固螺钉，能有效防止窃电。JLSZV－10G 型为在 JLSZV－10 型基础上加大容量而成。JLSZV－10W 型采用瑞士进口的户外环氧树脂(Ciba CW5837)浇注，外形采用防雨伞裙，

图 4-32　JLS－10 系列组合式互感器

图 4-33　JLSZV 系列组合式互感器

表面爬电距离大，二次端子加有金属保护罩密封，具有耐电弧、防雨、防尘、耐腐蚀、耐紫外线等特点。

三、光电互感器

传统的电磁式互感器，由于绝缘成本随着绝缘等级的升高呈指数增长，因此原有的空气绝缘、油纸绝缘、气体绝缘和串级绝缘已经不能满足超高压设备的绝缘要求，同时传统互感器存在磁饱和的问题，造成继电保护装置的误动或拒动，而且铁磁谐振、易燃易爆及动态范围小等缺点一直是传统互感器难以克服的困难。相对于传统的电磁式互感器，光电互感器有明显的优点：

（1）在高电压、大电流的测量环境中，光纤或光介质是良好的绝缘体，它可以满足高压工作环境下的绝缘要求。

（2）没有传统电流互感器二次开路产生高压的危险，以及传统充油电压、电流互感器漏油、爆炸等危险。

（3）不会产生磁饱和及铁磁共振现象，它尤其适用于高电压、大电流环境下的故障诊断。

（4）频带宽，可以从直流到几百千赫，适用于继电保护和谐波检测。

（5）动态范围大，能在大的动态范围内产生高线性度的响应。

（6）适应了现在电力系统的数字化信号处理要求，它还可用于以保护、监控和测量为目的的高速遥感、遥测系统。

（7）整套测量装置结构紧凑、质量轻、价格便宜。

（8）各个功能模块相对独立，便于安装和维护，适于网络化测量。

光电互感器的制造成本约为同等级气体互感器的 1/4，作为下一代互感器的主流产品，其不可替代的技术优势和价格优势已经凸现出来，必将带来电力系统测量、保护和监控的革命性变化。

第七节　绝缘子、母线及电缆

一、绝缘子

在电气装置中，用于支持、固定裸带电体，并使其对地或对其他不同带电位部分保持绝缘的一类装置部件，称为绝缘子。它必须具有足够的机械强度和电气强度，并有良好的耐热、防潮、防化蚀等性能。绝缘子按其应用领域的不同，可以分为以下三类。

（一）电器绝缘子

该类绝缘子应用于各种电器产品中，成为其结构的零部件，多为专用特殊设计，且名目繁多，一般有套管式、支柱式及其他多种形式（如柱、牵引杆、杠杆等）。前者一般用来将载流导体引出电器的外壳，其外露部分构成电器的外部绝缘，如变压器、断路器等的出线套管。其他则用于电器内部，构成内绝缘结构的一部分。

（二）线路绝缘子

线路绝缘子用来固结架空输电线的导线和屋外配电装置的软母线，并使其保持对地绝缘。有针式、棒式和悬式三种结构型式，但都是户外型。

（三）电站绝缘子

在发电厂和变电站中，用来支持和固定配电装置硬母线并使其保持对地绝缘的一类绝缘子，分为支柱绝缘子和套管绝缘子。户内支柱绝缘子分为外胶装（Z 系列）、内胶装（ZN）系列和联合胶装系列（ZL 系列）三种型式。产外支柱绝缘子有针式（ZPC1－35）和实心棒式（ZS－35）。电站套管绝缘子又称穿墙套管，在高压硬母线穿过墙壁、楼板和配电装置隔板处，用它支持固定母线并保持对地绝缘，同时保持穿过母线处的墙、板的封闭性。

电站绝缘子按硬母线所处的环境分为户内式和户外式两种。户外式绝缘子有较大的伞裙，用以增长表面爬电距离，并阻断雨水，使绝缘子能在恶劣的户外气候环境中可靠地工作。在多尘埃、盐雾和化蚀气体的污秽环境中，还需使用防污型户外绝缘子。户内绝缘子无伞裙结构，也无防污型。

各类绝缘子均由绝缘体和金属配件两部分构成。目前高压绝缘子的绝缘体多为电瓷，其结构紧密，机械强度高，耐热和介电性能好；在表面涂硬质釉层以后，表面光滑美观，不吸水分；故电瓷具有良好的机械和电气性能。

绝缘子瓷件的有效高度决定其额定电压；在电压等级相同时，主要由瓷件直径决定其机械弯曲强度。电站绝缘子的抗弯强度分为 A、B、C、D、E 等 4～5 个等级，分别表示 375 kg、750 kg（针式为 500 kg）、1 250 kg、2 000 kg、3 000 kg 的抗弯破坏荷重。

套管绝缘子按装置地方分为户内式和户外式，户内式，如 CA－6/400、CLB－10/1000 等，户外式，如 CWC－10、CWB－35 等。

为了防止铁磁体中的涡流和磁滞引起过热，电流较大的套管的安装基础板应割出间隙，以增大单相磁路中的磁阻（见图 4-34），并在法兰盘和基础板之间加装非磁性垫。

二、母线

（一）母线的作用

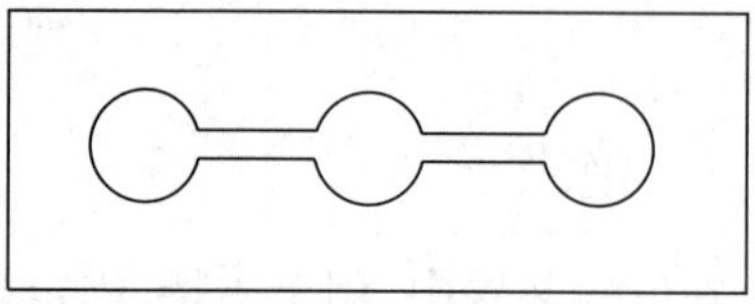

图 4-34　套管绝缘子安装基础板磁路的改善

在发电厂和变电所的各级电压配电装置中，将发电机、变压器等大型电气设备与各种电器之间连接的导线称为母线。母线的作用是汇集、分配和传送电能，其是构成电气主接线的主要设备。

（二）母线的分类和特点

（1）母线按材料分为铜母线、铝母线和钢母线三种。

铜的电阻率低、机械强度高、防腐性能好、便于接触联接，是优良的导电材料。但比较贵重，有选择地用于重要的，有大电流接触联接的，或含有腐蚀性气体场所的母线装置。

铝的比重仅 2.7，只有铜的 30%，导电率约为铜的 62%。在长度和电阻相同的情况下，铝母线只有铜母线质量的一半。加上铝母线由于截面较大引起散热面积的增大，同长度传送相同电流的铝母线的用量大约只有铜母线的 44%。而铝的价格比铜低廉，故以铝代铜有很大的经济意义。但铝的机械强度和耐腐蚀性能较低，接触联接性能差，铝焊接技术又较复杂，有关铝载流导体的技术问题虽都已解决，但在实际应用中仍需给予重视。

钢母线价廉，机械强度好，焊接简便，但电阻率为铜的 7 倍，且趋肤效应严重，若常载工作电流则损耗太大。常用于电压互感器、避雷器同路引接以及接地网的连接线等。

（2）母线按本身结构分为硬母线和软母线两种。

硬母线用支柱绝缘子固定，多数只作横向约束，而沿纵向则可以伸缩，主要承受弯曲和剪切应力。硬母线的相间距离小，一般用于屋内配电装置。

软母线由悬式绝缘子在两端拉紧固定，只承受拉力而不受弯曲，一般采用钢芯铝绞线。软母线的拉紧程度由弛度控制。弛度过小则拉线构架和母线受力太大。由于适当弛度的存在可能发生导线的横向摆动，故软母线的线间距离较大，常用于屋外配电装置。

（3）母线按截面形状分为圆形、管形、矩形、槽形等。

圆形截面母线的曲率半径均匀，无电场集中表现，不易产生电晕，但散热面积小，曲率半径不够大。作为硬母线则抗弯能力差。因此，采用圆形截面的主要是作为软母线的钢芯铝绞线。

管形母线的曲率半径大，材料导电利用率、散热能力、抗弯强度和刚度都较圆形截面好，常用于 220 kV 及以上屋外配电装置作长跨距硬母线。也用于特种母线如水内冷母线、封闭母线等。

矩形母线散热面积大，趋肤效应小，材料利用率高，承受立弯时的抗弯强度好。但周围电场很不均匀，易产生电晕，故只用于 35 kV 及以下硬母线。矩形母线的宽度与厚度之比为 5 ~ 12。太宽太薄虽对载流和散热有利，但易变形，并使抗弯强度和刚度降低。矩形母线的最大截面为 125 mm × 10 mm。对大的载流量可采用数片并装，但散热效果和趋肤效应变坏，材料利用率变差，超过 2 ~ 3 片时宜采用槽形截断母线。

（三）母线的布置

母线的布置包括母线的排列、矩形母线的放置与装配以及矩形母线的弯曲方向。

母线三相导体有水平排列(平排)、竖直排列(竖排)和三角形排列三种。三角形排列仅用于某些封闭式成套配电装置或其他特殊情况,屋内外硬母线广泛采用水平排列和竖直排列,屋外软母线则只采用水平排列。

矩形母线在空间有水平放置和垂直放置两种放置法,在支柱绝缘子顶面有平装和立装两种装配法。图4-35(b)、(d)为平放,(a)、(c)为立放,但图4-35(a)、(b)为平装,(c)、(d)为立装。母线立放时的对流散热效果较好,平放时则较差。平装时绝缘子承受的弯曲荷载较小,立装则加重绝缘子的弯曲荷载。

矩形母线宽度尺寸大,厚度尺寸小,弯曲方向不同时抗弯能力大不一样。向着宽面的法线方向的弯曲叫做平弯,如图4-35(c)、(d)所示,抗弯能力小。向着窄面的法线方向的弯曲叫做立弯,如图4-35(a)、(b)所示,抗弯能力大。因此,在布置三相矩形母线时,一般应以窄面对着其他相母线,使电动力对矩形母线施加立弯。

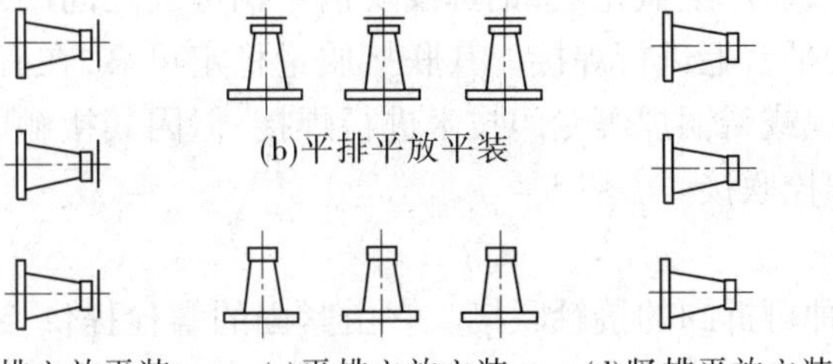
(b)平排平放平装

(a)竖排立放平装　(c)平排立放立装　(d)竖排平放立装

图4-35　距行母线的布置方式

矩形母线的综合布置方式有以下几种:

(1)竖排立放平装。如图4-35(a)所示,该布置方式占用场地较少、散热好,绝缘子的电动力荷载较小,母线抗弯强度高。该方式广泛用于母线廊道等。但设备接线端多为水平排列,故竖排不便于直接向设备引线。此外,绝缘子可能受到较大的施工弯曲荷重。

(2)平排平放平装。如图4-35(b)所示,该布置方式占用空间高度小,绝缘子和母线的受力情况均好,只有散热效果较差,但其母线便于和设备的水平出线端引线,应用也较广泛。

(3)平排立放立装。见图4-35(c),其母线和绝缘子的受力情况较差,但“T”接引线方便,用于短路电流较小、电动力弯矩不大的情况。

(4)竖排平放立装。见图4-35(d),很少应用。

(四)母线的参数

母线的参数有额定电压、额定载流量、截面面积、相间距离、硬母线跨距、软母线的档距和弛度等。其中截面面积主要决定于工作电流,相间距离主要决定于电压,硬母线跨距主要决定于短路电流电动力,软母线的档距和弛度则由配电装置的布置确定。但参数之间相互关联,并受多种因素的影响。

(五)母线的安装

1. 基础工程

母线的基础工程包括绝缘子和保护网的基础预埋与安装。作为高压母线基础的墙壁和天花板等均为钢筋混凝土结构,故基础预埋工作应与土建浇筑工程同步进行,叫做预埋配合。通常预埋配合有两种方法：一是预留孔洞法；二是预埋焊接铁件法。

软母线的基础工程即为母线构架的安装，与屋外配电装置的进出线构架及设备支架的安装一并进行。

2. 母线的联接

母线结构简单，经正确设计选择具有合适结构数据的母线，可靠性很高。但运行经验证明，母线本身事故大多数发生在接头处，说明母线的联接是薄弱环节，应给予足够的重视。联接问题主要是安装技术问题，但也与设计和运行维护密切相关，其基本要求是：①有足够的、不低于原母线的机械强度；②有长期稳定的、不高于同长度母线的接头电阻值。

按联接的性质和方法，可分为硬母线的焊接、螺栓联接和可伸缩联接，以及软母线的压接与线夹联接等。

1）母线的焊接

因铝在空气中极易产生氧化层，铝母线及铝－铜母线之间的焊接须采用专门的氩弧焊技术，在氩弧焊机平台上进行焊接。其联接质量稳定可靠，在有条件的地方宜多采用。铜母线虽可采用铜焊或磷铜焊等专门技术进行焊接，但因其接触联接性能尚好且简单易行，故一般多采用螺栓联接。

2）螺栓联接

螺栓联接是一种可拆卸的接触联接。它由紧固的螺栓提供接触压力，同时保证联接的机械强度。螺栓联接广泛应用于各种材料硬母线以及硬母线与设备出线端的联接。

3）可伸缩联接

硬母线每 20～30 m 应装一组伸缩接头，供母线热胀冷缩时自由伸缩。硬母线与设备引出端联接时一般也应装设伸缩接头，以免设备套管承受母线的温度应力。

伸缩接头呈 Ω 形的弯曲薄片段由 0.2～0.5 mm 厚的紫铜片或铝片组成，总截面不低于母线的截面，其底部直板段相应为钢板或铝板，以便与母线搭接。弯曲薄片段与直板段之间采用铜焊（对铜片）或氩弧焊（对铝片）焊接。铜片伸缩头的直板段也由弯曲薄片段延长再叠压锡焊而成。但片间焊锡电阻值较大，将使电流分配不匀。为使伸缩联接头不降低母线的抗弯强度，被联接的两段母线由托板加以支持，而托板固定在支柱绝缘子上。两端螺栓通过套筒穿入母线的长孔内，并与托板紧固，但与母线之间保留有少许间隙。

当母线厚度为 6 mm 及以下时，也可将母线本身弯曲成 Ω 形，做成简陋的伸缩接头。有 90°平弯的母线段可省略伸缩接头。

4）软母线的联接

软母线的联接可用手工绞接、压接和线夹联接等方法。但手工绞接法机械强度差、接触电阻大且不能长期稳定，只用于临时性作业。压接法是用专门的压接铝管作联接件，将要联接的铝绞线或钢芯铝绞线插入压接管内，用机械方法或爆炸成形的方法将母线和压接管压接在一起。

3. 母线在绝缘子上的固结

母线在运行中温差较大，为了避免出现温度应力使绝缘子遭受破坏，由伸缩接头分段的每段母线（20～30 m）只允许与一组绝缘子紧固，在其余绝缘子上的固结应是松动的，限制其纵向伸缩。

4. 母线的定相与着色

不同电源间的并接必须相序一致。母线作为各回路的汇集点应显明地标示出三相序。按惯例,U、V、W 三相分别着黄、绿、红色,并以 V 相居中。作为引接回路的母线,若两端电源相序相反,则必须将母线倒相,即任两相倒换位置。

母线着色的另一重要作用是增加其辐射散热。试验结果表明,按规定涂制相色漆的母线可增加载流量 12% ~15%。此外,涂漆具有防腐蚀作用。但在焊缝处、螺栓联接处、设备引线端等都不宜着相色漆,以便运行监察接头情况。若能在母线接头的显著位置涂刷温度变色漆或粘贴温度变色带则更好。

软母线的各股绞线常有相对扭动,故不宜着相色漆。但常在母线构架上、设备裸带电体或出线套管顶帽上涂刷相色漆,以示相序。

三、电力电缆及电缆敷设

(一)电力电缆的一般结构

电力电缆的种类较多,但结构基本相同,均由导电芯线、绝缘层、密封护套和保护层等主要部分组成,如图 4-36 所示。

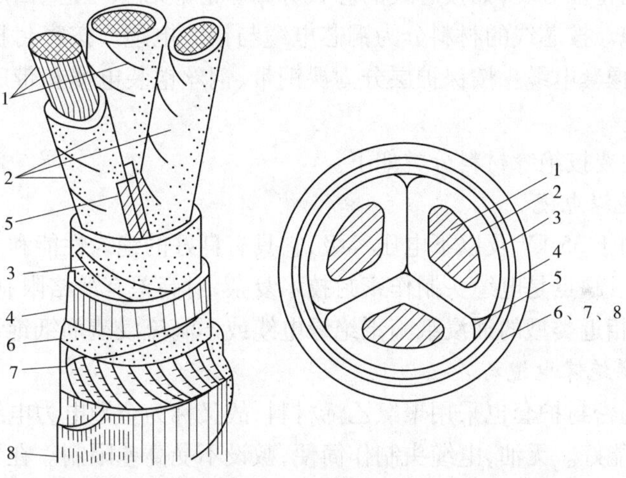

1—芯线;2—芯线绝缘层;3—统包绝缘层;4—密封护套;5—填充物;
6—纸带;7—钢带内衬;8—钢带铠装

图 4-36　三芯电力电缆的一般结构

(1)芯线。有铝芯线和铜芯线两种,一般 10 mm^2 截面以上由多股线绞合而成,以增加电缆的可挠性。芯线的截面形状有扇形和圆形两种。采用扇形的目的是减小电缆外径,同时也减少绝缘层和保护层的材料。

(2)绝缘层。各芯线有芯线绝缘层 2,相间隔着两芯线绝缘层,故芯线对地还需增设统包绝缘层 3。因中性点不接地系统在发生单相接地时,非故障相对地电压升为相间电压,可见统包绝缘层厚度大体上与芯线绝缘层相当。绝缘层的材料有油浸纸绝缘、橡皮绝缘、聚氯乙烯绝缘、聚乙烯绝缘和交联聚乙烯绝缘等多种。同一电缆的芯线绝缘层和统包绝缘层使用相同的绝缘材料。

(3)密封护套。它的作用是保护绝缘层。护套包在统包绝缘层外面，将绝缘层和芯线全部密封，使其不漏油、不吸气、不进水、不受潮，并且使电缆具有一定的机械强度。护套的材料一般有铅、铝或塑料等。具有密封护套是电缆区别于绝缘导线的标志。

(4)保护层。为了保护密封护套不受外界因素(包括外力、外电流、腐蚀环境等)的损伤，并使电缆具有必要的机械强度，在密封护套外面还需设置保护层。保护层的主体是钢带铠装8，它由钢带或钢丝叠绕而成。钢带铠装内侧有内衬7和纸带6，其作用是保护密封护套不受钢铠的机械损伤，并且在电缆弯曲时使护套和铠装之间便于相对滑动，一般用浸以沥青的黄麻或电缆纸包绕而成。

为了保护钢铠在空气中不被氧化，钢铠内外浸有沥青防腐层。对于直接埋入地下的电缆，钢铠外还包绕防水外皮层。它由两层浸渍沥青的电缆麻反方向叠绕而成，有的则用塑料做成外皮层。前者在空气中防火性能较差，后者在阳光中易老化。

由于外力和外电流的普遍存在，无保护层的裸铅(铝)包电缆不宜使用。

(二)电力电缆的分类及其特点

电力电缆按多种方法分类。按电压高低分为高压电缆与低压电缆(1 000 V 及以下)。按使用环境分为空气中敷设电缆、直埋电缆与水下电缆等。也可按电缆结构中的任一组成部分的特征分类，如按芯线的芯数分为单芯、双芯、三芯、四芯电力电缆，单芯电缆又叫分相电缆。按芯线的材料分为铜芯电缆与铝芯电缆。按密封护套材料分为铅包、铝包、塑料包或橡套电缆。按保护层分为裸钢带、钢丝铠装电缆和带麻被层的钢带、钢丝铠装电缆等。

电力电缆主要按绝缘材料分类如下。

1. 油浸纸绝缘电缆

该类电缆用于35 kV 及以下电压等级，它具有良好的绝缘性能和耐热性能，载流量较大，使用寿命长。缺点是电缆头制作密封技术复杂，对高差有严格限制。当敷设在大高差场地时，可采用相近类型的油浸纸滴干绝缘电缆或不滴流浸渍剂纸绝缘电缆。

2. 聚氯乙烯绝缘电缆

该类电缆的密封护套也采用聚氯乙烯材料，故又称为全塑电力电缆，其电气性能及耐水、耐腐蚀等性能好。无油，电缆头制作简便，敷设不受高差限制。在无机械损伤、无暴晒的环境中可以使用无保护层的全塑裸电缆。有铠装者还能承受一定的机械外力与拉力。但耐热性能较差，载流量较小。介损系数大，在交变强电场作用下易老化，故使用电压不超过6 kV。在低电压小截面范围内占有技术经济优势。

3. 交联聚氯乙烯绝缘电缆

该类电缆的密封护套常为聚氯乙烯材料，也具有上述全塑电缆的优点，且其芯线绝缘允许温度高，载流量和热稳定电流大，绝缘性能优异，但价格昂贵。是目前使用最多的电缆。

4. 橡皮绝缘电缆

橡皮绝缘电缆只用于低压500 V 以下，分为聚氯乙烯护套和橡皮护套两种。前者与全塑电缆基本相同，并逐渐被全塑电缆替代。

(三)电缆的终端头与中间接头

电缆全长由护套密封并外加保护层，但在两端必须剥去保护层和护套，引出芯线，以便与设备联接，该部分称为电缆终端头或简称电缆头，如图 4-37 所示，电缆与电缆间相连部分称为中间接头。电缆终端头与中间接头是电缆的薄弱部分，也是维系电力电缆安全与可靠运行的重要环节，应在安装与运行中给予高度重视。

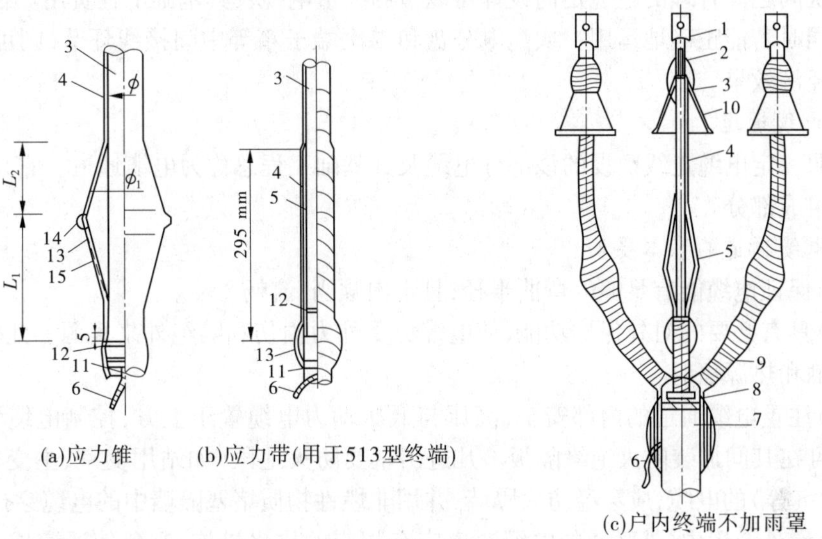

1—接线端子；2—电缆导体；3—电缆绝缘；4—绝缘带绕包层；5—应力锥；6—接地线；7—电缆外护层；8—分支套；9—相色带；10—雨罩；11—铜带；12—外半导电层；13—半导电带；14—屏蔽环；15—铜网或熔断丝

图 4-37　干包式电缆终端头

不同绝缘的电缆，其电缆头的制作方法和工艺不一定相同，应严格按电缆附件厂家的要求制作电缆终端头（电缆头制作过程和工艺要求见相关资料，在此不再介绍）。目前应用最多的交联聚氯乙烯绝缘电缆终端头有干包、热缩（见图 4-38）、冷缩三种。

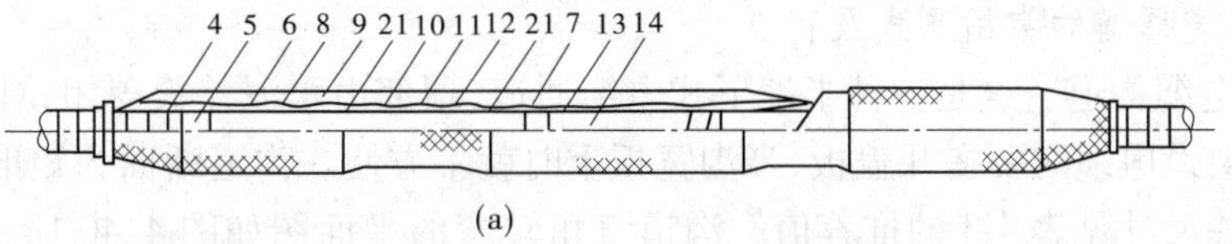

1—外护层；2—钢带；3—内护层；4—屏蔽铜带；5—外半导电层；6—绝缘线芯；7—内半导电层；8—应力管；9—内绝缘管；10—外绝缘管；11—半导电管；12—屏蔽铜丝网；13—半导电带；14—导体连接管；15—内护漏管；16—外护套管；17—金属护套管；18—绑扎带；19—过桥线；20—钢带跨接线；21—填充胶

图 4-38　10 kV 热收缩接头

（四）电缆敷设

电缆敷设要紧密结合电站枢纽布置和厂房结构进行布置。

1. 电缆走向

电缆走向又称电缆走线,分集中走线和分散走线两种方式。水电站厂房结构复杂,电缆走线要与厂房结构和枢纽布置紧密结合,还要处理好大量与机电设备、管路、母线等的相互干扰问题。合理的电缆走向设计可以节约大量电缆及其基础工程费用。在设计电缆走向的同时若能正确地运用一次配电分盘和二次端子箱等中间接线环节,则可收到更好的技术经济效果。

2. 电缆通道

按照一定电缆走线敷设的该部分电缆及其基础工程总称为电缆通道。它是电缆工程的基本组成部分。

1)电缆通道的基本要求

(1)保证电缆能有足够的弯曲半径,且走向顺当、流畅。

(2)具有必要的对外保护功能,使电缆免受外力损伤和隔绝外来火源。此外,不宜受太阳直晒和热源辐射。

(3)注重电缆通道的内部安全,高压与低压动力电缆置于上方,控制电缆置于下方。必要时可在其间加装防火绝缘隔板。凡进出重要防火地段(如站用变室、主变场地、中控室、开关室等)的电缆,应穿经防火隔墙,并用非燃性物质堵塞隔墙中的电缆穿孔。

(4)屋外及屋内、外联通的电缆通道应有相应的排水措施,避免使通道成为排水沟、积水坑和泥沙池,更不得向厂房内倒灌。

(5)电缆在通道中有适当的支持间距和必要的固定点。例如钢带铠装控制电缆水平与垂直敷设的支持间距分别为0.8 m和1 m。水平敷设的电缆一般应在首末两端和弯道两侧加以固定。垂直敷设的则在每一支架上均需固定。

(6)通道有足够的断面容量,即按规范要求布置好全部电缆后还留有足够的备用位置。这是因为电缆通道的扩建比较困难,而增设电缆的可能性常较大。

(7)方便施工和维护,便于增设和更换电缆。节约场地面积,节省费用。整齐美观。

2)电缆通道的常用形式及特点

(1)电缆沟道。这是一种半地下式电缆通道,顶部由水泥盖板盖闭,具有较好的保护功能,但敷设电缆时要揭开盖板,当沟宽板重时就不方便。沟道断面为矩形,如图4-39所示,其相关尺寸见表4-3的推荐值。沟道直角转弯的平面图如图4-40所示,图中虚线表示沟道T接。

表4-3　相应图4-39的电缆沟道尺寸

项　目		符号	一般取值(mm)
通道宽度	单侧支架时总宽	A	300～400
	双侧支架时总宽	A_s	300～500
电缆夹层垂直距离	控制电缆	m_k	120～150
	动力电缆	m	150～200
动力电缆间水平净距		t	35
最上层支架到盖板底面距离		C、C_k	150～200
最下层支架到沟底距离		G	60～150
通道深度		h	400～800

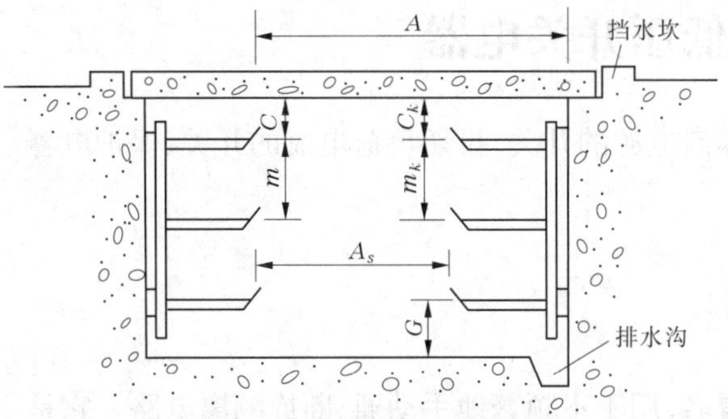

图 4-39　电缆沟道断面图

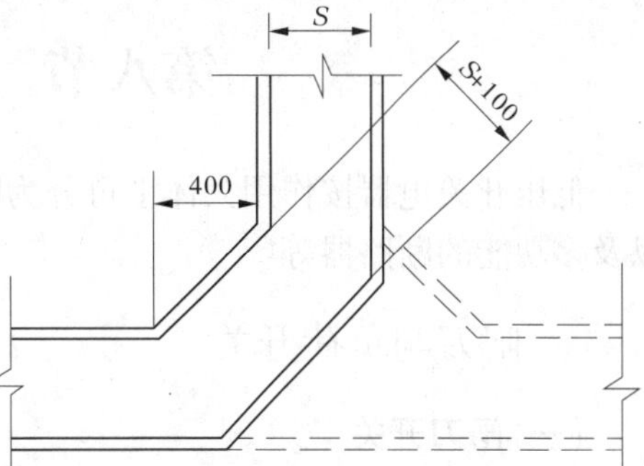

图 4-40　电缆沟道直角转弯和 T 接的平面图（单位:mm）

(2)电缆廊道与电缆隧道。当电缆数量多,通道断面尺寸超过表 4-3 中沟道尺寸的上限值时,在屋内可考虑采用电缆廊道,在屋外只有采用电缆隧道。这是两种封闭式电缆通道,具有很好的保护性能。工作人员可直接进入通道内进行电缆的敷设和维护,施工和运行比较方便。但所需断面尺寸大,常取 $h = 2\ 000$ mm,$A \geqslant 900$ mm,$A_s \geqslant 1\ 000$ mm,且对进出门、照明和通风等设施均有一定要求。

(3)敞开式电缆通道。将电缆通道明设在生产厂房或户外场地,不加遮闭。其保护性能较差,但施工和维护方便,成本低廉,常用于水电站的水轮机室、空压机室和水泵室等处的电缆敷设,其走线宜选择在安全、偏僻、干扰少,远离火源的场地。

(4)电缆室和电缆夹层。多条电缆通道汇集的场所,四面设墙的叫电缆室,至少有一面敞开的叫电缆夹层。一般设于电站的中控室、开关柜室、配电屏室的下层。电缆室(或夹层)内电缆吊架下面的净高度不宜低于 1.6 m,但也不宜高于 2.5 m,以方便电缆作业。

(5)电缆竖井。这是一种竖直的电缆通道,用于上述各通道的竖直部分,或不同高程的两电缆室之间的联络通道。在电缆数量不太多时,可设爬梯供攀登,高度超过 10 m 时,宜每隔 5 m 设一中间平台;高度超过 20 m 时宜设置楼梯。有大量电缆的大型电站的竖井一般要设楼梯或电梯。

(6)分散式电缆通道。在通道的末段,各电缆从集中式通道分散走向不同的电气设备,称为分散式电缆通道。常采用以下四种形式:

①电缆管道埋设或明设。埋设电缆管不占用场地,适用于除预制板外的各种建筑基础,在电站中应用最为广泛。电缆管通常采用焊接管,内径不小于 1.5 倍电缆外径,弯曲半径不小于管内径的 10 倍,最多允许有 2 个直角弯,相应的最大长度不超过 20 m,否则电缆穿管时将发生困难或损伤电缆。在穿过建筑物沉陷缝时,应在其两侧周围预留沉陷空隙。

②电缆明敷。一般采取爬墙敷设,是一种分散的敞开式通道,同样要选择安全、偏僻的走线。

③电缆直埋。即在户外直接埋入深度不小于 0.7 m 的土壤中。优点是散热好,费用低。但查找故障点、检修或更换电缆均不方便。

④架空电缆。常借用配电线路或通信线路的杆塔,用专用的挂钩将电缆挂吊于拉紧的钢绞线下,简便经济。但受暴晒,不适用于裸全塑电缆。

第八节　低压开关电器

低压开关电器按作用大体上可分为隔离电源的开关、投切负荷电流的开关、保护电器以及多功能的断路器等。

一、闸刀与负荷开关

(一) 闸刀开关

闸刀开关因其动触头为闸刀形式而得名,用于不频繁地手动通、断或隔离电路。它是低压开关中应用最广泛的一种。

闸刀开关的类型很多,按极数分为单极、双极和三极;按操作方式分为直接中央手柄操作、正面杠杆操作和侧面杠杆操作;按闸刀投向分为单投和双投等。

各类型闸刀开关有许多共同处,将硬紫铜板做成的月形触头装在玻璃纤维板或胶木板或陶瓷底板上。一般额定电流 400 A 及以下者,触头采用单刀形式,插座用铜板拼铆而成,用插座本身弹力或外加弹簧片对动触头产生接触压力。额定电流 600 A 及以上者,闸刀为双刀片插在静插座两侧,并用螺栓和弹簧夹紧,有利于散热,提高接触压力和电动稳定性。采用杠杆操作机构的,如能切断额定电流者均设有灭弧罩装置。灭弧罩一般是由绝缘纸板或钢板拼制成的消弧栅。

图 4-41(a)为 HD13 型闸刀开关的结构,常用于板前操作的低压配电盘。它带有灭弧罩,可以切断额定电流。灭弧罩结构如图 4-41(b)所示。分闸时的电弧被栅片分割和冷却而靠地熄火。

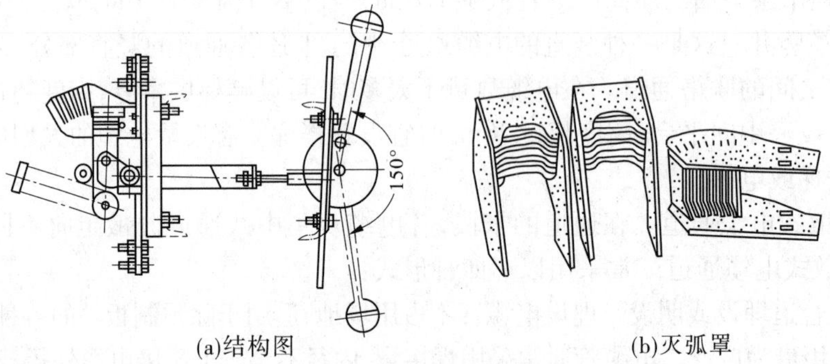

(a)结构图　　(b)灭弧罩

图 4-41　HD13 型闸刀开关

(二) 组合开关

组合开关又叫转换开关,也是采用刀形触头。但各触头元件成多层圆圈排列,并利用手指手掌扭转操作中心轴,是一类特殊的闸刀开关。由于触头的排列方式和层数不同,组合开关具有多种系列型号,用于低压配电、换接电源和负载以及控制小容量电动机等。HZ10 型转换开关的结构如图 4-42 所示,它由触头系统和操作机构两部分组成。触头系统由多层触头座叠装而成,每层座内装有动、静触头。一层触头座的结构如图 4-42(b)所示。触头座 1 由胶木制成。两静触头 3 由镀锡的黄铜做成刀形片固定在触头座内并外露接线柱。由磷铜片或硬紫铜片制成的动触头4及由绝缘钢纸板制成的两隔弧板2固定在胶木圈外,并套装于操作方轴上。触头为双断口,线接触,接触压力由动触片的弹力维持。隔弧板的作用是为电弧提供固体介质的狭缝,并保护胶木座不被电弧烧伤。操作机构装于开关的上部,由手柄、转轴、定位板、加速弹簧等构成。转动手柄可将开关从一个位置转到另一位置,使触头快速接通或断开。

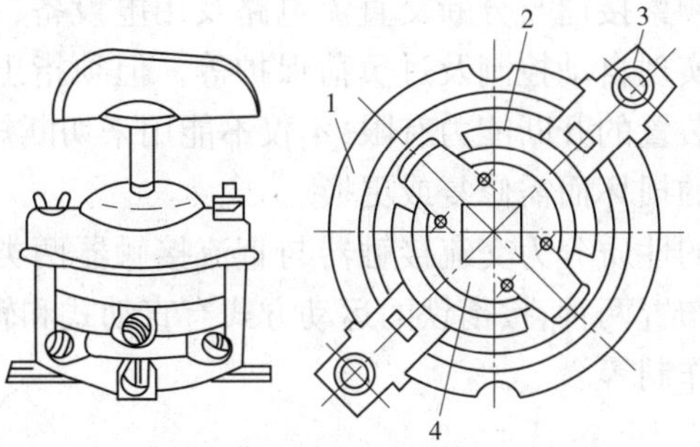

(a)外形图　　(b)触头系统图

1—触头座;2—隔弧板;3—静触头;4—动触头

图4-42　HZ10型转换开关结构

(三)负荷开关

低压负荷开关是具有灭弧罩的闸刀开关与熔断器组合的电器,有封闭式和开启式两类。HK系列开启式负荷开关就是常见的胶盖瓷底开关。HH系列属封闭式负荷开关,其闸刀和熔断器均装于一封闭钢板壳或铸铁壳内,故又称铁壳开关。常见的有HH4、HH10、HH11、HH15、HHx等系列。其中HHx系列具有断相保护装置,即一相熔断器熔断时,该负荷开关可自动脱扣跳闸。其余系列在结构上均相似。铁壳开关都装有开盖连锁装置,只有分闸后才能打开壳盖,也只有关好壳盖后才能操作合闸,以保证安全。在操作转轴上装有加速弹簧装置以提高分合闸速度,消除人手操作速度的影响。图4-43所示为HH4系列负荷开关结构,其触头采用U形结构,双断口,面接触,有较高的电动稳定性。图示开关的容量为30 A或60 A,采用瓷插式熔断器。对100A者改用封闭管式熔断器。

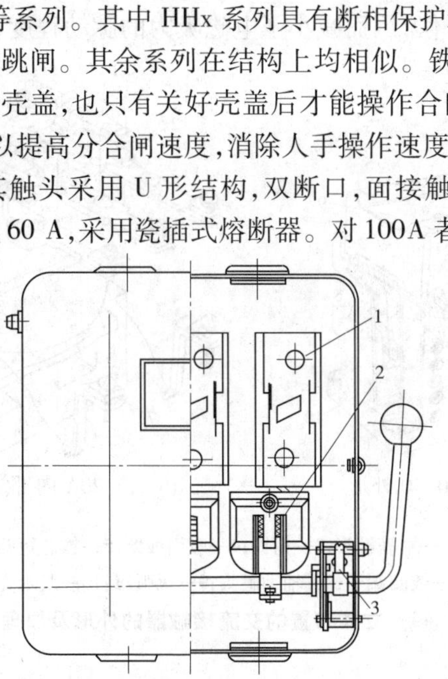

1—熔断器;2—触刀;3—操作机构

图4-43　HH4型负荷开关结构

负荷开关主要供手动不频繁的接通和分断负荷电路及短路保护用。在降低使用电流后亦可作中、小容量电动机的不频繁操作和保护用。

二、接触器和磁力起动器

(一)接触器

接触器用于远距离频繁接通与分断交直流电路及用电设备,其中主要为电动机。它与继电器等配合使用可实现自动控制及过负荷保护等。但须指出,由于接触器触头系统的动热稳定性低和灭弧装置的开断能力有限,不仅不能用来切断短路电流,而且通过短路电流时也难免造成触头的损坏而需修复或更换。

接触器按使用电源的性质分为交流接触器与直流接触器两类;按结构布置型式分为立体布置和条架式平面布置两种;按衔铁的运动方式有直动式和转轴式;按线圈工作方式有长期工作制和瞬时工作制等。

1. 交流接触器

图 4-44 所示为一般直动、双断点、立体布置的交流接触器的外形与原理结构图。电磁铁为 E 形结构,分上、下两部分。下铁芯 6 上套装线圈 4 并一起固定在胶木壳体底部。上铁芯 3 又叫衔铁,与主动触头 1 固结可一起上下直动。当线圈得电后,衔铁被吸引连同动触头向下运动,使触头闭合接通电路。当线圈失电时,衔铁被释放,并在其反作用弹簧及触头弹力的作用下迅速向上运动,使触头分断。铁芯端接处的短路环 5 用于克服交流电磁铁中的振动和噪音,因交变磁通及其产生的吸持力是脉动的,且在一个周波内两次过零时造成衔铁的瞬间释放,嵌在半边铁芯端面上的铜短路环感生环流的附加磁通,正好在原磁通的零值前后给于补偿,因而减小了电磁吸力的脉动程度,消除了振动和噪音。

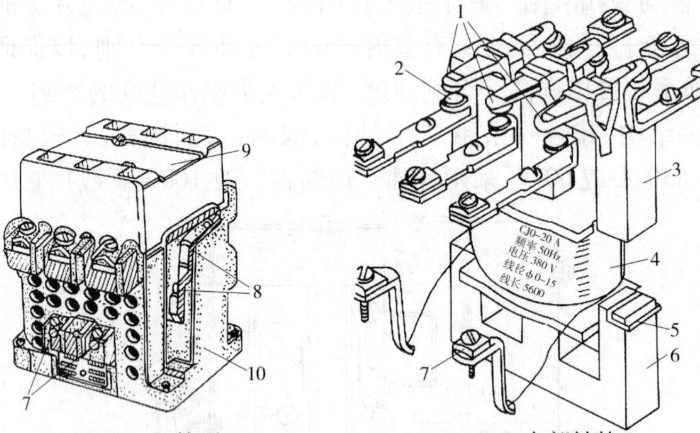

(a)CJ10-40 外形　　(b)CJ0-20A 内部结构

1—主动触头;2—主静触头;3—衔铁;4—吸引线圈;5—铁芯短路环;6—下铁芯;
7—线圈端子;8—辅助触头;9—灭弧罩;10—胶木壳体

图 4-44　立体布置的交流接触器的外形及原理结构

CJ20 系列交流接触器为直动式,主触头为双断点,磁系统为 U 形,采用优质吸震材料作缓冲,动作可靠。接触器采用铝基座,陶土灭弧罩,性能可靠,辅助触头采用通用辅助触头，根据需要可制成各种不同组合以适应不同需要。

B系列交流接触器是一种新型的接触器，它是引进德国BBC公司生产线和生产技术而生产的交流接触器。具有正装式结构（如B25、B30、B460及K型等）与倒装式结构（如B37～B370）两种布置形式，零部件基本通用。常与T系列热继电器组成电磁起动器。

3TB系列空气电磁式交流接触器是从德国西门子公司引进专有制造技术而生产的产品。与3UA5系列热继电器组成电磁起动器。

LC□－D系列交流接触器是引进法国TE公司制造技术而生产的电器产品。可组装积木式辅助触头组、空气延时头、机械连锁机构等附件，组成延时接触器、机械连锁接触器、星三角起动器，并且可以和LRl－D系列热继电器直接插接安装组成电磁起动器。

2. 直流接触器

直流接触器的基本结构原理与交流接触器相似，但直流电磁系统无交变磁场，线圈和铁芯参数不同于交流接触器，也无需设置短路环。直流灭弧比较困难，故其灭弧装置要复杂些。在水电站，直流接触器主要用于35 kV及以下的高压油断路器的电磁操作机构瞬间接通合闸电流。常用的有CZ0系列与CZ18系列直流接触器。

直流接触器有最长允许通电时间限制，如CZ0－40D最长允许通电时间为15 s，CZ0－40C最长允许通电时间只有10 s。

（二）热元件

热元件又名热继电器，其加热元件串接在主回路中，利用过负荷电流的热效应反时限地使输出触点断开，达到过负荷保护输出的目的。

图4-45所示是JR15型热继电器的外形及结构图。主双金属片2与加热元件3采用联合加热方式（又称复合加热式）一起接入主电路。当被保护设备过负荷时，流过加热元件和主双金属片的电流超过整定值，经一定时限主双金属片因过热而弯曲，推动导板4向左移动，通过补偿双金属片5和推杆14将动触簧片9与动断静触头6分开，达到过负荷保护输出的目的。当主回路电源被切除后，经一定时间主双金属片冷却回复到原来状态，此时动触簧片9与动断静触头6仍处于开断状态。按一下复位按钮可使该触头重新接通，热继电器回复到正常状态，以便再次使用。若调节自复位调节螺丝8处于恰当位置，亦可自动复位。旋转调节旋钮11，通过支撑杆12可整定过负荷保护的动作电流。设置补偿双金属片5的目的是消除环境温度的影响。为此，环境温度的变化应使补偿双金属片5与主双金属片2保持同方向的弯曲。

JR15型热继电器额定电流有10 A、40 A、100 A、150 A四种，一般制成两极式，亦可制成三极式。

图4-46所示为三级式的JR16型热继电器，其结构原理与JR15型相同。该型有带断相保护装置的和不带断相保护装置的两类。断相保护装置的原理如详图A所示，该热继电器具有上、下两块导板12、17。在正常工作时，主双金属片10因受热稍向左弯曲，下导板17跟着向左移动，但未能顶到补偿双金属片13，继电器不动作。当某一相断相时，该相双金属片温度下降而复原，推动上导板12向右移动，同时另外两相电流增大，其双金属片向左增大弯曲，推动下导板17更向左移动。结果导板杠杆18转动顶到补偿双金属片13而使继电器动作。

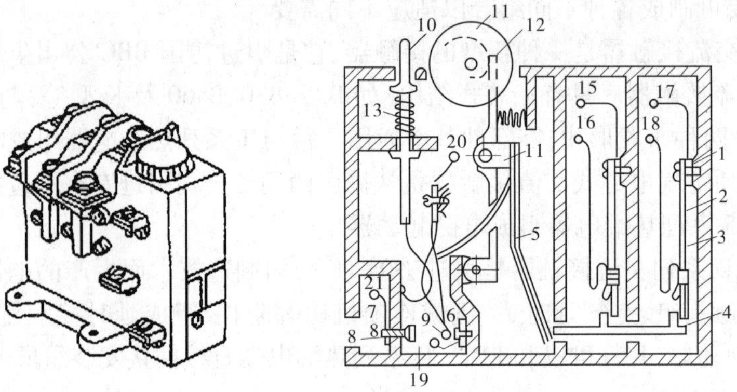

(a) 外形　　　　(b) 结构

1—支架;2—主双金属片;3—加热元件,4—导板;5—补偿双金属片;6—动断静触头;
7—动合静触头;8—自复位调节螺丝;9—动触簧片;10—复位按钮;11—调节旋钮;
12—支撑杆;13—弹簧;14—推杆;15～21—接线螺丝

图 4-45　JR15 型热继电器外形及结构

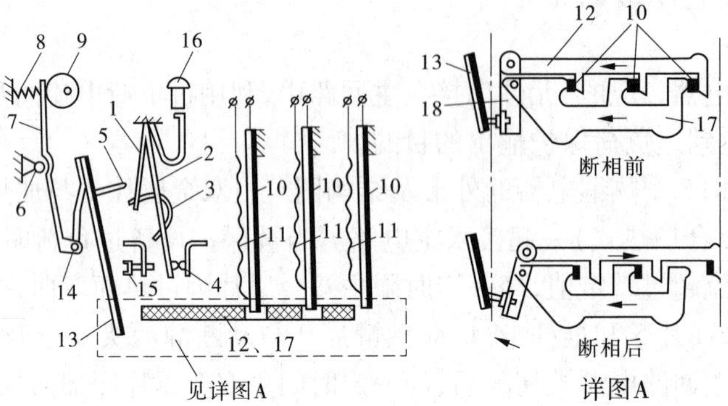

1、2、3—弹簧片;4—触点;5—推杆;6、14—轴;7—杠杆;8—压簧;9—调节旋钮;
10—主双金属片;11—加热元件;12、17—上、下导板;13—补偿双金属片;
15—自复位调节螺丝;16—复位按钮;18—导板杠杆

图 4-46　JR16 型热继电器结构原理

目前,我国生产的热继电器除上述两型号外,还有 JR20 型等,均是双金属片式。双金属片式热继电器结构简单、成本低,便于和接触器等开关电器配套使用,广泛用于中、小型电动机的过负荷保护。

(三)磁力起动器及其应用电路

磁力起动器用于远距离或自动频繁控制电动机的起动、停止和正、反转运行,并可兼作过负荷保护。它是一种组合式电器,由交流接触器、热继电器、外罩及相关电路等组合而成。其产品系列主要决定于所用的交流接触器和热继电器。此外,还按有无保护外罩分为保护式和开启式;按有无热继电器分为带热继电器的和不带热继电器的两种;按是否作电动机正、反转控制分为可逆式和不可逆式。开启式散热条件好,适用于保护条件和防尘条件较好的场所,如电气箱或配电盘内。当电动机过于频繁起动(例如每小时超过 60 次)时,宜采用不带热继电器的磁力起动器。

1. 不可逆磁力起动器的接线

图 4-47(a)所示为不可逆式磁力起动器的手动控制接线图。

起动电动机时,撳下起动按钮 S_1,则 K 线圈得电,主触头接通使电动机起动。同时 K 辅助触点闭合将起动按钮 S_1 短接,实现控制电路的“自保持”。要停机时,撳下停止按钮 S_2,吸持线圈失电,主、辅触头均断开,电路回到起动前状态。电动机发生过负荷时,热继电器动作,其输出触点 B 断开,使吸持线圈失电,实现过负荷保护停机。

2. 可逆式磁力起动器的接线

控制电动机作正、反转起动和运行的磁力起动器称为可逆式磁力起动器。要使电动机作正、反转运行,需要改变三相电源的相序。为此,只要交叉倒换两相进线即可,如图 4-47(b)所示。K_1 主触头接通时电动机正转;K_2 接通时则反转。

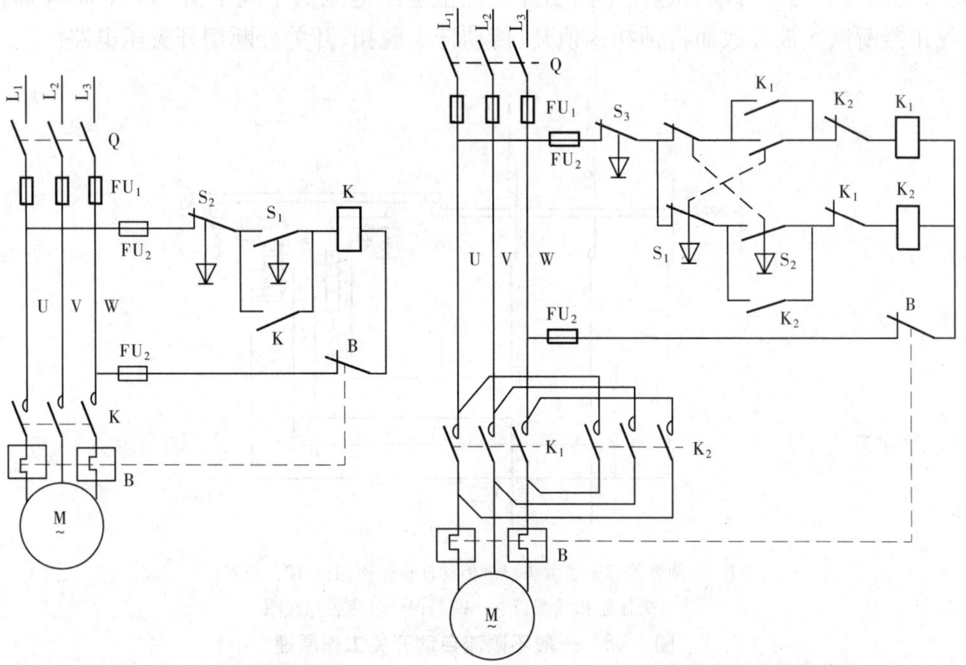

(a)不可逆磁力起动器的接线

(b)可逆式磁力起动器的接线

图 4-47　磁力起动器控制异步电动机的接线图

可逆式磁力起动器的控制电路由两支路组成,每支路控制一只交流接触器。但两只接触器若同时动作合闸,将引起主电路的相间短路,故在两控制支路中各设置两道电气连锁,第一道是起动按钮 S_1、S_2 采用有一常开和一常闭触点的复合按钮开关,当按下 S_1 作正转起动时,其常闭触点首先断开反转控制支路。同样,当按下 S_2 作反转起动时,其常闭触点首先断开正转控制支路。第二道连锁是本接触器的线圈与他接触器的常闭辅助触点串联,只有当他接触器失电返回之后,本接触器才能带电起动。

三、自动空气开关

自动空气开关又称自动开关或自动空气断路器，是低压配电系统中的主要电器之一。该开关适用于不频繁的接通或切断配电电路、电动机及其他用电设备的电源，并能起过载、短路和欠压保护。它与负荷开关或熔断器相比，具有操作方便、工作可靠、使用安全、分断能力大、保护特性稳定、能多次重复通断、动作值可以调整等优点，故得到广泛应用。

本教材只介绍一般不限流的框架式和塑料外壳式。

(一)自动开关的结构原理

各种自动开关的结构型式差别较大，但工作原理大体如图4-48所示。在正常工作时，主触头2闭合，传动杆3被锁扣4牢牢钩住，分闸弹簧1被拉长储能。过流脱扣器的衔铁10处于打开位置，失压脱扣器的衔铁5处于吸合位置。当主电路电流超过整定值时，过流脱扣器动作。衔铁10被吸合，将锁扣4顶开使传动杆脱扣。在分闸弹簧1的作用下，主触头2迅速分断将过流电路切开。当主电路电压低于规定值（如40% U_N）时，失压脱扣器衔铁5被释放而将锁扣4顶开，传动杆3脱扣，开关分断切开失压电路。

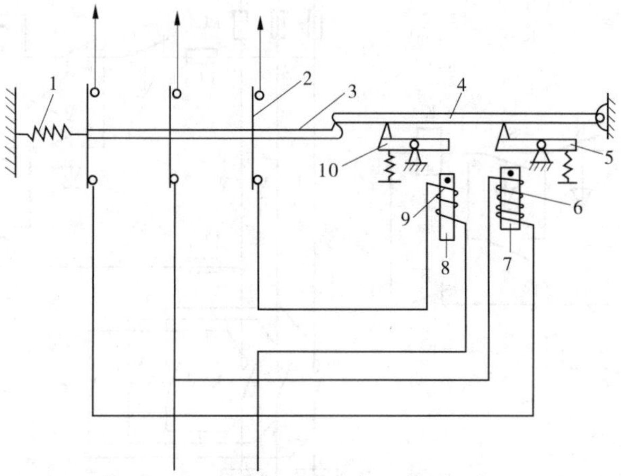

1—分闸弹簧；2—主触头；3—传动杆；4—锁扣；5、10—衔铁；
6—失压脱扣线圈；7、8—铁芯；9—过流脱扣线圈

图4-48　一般不限流自动开关工作原理

(二)塑料外壳式自动空气开关

该型开关又称装置式自动开关。它具有良好的保护性能、动作迅速、安全可靠、结构紧凑和外形美观等优点。但与框架式自动开关比较，它的通、断能力不高，保护方案和操作方式种类少。常见的有DZ6、DZ10、DZ12等型。

图4-49所示为DZ10型自动开关的结构。它主要由导电系统（1～7）、灭弧装置（13）、操作机构（8、11、12、18等）、脱扣装置及外壳（14、15）等组成。

装置式自动开关一般采用手动合闸，250 A及以上者可装电动合闸。无论是手动合闸还是电动合闸，动触头瞬间动作，与操作速度无关。

脱扣装置是自动开关保护和自动分闸的执行元件。该型开关可装设短路保护的电磁

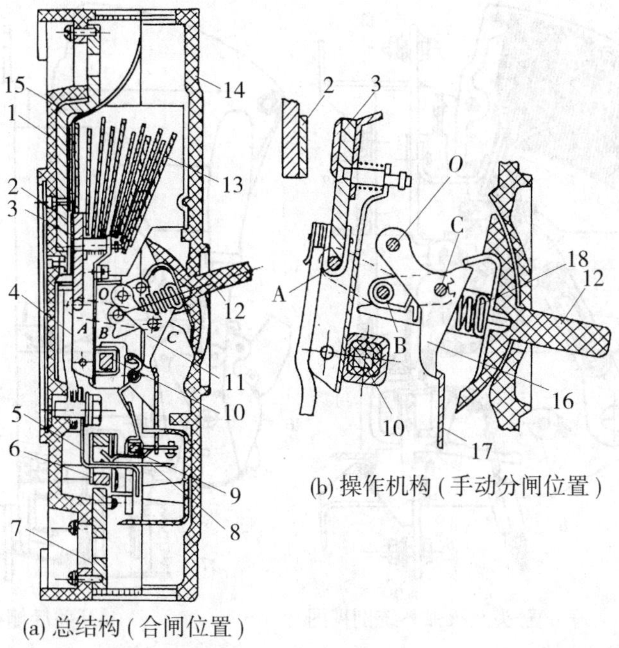

1—上导电板;2—静触头;3—动触头;4—软连线;5—热元件;6—瞬动电磁脱扣器;
7—下导电板;8—脱扣器;9—脱扣轴;10—主轴;11—自由脱扣机构;12—手柄;
13—灭弧罩;14—壳盖;15—底座;16—自由脱扣曲块;17—搭钩;18—弹簧;
A、B、C—销轴;*O*—轴

图 4-49 DZ10 型装置式自动空气开关结构

脱扣器、过载保护的热脱扣器、欠电压保护的欠压脱扣器和远距离分断用的分励脱扣器等四种。兼有电磁脱扣器和热脱扣器的叫做复式脱扣装置。但在失压脱扣器、分励脱扣器和辅助触头装置三项中只能选装两项。

如果是过负荷引起热脱扣器动作而分闸的,还需等双金属片冷却回复后,才能再扣和重新操作合闸。

自动开关额定电流有 100 A、250 A、600 A 三个等级。极限分断能力为 7 ~ 40 kA。机械寿命为 7 000 ~ 10 000 次,电气寿命只有 2 000 ~ 5 000 次,所以不适合频繁操作。分闸速度极快,固有分闸时间不超过 0.02 s。

(三)框架式自动开关

框架式自动开关因功能多,又称万能式自动开关。其全部机构都敞开装在框架上,元件的布置则有平面式(如 DW10 型,见图 4-50)和立体式(如 DW5 型和 DW15 型)之分。框架式与装置比较,其保护方案较多,分断能力强,操作方式多样,容量上限大。

该开关由框架(12)、导电系统(1、2、3、9、11、13 等)、灭弧装置(14)、操作机构(4 ~ 6、15、16 等)和脱扣装置(17、18 等)等组成。

额定电流为 200 A 的只设主触头,400 ~ 600 A 的设主触头和弧触头,1 000 ~ 4 000 A 的才设主、副、弧三种触头。负载电流主要流过主触头,设置副、弧触头的目的是保护主触

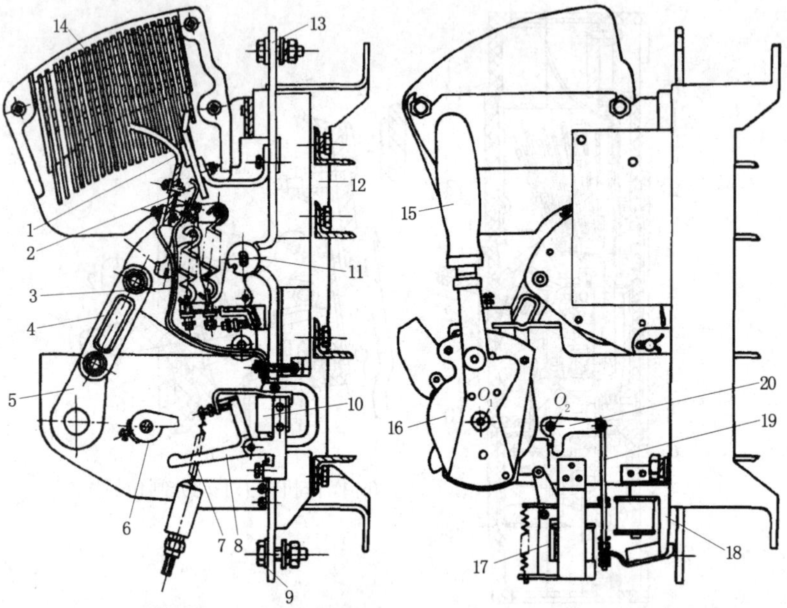

(a)触头及灭弧系统剖视图　　(b)开关后侧视图

1—弧触头;2—副触头;3—软连接;4—绝缘连杆;5—驱动臂;6—脱扣凸轮;7—弹簧;
8—打击杆;9—下导电板;10—过流脱扣器;11—主触头;12—框架;13—上导电板;
14—灭弧罩;15—手柄;16—自由脱扣机构;17—失压脱扣器;18—分励脱扣器;
19—连杆;20—脱扣杠杆

图 4-50　DW10 型装置式自动空气开关结构

头。在合闸过程中三触头的闭合顺序是弧—副—主,在分闸过程中刚好相反。

在主触头左侧还设有辅助触头,一般有三常开、三常闭,供开关本身的控制、信号回路用。

正常合闸操作有直接手柄、电磁铁和电动机操作三种方式。额定电流为 200 ~ 400 A 的除有手柄操作外,还可装设(或不装设)电磁铁操作;1 000 ~ 1 500 A 的除手柄外还可装设电动机操作;2 500 ~ 4 000 A 的只能用电动机操作。

手动操作合闸时,先将手柄逆时针方向转动一定角度,如图 4-51(a)所示,使搭钩 2 钩住压扣头 3,然后将手柄顺时针方向转动,使连杆 4 顺时针方向转动,连杆 5 逆时针方向转动,迫使动触头 6 顺时针方向转动而合闸。合闸后连杆 4、5 并不在“死区”。要使触头保持闭合,在搭钩 2 上加设维持钩 10,如图 4-51(b)所示。搭钩 2 被维持钩 10 扣住,因图中搭钩 2、8、9 分别用销轴 O_3、O_4、O_5 装在夹板 11 上,而手柄 1 又固定在夹板 11 上,可一起绕轴 O_1 转动。在手柄逆时针方向扳动时,三个搭钩在复位弹簧 12 的作用下相互连扣而保持在合闸位置。在手动分闸时,将手柄向逆时针方向扳动,带动夹板 11,销轴 O_3、O_4、O_5 及搭钩 8、9 均绕轴 O_1 逆时针方向转动。但因搭钩 2 与销轴 O_3 配合的孔是腰圆形,搭钩 2 不动,故失去维持钩 10 的控制,在强大的分闸弹簧力的作用下其下端从搭钩 8 脱出并顺时针方向转动,使压扣头 3 从搭钩 2 滑出,触头迅速分断,分断速度与手柄操作速度无关。

图 4-51(b)中的自由脱扣机构处于合闸位置。当电路发生故障时,相应的保护脱扣

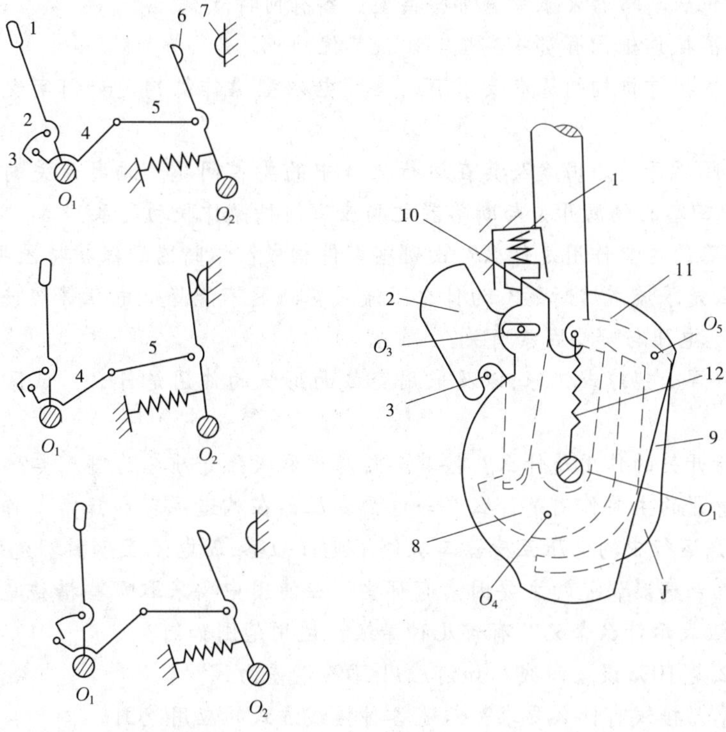

(a)操作机构工作原理　　　　(b)自由脱扣机构

1—手柄;2、8、9—搭钩;3—压扣头;4、5—连杆;6—动触头;

7—静触头;10—维持钩;11—夹板;12—复位弹簧

图 4-51　DW10 型自动开关及其自由脱扣机构工作原理

器动作,通过脱扣凸轮打击搭钩 9 的 J 处使其顺时针方向转动,致使搭钩 8、2 依次失去约束而转动(8 逆时针方向转动,2 顺时针方向转动),压扣头 3 从搭钩 2 中脱出使开关分闸。

过流脱扣器必备,但失压脱扣器和分励脱扣器可以只装一项,也可两项同时装备。

DW10 型自动开关额定电流有 200 A、400 A、600 A、1 000 A、1 500 A、2 500 A 和 4 000 A等七个等级,极限分断能力为 10 ~ 40 kA,机械寿命为 10 000 次,电寿命为 5 000 次,固有分闸时间约为 0.1 s。

思考题与习题

1. 开关电器按用途(或功能)分类可以分为哪些类型?其技术参数有哪些?

2. 断路器的型号含义是什么?隔离开关型号含义是什么?在电力系统中,各自承担什么作用?

3. 简述真空断路器工作原理。其有何优缺点?常用型号有哪些?

4. 六氟化硫断路器中的六氟化硫气体对灭弧过程有何作用?六氟化硫断路器有什么优缺点?

5. 六氟化硫断路器灭弧室有哪些类型？各有何特点？

6. 断路器操作机构有哪些类型？比较其优缺点。

7. 断路器操作机构的基本要求有哪些？电磁型操作机构是如何实现机械防跳和自由脱扣的？

8. 试述隔离开关的用途及其在运行操作中的要害问题。隔离开关的主刀闸与接地刀闸之间、同回路的隔离开关与断路器之间应有何种操作联动关系？

9. 熔断器的主要作用是什么？由哪些部件构成？熔断器的保护特性曲线有何特点？

10. 什么是限流式熔断器？为什么限流式熔断器不能降低电压等级使用？其开断电路时产生的过电压与哪些因素有关？

11. 熔件焊小锡球或铅球,以及采用变截面形状的作用是什么？试区分各种熔断器结构特点。

12. 负荷开关的作用是什么？按其灭弧原理和灭弧介质分为哪几类？

13. 互感器的主要作用是什么？与电力变压器在构造原理和正常工作状态上有何异同点？为什么运行中的电压互感器二次侧不允许短路,而电流互感器不允许开路？

14. 影响互感器误差的主要因素有哪些？在使用中要采取哪些措施减小误差？互感器准确度等级表示什么含义？有哪几种等级？适用范围如何？

15. 什么是10%误差曲线？如何应用10%误差曲线？

16. 互感器接线有什么要求？叙述各种接线方式的应用范围。

17. 分别指出下列各型互感器的分类特征：LA－10、LQJ－10、LRD－35、LCW－35、L－110、JDC6－110GY W2、JDZF7－10GY W1和JDZXF14－6等。

18. 三相五柱式电压互感器和三相三柱式电压互感器的功能有何不同？说明前者中性点接地的作用和后者中性点不能接地的原因。

19. 分别写出下列各型电压互感器的各侧额定电压以及应用场合：JDZ－6、JDZX－10、JSJW－10、JDJ－35等。

20. 绝缘子应具有哪些共同要求？套管绝缘子的作用是什么？对较大电流的套管绝缘子如何改善交变磁场的影响？

21. 各种材料、截面形式的母线有何特点？母线安装时要注意哪些问题？母线着色的作用是什么？如何规定？

22. 电力电缆按绝缘和保护层的不同分为哪几类？各适用于什么场合？电缆中间接头盒和终端盒的作用是什么？

23. 交流接触器、磁力起动器和自动开关在构造原理、作用上有何不同之处？

24. 根据不同机械的工作要求,画出采用交流接触器和磁力起动器控制电动机起动停止、可逆运转、点动或限位的接线图,并能分析纠正错误接线。

25. 热继电器的作用是什么？能反映瞬时过载吗？

26. 自动开关的自由脱扣机构的作用是什么？DZ、DW系列自动开关各可装设哪些脱扣器,起何作用？为什么分励脱扣器可以不和失压脱扣器一起装设？

第五章　水电站电气主接线及电气设备配置

内容提示　熟练掌握水电站常用主接线的基本形式及其适用条件，会分析优缺点。熟记图形符号和文字符号及其含义。掌握常用电气主接线倒闸操作的方法和步骤；掌握主变的选择原则；掌握互感器的配置原则；掌握主接线的设计步骤及技术、经济比较的内容。

课　题　一　根据水电站机组台数和在系统中的地位等条件，进行电气主接线设计，并配置电气设备。

第一节　电气主接线概述

在水电站中，把发电机、变压器、断路器、隔离开关、互感器、母线、电缆等电气一次设备，按一定顺序有机地连接起来，用以构成电站生产、汇集和分配电能的一个电气系统，称为水电站电气主接线，它是电站电气接线的主体。

用规定的图形符号按电气主接线绘制成的电路图称为电气主接线图。由于三相电路对称，电气主接线图一般以单线图表示，以使电路简单、清晰、易看。只有在个别不对称处，例如互感器，由于三相不尽相同，应以三相表示。在电气主接线图中，所有电器均按它们的“正常状态”画出。所谓“正常状态”，就是电器处在所有电路无电压及无任何外力作用的状态。断路器和隔离开关应画出它们的断开位置，如果违反这个规定，则应在图上注明。供安装使用的电气主接线图，在图上还应标出主要设备的型号和技术参数，如图 5-1 所示。

电气主接线图是电气装置设计和电气运行人员进行各种操作、事故处理的重要依据之一。在水电站中央控制室内，电气主接线图是必备的图纸之一。有的电站将电气主接线图做成模拟主接线的操作图，操作图中的开关开合状态对应于实际运行的通断位置，若变换运行方式，进行倒闸操作之后，应及时在操作图上作相应的变更；当电气设备检修需要挂接地线时，则在操作图上的相应位置放置接地标志，使其始终符合实际运行情况。也可以在操作实际设备前先在操作图上进行模拟操作演示。操作图要随时保持与主接线的实际运行状况一致。

电气运行人员必须熟悉本电站的电气主接线图，了解图中各电气设备的用途，性能，运行操作步骤和维护、检查项目，以确保安全运行。

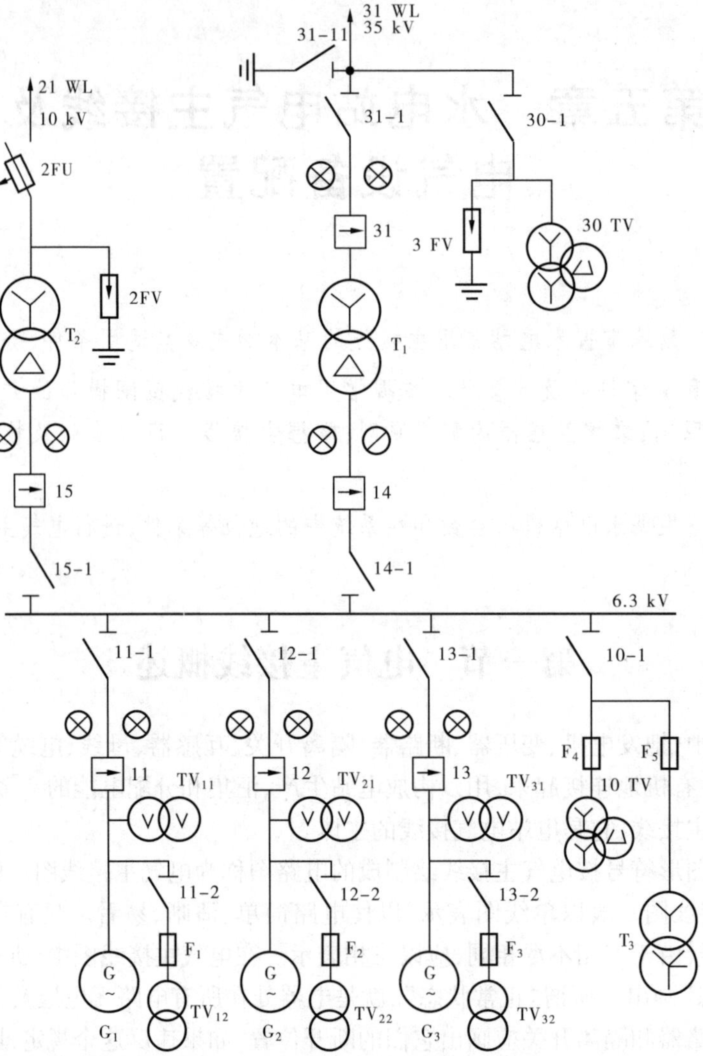

图 5-1　主接线模拟图

第二节　电气主接线的基本形式

一、水电站电气主接线的基本特点

(1)水电厂大都建设在水力资源丰富的大江河流上，远离负荷中心，因此发电厂发出的电能除自用外，一般均采用升高电压由高压输电线路送入电力系统，而由发电机电压母线直接向用户供电的情况很少。

(2)如果水电厂主要担任峰荷和腰荷，在运行中，开、停机操作频繁，机组利用小时数较低，要求主接线应具有适应各种运行情况的灵活性，以充分发挥水电厂在电力系统中的作用。

(3)水电厂能迅速起动,投入系统并带上负荷,容易实现自动化和远动化。

(4)水电厂的总装机数和最终容量,是根据河流水文情况和综合利用条件来确定的,因此可以不再考虑机组扩建的可能性。为考虑系统发展情况,在水电厂电气主接线中可以预留扩建输电线路出线的位置。

(5)水电厂一般建设在狭窄的山区,升压变电所和其他配电装置的布置,往往受到地区的限制,因此应尽可能简化接线,节省占地面积,减少土石方开挖量。

(6)电站所在河流如属于梯级开发,则对各级电站应有一个全面规划,整个梯级的电能如能汇集到一个电站集中送出,这样其余各电站的主接线可以得到很大的简化。

(7)水电站年负荷利用小时数一般不高,特别是调节能力较差的电站,在非洪水期的空闲机组较多,因此部分机组以低功率因数运行或作调相运行以改善系统的无功容量不足。

(8)水电厂自用电与火电厂自用电相比,容量小,一般仅占电站容量的1% ~3%,重要性也低,因此水电厂的自用电接线比较简单。

二、电气主接线形式

水电站主接线形式可分为有母线和无母线两大类。具有母线的主接线有单母线、双母线,分段的单、双母线及附加旁路母线的单、双母线等。具有母线的主接线,主接线中的母线是整个主接线的中心环节,起着汇集和分配电能的作用,因此主接线的形式通常按母线的接线形式来划分,一般具有四回以上进、出线就可设置母线。其优点是进、出线回路数可以增加,缺点是扩大了配电装置的结构,并增加了故障机会。无母线的主接线有单元接线、桥形接线和多角形接线等。这种接线的特点是接线简单、清晰明显,运行和操作方便,但进、出线回路受到限制。本章将着重讲述水电站常用的单母线、组式、桥式三种基本接线形式以及它们衍生出来的变化形式。

(一)发电机电压侧接线

发电机电压侧接线方式与发电机电压等级、机组容量、机组台数、厂用电负荷及近区供电负荷的回路数有关,主要接线方式有以下几种。

1. 单母线接线

在水电站中,若有多台发电机组及多回引出线,可将每一台机组及每一回引出线经过断路器和隔离开关接到公共母线上。这种接线方式,称为单母线接线,如图5-2所示。

单母线接线的特点是发电机并联工作,都把电能汇集到母线上,每一回引出线都从母线获得电能,母线起着汇集和分配电能的作用。

单母线接线的主要优点是:接线简单、清晰、操作维护方便;所用电气设备少;配电装置间隔少、造价低。

单母线接线的主要缺点是可靠性和灵活性较差。当母线或任何一个母线侧隔离开关故障或检修时,必须切断全部电源。

运行经验表明:母线故障的几率很小;检修和清扫母线侧隔离开关一般可安排在枯水期进行;发电机侧配电装置目前多采用可靠性高、互换性强的成套配电装置。所以,对于发电机组在3台以下或虽然在4台及以上但在电网中属于非主力电站的小型水电站,一般均可采用单母线接线。

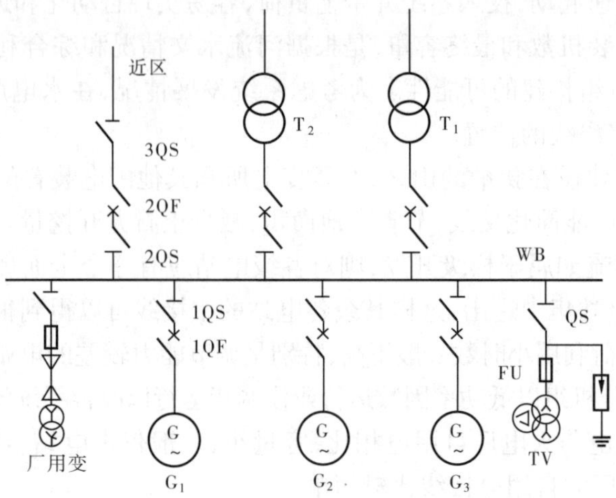

图 5-2　发电机电压侧单母线接线

关于主变压器低压侧是否装设断路器或隔离开关的问题,一般可作如下考虑:

当主变事故或检修时,为了便于退出运行,避免拆卸主变低压侧的接线端子,应装设隔离开关;当电站有两台及以上主变压器并列运行,或发电机电压母线上接有较大的用电负荷时,一般装设断路器。

当发电机电压母线上接有近区负荷时,其供电接线方式常有两种,一种自母线引出经近区供电变压器升压后配电,另一种则直接由母线配电,两种方式一般均在母线侧装设断路器和隔离开关,母线直配方式中如果是对侧无电源的不太重要的负荷线路也可以装设负荷开关和熔断器。后一种接线方式中,则应根据《电力设备过电压保护设计技术规程》(SDJ 7—79)中有关直接与架空线路连接的发电机的规定,装设妥善的过电压保护设施。

单母线接线的发电机电压母线上接有厂用变压器,小型水电站厂用变压器的高压侧多数采用熔断器作为短路保护。当采用高压成套开关柜时,厂用电回路可与母线电压互感器合用一面高压开关柜,以节约投资。有的电站厂用电有两个独立电源,除发电机电压母线上接有一台厂用变压器外,还在对侧有电源的近区供电线路侧再设置一台厂用变压器,作为厂用电的备用电源,其高压侧也采用熔断器作为短路保护。这种方式在单母线接线的电站中已被广为采用。

发电机电压母线一般采用裸铝母线。母线与发电机、变压器、输电线路等元件之间的连接导体视具体情况而定。在卧式机组的电站中,母线与发电机之间的连接导体普遍采用电力电缆,因为卧式机组的主厂房只有一层,电缆敷设在电缆沟中,其路径可不受水力机械及其他电气设备布置的限制,比较方便。在立式机组的电站中,主厂房层次较多,母线与发电机之间采用铝母线一般并不十分困难,而铝母线的价格比电缆的价格便宜很多。发电机电压母线与主变压器之间的连接导体由于截流量大,一般也多采用裸硬铝母线。

以上单母线接线中一些有关方面的考虑,在以后介绍的接线型式中也是适用的。

2. 单母线分段接线

为了提高单母线接线的可靠性和灵活性,用断路器或隔离开关将母线分段,如图 5-3

及图 5-4 所示。这种接线方式称为单母线分段接线。采用单母线分段接线时,电源与引出线在各段上尽量使功率分配均匀。这种接线在机组台数为 4 台及以上且重要性较高的电站中得到了采用。

单母线分段接线的特点是:将母线分成几段(一般分成两段),电源分别接到分段的母线上,出线也分别接到适当的母线上,提高了供电可靠性和灵活性。

当采用隔离开关分段时如图 5-3 所示,母线的每一段和母线侧隔离开关可以分别在不同时间进行检修,此时仅需停止一段母线的运行。如果分段隔离开关在正常工作时是断开的,那么任一段母线的故障将不影响另一段母线。但是在分段隔离开关接通的情况下,一段母线即使发生短时故障也将影响全部母线暂时停止工作,为了进一步提高运行的可靠性和灵活性,可用断路器代替分段隔离开关。

图 5-4 所示是用断路器分段的单母线接线。在正常工作时分段断路器 1QF 及隔离开关 1QS、2QS 是闭合的,当Ⅰ段母线及与之相联的母线隔离开关检修或发生事故时,断开分段断路器 1QF,这样使Ⅰ段母线与Ⅱ段母线隔离,保持Ⅱ段母线继续正常工作,但此时电站仍有半数电源及引出线停电。有时为了限制短路电流,分段断路器 1QS 经常断开,当某段母线及与之相连的电源或引出线发生短路时,只有该段母线上的电源供短路电流,这样就限制了短路电流,使得有可能采用较轻型的电器。

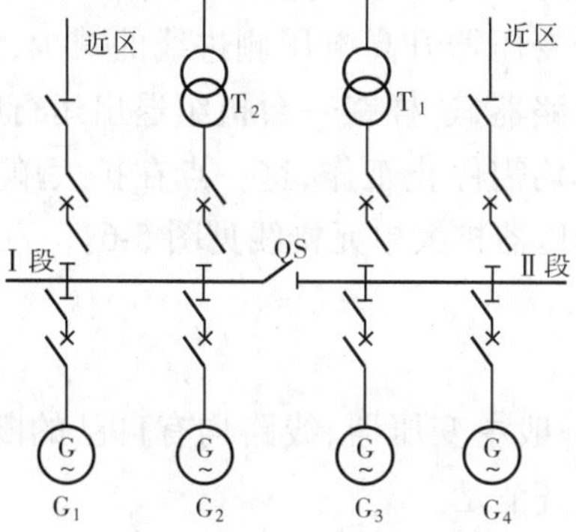

图 5-3　单母线用隔离开关分段

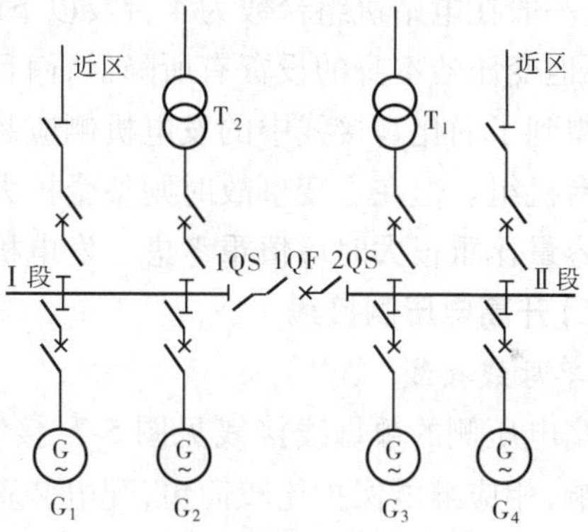

图 5-4　单母线用断路器分段

3. 发电机－变压器组单元接线

单元接线中发电机与变压器串联相接,其间没有横的联系。发电机与变压器之间一般不装断路器,从而简化了配电装置,降低了造价,而且提高了工作的可靠性。发电机－变压器组单元接线见图 5-5。

单元接线中发电机与变压器的容量相同,一般没有发电机电压负荷。发电机回路中装有隔离开关,以便于机组检修、试验时与变压器隔离。当分支线上接有厂用变压器时,也便于在机组停运期间,从升高电压侧经主变压器供给厂用电。单元接线中当发电机或变压器任一元件事故或检修时整个单元均需停止工作。单元接线的发电机电压配电装置是各种接线型中最简单的,所以它工作的可靠性相当高。此外,由于单元接线中各元件是成组工作的,相应其继电保护也得到了简化。

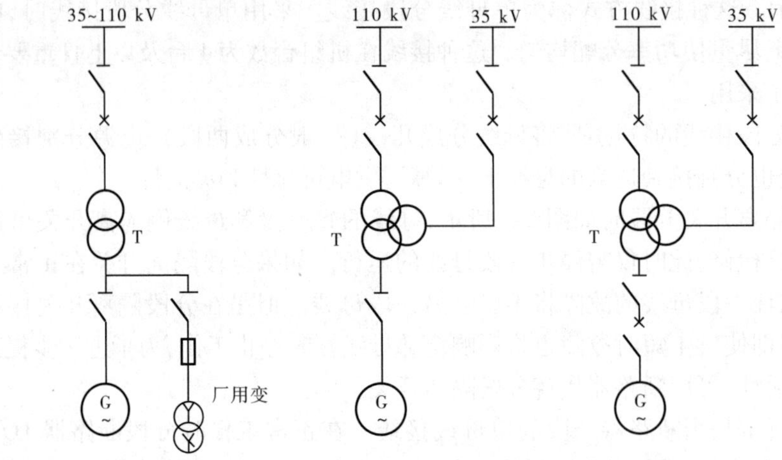

(a)发电机–变压器单元接线　(b)发电机–三绕组变压器单元接线　(c)发电机–三绕组变压器单元接线

图 5-5　发电机 – 变压器组单元接线

4. 扩大单元接线

扩大单元接线是指有几台机组合用一台主变压器，主变压器低压侧不设断路器的接线方式，一般在电站机组台数为 4 台及以下时采用。与单元接线相比，由于主变压器台数减少，不但变压器本身的投资有所降低，而且由于变压器升高电压侧进线的减少，该侧配电装置得到了简化。接线中的发电机侧应装设断路器，这样在一台机组退出运行时不影响另一台机组。但在主变事故时则整个扩大单元均需停止工作，这一点在扩大单元容量占系统容量比重很大时应慎重考虑。发电机 – 变压器扩大单元接线见图 5-6。

(二)升高电压侧接线

1. 单母线接线

升高电压侧的单母线接线见图 5-7，接线中一般主变压器、线路均有自己的断路器，互不影响，相应继电保护比较简单，配电装置也整齐清楚。

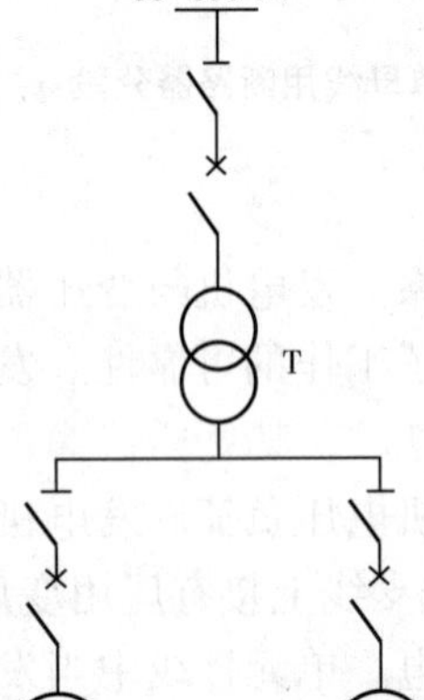

图 5-6　发电机 – 变压器扩大单元接线

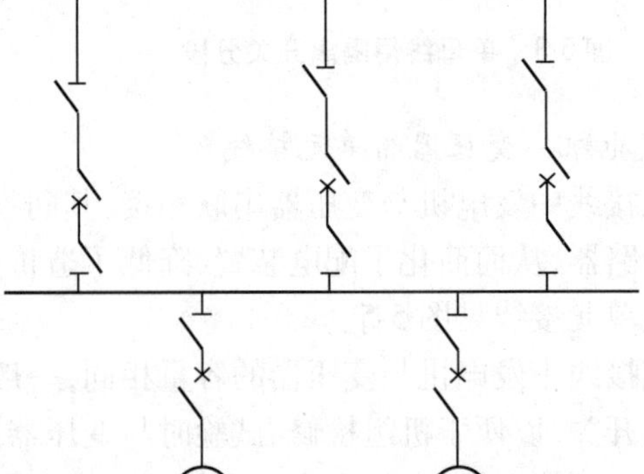

图 5-7　升高电压侧单母线接线

线路对侧无电源时，线路可不装设线路隔离开关。对送电容量不大、对侧无电源的不重要线路，在保证动作选择性和灵敏度要求的前提下，可以采用带重合或不带重合的熔断器，或者用负荷开关配合熔断器以代替断路器。在对侧有电源时，可考虑采用价格较低的柱上式断路器。

2. 单母线分段接线

为了缩小单母线接线中母线与母线隔离开关事故及检修时停电的范围，升高电压侧同样可以采用以隔离开关或断路器分段的单母线接线，见图 5-8。这种接线一般用在电站容量及占系统容量的比重均较大，且升高电压侧出线也相当多的情况。

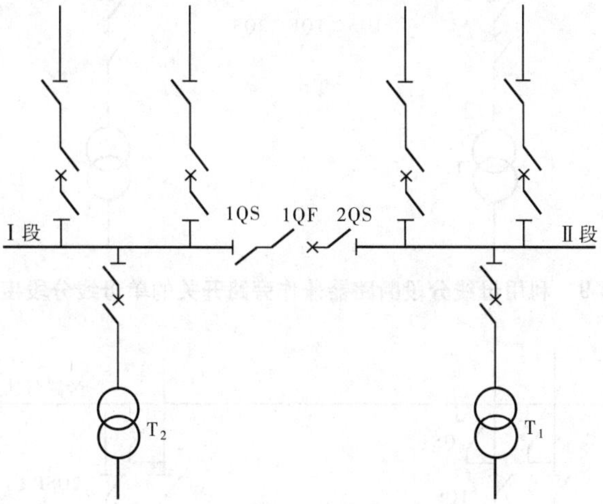

图 5-8　升高电压侧单母线分段接线

3. 单母线分段带旁路母线的接线

为了保证采用单母线分段接线在线路断路器检修或调试保护装置时，不中断对用户的供电，可增设旁路母线。

对于 110 kV 线路，因输送距离远，输送功率大，停电影响面大，一般可装设旁路母线。但如条件允许可停电检修断路器，配电装置为屋内型，采用可靠性高、检修周期长的六氟化硫全封闭电器时，也可不装设旁路母线。对 35 kV 级配电装置，一般不设旁路母线。下面介绍几种单母线分段带旁路母线的接线形式。

1）利用母线分段断路器兼作旁路开关

利用母线分段断路器兼作旁路开关的单母线分段接线如图 5-9 所示。利用母线分段断路器兼作旁路开关，以节省投资。正常工作时，旁路母线不带电，配电装置仍按单母线分段运行。当任一出线断路器需要检修时，即可通过倒闸操作，将分段断路器代替该出线断路器工作，该回路可以不停电，提高了供电的可靠性，但此时却失去了母线分段的意义。同时，倒闸操作复杂。当出线回路数较多，负荷又较为重要时，为了克服上述缺点，可设置专用的旁路母线断路器。

2）有专用旁路断路器的旁路母线接线

如图 5-10 所示，当需要检修断路器 1QF 时，应先合旁路断路器 QFP，对旁路母线充电，正常后再合上旁路隔离开关 QS1，然后断开断路器 1QF 及其两旁隔离开关 1QS、2QS，于是该线路由工作母线经旁路断路器 QFP、旁路隔离开关 2QSP、旁路母线及该线路的旁路隔离开关 QS1 而供电。线路断路器 1QF 在做好安全措施后即可进行检修。

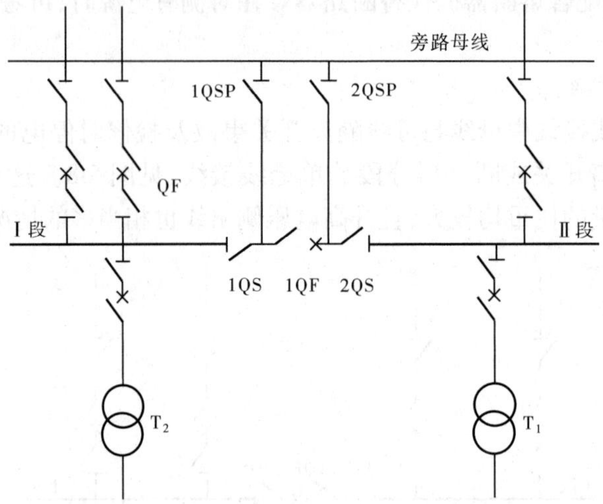

图 5-9　利用母线分段断路器兼作旁路开关的单母线分段接线

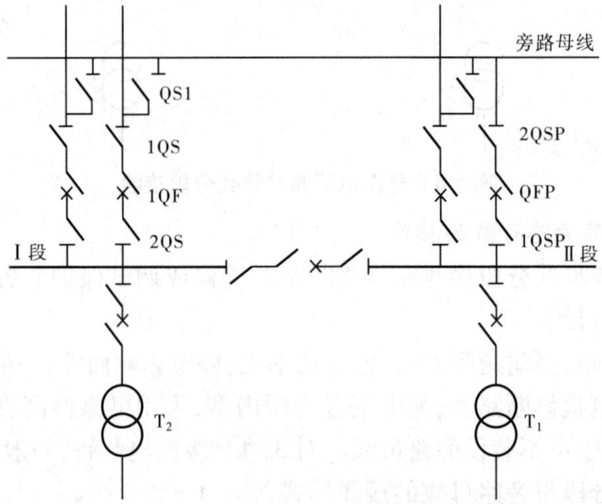

图 5-10　有专用旁路断路器的旁路母线接线

4. 变压器－线路组单元接线

变压器－线路组单元接线的特点是接线最简单，断路器少，变压器或线路的任一设备发生故障，整个回路就要停止运行。

如电站仅装设一台主变压器，当线路对侧有电源时，线路和变压器高压侧共用一台断路器，当任一元件发生事故时分别由各自的继电保护动作断开此断路器，这种接线如图 5-11(a)所示。

当线路对侧无电源时，如果发电机电压侧是单母线接线，在主变低压侧装有断路器，而且继电保护能满足单元接线的要求，则主变高压侧可仅装设隔离开关。如在主变低压侧未装设断路器，则可在主变高压侧用熔断器作为保护。

如电站装有两台主变压器一回出线，高压侧断路器可根据不同情况，或装设在线路侧，或装设在主变高压侧，见图 5-11(b)、(c)。当线路不长，而主变为适应供电负荷变化须经常投入或切除时，断路器可只装设在主变高压侧，此时线路发生事故则同时断开两台断路器 1QF 和 2QF。如与上述情况相反，则断路器可只装设在线路侧，但此时当某一台变压器(如 T_1)事故时，须断开线路侧断路器 1QF，造成线路暂时停电(断开隔离开关 1QS 后，再接通断路器 1QF，线路仍可恢复供电)。由于变压器的事故几率一般比输电线路低得多，因此采用较多的是在线路侧装设断路器的方式。

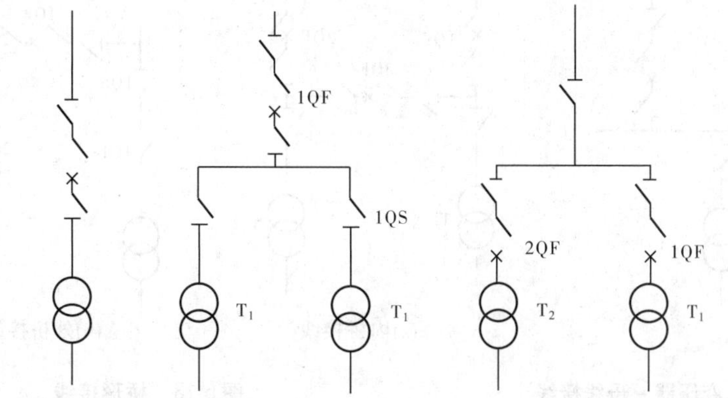

(a)一台变压器一回出线 (b)两台变压器一回出线，断路器设在线路侧 (c)两台变压器一回出线，断路器设在主变高压侧

图 5-11 升高电压侧单母线分段接线

5. 变压器－母线式接线

当电站仅装设一台主变压器，而升高电压侧出线在两回及以上时，如果线路对侧无电源或线路允许短时停电的情况下可以采用变压器－母线式接线，见图 5-12。此时主变高压侧断路器可以不装，而仅装隔离开关。

6. 桥形接线

当电站装有两台主变压器和两回出线时可以采用桥形接线。桥形接线有两种形式，如图 5-13(a)、(b)所示。桥断路器 3QF 接在变压器高压侧称内桥接线；桥断路器 3QF 接在线路侧称外桥接线。这两种接线形式的工作特点是不同的，在内桥接线中当线路 W_1 事故或需要退出工作时，仅需要断开断路器 1QF，而两台变压器仍可继续工作。但在外桥接线中需同时断开断路器 1QF 和 3QF，与断路器 1QF 相连的变压器(T_1)也只能暂时停止工作，在线路隔离开关 2QS 断开后，接通断路器 1QF 和 3QF，该变压器才能恢复工作。反之，在外桥接线中当变压器 T_1 发生事故或需要退出工作时，仅需要断开断路器 1QF，造成线路 W_1 暂时停止工作。由此可见，内桥接线的变压器操作比较复杂，而外桥接线的线路操作比较复杂。

当线路较长(这样发生事故的次数相对较多)、两回线路送往同一地点、电站最大负荷利用小时数较高、变压器的正常投入和切除次数又不频繁时，以采用内桥接线为宜。反之则宜采用外桥接线。当电站有经常性穿越功率时采用外桥接线显得更为有利。

桥形接线与进出线回路数相同的单母线接线相比，可以减少一台断路器。桥形接线具有一定的可靠性和灵活性，配电装置布置也较简单，且能很容易地发展成母线形式的接线，但需预留发展的位子。

桥形接线的主要缺点是：外桥接线时，线路故障影响电站一半容量暂时送不出去；内桥接线时，主变压器故障短时影响线路送电，检修断路器也影响线路送电。

110 kV 的水电站，当出线回路数不多时，一般采用单元接线或桥形接线方式。

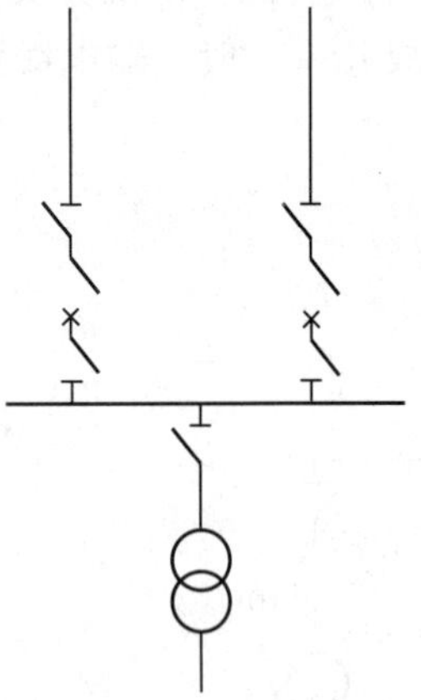

图 5-12　变压器－母线接线

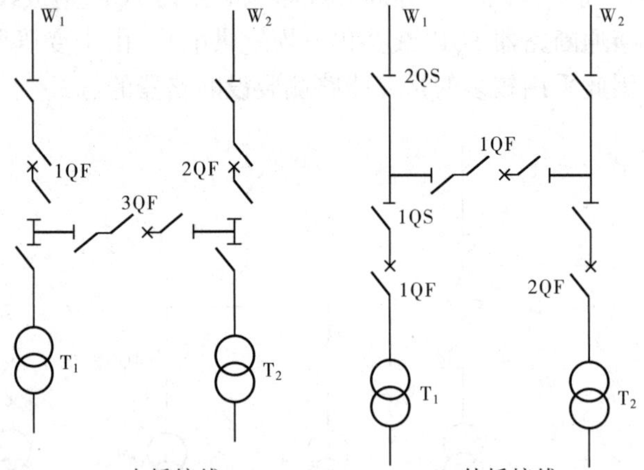

(a)内桥接线　(b)外桥接线

图 5-13　桥形接线

第三节　主变压器的选择

确定主变压器容量和台数，对水电站的运行、设备投资以及发电机电压侧和升高电压侧接线形式都有影响，是选择电气主接线中极为重要的一个环节。同时，变压器是比较可靠的元件，发生事故的几率很小，但它在电能生产和输送过程中一旦发生事故，其严重性和影响面都是很大的，必须予以足够的重视。

一、主变压器容量的选择

就中、小型水电站来说，一般接在发电机电压侧的近区和厂用电负荷很小，有的电站甚至没有近区负荷，此时主变压器的容量可按照所连接的水轮发电机组容量来选择；如果发电机电压侧接有较大的近区负荷，则主变压器的容量可按照发电机电压侧最小负荷时，能将电站所有剩余的有功功率和无功功率送出去进行选择；考虑到电站的近区用电负荷有一个发展过程，一般难以准确确定，因此在选择主变压器容量时，要考虑适当留有余地。

确定主变压器所需的计算容量后，可按我国现行的变压器标准容量系列相近而略大于计算容量的产品。

小电网中的单台主变压器容量不宜过大，约可控制在系统总容量的 30% 以下。

二、主变压器台数的选择

主变压器台数的选择因素较多，主要取决于该电站在电力系统中的重要性和电站的装机台数。在装机 1 ~ 3 台的小型水电站中,多数采用 1 台主变;如果电站是系统中的主力电站,为减少因主变事故而对系统的影响,则在装机 2 ~ 3 台时,也可采用 2 台主变;在装机 4 台及以上的电站中,一般采用 2 台主变,这样比较可靠,运行也较灵活,当电站供电负荷很小时,可退出 1 台主变运行,以减少在空载及轻载时的电能损耗,在电站装机间隔时间较长时,可先采用 1 台主变,以避免初期主变压器的容量积压。

主变压器台数的选择还应该考虑的因素有:

(1)对于水库调节性能较差的电站应避免在汛期满发时因主变压器事故而造成大量弃水。

(2)在梯级电站中,当其他各级电站电能采用较低电压送至某一电站,再由该电站主变升压后集中送出的情况下,该电站主变容量相当于整个梯级电站的容量,此时也不宜仅采用一台。

(3)电站主要输电线路的回路数多少,对选择主变压器台数也有一定影响。由于线路发生事故的可能性比变压器大得多,若仅有一回主要输电线路,则强调供电的可靠性而设置多台变压器,也是不必要的。

(4)小型水电站中很少设置 3 台特别是 3 台以上的主变压器。值得一提的是,某些电站的装机容量在系统中所占比重并不大,但是机组台数较多,经过论证,确定采用 1 台主变压器也是可取的。

(5)若 2 台变压器并联运行,所选变压器应满足并列运行的条件。

(6)电站的近区用电变压器普遍的仅设置 1 台。

三、主变型式的选择

中小型水电站的主变宜采用三相普通油浸式电力升压变压器,具有常规的接线组别 Y,d11 或 YN,d11。其冷却方式、使用材料、电压调节等项目一般按厂家标准,但用户可提出阻抗值、低损耗甚至有载调压等方面的特殊要求。现着重就双绕组和三绕组主变间的选型问题说明如下:

当电站有两种升高电压级(高压和中压)时,可采用三绕组主变。此外,一台三绕组变压器代替两台甚至三台双绕组变压器可节约本体设备费用;再加上配电装置和主变等布置的简化,经济效益明显。但一侧设计负荷过小时(例如小于其额定容量的 15%),反不如分开选用双绕组变压器经济合理。

目前我国生产的标准三绕组变压器三侧容量之比按高、中、低有 100/100/100 和 100/100/50 及 100/50/100 三种;高压侧电压等级最低为 35 kV。当中小型水电站升压侧有 110 kV 和 35 kV,或 35 kV 和 10 kV 两级输(配)电电压时,可考虑采用三绕组变压器。若无标准三绕组变压器产品可选,必要时可请厂家特制。由于三绕组变压器三个绕组在铁芯柱上的排列顺序不同,引起三绕组间阻抗电压的大小顺序不一样,可根据网络参数的需要加以选择。水电站的升压变压器常采用自铁芯柱向外按中、低、高的绕组排列顺序,其高—中压绕组间的阻抗电压最大,高—低压间次之,中—低压间最小。

在主变压器的选择中,对电站升高电压用的变压器应采用升压型。110 kV、35 kV 升压型变压器的主抽头电压高于电网额定电压的 10%,以抵消输电线路上的电压损失,保证线路受电端必要的电压水平。目前,10 kV 升压型变压器的主抽头电压仅高于电网额定电压的 5%,这在有的情况中是不够的,可根据电站实际需要与制造厂协商。

第四节 互感器的配置

电气测量仪表、继电器的电流线圈和电压线圈常接自电流互感器和电压互感器的二次绕组,而电流互感器和电压互感器的配置主要取决于电站的主接线、互感器装入回路及互感器的用途。

互感器配置示例,如图 5-14 所示。

一、电流互感器的配置

在主接线中,根据测量和保护的需要,配置一定规格和数量的电流互感器。

(一)发电机回路电流互感器的配置

发电机回路有测量和保护的需要,较大的发电机一般有纵差动保护,电流互感器按三相配置。发电机中性点上需选一组三台电流互感器,它的一个二次线圈供差动保护用,另一个二次线圈供过流保护用,立式机组的电流互感器一般选择穿墙式,以节省穿墙套管。发电机引出线上也选择与中性点上同类型号的三台电流互感器,它的一个二次线圈供差动保护用,另一个二次线圈供测量用。发电机若因励磁需要而配置电流互感器,一般由制造厂家供给。

(二)主变压器回路电流互感器的配置

与发电机回路一样,主变压器回路也有测量和保护的需要,较大的变压器一般有纵差动保护,电流互感器按三相配置。其二次绕组,一个供差动保护用,另一个供测量用。高压侧电流互感器,35 kV 一般选装于断路器中的装入式电流互感器 LR-35 或 LRD-35,其中 LRD-35(或 LRB-35)可作差动保护用,LR-35 作过流保护用(其中 0.5 级或 0.2 级可作计量用);110 kV 可用装入式 LRB-110 型或 LCWB-110 型电流互感器。如电流互感器仅为计量用,可选二只 LCW-35 型或 LCWB-110 型,接于 U、W 两相。

(三)输电线路上电流互感器配置

6~35 kV 输电线路上电流互感器,一般按两相配置(配置在 U、W 两相),其二次绕组,一个供测量用,一个供保护用。对装有距离保护的 35 kV 线路(小电流接地系统),电流互感器仍需按三相配置。110 kV 的线路按三相配置,可选用 LRB-110 型或 LCWB-110 型电流互感器。

对于母线分段断路器,其电流互感器可按两相配置。

选择电流互感器时应注意它的准确度等级符合设计要求。

二、电压互感器的配置

电压互感器在配置时应考虑到测量、保护、同期、绝缘监察、励磁和自动装置的需要。

(一)发电机电压互感器的配置

一般在出口处装三组。一组(△/Y接线)用于自动调节励磁装置,发电机励磁用的

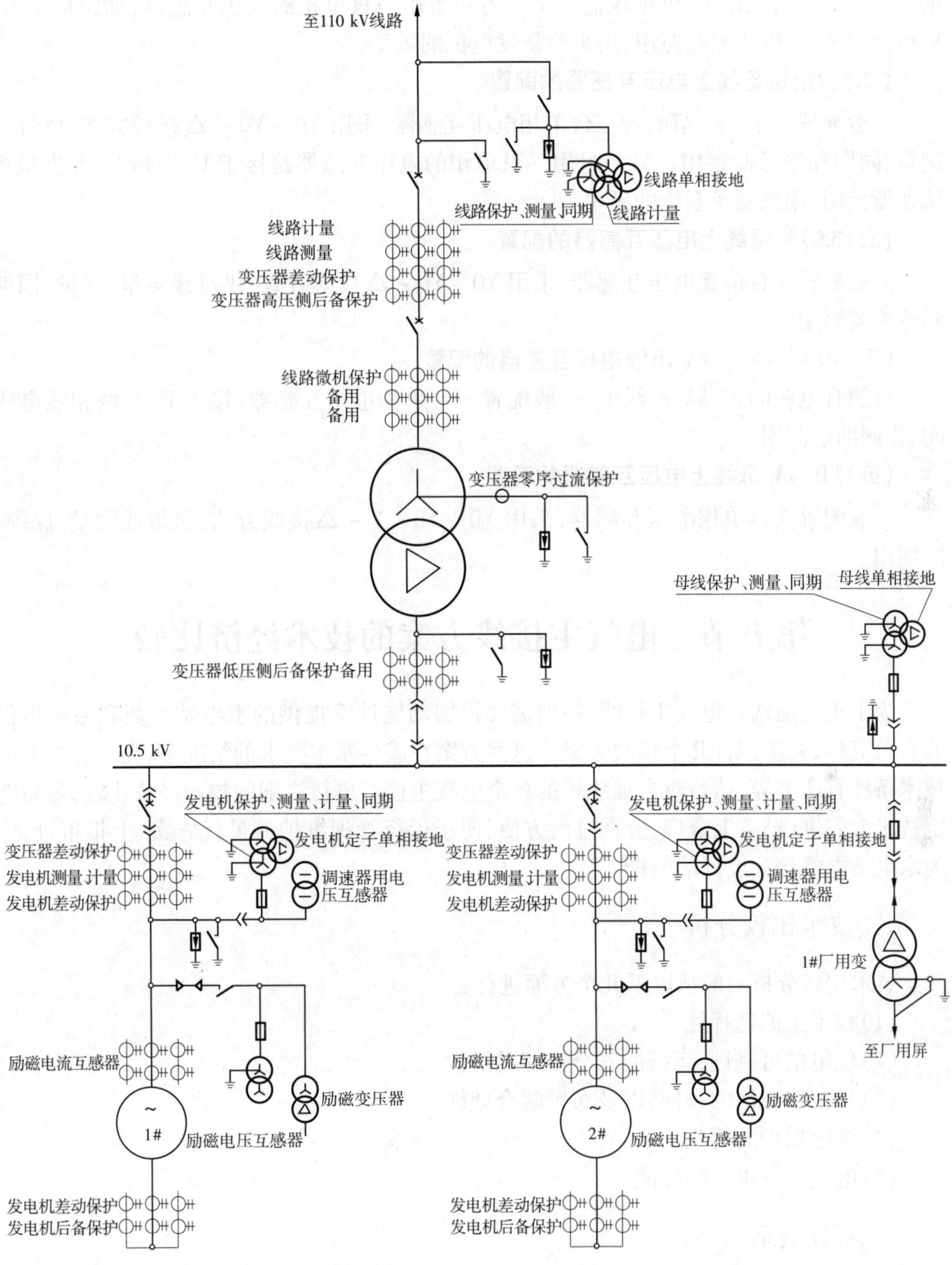

图 5-14　水电站互感器配置图

电压互感器由励磁装置厂家配套供给。一组供测量仪表、同期和继电保护使用,该组电压互感器一般配置三台带接地保护的单相电压互感器,采用 Y0 - Y0 - △接线方式,辅助绕组接成开口三角形,供绝缘监察用。另一组用一只单相的电压互感器,如跨接于 U、V 相上,专供微机调速器使用,用来测量发电机的频率。

(二)发电机母线上电压互感器的配置

一般配置二组。一组配置三台单相电压互感器,采用 Y0 - Y0 - △接线方式,供母线测量、同期和绝缘监察用。另一组用一只单相的电压互感器跨接于 U、V 相上,专供微机调速器使用,用来测量系统的频率。

(三)35 kV 母线上电压互感器的配置

一般配置三台单相电压互感器,采用 Y0 - Y0 - △接线方式,供母线测量、保护、同期和绝缘监察用。

(四)10 kV 和 35 kV 出线电压互感器的配置

对侧有电源的 35 kV 出线上,一般配置一台单相电压互感器,接于 U、V 两相线电压间,作同期检测用。

(五)110 kV 母线上电压互感器的配置

一般配置三台单相电压互感器,采用 Y0 - Y0 - Y - △接线方式,供母线测量、保护、同期用。

第五节 电气主接线方案的技术经济比较

为了正确地选择电气主接线,一般需要根据动能计算提供的水电站参数和系统提供的有关资料,初步拟订几个接线方案。这些方案在满足基本要求的情况下,允许各方案的技术条件有所差异,然后对参加比较的各个电气主接线进行详细的技术经济比较,最后选定技术上先进、经济上合理、分期过渡方便、便于运行管理维护的最优方案,上报审批,作为水电站电气部分设计的依据。

一、技术比较分析

技术比较分析一般从以下几个方面进行:

(1)技术上的选择性。

(2)供电的可靠性,运行的安全性和灵活性。

(3)维护与检修的方便,以及布置的合理性。

(4)继电保护的简化。

(5)电气设备供应的可能。

二、经济比较

在技术比较中,那些技术上欠合理或综合投资与电能损失都明显偏高的方案已被淘汰,最后所剩少数方案都是技术上合理,用来进行经济比较。

经济比较包括投资及年运行费两部分。年运行费中又包括各种设备的折旧、维护费及电能损失费两项。由于中、小型水电站电气工程一般要求当年投资，当年建成，而各方案建设时限相差不大，投资的时间因素影响很小。为了简化经济计算，均不计算投资的利息，但这并不影响比较的结果。不计利息的经济比较法称为静态经济比较法，其计算过程如下。

(一)综合投资差计算

方案的工程综合投资为

$$Z = Z_0(1 + \frac{\alpha}{100}) \tag{5-1}$$

式中 Z_0——两比较方案中不同部分的主体设备费用；

α——不明显的附加费用百分数。

主体设备费用包括输电线路、主变和配电装置等的设备价格和其他明显的大项费用如拆迁、征地、土石方工程、增修桥梁公路等的费用。

不明显的附加费用包括现场安装费用，构架、基础及辅助设备的费用等。其百分数对 110 kV 可取 90，对 35 kV 取 100。

在有的手册中可直接查到各种架空线路、变压器及具体配电装置间隔的综合经济指标，其中已包括了主体和附加两部分费用。

方案比较中只要计算两方案的综合投资差($Z_1 - Z_2$)，即一个方案对另一方案的“补充投资”，故上式计算应排除两方案的共同部分，只将不同部分进行相对比较即可。计算中可不必追求绝对数字的准确，但应采取一致的计算标准和计算方法才能具有可比性。例如应采用同一时期同一手册中的设备单价，取用同栏表格中的经济指标等。

(二)年运行费用计算

年运行费 F 由年折旧维护费 F_z 和年电能损耗费 $F_{\Delta A}$ 两项组成，即

$$F = F_z + F_{\Delta A} \tag{5-2}$$

1. 年折旧维护费

把综合投资摊算到使用年限内的平均费用叫做基本折旧费。基本折旧费加上年平均大修费、小修费和维护费等合称为年折旧维护费。通常按综合投资的百分比计算，即

$$F_z = CZ \tag{5-3}$$

式中 C——折旧维护费，对主变及配电装置可取 8% ~10%，对水泥杆线路取 5%，铁塔线路取 4%。

2. 年电能损耗费

$$F_{\Delta A} = a \sum \Delta A \tag{5-4}$$

式中 a——每千瓦时电能的平均出厂售价；

$\sum \Delta A$——比较方案的年电能损耗，通常只计算主变压器和输出线路中的损耗。

(1)双绕组主变压器的年电能损耗按下式计算：

$$\Delta A = \Delta P_0 t + \Delta P_k (S_{max}/S_N)^2 \tau \tag{5-5}$$

式中 ΔP_0、ΔP_k——变压器的空载损耗(铁耗)和短路损耗(铜耗)，kW，在产品目录或有

关手册中查出；

t—— 变压器的年运行小时数，h，整年投运的取 $t = 8\ 760$ h；

S_N—— 变压器的额定容量，kVA；

S_{max}—— 变压器持续最大负荷，kVA；

τ—— 最大负荷年损耗小时数，决定于最大负荷年利用小时数与平均功率因数 $\cos\varphi$，可由相关手册查出。

(2)三绕组主变压器的年电能损耗按下式计算：

$$\Delta A = \Delta P_0 t + \Delta P_{k1}(S_{m1}/S_{N1})^2\tau_1 + \Delta P_{k2}(S_{m2}/S_{N2})^2\tau_2 + \Delta P_{k3}(S_{m3}/S_{N3})^2\tau_3 \quad (5\text{-}6)$$

式中 ΔP_0、t—— 同双绕组变压器；

S_{N1}、S_{N2}、S_{N3}—— 三绕组变压器高、中、低三侧绕组的额度容量，kVA；

S_{m1}、S_{m2}、S_{m3}—— 三绕组变压器高、中、低三侧持续最大负荷，kVA；

τ_1、τ_2、τ_3—— 三绕组变压器高、中、低三侧最大负荷年损耗小时数，可由相关手册查出；

ΔP_{k1}、ΔP_{k2}、ΔP_{k3}—— 三绕组变压器高、中、低三侧绕组中的额定铜耗，kW，但产品目录中只给出两两线圈间的额定铜耗 ΔP_{k1-2}、ΔP_{k2-3}、ΔP_{k1-3}，可按下式计算出 ΔP_{k1}、ΔP_{k2}、ΔP_{k3}：

$$\left.\begin{aligned}\Delta P_{k1} &= (\Delta P_{k1-2} + \Delta P_{k1-3} - \Delta P_{k2-3})/2\\ \Delta P_{k2} &= (\Delta P_{k2-3} + \Delta P_{k1-2} - \Delta P_{k1-3})/2\\ \Delta P_{k3} &= (\Delta P_{k1-3} + \Delta P_{k2-3} - \Delta P_{k1-2})/2\end{aligned}\right\} \quad (5\text{-}7)$$

(3)架空输电线路的年电能损耗按下式计算：

$$\Delta A = \Delta P_m \tau \quad (5\text{-}8)$$

式中 ΔP_m——在持续最大负荷时的功率损耗，kW；

τ——年最大输送功率损耗小时数，可由相关手册查出。

ΔP_m 可利用功率损耗系数按下式计算：

$$\Delta P_m = P_m{}^2 LK \quad (5\text{-}9)$$

式中 P_m——通过线路的持续最大功率，MW；

L——线路长度，km；

K——线路有功损耗系数，可由相关手册查出。

通过以上计算，应选择投资及年运行费都比较少的方案。

(三)抵偿年限

如果出现一个方案的投资大，年运行费用却小，而另一方案的投资小，年运行费却大，此时，就要用抵偿年限作为判别经济性的依据。即

$$N = \frac{Z_1 - Z_2}{F_2 - F_1} \quad (5\text{-}10)$$

式中 Z_1、Z_2——两个方案的投资，元；

F_1、F_2——两个方案的年运行费，元；

N——抵偿年限，年。

根据我国具体情况，抵偿年限 N 一般取 5 年。当抵偿年限小于 5 年时，认为投资高而

运行费低的方案在经济上是有利的。反之,则认为投资低而年运行费高的方案在经济上是有利的。

当有许多方案进行比较时,为了简化计算,可将式(5-10)变换如下:

$$F_{j1} = \frac{Z_1}{N_b} + F_1 \tag{5-11}$$

$$F_{j2} = \frac{Z_2}{N_b} + F_2 \tag{5-12}$$

$$\vdots$$

式中 F_{j1}、F_{j2}、……——各方案的计算费用,元;

N_b——标准抵偿年限,$N_b = 5$ 年;

其他符号意义同前。

当某方案的计算费用最小时,则认为该方案在经济上是有利的。

当各方案在投资及年运行费方面都相近时,应选择下列条件较优越的方案:

(1)具有分期投资的可能性,尽量使国家资金得到最合理的利用。

(2)技术条件好,运行管理便利,操作检修方便。

(3)建设工期显著缩短。

(4)节省三材,设备供应落实。

(5)便于分期过渡并能适应远景发展。

三、选择电气主接线还应该注意的一些问题

选择电气主接线时,还需要考虑以下一些问题:

(1)小型水电站的情况是多种多样的,选择电气主接线时要根据不同的条件作出反映。例如:

①对于单机容量不同,装机时间间隔较长的电站,有的电站做法是将初期投入的机组(例如两台),与主变压器接成一个扩大单元,以后分期投入的机组则采用一机一变或两机一变的单元接线,以适应分期过渡,既经济又比较灵活。

②对于机组台数较多而且采用扩大单元接线的电站,有的为了增加运行的灵活性,以及便于功率交换等原因,在扩大单元之间增设隔离开关作为联络。这样做法在运行方式改变时必须切换相应元件的继电保护,以免误动或拒动,目前这种做法已较少,但仍有采用。

③在有的电站中,水库蓄水主要不是为了发电,而是为了防洪或下游用水等目的,这种电站一般年利用小时数很低,而且于水库泄洪等闸门启闭的厂用电是十分重要的,负荷也很大,此时在主接线中就应该充分考虑厂用电源的独立性和可靠性。此外,在地下式厂房中,由于通风及照明问题的突出(如地下厂房),主接线也应作同样性质的考虑。

④当河流属于梯级开发建有几个水电站时,由于梯级电站之间的距离一般都不太远,将几个水电站的电能集中起来由某一级电站输出是有利的,这样可以简化其他几个水电站的电气主接线,并且便于统一调度和管理。

(2)从有近区供电要求的大多数电站来看,供电对象主要是农业用电,它们大多数对供电的可靠性要求较低,并且带有季节性用电的特点,供电一般都在电站附近 5 ~ 10 km

的范围内。从选择输电电压等级来看，或者以发电机电压直配，或者升压至 10 kV 输电均已足够。在近区用电出线很少如 1～2 回以及近区负荷大小不很明确时，可以由发电机电压母线直配，但在母线接有较多的机组或单机容量较大时，以及电站所处地区雷害比较严重的情况下，必须采取妥善的防治过电压措施。从目前的趋势来看，以采用升压变压器的方式居多，因为 10 kV 电压等级已在广大的地区配电网中采用，升压变压器兼有防止过电压的作用。近区供电升压变压器普遍仅采用一台，接线基本上也都是单母线。配电装置采用屋外式还是屋内式可以根据近区出线多少及其重要性等具体情况和条件而定。

(3) 国内某些地区的线路冰害现象严重，根据设计运行经验，可以利用电站机组作为熔冰电源。根据线路熔冰要求确定熔冰电源的电压和大小，同时希望在一回线路熔冰时采用较少附加设备和操作次数。例如，以 6.3 kV 母线的一段作为 35 kV 线路的熔冰电源，这样在一回线路熔冰时基本上可以满足上述要求。

(4) 配电装置的电压互感器和避雷器回路，可合用一组隔离开关。电压互感器高压侧采用熔断器作为保护。接在主变压器引线上的避雷器一般可不装设隔离开关。

(5) 为了保证电气设备检修时的人身安全，被检修设备的两侧必须安全可靠接地。35～110 kV 侧可以利用隔离开关本身备有的接地闸刀接地。在主接线设计中配置接地闸刀时，应使 35～110 kV 侧母线或任何一台电气设备（检修时）两侧都有接地闸刀。

第六节　电气主接线实例

一、发电机电压侧单母线接线，升高电压侧变压器线路组单元接线

某水电站装有 2 台 8 MW 立式机组，总装机 16 MW（见图 5-14）。发电机额定电压 10.5 kV。该电站属于径流电站，年设备利用小时数 2 300，近区没有用电负荷，装有一台主变压器，发电机电压侧采用单母线接线，升高电压侧采用变压器 - 线路组单元接线，以 110 kV 电压级将电能送至电力系统。主变容量按发电机容量选择为 20 000 kVA。

厂用变压器设置一台，容量为 315 kVA，设备用柴油发电机一台，如遇发电机不发电，厂用电由系统倒送电。

二、发电机电压侧扩大单元接线，升高电压侧单母线，远期分段接线

某电站装机容量为 4×5 000 kW（见图 5-15），多年平均发电量为 6 096×10 kWh，保证出力为 3.65 MW，年利用小时数为 3 048。电站水库为年调节水库，是一个以灌溉、发电为主，兼有防洪的综合性水利枢纽工程。电站是地区电网的主力电源，担任电网的调峰、调频和事故备用任务。电气主接线确定为：发电机与变压器连接为两组两机一变扩大单元接线，升高电压侧一期单母线，最终单母线分段。发电机出口电压 6.3 kV，电站以 110 kV 一级电压接入电力系统，一期出线 2 回，接至中心变电站，预留一回，并预留分段断路器间隔，最终出线 3 回，形成单母线分段接线。

为保证厂用电，装设厂用变 2 台，各引至扩大单元的发电机电压侧，容量各为 500 kVA，设一台备用厂用变，容量为 500 kVA。备用厂变的电源来至附近 10 kV 配电网。

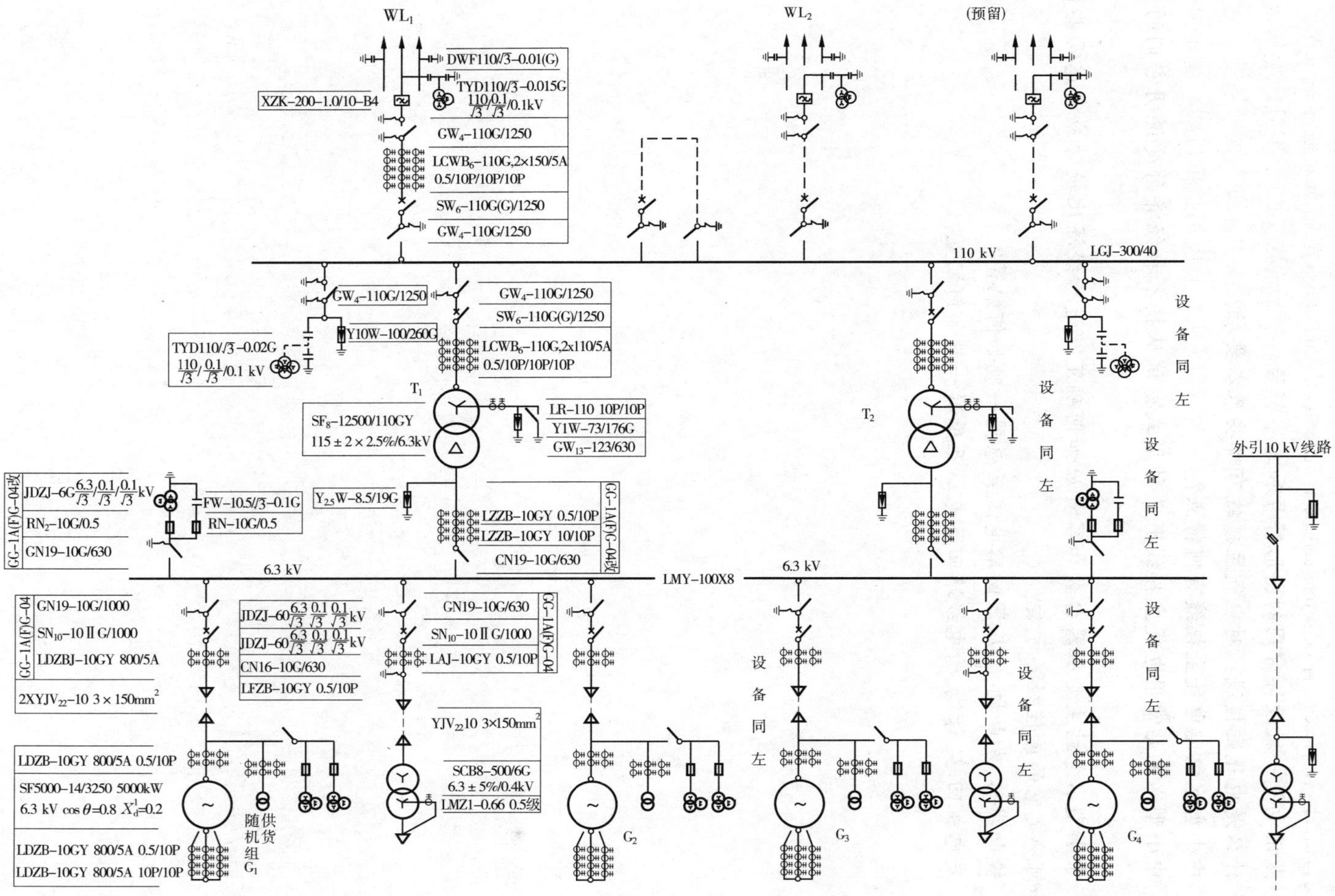

图5-15　发电机电压侧扩大单元接线，升高电压侧单母线，远期分段接线

思考题与习题

1. 熟记电气一次设备常用的图形符号和文字符号。

2. 什么是电气主接线？对电气主接线有哪些基本要求？

3. 中小型水电站电气主接线有何特点？

4. 中小型水电站常用电气主接线有几种形式？试从技术和经济角度说明它们的优缺点。

5. 中小型水电站主变压器台数和容量应如何确定？进行经济比较时应考虑哪些因素？如何确定它的最佳经济方案？

6. 输电线路、发电机、变压器回路电流互感器一般如何配置？

7. 发电机回路、母线、输电线路回路电压互感器一般如何配置？

第六章 水电站自用电接线

内容提示 了解厂用负荷及其分类，熟悉中小型水电站自用电的基本要求及引接方式，掌握厂用变压器的选择，掌握厂用电的常用接线方式。

水电站自用电系统的作用是能够保证站内各类负荷的正常供电，在事故时能保证一类负荷的供电，来满足水电站安全、经济、稳定运行的需要。

水电站厂用电供电可靠性的高低，将直接影响到安全生产的好坏。为了保证厂用电的连续、可靠供电，厂用电应满足下列基本要求：

(1)安全可靠，运行灵活。厂用电接线方式和电源容量应能适应正常供电、事故时备用等方面的要求，同时还应满足切换操作的方便。一旦发生事故，应能尽量缩小事故范围，并能将备用电源及设备及时投入。发生全厂停电时，应能尽快从系统中取得供电电源。

(2)投资少，运行费用低，接线简单、清晰。在考虑安全可靠的同时，还必须注意到它的经济性。因为不必要的相互连接，过多的备用设备和备用电源不但会造成基建投资费用的浪费和运行费用的增加，还将使厂用电接线复杂、运行操作烦琐、增加设备的故障机会和维修工作量等。

(3)分段设置，互为备用。对中型水电厂，其厂用母线应分段运行，每一段母线上应有独立的工作电源和备用电源，并装设备用电源自动投入装置，以防在一段母线发生事故时，导致厂用电全部消失的事故。

第一节 自用负荷

一、厂用电的特点及组成

(一)特点

中小型水电站厂用电一般有如下特点：

(1)厂用电容量所占电站总容量的比重很小，一般仅为1% ~3%。

(2)厂用电中的主要用电负荷是异步电动机，一般容量不超过40 kW，额定电压均为380 V。因此，中小型水电站厂用电电压采用400/230 V三相四线制，这样可以同时向电动机(380 V)和照明(220 V)供电。如电站坝区及引水建筑物距厂房较远，该部分用电可与近区供电一并考虑。

(3)厂用电设备中大部分是经常不运转的，经常运转的设备中大多数是属于断续运转的，经常而又连续运转的设备很少，整个厂用电装置的负荷率和同时率不高。因此，必须通过厂用电负荷的统计分析，才能合理确定厂用变压器的容量。

(4)从厂用电负荷的重要性来看，除少数机组润滑系统用电及采用可控硅励磁方式的整流装置冷却用电外，一般均允许短时停电。

(5)由于水电站的运行特点，电站可能部分或全部机组停止运转，厂用电设计时应考虑各种运行方式下保证厂用电必要的可靠性。

(二)组成

厂用电一般由下列各部分组成：

(1)厂用电变压器及其引接装置。

(2)厂用配电装置。

(3)电站内全部电动机及其起动、保护、操作电气设备。

(4)电站的照明及电热用电。

(5)厂用电系统的全部电力网络。

二、厂用电负荷的分类

为了正确地统计厂用电负荷的大小，以便合理地确定水电站厂用电接线的供电方式以及选择厂用变压器的容量和台数，需对厂用电负荷进行分类。水电站的厂用电负荷可以按照其用途、重要程度、运行方式、是否需要自起动等进行分类。

(一)按厂用电负荷的用途分类

(1)直接为机组服务的机组自用电。主要包括机组调速和润滑用油泵、机组技术供水泵、空气压缩机、采用可控硅励磁方式的整流装置冷却风扇、发电机－变压器单元接线中变压器的冷却风扇、单元引水方式的电动闸阀或蝴蝶阀等。

(2)全厂公用电。主要包括水泵装置，油处理装置，通风机，接在发电机电厂母线上主变压器的冷却风扇、直流电源、照明，电热，主机房的吊车，水工建筑物的启闭机，以及电气和机械的试验检修设备等。

(二)按重要程度分类

各种厂用电负荷的重要程度是不相同的，根据厂用负荷在电站生产过程中的作用和允许停电的时间可以分成三类：

(1)Ⅰ类负荷。这类负荷只允许瞬时中断电源，除机组润滑系统用电动机及可控硅励磁整流装置用冷却风扇的允许中断时间仅为电源切换时间外，其他负荷允许中断电源时间一般不超过10 min，时间过长将破坏电站的正常运行甚至损坏设备。属于此类负荷的除上述外，还包括变压器冷却风扇、压油装置油泵、发电机的冷却用水泵等。

(2)Ⅱ类负荷。允许停电几十分钟，即允许在配电盘上进行电源操作切换工作。这类负荷停止工作不会使电站正常运行受到损害。属于此类负荷的有硅整流装置、压油装置用空压机，主机房吊车，渗漏排水泵以及照明等。

(3)Ⅲ类负荷。允许较长时间停电。此类负荷长时间停止工作不会直接影响电站运行，如机修厂、油处理室等负荷。

对Ⅰ类负荷的供电应尽量保证可靠，当厂用电源故障后恢复供电时，应能自起动。其他不重要负荷则不需要自起动。

(三)按运行方式分类

水电站厂用电负荷中大部分是经常不运转的,少数经常运转的负荷中大多数也是断续运转的,可分为:

(1)经常连续运行负荷。

(2)经常断续或短时运行负荷。

(3)不经常连续运行负荷。

(4)不经常断续或短时运行负荷。

上述“经常”与“不经常”是指使用机会,如仅供检测用的负荷即为不经常的。“连续”、“短时”、“断续”是指时间的长短,连续是指每次运转2 h以上,短时是指每次运转10 min~2 h,断续是指从起动到停止周期性运转,每个周期不超过10 min。

中小型水电站主要厂用电负荷按上述分类方式分类见表6-1。

表6-1　厂用电负荷分类

编号	负荷名称	是否需要自起动	按重要程度分类	按运行方式分类	备注
一、机组自用电					
1	压油装置油泵	是	Ⅰ	经常断续	
2	机组轴承润滑系统用泵	是	Ⅰ	经常连续	
3	水轮机上盖排水泵	是	Ⅰ、Ⅱ之间	经常断续	
4	漏油泵	是	Ⅱ	经常断续	
5	主变压器冷却风扇(机-变单元)	是	Ⅰ	经常连续	
6	机组技术供水泵(机-变单元)	是	Ⅰ	经常连续	
7	压油装置用高压空气压缩机	是	Ⅱ	经常断续	
8	机组调相用高压空气压缩机	是	Ⅰ	经常断续	
9	蝴蝶阀压油装置	是	Ⅰ	经常断续	指单元引水
二、全厂供用电					
(一)蓄电池					
1	充电机(或硅整流装置)	否	Ⅱ	不经常连续	
2	浮充电机(或硅整流装置)	是	Ⅱ	经常连续	
3	电热	否	Ⅱ	经常连续	
4	通风机	是	Ⅱ	经常连续	联合供水
(二)水泵					
1	技术供水泵	是	Ⅰ	经常连续	
2	厂房渗漏排水泵	是	Ⅰ、Ⅱ之间	经常短时	
3	检修排水泵	否	Ⅱ	不经常连续	
4	消防用水泵	是	Ⅰ	不经常短时	
5	生活用水泵	否	Ⅲ	经常短时	

续表 6-1

编号	负荷名称	是否需要自起动	按重要程度分类	按运行方式分类	备注
(三)油系统					
1	离心式滤油泵	否	Ⅲ	不经常断续	
2	滤油机加热器	否	Ⅲ	不经常断续	
3	压力滤油机	否	Ⅲ	不经常断续	
4	油泵	否	Ⅲ	不经常断续	
5	烘箱	否	Ⅲ	不经常断续	
(四)起重机和阀门的启闭装置					
1	主机房吊车	否	Ⅱ	不经常断续	
2	尾水闸门吊车	否	Ⅱ	不经常断续	
3	闸门室吊车	否	Ⅱ	不经常断续	
4	快速闸门启闭设备	是	Ⅰ	不经常断续	
5	蝴蝶阀压油装置	是	Ⅰ	不经常断续	非单元引水,且由厂内电源供电
(五)电热、照明					
1	厂房电热	否	Ⅲ	经常连续	
2	照明	是	Ⅰ、Ⅱ之间	经常连续	
(六)变电站					
	主变压器冷却风扇	是	Ⅰ	经常连续	非机-变单元接线
(七)电站其他负荷					
1	检修用移动电源	否	Ⅲ	不经常连续	
2	厂房内各种通风机	是	Ⅰ、Ⅱ、Ⅲ		根据电站具体情况而定
3	实验室负荷	否	Ⅲ	经常短时	
4	通信电源	是	Ⅱ	经常断续	
(八)机械修配厂					
1	各种机床	否	Ⅲ	经常短时或连续	
2	电焊机	否	Ⅲ	不经常断续	
(九)坝区及引水建筑物					
1	闸门启闭设备	否	Ⅰ、Ⅱ、Ⅲ	不经常断续	
2	闸门电热	否	Ⅱ、Ⅲ之间	不经常短时或连续	
3	检修用电源	否	Ⅲ		
4	照明	是	Ⅲ	经常连续	
5	坝内廊道排水	是	Ⅱ		

注:生活区或近区用电一般不列入厂用电负荷内。

三、厂用电负荷的统计原则

厂用电最大负荷的出现与水电站所处地理位置、电站型式及运行方式等因素有关，如电站位于寒冷地区，则电气采暖与电热(包括闸门、拦污栅的电热)负荷较大；电站位于夏季炎热地区则降温通风负荷较大，此时出现厂用电最大负荷的可能性就较大。此外，则主要取决于电站内机组的运行及检修情况，一般考虑电站全部机组运行和一台机组大修其余机组运行两种情况，以后者出现最大负荷的可能性为大。

厂用电负荷应该计入计算负荷的，可按下述原则统计：

(1)短时而不经常运行或断续而不经常运行的负荷，可不计入计算负荷内。

(2)连续而不经常运行的负荷(如检修排水泵)，应计入计算负荷内。

(3)互为备用的用电设备，只计入同时运行的用电设备台数，如：

①调速用压油装置油泵。一般每台机组均有2台，1台工作，1台备用。工作油泵经常断续运行，在电站装机1～3台时，考虑1台计入计算负荷，装机4～6台时，考虑2台。

②漏油泵。小型水电站一般全站装设1～2台，经常断续运行，考虑1台计入计算负荷，低水头水电站一般每台机组设置2台，互为备用，计入计算负荷台数与机组台数相同。

③主变压器冷却风扇。风扇电动机经常连续运行，一般全部计入计算负荷。

④机组技术供水泵。小型水电站的供水方式有设供水池及不设供水池两种，一般有2台水泵互为备用，前一种方式供水泵经常断续运行，后一种方式是经常连续运行，均考虑1台计入计算负荷。

⑤水轮机上盖排水泵。仅在低水头机组中采用，每台机组均设2台互为备用，经常断续运行，计入计算负荷台数与机组台数相同。

⑥机组轴承润滑抽泵。采用这种润滑方式的每台机组均设有2台抽泵互为备用，经常连续运行计入计算负荷的台数与机组台数相同。

⑦蝴蝶阀压油装置抽泵。小型水电站一般全站合用一套蝶阀压油装置，有2台油泵互为备用，经常断续运行考虑1台计入计算负荷。

⑧空气压缩机。机组调速压油装置用的高压空气压缩机一般均装设2台互为备用，经常断续运行，考虑1台计入计算负荷。机组调相时，低压压气机可能2台同时运转，在计入计算负荷时仅考虑1台。

⑨排水泵。检修排水泵一般设有2台，当机组检修排尾水管中积水时，2台同时连续运行，统计1台机组检修、其余机组运行方式时参加计算负荷均应计入。厂房渗漏排水泵一般设有2台，互为备用，经常断续运行，考虑1台计入计算负荷。

⑩充电机与浮充电机(或硅整流装置)。中小型水电站中充电与浮充电源往往合用一套，充电工作状态虽属不经常连续，但使用机会很少，可不计入计算负荷。浮充工作状态属于经常连续运行，应计入计算负荷。

⑪主机房桥式起重机。虽属于不经常断续运行，但机组检修期间使用频繁，一般以副钩加小车或大车负荷，取其大者作为计入计算负荷。

⑫电热与通风机。电热与通风机负荷，一般不考虑同时运行，除地下式、坝内式电站厂房通风机及蓄电池室通风机需考虑全年运行外，厂房内其他换气降温的通风机一般在

夏季运行,取暖保温用电热均在冬季投入。因此,统计计算负荷时,可根据夏季或冬季的不同情况进行考虑。

⑬照明。照明负荷较为分散,一般厂内照明可取其装置容量的50% ~80%(地下或坝内电站可取较大数值),厂外照明可取其装置容量的40% ~60%计入计算负荷。

四、厂用电计算负荷的确定

在确定计算负荷时,应根据每个厂用电设备负荷的性质与类别分别采用不同的计算方法。

(一)电动机负荷

电动机的计算负荷 P_{jd}(kVA)确定如下:

$$P_{jd} = P_{Nd}/\eta_d\cos\varphi_d \tag{6-1}$$

式中 P_{Nd}—— 电动机的额定容量,kW;

η_d—— 电动机效率,平均取0.85;

$\cos\varphi_d$—— 电动机功率因数,平均取0.82。

(二)照明负荷

对白炽灯或碘钨灯,其计算负荷的千伏安数等于照明装置容量的千瓦数,对日光灯及高压水银灯的计算负荷 P_{jg}(kVA):

$$P_{jg} = P_{Ng} / \cos\varphi_g \tag{6-2}$$

式中 P_{Ng}——日光灯及高压水银灯的装置容量,kW;

$\cos\varphi_g$——日光灯及高压水银灯的功率因数,一般取0.4 ~0.6。

(三)电热负荷

电热计算负荷的千伏安数即为装置容量的千瓦数。

(四)电焊机及电焊装置负荷

电焊机的计算负荷 P_{jh}(kVA)确定如下:

$$P_{jh} = P_{Nh}\sqrt{\varepsilon} \tag{6-3}$$

式中 P_{Nh}——电焊机的额定容量,kVA,

ε——暂载率,为电焊机的焊接时间与工作周期之比,电焊机的暂载率为0.65。

(五)单相负荷

单相负荷接于相电压,三相基本对称时:

$$P_{j3} = 3P_1 \tag{6-4}$$

式中 P_{j3}——三相等效计算负荷,kVA;

P_1——单相设备容量,kVA,当三相负荷不平衡时,取最大负荷相的设备容量。

(六)总负荷

厂用电总计算负荷 S_{js}(kVA)可按式(6-5)确定:

$$S_{js} = K_f K_t K_v \sum P_j \tag{6-5}$$

式中 $\sum P_j$—— 参加计算负荷统计的厂用电负荷的算术和,kVA;

K_f—— 厂用电负荷的负荷率,考虑厂用电设备实际负荷与铭牌容量差别的系数,实际工程中可按全厂平均负荷率为0.65 ~ 0.8进行计算；

K_t—— 厂用电最大负荷的同时率，考虑各类设备负荷不是同时出现的系数，根据统计资料，同时率可取0.6 ~ 0.8；

K_v—— 网络损失系数，考虑厂用电网络功率损耗使计算负荷增大的系数，一般取1.05。

第二节　自用变压器的选择

一、自用变压器型式选择

目前可供选择的站用变压器型式有油浸式、普通干式和浇注式等。油浸式的优点是过载过压能力强，订货容易，维修简便，价格便宜，屋内屋外布置皆宜。缺点是带有一定油量，屋内布置时要有防火防爆小间及通风散热及事故排油等设施。干式变压器是无油设备，防火性能较好，但绝缘水平比相同电压等级的油浸式变压器低，过载能力也低，因此不允许直接与架空线连接，否则要经过不短于500 m的电缆或采用灭弧电压较低的避雷器作为进线保护。干式变压器只能作屋内布置，且要求有防潮防尘和通风良好的环境。环氧树脂浇注干式变压器具有一定防尘耐潮和难燃的特点，比一般干式变压器为优。

小型水电站的站用电常采用暗备用方式，站用变压器留有近1倍的备用容量，加上其所带负荷多数只作短时断续性运行，故站用变压器运行利用小时数很低。油浸式变压器有较大短时过载能力，可适当减少备用容量，与干式变压器相比较，约可选小一级容量，这样不仅减少设备投资，还可避免在正常运行中"大马拉小车"，节省年运行费用。小型水电站站用变压器容量较小，其油量一般不会超过300 kg，防火布置简单易行，价格只有干式的一半左右，故油浸式站用变压器在小型水电站中仍应用最广泛。

站用变压器属降压变压器，但其额定电压、变比、内阻抗等参数和质量要求与一般配电变压器有所不同，宜向制造厂特殊定制。

二、厂用变压器容量及台数选择

厂用变压器容量的选择，应保证在正常情况下满足全厂厂用电负荷的供电，不应由于过负荷过热而影响其使用寿命，在一般事故或检修条件下，应有足够的备用容量，以保证发电机组正常运行。

厂用变压器容量与厂用变压器台数及备用容量方式有关。一般小型水电站采用机组自用电与全厂公用电混合供电方式，厂用变压器的台数为1 ~2台。

当装设1台厂用变压器时，厂用变压器容量应大于或等于计算负荷，一般不考虑过负荷运行。

当装设2台厂用变压器时，对油浸式变压器，每台可按带70%的计算负荷来选择。其中一台厂用变压器停止运行时，另一台厂用变压器暂时过负荷40%。对干式变压器，由于过负荷能力小，每台变压器可按带50%的计算负荷计算。当一台厂用变压器故障或检修时,另一台厂用变压器带全部负荷。

三、自起动容量校验

在厂用电消失后,为使机组能迅速恢复正常运行,当备用电源投入时,应能保证重要的厂用电负荷能自起动,如机组压油装置油泵,主变压器冷却风扇,机组技术供水泵、厂房渗漏排水泵、高压空气压缩机等。经计算表明,当厂用变压器阻抗为4%,自起动时母线电压允许值为额定电压的65%~70%时,允许自起动容量超过厂用变压器的额定容量,故一般不再进行校验。

第三节　自用电接线

一、厂用电接线的一般要求

对厂用电接线的一般要求如下:

(1)厂用电接线应尽量简单、清晰。

(2)保证重要负荷供电可靠,供电的间断时间不超过允许值。

(3)保证厂用电设备各级保护动作的选择性。

(4)在厂用分段母线上,一般应使负荷均匀分布在两段母线上。

(5)应尽量使得对负荷的供电线路最短,以节省电缆(或导线),减少损耗,便于运行管理。如在负荷较集中处设立分盘或配电箱,分散的负荷尽量接至就近的分盘等。

(6)考虑机组安装程序,适应分期过渡要求。

(7)操作维护方便,经济上合理。

(8)厂用变压器的高压侧一般采用高压熔断器作为短路的保护设备。

二、厂用电接线

厂用电接线包括厂用电源引接及厂用负荷连接两部分。

(一)厂用电源引接

厂用电源引接方式主要根据发电机电压侧接线、电站在系统中运行方式(即是否有可能经常、部分或全部停机)、升高电压侧电压以及电站是否能方便地从地区电网取得电源而定。当电站有发电机电压母线时,厂用电源首先考虑从母线上取得,如为发电机－变压器组单元接线,厂用电源可从发电机回路的分支线取得。中小型水电站常用的厂用电源引接方式见图6-1。

图6-1(a)为发电机电压侧单母线接线,厂内仅装一台厂用变压器接于发电机电压母线上,停机时可从系统经主变压器倒送厂用电。这种接线适用于容量较小的电站。考虑到厂用变压器事故或检修退出运行时,可根据电站具体情况设置备用电源,如小容量柴油发电机组或从邻近小水电站取得400 V直流电源等。

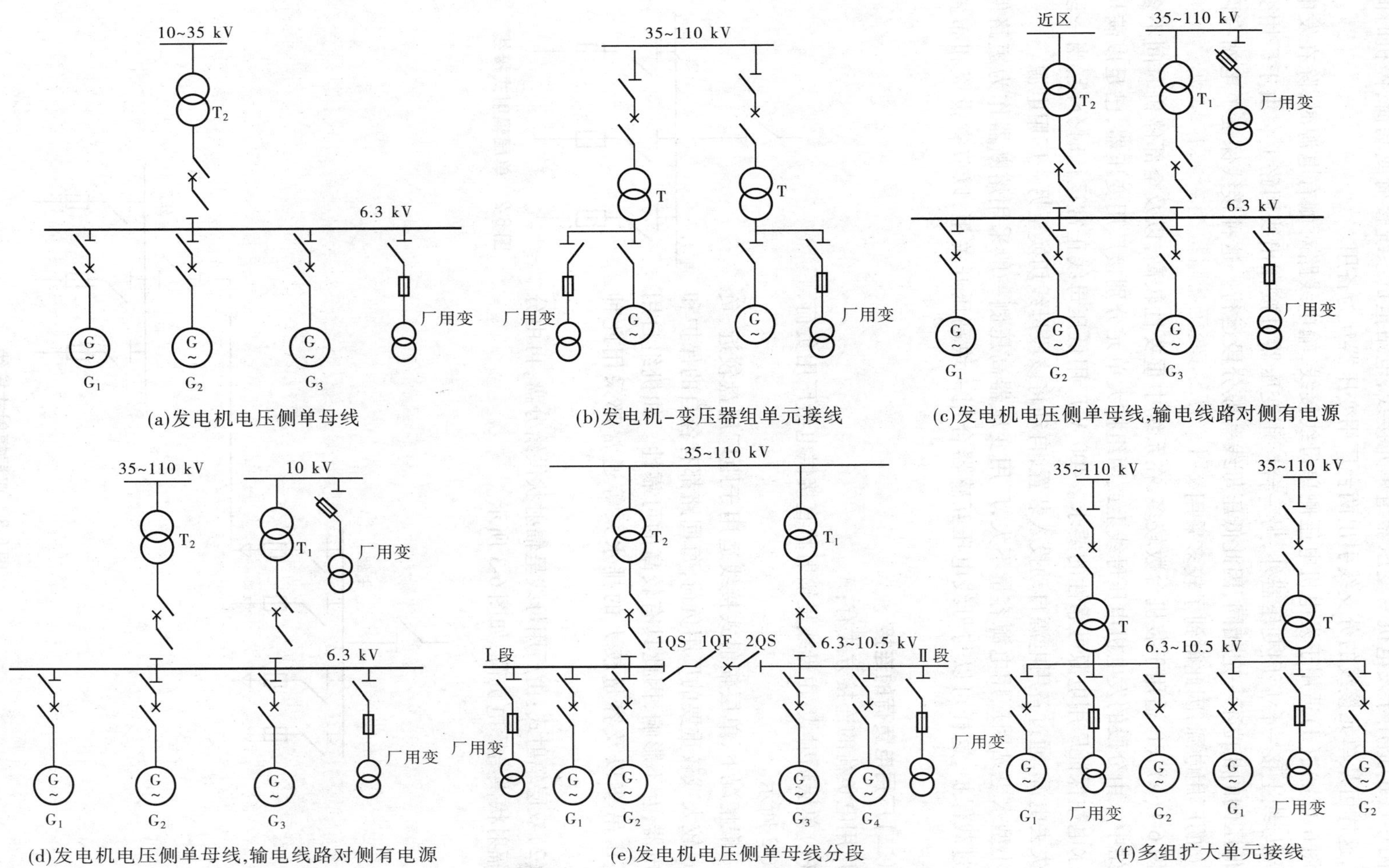

图6-1　中小型水电站自用电源的引接方式

图 6-1(b)适用于发电机 - 变压器组单元接线,电站担负系统腰荷或基荷,停机时间较少,这样可从单元接线的分支线引出两台厂用变压器互为备用。

图 6-1(c)、(d)适用于发电机电压侧单母线接线,输电线路对侧有电源时,除在发电机电压母线上接一台厂用变压器外,另一台厂用变压器可接在出线回路上。由于厂用变压器低压侧的相位不一定相同,因此低压母线一般分段运行。这种接线保证了电站有两个独立的厂用电源,因此得到了较多采用。

图 6-1(e)、(f)适用于装机台数较多,在系统中重要性较高,以及全部停机时间不多的电站中。由分段的发电机电压母线上或两组扩大单元分别接厂用变压器,已足以满足小型水电站保证厂用电源可靠性的要求。400 V 厂用低压母线正常运行时分段,当一段母线失去电源,通过备用电源自动投入装置,自动将该段母线切换至另一厂用电源。

小型水电站因厂用电源容量不大,厂用变压器高压侧一般采用熔断器作为短路保护及过载保护,这样可以与母线电压互感器合用一块高压开关柜,以节省投资和布置场地。

(二)厂用电负荷的连接

厂用电负荷的连接方式有:

(1)单层辐射式:由母线呈辐射状直接供电给厂用负荷,如图 6-2 所示。

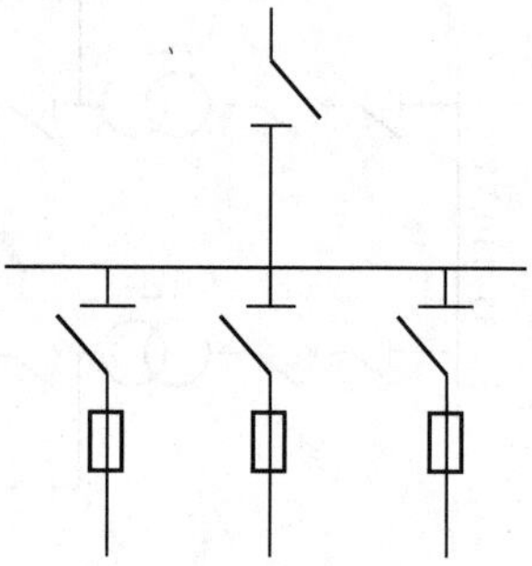

图 6-2　单层辐射式接线

一般情况下,单层辐射式接线适用于距厂用盘较近、负荷容量较大或较重要的厂用负荷,每回路都有各自的保护和操作电器,互不影响,因此具有较高的可靠性。如机组自用电、厂房吊车以及容量较大的排水泵等通常都采用此种接线。

(2)双层辐射式:由厂用母线呈辐射状供给分盘,再由分盘呈辐射状供给厂电负荷,如图 6-3 所示。

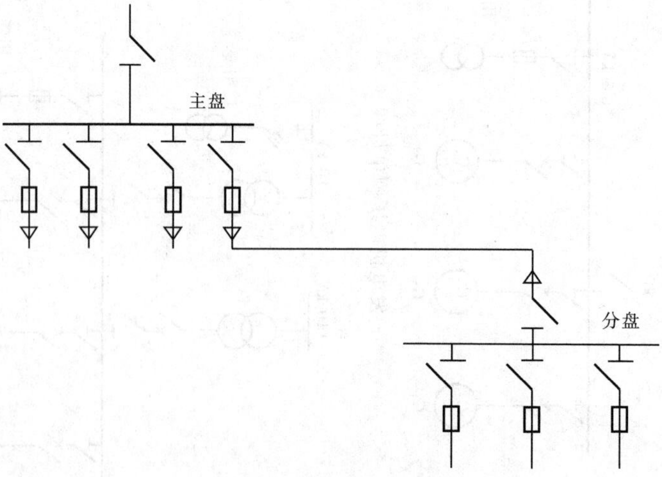

图 6-3　双层辐射式接线

双层辐射式接线适用于厂用负荷距主盘较远且集中的情况,这样可以节省电缆并便于维护管理,如机修间、油处理室等。

(3)干线式:用一回路电源分供若干位置接近的厂用负荷,如图 6-4 所示。适用于不重要的小容量负荷或属于同一用电设备的不同负荷,如机修间的若干小负荷或不重要的小容量通风机等。这种接线可以节省厂用盘(柜或箱),缺点是可靠性差,一回分支发生故障,整个电源回路均失去电源。

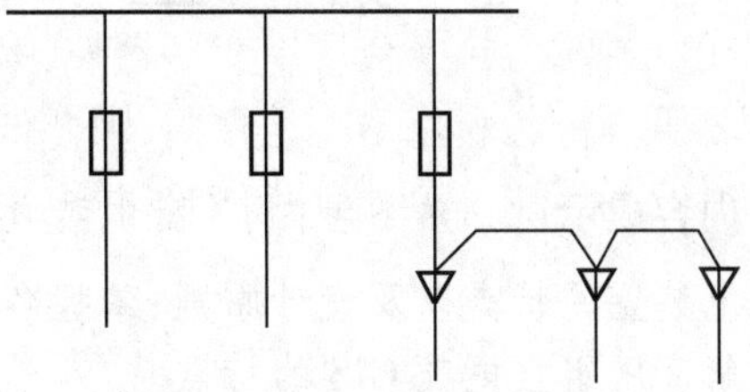

图 6-4　干线式接线

(4)两端供电式:在双层辐射式挂线基础上,将各厂用分盘之间用电缆连接作为互相备用,正常运行时连络线断开。为了避免保护级数太多,有时可将连接线直接连到母线上,不装保护电器,仅设刀开关以供切换用,适用于较重要的Ⅰ、Ⅱ类负荷,如图 6-5 所示。

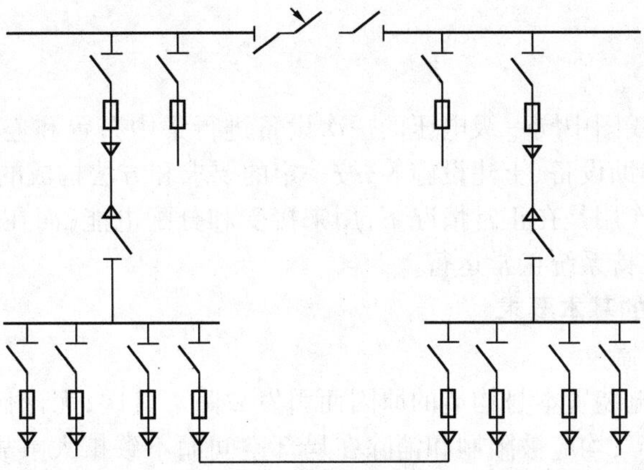

图 6-5　两端供电式接线

思考题与习题

1. 什么是水电站的厂用电?中小型水电站的厂用电有何特点?它由哪几部分组成?
2. 厂用电的可靠性有哪些环节决定?首推哪一环节?为什么?
3. 选择明备用或暗备用厂用变压器的容量与厂用电总计算负荷有何关系?
4. 中小型水电站的厂用电源有哪些引接方式?厂用负荷有哪几种供电接线方式?
5. 小型水电站的厂用负荷包括哪些?其重要程度如何区分?

第七章　配电装置及布置

内容提示　熟悉屋内、外配电装置的最小安全净距以及对配电装置的要求；掌握各种配电装置的特点以及设计原则；掌握各种配电装置配置图、平面布置图和断面图的绘制；了解高压组合电气 GIS 的特点。

课　题　二　根据现场条件，对给定的电气主接线进行配电装置的布置，并绘制配电装置配置图、平面布置图和断面图。

第一节　配电装置概述

一、概述

将水电站主接线图中同一级电压的一次设备进行集中布置和连接，以这些一次设备为主，加上有关的辅助设备、土建设施等，按一定的要求和方法构成的综合电气布置，称为配电装置。其主要作用是在正常情况下，用来接受和分配电能，而在系统发生故障时，迅速消除故障部分，维持系统正常运行。

(一)配电装置的基本要求

1. 保证运行可靠

首先不得因配电装置本身构造的原因而引发故障。其次，无论何种原因引起的在配电装置范围内的故障，均应被限制和消除在局部空间而不致扩大事故。配电装置中引起事故的原因很多，主要是绝缘子因污秽而闪络，隔离开关因误操作而短路，断路器因开断能力不足而爆炸等。因此，要按照系统条件和自然条件以及有关规程的要求合理选择电气设备，保证足够的安全净距；还应该考虑防火、防爆、防水、抗震、耐污等措施。

2. 便于操作、巡视和检修

配电装置的结构应使操作集中，尽可能避免运行人员在操作一个回路过程中，需要走几个间隔。配电装置的结构应力求整齐、清晰，方便长期运行中的巡视、维护和维修等工作。

3. 保证工作人员的安全

为了保证工作人员的安全，对配电装置应采取一系列措施，例如用隔墙把相邻电路的设备隔开，以保证电气设备检修时的安全；外壳和底座都采用保护接地等；在建筑结构等方面还应考虑防火等安全措施。

4. 节省投资和运行费用

在满足上述要求的前提下，电气设备的布置应紧凑，节省占地面积，节约钢材、水泥和有色金属等原材料，并降低造价。

5. 具有扩建的可能性

要根据发电厂和变电站的具体情况，分析是否有发展和扩建的可能。如有，在配电装置结构和占地面积等方面要留有余地。

(二)配电装置的分类及特点

按电气设备安装地点不同,配电装置可分为屋内式和屋外式。按其组装方式,又可分为:在现场组装配电装置的配电设备,称为装配式配电装置;在制造厂把属于同一回路的开关电器、互感器等电气设备装配在封闭或不封闭的金属柜中,构成一个独立的单元,成套供应,则称为成套配电装置。高压开关柜、低压配电盘和配电箱等均是成套配电装置。

屋内配电装置的特点:①占地面积小;②不受气候影响;③外界污秽空气对电气设备影响小;④房屋建筑投资较大。

屋外配电装置的特点:①土建量和费用小,建设周期短;②扩建方便;③相邻设备间距较大,便于带电作业;④占地面积大;⑤受外界气候影响大,设备运行条件差;⑥外界气象变化影响设备的维修和操作。

二、配电装置的最小安全净距

为了满足配电装置运行和检修的需求,各带电设备之间应相隔一定的距离。安全净距是从保证电气设备和工作人员的安全出发,考虑气象条件及其他因数的影响所规定的各电气设备之间、电气设备各带电部分之间、带电部分与接地部分之间应该保持的最小空气间隙。

《高压配电装置设计技术规程》(DL/T 5352—2006)规定了配电装置五类电气的最小安全净距。其值随装置类型和电压等级而定,列于表 7-1 和表 7-2 中。屋内配电装置和屋外配电装置的校验图如图 7-1 和图 7-2 所示。

表 7-1 中:A 为基本电器距离,是考虑在相应额定电压的过电压作用下不致造成空气击穿的最小净距。其中 A_1 为裸带电体对"地"的最小净距;A_2 为相间带电体最小净距。

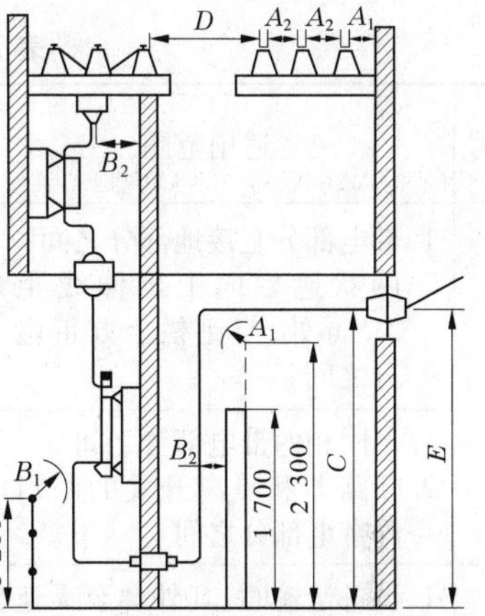

图 7-1 屋内配电装置安全净距校验图 (单位:mm)

表 7-1 屋内配电装置的安全净距 (单位:mm)

符号	适用范围	额定电压(kV)									
		3	6	10	15	20	35	60	110J	110	220J
A_1	1. 带电部分至接地部分之间 2. 网状和板状遮栏向上延伸线距地 2.3 m 处,与遮栏上方带电部分之间	75	100	125	150	180	300	550	850	950	1 800
A_2	1. 不同相的带电部分之间 2. 断路器和隔离开关的断口两侧带电部分之间	75	100	125	150	180	300	550	900	1 000	2 000

续表 7-1

符号	适用范围	额定电压(kV)									
		3	6	10	15	20	35	60	110J	110	220J
B_1	1. 栅状遮栏至带电部分之间 2. 交叉的不同时停电检修的无遮栏带电部分之间	825	850	875	900	930	1 050	1 300	1 600	1 700	2 550
B_2	网状遮栏至带电部分之间	175	200	225	250	280	400	650	950	1 010	1 900
C	无遮栏裸导体至地(楼)面之间	2 375	2 400	2 425	2 425	2 480	2 600	2 850	3 150	3 250	4 100
D	平行的不同时停电检修的无遮栏裸导体之间	1 875	1 900	1 925	1 950	1 980	2 100	2 350	2 650	2 750	3 600
E	通向屋外的出线套管至屋外通道的路面	4 000	4 000	4 000	4 000	4 000	4 000	4 500	5 000	5 000	5 500

注:J 是指中性点直接接地系统。

表 7-2 层外配电装置的安全净距 (单位:mm)

符号	适用范围	额定电压(kV)								
		3~10	15~20	35	60	110J	110	220J	330J	500J
A_1	1. 带电部分至接地部分之间 2. 网状遮栏向上延伸线距地 2.5 m处,与遮栏上方带电部分之间	200	300	400	650	900	1 000	1 800	2 500	3 800
A_2	1. 不同相的带电部分之间 2. 断路器和隔离开关的断口两侧带电部分之间	200	300	400	650	1 000	1 100	2 000	2 800	4 300
B_1	1. 设备运输时,其外廓至无遮栏带电部分之间 2. 交叉的不同时停电检修的无遮栏带电部分之间 3. 栅状遮栏至绝缘和带电部分之间 4. 带电作业时的带电部分至接地部分之间	950	1 050	1 150	1 400	1 650	1 750	2 550	3 250	4 550
B_2	网状遮栏至带电部分之间	300	400	500	750	1 000	1 100	1 900	2 600	3 900
C	1. 无遮栏裸导体至地面之间 2. 无遮栏裸导体至建筑物、构筑物顶部之间	2 700	2 800	2 900	3 100	3 400	3 500	4 300	5 000	7 500
D	1. 平行的不同时停电检修的无遮栏带电部分之间 2. 带电部分与建筑物、构筑物的边沿部分之间	2 200	2 300	2 400	2 600	2 900	3 000	3 800	4 500	5 800

注:J 是指中性点直接接地系统。

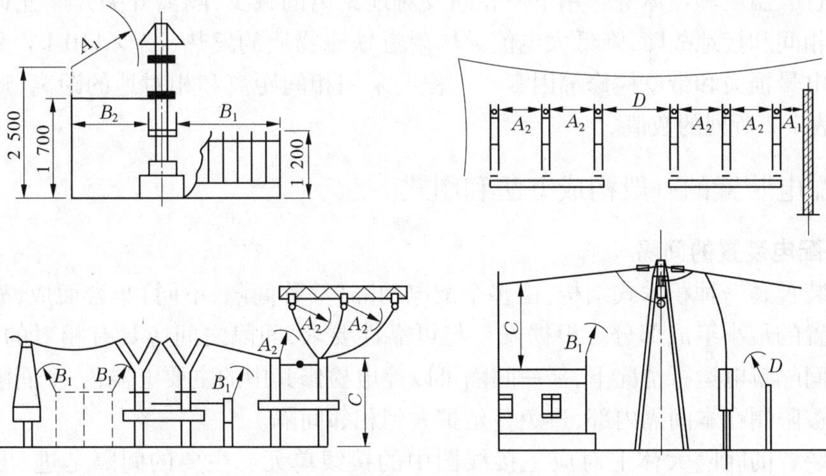

图 7-2　屋外配电装置安全净距校验图　（单位：mm）

在小电流接地系统中，单向接地时非接地相对地电压上升为相间电压，并允许运行一段时间，故 A_1 与 A_2 取相同数值。在大电流接地系统中，与配电装置相联的主变中性点仍有接地与不接地之分，后者在发生系统单向接地时，非接地相的电压升高要比前者大些，故 A_1 值也略大。

表 7-1 中：B 为电气遮栏至裸带电体的最小净距。按遮栏的种类不同，B 值有以下三种：

B_1 为电气栅栏至裸带电体的最小净距。$B_1 = A_1 + 750$，其中 750 是指一般工作人员手动工具的手臂误伸入栅栏内的长度。B_1 还有两个意义：一是不同时停电检修的空间交叉裸导线间的检修距离，简称垂直交叉检修距离；二是搬运设备经过裸带电导体旁时其间应有的安全距离，简称运输安全距离。

B_2 为电气栅栏至裸导体的最小净距。$B_2 = A + 100$，其中 100 是考虑工作人员的手指误伸入网孔内的长度与网栏的安装误差之和。

表 7-1 中：C 为无遮栏裸导体至地面的垂直安全高度。对屋外配电装置：$C = A_1 + 2\ 300 + 200$，其中 2 300 是考虑工作人员拿着短手动工具举臂达到的高度，200 是考虑屋外因素增加的裕度。对屋内装置：$C = A_1 + 2\ 300$。

表 7-1 中：D 为不同时停电检修的无遮栏平行裸导体之间的水平最小净距。$D = A_1 + 1\ 800 + 200$，其中 1 800 是手拿短工具的检修人员在被检修范围内向周围活动的范围。D 的另一个意义是裸导体离建筑物边缘的斜距，也就是裸导体的对“地”斜高。200 的意义同 C。

表 7-1 中：D 为不同时停电检修的无遮栏平行裸导体间的水平净距，对 35 kV 及以下为 1 000，110 kV 为 1 750。

表 7-1 中：E 为屋内配电装置向屋外出线时，其套管绝缘子中心线至屋外地面的最小垂直高度。35 kV 及以下为 $E = 4\ 000$，60 kV 及以上 $E = A_1 + 3\ 500$，取到整数值，其中 3 500 为人站在载重车厢中举手的高度。

设计配电装置中带电导体之间和导体对接地构架的距离时，还应考虑软绞线在短路电动力、风摆、温度和覆冰等作用下使相间及对地距离的减少，隔离开关开断允许电流时不致发生相间和接地故障，降低大电流导体附近铁磁物质的发热，减少 110 kV 及以上带电导体的电晕损失和带电检修等因素。工程上采用相间距离和相对地的距离，通常大于表 7-1 和表 7-2 所列的数值。

三、配电装置的一般构成方法和图式

（一）配电装置的间隔

配电装置是一种积木式结构，由多个配电间隔（简称间隔，下同）集合而成，故间隔便是配电装置的最小组成部分。根据安全与可靠性要求，间隔之间应具有相对的独立性。即在相邻间隔带电运行情况下，任一间隔可以停电检修其中的主要电器；一个间隔内发生的故障应被限制在本间隔内部，避免蔓延扩大到相邻间隔。

配电装置的间隔大体上对应主接线图中的接线单元。主要的间隔是进、出线间隔（有时总称出线间隔）；还有一些附加间隔如电压互感器 - 避雷器间隔、母线分段间隔、旁路间隔、融冰间隔等。主要间隔有时也按回路的性质分为发电机间隔、变压器间隔和线路间隔等。

（二）配电装置的部署

配电装置的部署通常包括间隔之间的平面排列、间隔之内的空间分层，以及间隔外的通道走向等。

1. 间隔的排列

将全部配电装置间隔排成一列的叫单列部署，排成两列的叫双列部署。显然单列部署的配电装置狭而长，双列部署的则短而宽。间隔之间的排列要按一定的顺序，一要与实际进出线的地理位置相一致，以免架空输电线出现交叉；二要尽量减少汇流母线上的电流分布以减少母线的发热。

2. 间隔的分层

各间隔内电器设备可以在空间作分层布置。屋内配电装置每个间隔的电器设备可分别布置于单层或双层或三层楼房内。屋外配电装置也可用高层构架各间隔的电气设备在空间进行重叠分层布置。

3. 通道走向

根据间隔的排列和分层情况部署通道的位置和走向。

（三）配电装置的布置

在完成配电装置部署的基础上，进一步作出其结构性设计。

1. 间隔内布置

将各间隔内部的电气设备、载流导体以及辅助设备与设施（如构架、支架、遮栏、电缆沟、间隔内通道）等进行布置，确定各结构与布置尺寸。

2. 间隔外布置

配电装置间隔外部的通道、入口、门洞、调物口、电缆沟、房屋或围墙、排水沟等土建设施，总称为间隔外设施或简称间隔外，它是配电装置的重要组成部分，对配电装置的安全、可靠和方便性能有一定的影响，并在装置的总建筑面积中占有相当比例。

(四)配电装置的图式

配电装置的一般构成方法最终要表现在其工程图上,包括部署图、布置图。

1. 部署图

部署图或称配置图,该图显示出:①全部间隔的排列(包括列数和顺序);②各间隔的一次设备内容(包括规格及数量)与连接;③设备部署的层次;④间隔外的通道。部署图不要比例,不注尺寸,表示设备图形符号,其连接只画单线。它不是视图,而是一种表示配电装置部署的特别示意图,是由主接线图过渡到布置图中的中间性环节,通过配置图可以了解和分析配电装置方案,统计所用的主要电气设备,因此也称为订货图。

2. 布置图

布置图主要有平面图和断面图。这是一种工程视图,按投影原理绘出。要讲究比例,力求从图上准确地反映出布置的实际问题。为减少制图工作量,各种设备尤其是复杂设备的视图可作适当简化,但其外廓尺寸和接线柱位置仍应保持准确的比例关系。布置图上要标注足够的长、宽、高三个方向的主要控制性尺寸。

平面图和断面图相互配合以显示出整个装置的结构和尺寸。在必要处还可绘出细部大样图,用以显示局部的详细结构。

第二节　屋内配电装置

一、屋内配电装置分类

发电厂和变电站的屋内配电装置,按其布置形式,一般可以分为单层式、二层式和三层式。单层式是把所有电气设备布置在一层建筑物中,通常采用成套开关柜,以减少占地面积,用于没有出线电抗器的配电装置布置,是最常用的方式。二层式和三层式用于有出线电抗器的布置。二层式是将断路器和电抗器布置在第一层,将母线、母线隔离开关等较轻设备布置在第二层。与三层式相比,它的造价较低,运行维护和检修较方便,但占地面积有所增加。35 ~220 kV 的屋内配电装置布置形式只有二层式和单层式,三层式目前已较少采用。按组装方式可分为装配式和成套式。

二、屋内装配式配电装置

在屋内配电装置中将一个电路内的电器与相邻电路的电器,用砖、混凝土或石棉水泥板做成的隔墙隔开形成一个个间隔。同一个电路的电器和导体布置在一个间隔中,并在现场组装,这种结构型式称为装配式屋内配电装置。由于安全问题比较突出,现已很少使用。

三、屋内成套配电装置

按照电气主接线的标准配置或用户的具体要求,将同一功能回路的开关电器、测量仪表、保护电器和辅助设备都组装在全封闭或半封闭的金属壳(柜)体内,形成标准模块,由制造厂按主接线成套供应,各模块在现场装配而成的配电装置,称为成套配电装置。

成套配电装置分为低压配电屏(或开关柜)、高压开关柜和全封闭组合电器三类。按安装地点不同,又分为屋内型和屋外型。低压配电屏只制成屋内型,高压开关柜有屋内和屋外两种,由于屋外有防水、锈蚀问题,故目前大量使用的是屋内型;全封闭组合电器也因屋外气候条件较差,大多布置在屋内。

(一)低压成套配电装置

1. 低压配电装置主要类型

1)低压配电屏

低压配电屏主要有 PGL、GGD 固定式配电屏,GCS、GCK 抽出式开关柜等。

图 7-3 所示为 PGL－1 型低压配电屏结构示意图。其框架用角钢和薄钢板焊成,屏面有门,维护方便;在上部屏门上装有测量仪表,中部面板上设有闸刀开关的操作手柄和控制按钮等,下部屏门内有继电器、二次端子和电能表;母线布置在屏顶,并设有防护罩;其他电器元件都装在屏后;屏间装有隔板,可限制故障范围。

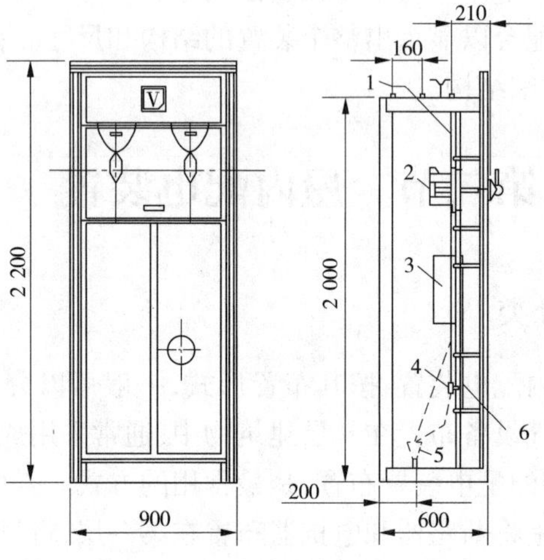

1—母线及绝缘框;2—闸刀开关;3—低压断路器;
4—电流互感器;5—电缆头;6—继电器

图 7-3　PGL－1 型低压配电屏结构示意图　(单位:mm)

抽出式开关柜的特点是各功能单元互相隔离,各抽屉单元采用抽出式导轨及带有推进机构,保证互换性;各抽屉单元均有接地,使用安全可靠,结构紧凑,节省柜体的体积。GCK 低压抽出式开关柜由动力配电中心(PC)柜和电动机控制中心(MCC)两部分组成,最大工作电压 660 V,最大工作电流 3 150 A,适用于发电厂、变电站、工矿企业等,作为动力配电、电动机控制及照明等配电设备的电能转换分配控制之用。GCS 可以满足计算机接口、动力集中控制、方便安装维修、缩短事故处理时间等需要,产品具有分断或接通能力高、动热稳定性好、电气方案灵活、组合方便、系列性实用性强、结构新颖、防护等特点,可以作为低压抽出式开关柜的换代产品使用。

2)动力配电箱和照明分电箱

动力配电箱就近设置于工厂车间和其他负载场地,直接向 500 V 以下工频交流用电设备配电。具体使用条件的差异和新产品的不断出现，使之具有多种系列，各系列按其一次接线方案在箱内装设熔断器、自动开关、组合开关和磁力起动器等电器。有的甚至为绕线式电动机的起动配备频敏电阻。一般的采用防护式或封闭式（防尘式）结构以适应现场环境的需要。它结构紧凑，除电源总闸刀外，各回路不设闸刀开关。

水电站广泛采用 XL－14 和 XL－15 两系列。前者由 RM3 型熔断器给各配电回路分电；后者则采用 RTO 型。其余结构完全一样。该两系列一次接线方案较简单，只要用 4 个数字按顺序从左至右分别表示 60 A、100 A、200 A、400 A 熔断器的组数即可。例如 XL－14－4220表示内装 RM3 型熔断器 60 A 的 4 组，100 A 的 2 组，200 A 的 2 组，无 400 A 回路。

与多数动力箱一样，XL－14 型为落地靠墙安装，单面维护。但箱内下部空余空间很少，放不下出线电缆头，需要升高箱体，在箱外下部形成出线空间。

水电站常设有照明主盘专门向照明分电箱配电，使照明系统与动力配电分开。分电箱采用 380/220 V 三相四线制，设有零母线，箱内由熔断器、组合开关、自动开关等低压电器按不同的一次接线方案组成分电回路，有的还装有电度表。箱体为封闭结构，有嵌入（墙内）和悬挂（墙上）两种安装方式。各制造厂自行设计生产，品种日趋繁多，用户可就近选购。

2. 低压配电装置的布置

1）屋内低压配电装置的最小安全净距

其 4 类电气安全距离列于表 7-3 中。表中各项距离的意义与高压配电装置的基本相同。其校验图见图 7-4。

表 7-3　屋内低压配电装置的最小安全净距　（单位：mm）

适用范围	额定电压（V）	
	<500	500～1 000
带电部分至接地部分间（A_1）	15（30）	15（30）
不同相带电部分间（A_2）	15（30）	15（30）
带电部分至栅栏（B_1）	100	100
带电部分至网状遮栏（B_2）	100	100
带电部分至无孔遮栏（B_3）	50	50
无遮栏裸导体至地（楼）板（C）	2 200	2 200
无遮栏裸导体与通道对面墙间的水平净距（D_1）	1 500	2 000
通道两边的无遮栏裸导体间的水平净距（D_2）	1 000	1 500

注：括号中的数值为绝缘表面距离。

2）低压成套配电装置的布置

在选定配电屏（柜）的型式以后，根据低压网络接线图和该型装置的一次接线方案，选择所需屏柜进行组合排列，大体上类似于高压配电装置的部署。然后根据实际场所作配电室的布置。可作一面布置、平行两面布置、垂直两面布置或三面布置，但不得采取靠墙安装。配电室通道尺寸的最低要求见表 7-4。其中维护通道较狭窄，当长 6 m 以上时应在两端留有出口；超过 15 m 时还要在通道中点加开出口。配电室长度超过 10 m 的应在两头设门。

低压配电室宜靠近配电变压器。其位置的选择和布置还要着重考虑与配电变压器的

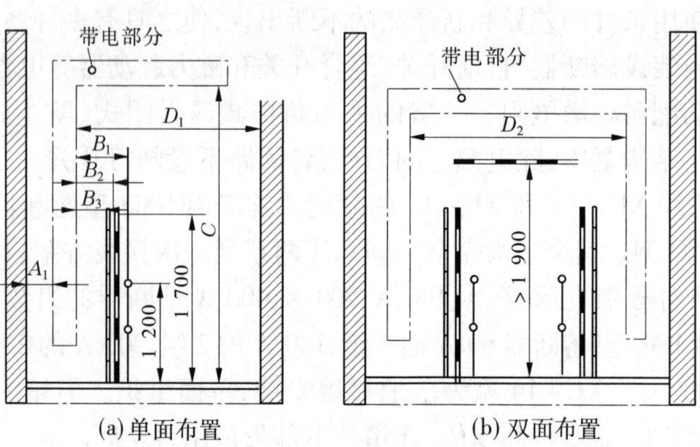

图 7-4　屋内低压配电装置最小安全净距校验图　(单位:mm)

联络接线以及其他出线的方便,并相应布置电缆沟或电缆夹层。

表 7-4　低压配电室通道的最小尺寸及推荐值　(单位:mm)

配电屏型式	操作通道(正面)				维护通道(背面)		侧端通道	
	单面布置		双面平行布置					
	最小	推荐	最小	推荐	最小	推荐	屏侧至墙	屏之间
BSL,PGL	1 500	1 800	1 800	2 000	1 000	1 300	800	800
BFC		2 000		2 500	1 000	1 300	800	800

动力配电箱和照明分电箱等,根据所选型式作落地或悬挂、靠墙或嵌墙安装。其布置地点的选择既要靠近用电设备以方便操作维护,又要适当避开交通要道和少占用生产场地,还要便于进出线。若配电箱与用电设备之间在操作过程中有单向或双向监视关系,其安装位置还要便于相互观察。

(二)高压成套配电装置——高压开关柜

我国目前生产的 3 ~35 kV 高压开关柜分为固定式和手车式两种。

1. 固定式高压开关柜

固定式高压开关柜主要有 GG－1A(F)(固定式)、XGN(箱形金属封闭式)等,目前多用 XGN 型。图 7-5 为老式 GG－1A 型固定开关柜结构,其柜体宽大,便于入内检修。GG－1A 型开关柜用角钢焊成骨架。正面和侧面为钢板外壳,背面敞开。柜体分上、中、下三部分,水平布置主汇流母线,母线隔离开关 2 侧向前倾斜布置,便于操作时观察其触头接触情况。中部为断路器小间,壁挂式的轻型断路器垂直固定在柜后的骨架上。下部为出线小间,可向下、向后或向侧出线,必要时还可在此小间安装出线隔离开关或避雷器等设备。为了保证人员进入中部小间安全检修断路器,该小间上、下边都用金属隔板封闭,在打开母线和出线隔离开关后,其上下左右都有板栏与周围带电部分可靠隔离。下部隔板还用于安装穿墙式电流互感器。

固定式开关柜在柜内设备检修期间该柜要停止工作,脱离电源后才能入柜检修。

2. 手车式高压开关柜

目前,我国生产的手车式高压开关柜主要有 KYN 系列(户内交流金属铠装移开式高

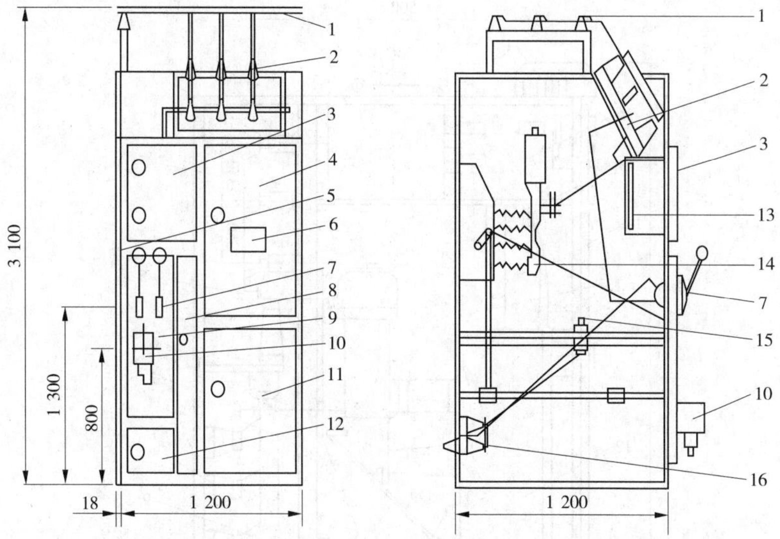

—主汇流母线;2—母线隔离开关;3—继电器箱门;4—上检修进入门;5—侧隔板;6—观察玻璃孔;
7—隔离开关操作把手;8—二次端子排门;9—操作板;10—断路器操作机构;11—下检修进入门;
12—合闸接触器门;13—继电器箱;14—少油断路器;15—电流互感器;16—出线隔离开关

图 7-5　GG－1A 型高压开关柜结构　（单位:mm）

压开关柜,主要用于 10 kV 及以下电压等级电网中)、GBC 系列(户内保护型手车式开关柜,主要用于 35 kV 电压等级电网中)等。

手车封闭式高压开关柜结构如图 7-6 所示。开关柜为单母线结构,柜前中部为手车室,断路器及其操作机械均装在手车上。在工作位置时,断路器与母线和出线连接。检修时将小车拉出,使动、静触头分开。如果不允许长时间停电,可换上备用小车,方便灵活。

手车与柜相连的二次线采用插头连接,当手车拉出时,虽然一次插头断开,但二次线仍可接通,以便调试断路器。

手车推进机构与断路器操动机构之间设有连锁装置,以防带负荷推拉手车。手车两侧及底部设有接地滑道,定位锁和位置指示等附件。柜门外设有玻璃观察窗,运行时可以观察内部情况。其他设备和安装部分见图 7-6。

手车式结构防尘性能好,运行可靠,维护工作量小,检修方便,而且互换性好,可减少停电时间。手车式开关柜后面留有维护走廊,不能靠墙安装。

(三)室内成套配电装置的选择和布置要求

(1)根据电压等级、海拔、污秽条件、安装位置、经济要求以及各类高压电器及开关柜的不同特点选择开关柜型式。

(2)开关柜的接线方案应满足电气主接线图的要求,对各方案进行经济技术比较,优选出开关柜型号及一次接线方案,同时确定出其中所有一次设备的型号规格。

(3)同一配电装置内各回路的相序排列应一致。母线及引下线应分别着色标明相别。母线各相排列位置及涂色规定见表 7-5。

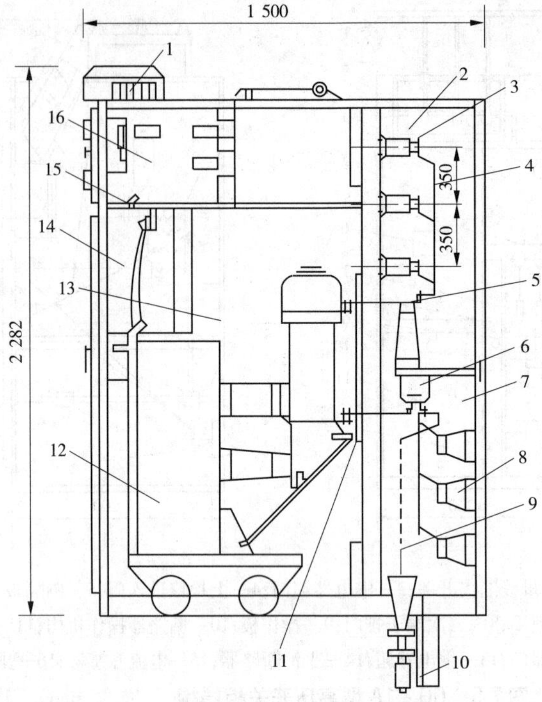

1—小母线室;2—主母线室;3—母线;4—引下线;5—静触头;6—电流互感器;
7—出线室;8—绝缘子;9—电缆;10—零序电流互感器;11—自动遮板;
12—断路器手车;13—手车室;14—二次电缆;15—端子排;16—继电器室

图 7-6　手车封闭式高压开关柜结构　(单位:mm)

表 7-5　母线各相排列位置及涂色

相别	涂漆颜色	母线各相排列位置(自柜或间隔前向母线视去方向)		
U	黄	上	后	左
V	绿	中	中	中
W	红	下	前	右

(4)配电装置的布置应考虑设备搬运、检修和试验的方便。配电室内的操作走廊、维护走廊和通往防爆间隔的走廊应保证畅通无阻,不得设立门槛,走廊的宽度应不小于表 7-6中的数值。

表 7-6　屋内配电装置走廊的最小宽度　(单位:mm)

配电装置的布置方式	维护走廊	操作走廊		通往防爆间隔的走廊
		固定式	成套手册式	
一面有开关柜时	800	1 500	单车长 +1 200	1 200
两面有开关柜时	800	2 000	双车长 +900	1 200

(5)高压配电装置的出口数目与其长度有关,长度不足 7 m 时允许一个出口;长度大于 7 m 时,两端应各设一个出口。配电室的门应向外开,并装弹簧锁,严禁用门闩。

(6)硬母线为消除因温度变化而产生的危险应力,应按下列长度装设一个母线伸缩补偿器:铜母线 30 ~50 m,铝母线 20 ~30 m,钢母线 35 ~60 m。

(7)尽量将电源进线布置在一段母线的中部,使母线截面通过较小电流。

(8)布置进出线间隔应根据进出线的相对位置尽量避免交叉,同时还应考虑进出线间隔排列对称以便于操作。

(9)便于扩建和分期过渡。

反映开关柜选择与布置的配置图和平面布置图见图7-7和图7-8。

编号	1		2		3		4	
方案编号XGN2-10	55(改)		52(改)		40		04	
电气接线图	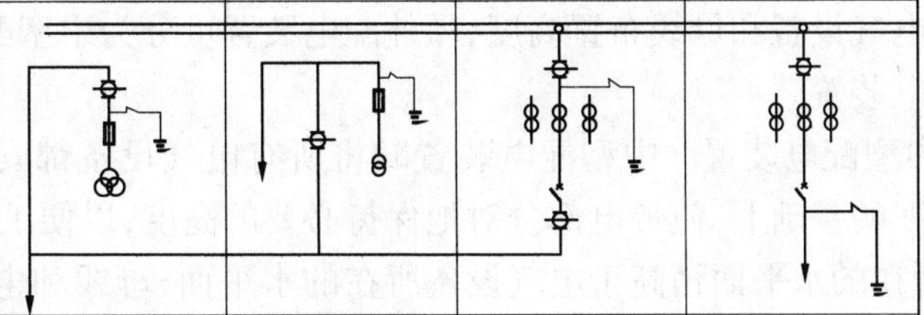							
间隔名称	1号发电机进线及专用PT柜		1号发电机励磁变及励磁专用PT柜		1号发电机开关柜		主变低压进线柜	
柜顶母线								
柜底母线								
回路额定电流(A)								
进线方式(屏后式)	柜底电缆进线柜底母线左右联		柜底电缆进线柜底母线右联		柜底母线左联		柜底电缆进线	
名称	规格	数量	规格	数量	规格	数量	规格	数量
真空断路器(VEP)					ZN28-10/630	1	ZN28-10/630	1
操作机构					CT8	1	CT8	1
电流互感器					LZZJB6-10	3	LZZJB6-10	3
电压互感器	JDZX-10 $\frac{2}{\sqrt{3}}/\frac{0.1}{\sqrt{3}}/\frac{0.1}{3}$	3	JDZ-6.6/0.1kV	2				
熔断器	RN_2-10.6kV 0.5A	3	RN_2-10.6kV 0.5A	3				
避雷器								
隔离开关GN30-10D	GN30-10D 10/1250	1	GN30-10D 10/1250	1	GN30-10D 10/1250	1		
隔离开关GN30-10					GN30-10/630A	1	GN30-10/630A	1
接地开关							JN11-10	1

图7-7　XGN2-10型成套配电装置配置图(订货图)

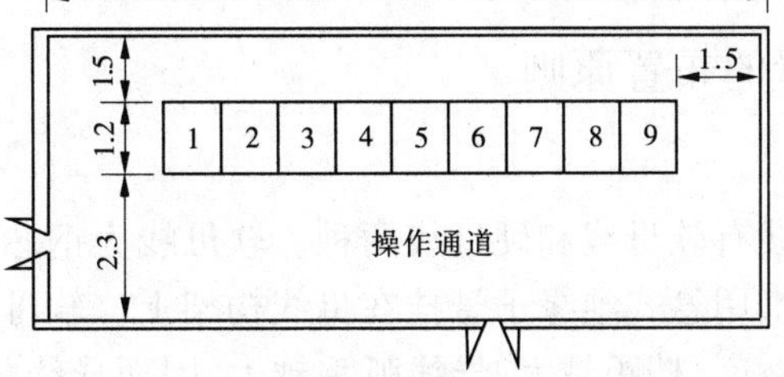

图7-8　开关平面布置示意图　(单位:m)

第三节 屋外配电装置

一、屋外配电装置分类及应用

屋外配电装置将所有电气设备和母线都装设在露天的基础、支架或构架上。屋外配电装置的结构型式，除与电气主接线、电压等级和电气设备类型有密切关系外，还与地形地势有关。

根据电气设备和母线布置高度，屋外配电装置可分为中型配电装置、高型配电装置和半高型配电装置。

(1)中型配电装置。中型配电装置时将所有电气设备都安装在同一水平面内，并装在一定高度的基础上，使带电部分对地保持必要的高度，以便工作人员能在地面上安全活动；母线所在的水平面稍高于电气设备所在的水平面，母线和电气设备均不能上、下重叠布置。中型配电装置布置比较清晰，不易误操作，运行可靠，施工和维护方便，造价较省，并有多年的运行经验。其缺点是占地面积较大。此种型式一般用在非高产农田地区及不占良田和土石方工程量不大的地方，并宜在地震烈度较高的地区采用。

中型配电装置按照隔离开关的布置方式，可分为普通中型配电装置和分相中型配电装置。所谓分相中型配电装置是指隔离开关是分相直接布置在母线的正下方，其余的均与普通中型配电装置相同。分相中型配电装置，布置清晰、美观，可省去大量构架，较普通中型配电装置节约用地 1/3 左右。但支柱式绝缘子防污、抗震能力较差，在污秽严重或地震烈度较高的地区不宜采用。

(2)高型配电装置。高型配电装置是将一组母线及隔离开关与另一组母线及隔离开关上下重叠布置的配电装置，可以节省占地面积 50% 左右，但耗用钢材较多，造价较高，操作和维护不方便。一般在下列情况宜采用高型：①配电装置设在高产农田或地少人多的地区；②由于地形条件的限制，场地狭窄或需要大量开挖、回填土石方的地方；③原有配电装置需要改建或扩建，而场地受到限制。在地震烈度较高的地区不宜采用高型。高型配电装置适用于 220 kV 及以上电压等级。

(3)半高型配电装置。半高型配电装置是将母线置于高一层的水平面上，与断路器、电流互感器、隔离开关上下重叠布置，其占地面积比普通中型减少 30%。半高型配电装置介于高型和中型之间，具有两者的优点，除母线隔离开关外，其余部分与中型布置基本相同，运行维护仍较方便。

二、屋外配电装置的布置原则

(一)母线及构架

屋外配电装置的母线有软母线和硬母线两种。软母线为钢芯铝绞线、软管母线和分裂导线，三相呈水平布置，用悬式绝缘子悬挂在母线构架上。软母线可选用较大的档距，但一般不超过三个间隔宽度，档距越大，导线弧垂越大，因而导线相间及对地距离就要增加，母线及跨越线构架的宽度和高度均需要加大。硬母线常用的有矩形和管形。矩形母线用于 35 kV 及以下配电装置,管形则用于 110 kV 及以上的配电装置。管形硬母线一般安装在柱式绝缘子上,母线不会摇摆,相间距离可缩小,与剪刀式隔离开关配合可以节省占地面积。管形母线直径大,表面光滑,可提高电晕起始电压,但易产生微风共振和存在端部效应,对基础不均匀下沉比较敏感,支柱绝缘子抗震能力较差。

屋外配电装置的结构,可用型钢或钢筋混凝土制成。钢构架机械强度大,可以按任何负荷尺寸制造,便于固定设备,抗震能力强,运输方便。钢筋混凝土构架可以节约大量钢材,也可满足各种强制和尺寸的要求,经久耐用,维护简单。钢筋混凝土环形杆可以在工厂成批生产,并可分段制造,运输和安装尚比较方便,但不便于固定设备。以钢筋混凝土环形杆和镀锌钢梁组成的构架,兼有二者的优点,已在我国 220 kV 及以下各种配电装置中广泛采用。

(二)电力变压器

电力变压器外壳不带电,故采用落地布置,安装在变压器基础上。

变压器基础一般制成双梁形并铺以铁轨,铁轨轨距等于变压器的滚轮中心距。为了防止变压器发生事故时燃油流失使事故扩大,单个油箱油量超过 600 kg 以上的变压器,按照防火要求,在设备下面需设置贮油池或挡油墙,其尺寸应比设备外廓大 1 m,贮油池内一般铺设厚度不小于 0.25 m 的卵石层。

主要变压器与建筑物的距离不应小于 1.25 m,且距变压器 5 m 以内的建筑物,在变压器总高度以下及外廓两侧各 3 m 的范围内,不应有门窗和通风孔。当变压器油量超过 2 500 kg 以上时,两台变压器之间的防火净距不应小于 5 ~ 10 m,如布置有困难,应设置防火墙。

(三)高压断路器

按照断路器在配电装置中所占据的位置,可分为单列、双列和三列布置。断路器的排列方式,必须根据主接线、场地地形条件、总体布置和出线方向等多种因素合理选择。

断路器有低式和高式两种布置。低式布置的断路器安装在 0.5 ~ 1 m 的混凝土基础上,其优点是检修比较方便,抗震性能好。但低式布置必须设置围栏,因而影响通道的畅通。在中型配电装置中,断路器和互感器多采用高式布置,即把断路器安装在高约 2 m 的混凝土基础上,基础高度应满足:①电气设备支柱绝缘子最低裙边的对地距离为 2.5 m;②电气设备间的连线对地距离应符合 C 值要求。

(四)避雷器

避雷器也有高式和低式两种布置。目前多用氧化锌避雷器,因其形体小,稳定度好,一般采用高式布置。

(五)隔离开关和互感器

隔离开关和互感器均采用高式布置,其要求与断路器相同。隔离开关的手动操动机构装在其靠边一相基础上。

(六)电缆沟

屋外配电装置中电缆沟的布置,应以电缆沟所走的路径最短为佳。

(七)道路

为了运输设备和消防的需要,应在主要设备近旁铺设行车道路。大、中型变电站内一般应铺设宽 3 m 的环形道。屋外配电装置内应设置 0.8 ~ 1 m 的巡视小道,以便运行人员巡视电气设备,电缆沟盖板可作为部分巡视小道。

三、屋外配电装置布置实例

屋外配电装置的结构型式与主接线、电压等级、容量、重要性以及母线、构架、断路器和距离开关的类型有密切关系,和屋内配电装置一样,必须注意合理布置,并保证电气安全净距,同时还应考虑带电检修的可能性。

图 7-9 为 66 kV 外桥接线全户外式中型布置的配电装置图。除变压器外所有电器都布置在 2 ~ 2.7 m 的基础上。

图 7-10 为 35 ~ 66 kV 高型配电装置布置型式,其特点是将不同电压等级的两组母线及其隔离开关上下层叠布置,电源可从两侧进线。因此,可大大缩小占地面积,从而使投资减少。但是,检修条件较中型布置稍差,特别是带电检修有一定困难。

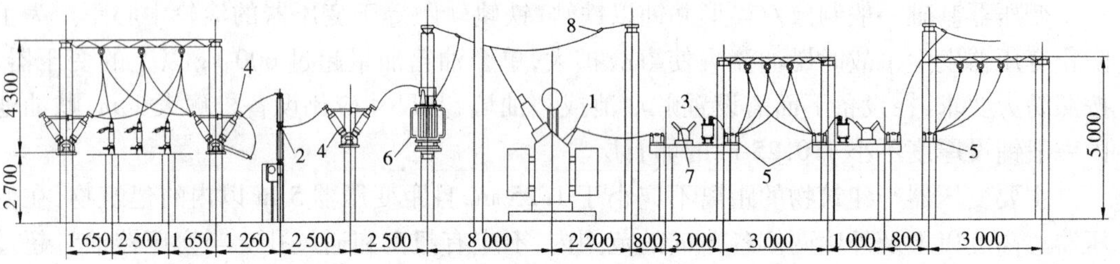

1—电力变压器;2—SF_6 断路器;3—真空断路器;4、5—隔离开关;6—电流互感器;

7—电压互感器;8—棒型悬式绝缘子

图 7-9 全户外式中型布置的配电装置 (单位:mm)

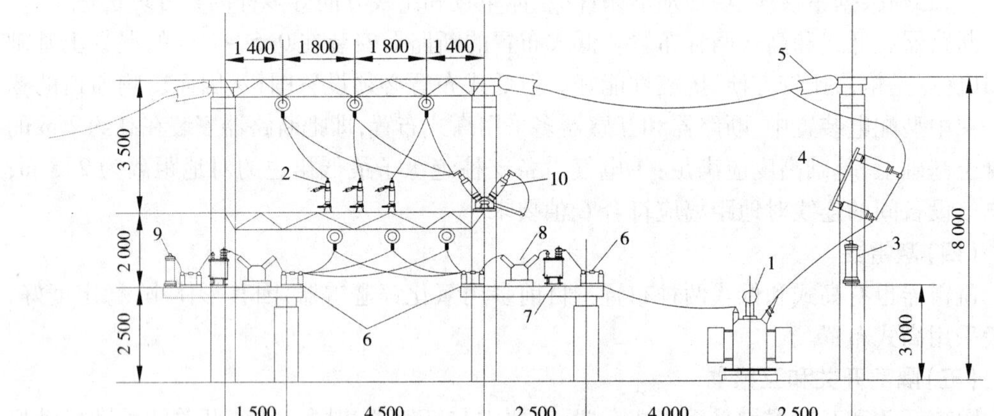

1—电力变压器;2、10—高压隔离开关;3—避雷器;4—熔断器;5—棒型悬式绝缘子;

6—隔离开关;7—电流互感器;8—真空断路器;9—避雷器;10—高压隔离开关

图 7-10 全户外式高型布置的配电装置 (单位:mm)

第四节　全封闭组合电器

六氟化硫全封闭组合电器,国际上称为“气体绝缘变电站”(Gas Insulated Switchgear,简称 GIS),它是以六氟化硫气体作为绝缘和灭弧介质,以优质环氧树脂绝缘子制成的一种新型成套高压电器。

六氟化硫全封闭组合电器如图 7-11 所示,由母线、隔离开关、负荷开关、断路器、接地开关、快速接地开关、电流互感器、电压互感器、避雷器和电缆终端等组成。上述元件可制成不同连接型式的标准独立体,再辅以一些过渡零件(如弯头、三通、伸缩节等),可适用不同主接线的要求,组成配套的配电装置。

为了支持和检修,母线布置在下部,双端口断路器水平布置在上部,出线用电缆,整个布置按电气主接线回路连接顺序,成 Π 型布置,使结构更为紧凑。母线采用三相共箱式(即全封闭在公共外壳中)结构,其余元件均采用分箱式。支持带电体的盆式绝缘子将装置分割成相互隔离的不漏气的气室,具有限制故障范围以及检修、扩建时减少停电范围的作用。在两组中还设有检查孔、窥视孔和防爆盘等设备。

六氟化硫全封闭式组合电器有以下优点和缺点。

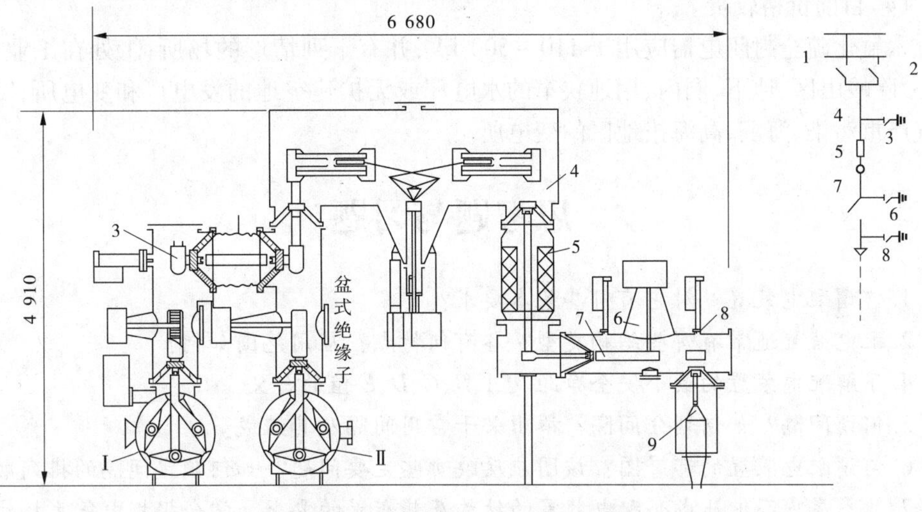

Ⅰ、Ⅱ—主母线;1、2、7—隔离开关;3、6、8—接地开关;4—断路器;
5—电流互感器;9—电缆头

图 7-11　ZF－220 型 220 kV 双母线六氟化硫全封闭组合电器断面图　(单位:mm)

一、优点

(1)大量节省占地面积与空间。全封闭电器占用空间与敞开式的比率可近似估算为 $\frac{10}{U_N}$,U_N 为额定电压(kV)。可见,电压愈高,效果愈显著。

(2)运行可靠。由于其带电体封闭在金属外壳中,不受大气和尘埃污染而造成事故。

六氟化硫是不燃惰性气体,不发生火灾,一般不会发生爆炸事故。

(3)土建和安装工作量小,工期短。

(4)检修周期长、维护工作量小。一般运行 10 年或切断额定开断电流 15 ~ 30 次或正常开断 1 500 次,才进行检修。漏气量小,每年只有 1% ~3%,且用吸附器保持干燥,所以补气和换过滤工作量很小。

(5)减小电动力。由于金属外壳的屏蔽作用消除了无线电的干扰、静电感应和噪声,解决了超高压配电装置中的重大课题,同时减少了短路时作用到导体上的电动力。另外,由于封闭带电体的金属外壳接地,不会发生触电事故。

(6)抗震性能好。

二、缺点

(1)对材料性能、加工精度和装置工艺要求极高,工件上的毛刺、油污、铁屑和纤维都会造成电场不均匀,使六氟化硫抗电强度大大降低。

(2)需要专门的六氟化硫气体系统和压力监视装置,且对六氟化硫的纯度、水分都有严格的要求。

(3)金属消耗量大。

(4)目前价格较贵。

六氟化硫全封闭电器应用于 110 ~ 500 kV,并有下列情形的场所:①处在工业区、市中心、险峻山区、地下、洞内、用地狭窄的水电厂或无扩建空地的发电厂和变电所;②位于空气严重污染、海滨、高海拔地区的变电所。

思考题与习题

1. 何谓配电装置?对它有哪些基本要求?

2. 配电装置通常有哪些结构类型?各有何特点?应用范围如何?

4. 了解配电装置的最小安全净距及 A、B、C、D、E 值的含义。

5. 何谓间隔?如何划分间隔?举出若干常用间隔及其组成。

6. 何谓配电装置的部署图?该图应反映哪些主要问题?如何确定间隔的排列顺序?

7. 熟悉屋内高低压成套配电装置的结构及其布置的要求。学会根据电气主接线确定开关柜接线方案,并绘制屋内配电装置配置图和平面布置图。

8. 何谓中型配电装置?该装置 35 kV 母线构架的高度是多少?此尺寸是如何确定的?能绘制屋外配电装置平面布置图和断面图。

9. 主变布置要注意哪些实际问题?变压器的推进方式与出线方式有何关系?

10. 全封闭组合电器(GIS)有何优缺点?

第八章　简单电力系统短路电流计算

内容提示　本章主要介绍电力系统短路的基本知识和短路电流计算的方法。要求熟悉电力系统短路的原因、危害和防范措施；掌握无限大容量和有限容量发电机三相短路电流计算方法；熟悉厂(站)用电系统短路电流实用计算方法；掌握电力系统限制短路电流的方法。

第一节　概　述

一、短路的种类

电力系统中相与相间或中性点直接接地系统相与地之间的不正常连接，称为短路。短路的基本类型有三相短路、两相短路、单相对地短路和两相对地短路，分别用 $k^{(3)}$、$k^{(2)}$、$k^{(1)}$ 和 $k^{(1.1)}$ 表示，如图 8-1 所示。三相短路时三相电流和电压仍然是对称的，也称为对称短路。其他为不对称短路，短路时电流和电压的数值及相角也都不同。

上述各种短路是指发生在同一地点的短路，实际上短路也可能发生在不同的地点，如两相或三相在不同的地点发生对地短路。此外，旋转电机和变压器内部还可能发生绕组匝间短路等。

根据有关资料统计，在中性点接地的电力网络中，以一相对地的短路故障最多，约占全部故障的 80%，两相短路和两相对地短路共占约 15%，三相短路约占 5%。在中性点非直接接地的电力网络中，短路故障主要是各种相间短路。三相短路虽少，但其短路电流最大、短路点电压最低，因此对电力系统的危害最大。

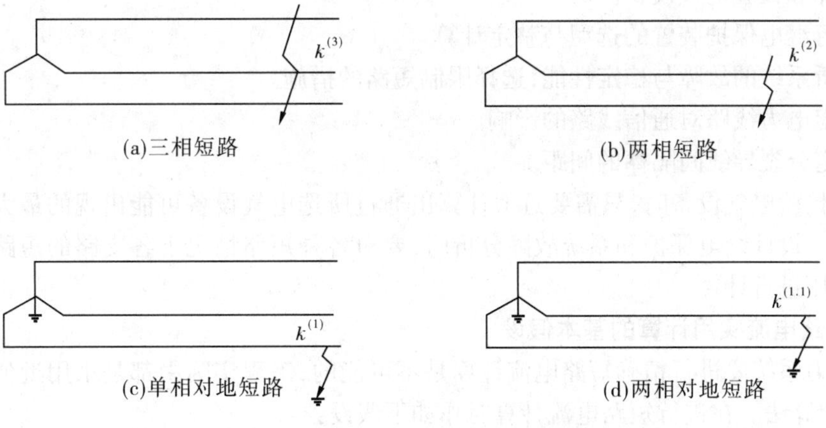

图 8-1　短路的基本类型

二、短路的原因和危害

电力系统发生短路的原因主要有：电力设备老化，绝缘破坏而造成短路；过电压造成绝缘击穿；动物（如蛇、野兔、猫等）跨接在裸线上；误操作引起飞弧短路；室外架空线的线路松弛，大风作用下混线；外力损伤等。

短路的危害主要来自以下几个方面：

（1）热效应。电力系统短路时，短路回路的短路电流短时间内急剧增大，往往超过正常工作电流的十几倍甚至几十倍，产生的热效应全部转化为导体的温升，使导体严重发热，造成绝缘损坏，烧毁设备。另外，短路时常伴随电弧产生，能量极大的电弧会烧毁周围的设备、危及人身安全，使事故扩大。

（2）电动力。短路电流产生很大的电动力，使导体产生变形或损坏，也会导致电气设备绝缘机械损伤。

（3）电压降低。短路电流通过电力系统各元件会产生很大的电压降，同时电路中的阻抗主要是感性，短路电流通过时在发电机上产生的去磁电枢反应，使发电机端电压下降，从而导致系统电压大幅下降，影响用电，对电力系统的稳定运行也造成不利影响，严重时会造成系统电压崩溃。

（4）不对称短路产生的负序或零序电流、电压，会造成电机发热、振动，影响使用寿命。

短路所引起的危害程度，与短路故障的地点、种类及持续时间等因素有关。通常，三相短路电流最大，当短路点发生在发电机附近时，两相短路电流可能大于三相短路电流；当短路点靠近中性点接地的变压器时，单相短路电流也有可能大于三相短路电流。在负荷中心或大型发电厂发生短路，会造成大量甩负荷，对系统稳定运行破坏极大。

三、计算短路电流的目的及基本假设

（一）计算短路电流的目的

（1）选择和校验电气设备。

（2）进行继电保护装置的选型与整定计算。

（3）分析系统的故障与稳定性能，选择限制短路的措施。

（4）确定电力线路对通信线路的影响。

（5）确定分裂导线间隔棒的间距。

选择和校验电气设备时，只需要近似计算出通过所选电气设备可能出现的最大三相短路电流值。设计继电保护和系统故障分析时，要对各种短路情况下各支路的短路电流和各母线电压进行计算。

（二）短路电流实用计算的基本假设

现代电力系统要进行精确短路电流计算是不可能的，工程实际中都是采用近似计算法，即实用计算法。在进行短路电流计算时作如下假设：

（1）电力系统中三相除不对称故障处外都当做是对称的，因而在应用对称分量法时，对于每一序的网络可用单相等值电路进行分析。

(2)电力系统各元件的电容、变压器励磁电流略去不计。

(3)高压电路中各元件电阻也略去不计。但当电阻大于电抗的 1/3 时,应考虑电阻的影响。当短路是发生在电力电缆线路或截面较小的架空线上,特别在钢导线上时,电阻便不能忽略。此外,低压电路短路电流计算要计及元件电阻。考虑电阻时,可用阻抗的绝对值进行计算。在计算暂态电流的衰减时间常数时,微小的电阻也必须计及。

(4)电力系统中各元件的磁路不饱和,即各元件参数不随电流变化,可以应用叠加原理。

(5)电力系统所有电源都在额定出力下运行。

(6)所有电站的发电机电动势的相位角均相同。

(7)假定故障点无阻抗,即发生金属性短路。

(8)负荷只作近似估计,并以恒定阻抗来代表。

根据以上假设所计算的短路电流比实际值略大,但误差在允许范围内。

第二节　标幺值

计算短路电流时,各电气量如电流、电压、功率和电抗等的数值,可用有名值表示,也可用标幺值表示。为了计算方便,一般采用标幺值。

一、标幺值

某一电气量的标幺值,是指该电气量的有名值与所选定的基准值的比值。该电气量有名值的量纲单位与所选定的基准值的量纲单位必须相同,因此标幺值是一个无量纲量。如以 220 V 为电压基准值,则 220 V 电压的标幺值为 1。

有名值用各量的文字符号表示,基准值用各量的符号下角加“j”表示,标幺值用各量的符号下角加“ * ”表示。

用标幺值表示电气量有以下特点:线电压的标幺值与相电压的标幺值相等,三相功率的标幺值与单相功率的标幺值相等,此时三相电路的欧姆定律公式和功率方程式与单相电路相应的公式形式相同,如 $U_* = I_* X_*$ 和 $S_* = I_* U_*$。当 $U_* = 1$ 时,有 $S_* = I_* = \frac{1}{X_*}$,即电流的标幺值等于功率的标幺值。电气量的百分值与标幺值的关系表示为 $X\% = 100X_*$。

二、标幺额定值和标幺基准值

以电力系统各元件的额定参数作为基准值的标幺值称为标幺额定值,表示为 S_{*N}、U_{*N}、I_{*N}、X_{*N}。若元件额定参数为额定功率 S_N、额定电压 U_N、额定电流 I_N、额定电抗 X_N,其关系是 $S_N = \sqrt{3} I_N U_N$、$U_N = \sqrt{3} I_N X_N$、$S_N = \frac{U_N^2}{X_N}$。所以,任意一种工作状态下,电气量 S、U、I 和 X 的标幺额定值为

$$S_{*N}=\frac{S}{S_N},U_{*}=\frac{U}{U_N},I_{*N}=\frac{I}{I_N}=\frac{\sqrt{3}U_N}{S_N}I,X_{*N}=\frac{X}{X_N}=\frac{S_N}{U_N^2}X \tag{8-1}$$

一般发电机、变压器和电抗器等元件产品目录给出的标幺值是额定标幺值。

实际上,电力系统每个元件电气量标幺值的基准值是可以任意选定的,这种以任意选定的数值作基准值的标幺值称为标幺基准值。在功率、电压、电流、电抗等四个电气量中,仅有两个是独立量,因此可任意选定基准功率 S_j 和基准电压 U_j,基准电流 I_j 和基准电抗 X_j 就不能任意选定,必须按 $I_j=\frac{S_j}{\sqrt{3}U_j}$ 和 $X_j=\frac{U_j^2}{S_j}$ 换算得到。这样各电气量的标幺值分别为

$$S_{*j}=\frac{S}{S_j},U_{*j}=\frac{U}{U_j},I_{*j}=\frac{I}{I_j}=\frac{\sqrt{3}U_j}{S_j}I,X_{*j}=\frac{X}{X_j}=\frac{S_j}{U_j^2}X \tag{8-2}$$

在实用短路电流计算中,基准功率一般取 100 MVA,基准电压取各级电压的平均值 U_{aV}。电力系统电网额定电压与对应的平均电压如表 8-1 所示。

表 8-1　额定电压和平均电压对照表

额定电压(kV)	3	6	10	35	110	220	330	500
平均电压(kV)	3. 15	6. 3	10. 5	37	115	230	347	525

三、标幺额定值和标幺基准值之间的换算

用标幺值作短路电流计算时,由于各元件的电抗给出的往往是标幺额定值,因其基准值不同,必须按式(8-3)换算成同一基准的标幺值:

$$X_{*j}=\frac{X}{X_j}=\frac{\frac{U_N^2}{S_N}}{\frac{U_j^2}{S_j}}X_{*N}=X_{*N}\cdot\frac{U_N^2}{S_N}\cdot\frac{S_j}{U_j^2} \tag{8-3}$$

式(8-3)中如 U_j 和 U_N 均取 U_{aV},则有

$$X_{*j}=X_{*N}\cdot\frac{S_j}{S_N} \tag{8-4}$$

在短路电流计算中,各电气量有名值的单位规定为:电压,kV;电流,kA;功率,MVA;电抗,Ω。

第三节　电力系统各元件的电抗和等值电路

电力系统的主要元件有同步发电机、电力变压器、架空线、电力电缆及电抗器,而配电装置中的母线、断路器和电流互感器等元件的阻抗,对短路电流的影响很小,不予考虑。

一、同步电机

同步电机的等值电路可用相应的电动势与电抗的串联来表示,如图 8-2 所示。同步

电机的额定电抗可以从产品目录技术参数中获取，当技术参数无法确定时，可参考表8-2。

电抗有名值 $X''_k = X''_{k*N} \cdot \frac{U_{GN}^2}{S_{GN}}$ (8-5)

换算成标幺基准值

$$X''_{k*j} = X''_{k*N} \cdot \frac{U_{GN}^2}{S_{GN}} \cdot \frac{S_j}{U_j^2} \quad (8\text{-}6)$$

一般 U_j 和 U_{GN} 均取 U_{aV}，则有

$$X''_{k*j} = X''_{k*N} \cdot \frac{S_j}{S_{GN}} \quad (8\text{-}7)$$

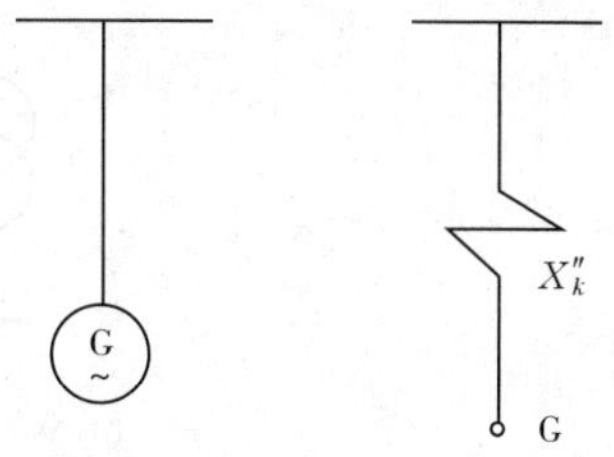

(a)发电机 (b)等值电路

图 8-2 发电机及其等值电路

式中 S_{GN}、U_{GN}分别为同步电机的额定视在功率和额定电压。从式(8-7)可以看到，用平均电压 U_{aV}代替 U_{GN}后，同步电机电抗的标幺基准值与电压无关。

表 8-2 同步电机电抗(额定标幺值)

电机型式	次暂态电抗 X''_{k*N}	负序电抗 X_{2*N}	零序电抗 X_{0*N}
汽轮发电机	0.125	0.14	1.5
有阻尼绕组水轮发电机	0.20	0.25	0.07
无阻尼绕组水轮发电机	0.27	0.45	0.07
大型同步电动机	0.20	0.20	0.08
同步调相机	0.19	0.20	0.06

二、电力变压器

(一)双绕组变压器

双绕组变压器与电抗计算有关的铭牌参数有额定容量 S_{TN}、额定电压 U_{TN}、短路电压百分数 $U_k\%$。

电抗有名值

$$X_T = \frac{U_k\%}{100} \cdot \frac{U_{TN}^2}{S_{TN}} \quad (8\text{-}8)$$

换算成标幺基准值

$$X_{T*j} = \frac{U_k\%}{100} \cdot \frac{U_{TN}^2}{S_{TN}} \cdot \frac{S_j}{U_j^2} \quad (8\text{-}9)$$

一般 U_j 和 U_{TN} 均取 U_{aV}，则有

$$X_{T*j} = \frac{U_k\%}{100} \cdot \frac{S_j}{S_{TN}} \quad (8\text{-}10)$$

从式(8-10)可以看到，用平均电压 U_{aV}代替 U_{TN}后，变压器电抗的标幺基准值与电压无关，避免了不同变比变压器电抗的归算问题，大大简化了计算。

双绕组变压器及其等值电路如图 8-3 所示。

(二)三绕组变压器

三绕组变压器与电抗计算有关的铭牌参数有额定容量 S_{TN}，额定电压 U_{TN}，绕组间的

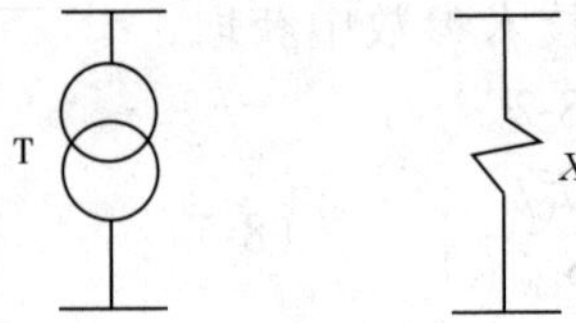

(a)双绕组变压器　(b)等值电路

图 8-3　双绕组变压器及其等值电路

短路电压百分数 $U_{k12}\%$、$U_{k13}\%$、$U_{k23}\%$（下标 1、2、3 分别表示高、中、低压各侧）。

各绕组短路电压百分数为

$$\left.\begin{aligned}U_{k1}\% &= (U_{k12}\% + U_{k13}\% - U_{k23}\%)/2\\U_{k2}\% &= (U_{k12}\% + U_{k23}\% - U_{k13}\%)/2\\U_{k3}\% &= (U_{k13}\% + U_{k23}\% - U_{k12}\%)/2\end{aligned}\right\} \tag{8-11}$$

等值电路中各绕组电抗的有名值 X_{T1}、X_{T2}、X_{T3} 为

$$\left.\begin{aligned}X_{T1} &= \frac{U_{k1}\%}{100}\cdot\frac{U_{TN}^2}{S_{TN}}\\X_{T2} &= \frac{U_{k2}\%}{100}\cdot\frac{U_{TN}^2}{S_{TN}}\\X_{T3} &= \frac{U_{k3}\%}{100}\cdot\frac{U_{TN}^2}{S_{TN}}\end{aligned}\right\} \tag{8-12}$$

U_j 和 U_{TN} 均取 U_{aV}，则换算成标幺基准值为

$$\left.\begin{aligned}X_{T1*j} &= \frac{U_{k1}\%}{100}\cdot\frac{S_j}{S_{TN}}\\X_{T2*j} &= \frac{U_{k2}\%}{100}\cdot\frac{S_j}{S_{TN}}\\X_{T3*j} &= \frac{U_{k3}\%}{100}\cdot\frac{S_j}{S_{TN}}\end{aligned}\right\} \tag{8-13}$$

三绕组变压器及其等值电路如图 8-4 所示。

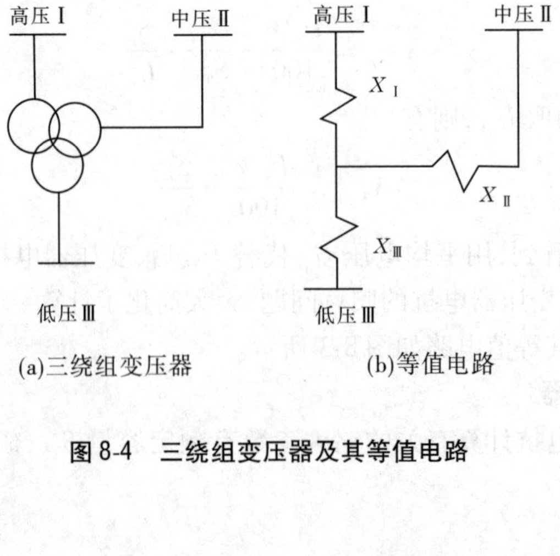

(a)三绕组变压器　(b)等值电路

图 8-4　三绕组变压器及其等值电路

三、电抗器

串联在电路中的电抗器是用来限制短路电流的设备，等值电路用电抗器的电抗表示。与电抗计算有关的铭牌参数有电抗百分数 $X_L\%$、额定电压 U_N、额定电流 I_N。

电抗有名值
$$X_L = \frac{X_L\%}{100} \cdot \frac{U_N}{\sqrt{3}I_N} \tag{8-14}$$

换算成标幺基准值
$$X_{L*j} = X_L \cdot \frac{S_j}{U_j^2} \tag{8-15}$$

由于电抗器电抗值很大，因此不能忽略额定电压和平均电压之间的差额，即不能取 $U_N = U_j = U_{aV}$。

电抗器及其等值电路如图 8-5 所示。

四、架空线路和电缆线路

(一)架空线路

架空线路的等值电路也用电抗表示。如果每千米线路的电抗值用 X_0 表示，则

电抗有名值
$$X = X_0L \tag{8-16}$$

换算成标幺基准值
$$X_{*j} = X \cdot \frac{S_j}{U_{aV}^2} \tag{8-17}$$

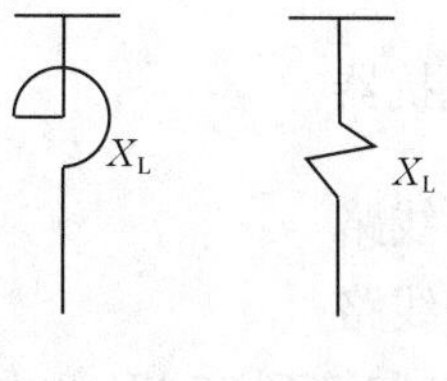

(a)电抗器　(b)等值电路

图 8-5　电抗器及其等值电路

式中基准电压 U_j 取 U_{aV}，其中 U_{aV} 为线路所在电压等级的平均电压。

(二)电力电缆线路

电力电缆线路由于电抗值较小，电阻在阻抗中所占的比值较大，因此应考虑电阻的影响，等值电路应用阻抗的绝对值表示。如果每千米线路的电抗值用 X_0 表示，则

电抗有名值
$$X = X_0L \tag{8-18}$$

换算成标幺基准值
$$X_{*j} = X \cdot \frac{S_j}{U_{aV}^2} \tag{8-19}$$

式中基准电压 U_j 取 U_{aV}，其中 U_{aV} 为线路所在电压等级的平均电压。

【例 8-1】　如图 8-6(a)所示简单电力系统，发电机参数为：额定容量 3.2 MW、功率因数 0.8、机端额定电压 6.3 kV、次暂态电抗 0.2。T_1 升压变压器参数为：容量 4 MVA、变比 38.5/6.3、短路电压百分数 7.5。T_2 降压变压器参数为：容量 4 MVA、变比 35/11、短路电压百分数 7.5。电抗器参数为：额定电流 300 A、额定电压 10 kV、电抗百分数 4。线路长度标于图中。分别用有名值(归算到 35 kV 侧)和标幺值(取基准容量 100 MVA、基准电压为平均电压)计算各元件参数。

解：1. 有名值计算(变压器按额定变比计算)

(1)本电压等级电抗值计算：

发电机
$$X''_k = 0.2 \times \frac{6.3^2}{3.2/0.8} = 1.98(\Omega)$$

T_1 变压器
$$X_{T1} = \frac{7.5}{100} \times \frac{38.5^2}{4} = 27.79(\Omega)$$

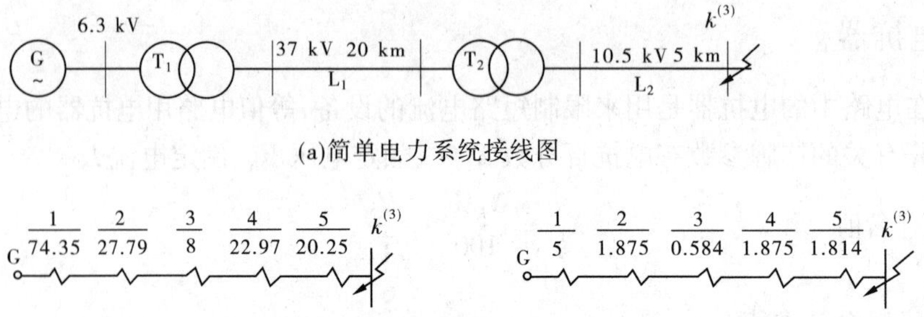

(a)简单电力系统接线图

(b)归算到35 kV侧的有名值等值电路　　(c)标幺值等值电路

图 8-6　例 8-1 电路图

T_2 变压器　　$$X_{T2} = \frac{7.5}{100} \times \frac{35^2}{4} = 22.97(\Omega)$$

电抗器　　$$X_L = \frac{4}{100} \times \frac{10}{\sqrt{3} \times 0.3} = 0.77(\Omega)$$

L_1 线路　　$$X_{L_1} = 0.4 \times 20 = 8(\Omega)$$

L_2 线路　　$$X_{L_2} = 0.4 \times 5 = 2(\Omega)$$

(2)归算到 35 kV 侧电抗值计算:

发电机　　$$X''_k = 1.99 \times (\frac{38.5}{6.3})^2 = 74.32(\Omega)$$

电抗器　　$$X_L = 0.77 \times (\frac{35}{11})^2 = 7.80(\Omega)$$

L_2 线路　　$$X_{L_2} = 2 \times (\frac{35}{11})^2 = 20.25(\Omega)$$

T_1、T_2 变压器和 L－1 线路电抗已归算到 35 kV 侧。

归算到 35 kV 侧的有名值等值电路如图 8-6(b)所示。等值电路图中用分数的形式注明元件的顺序编号和电抗值,其中分子为元件的编号,分母为相应元件的电抗值。

注:有名值计算也可以采用平均电压进行近似计算,此时

发电机　　$$X''_k = 1.99 \times (\frac{37}{6.3})^2 = 68.64(\Omega)$$

变压器　　$$X_{T1} = X_{T2} = \frac{7.5}{100} \times \frac{37^2}{4} = 25.67(\Omega)$$

电抗器　　$$X_L = 0.77 \times (\frac{37}{10.5})^2 = 9.56(\Omega)$$

L_1 线路　　$$X_{L_1} = 0.4 \times 20 = 8(\Omega)$$

L_2 线路　　$$X_{L_2} = 2 \times (\frac{37}{10.5})^2 = 24.83(\Omega)$$

比较可见,用实际变比计算和用平均电压比近似计算还是有明显区别的。

2. 标幺值计算

发电机　　$$X''_{k*j} = 0.2 \times \frac{100}{3.2/0.8} = 5$$

T_1 变压器 $$X_{T1*j}=\frac{7.5}{100}\times\frac{100}{4}=1.875$$

T_2 变压器 $$X_{T2*j}=\frac{7.5}{100}\times\frac{100}{4}=1.875$$

电抗器 $$X_{L*j}=\frac{4}{100}\times\frac{10}{\sqrt{3}\times 0.3}\times\frac{100}{10.5^2}=0.698$$

L_1 线路 $$X_{1*j}=0.4\times 20\times\frac{100}{37^2}=0.584$$

L_2 线路 $$X_{2*j}=0.4\times 5\times\frac{100}{10.5^2}=1.814$$

标幺值等值电路如图 8-6(c)所示。

(注:标幺值计算电抗由于是用平均电压进行计算的,因此也是一种近似计算。)

第四节　短路电流的计算步骤

一、收集资料

在进行短路电流计算前,应根据计算的目的收集有关资料。如发电厂的类型、规模及运行方式,电力系统接线图、运行方式和各元件的技术数据等。

二、画计算电路图

计算电路图是一种简化了的单线图,如图 8-7 所示。图中仅画出与计算短路电流有关的元件以及它们之间的相互连接,并注明各元件的额定参数,如发电机的额定容量和次暂态电抗、变压器的额定容量和短路电压百分数等,各级电压用平均额定电压代替。在复杂的计算电路图中,为了图面的清晰,各元件的额定参数还可以另行列表注明。为方便电抗表示,各元件按顺序进行编号。另外,还应根据短路电流计算的目的,在图中标出假定的短路点。

为了选择电气设备,必须计算可能通过被校验电气设备的最大短路电流值,计算电路图就必须按最大运行方式时的连接情况,即考虑系统全部发电机都投入运行,并假定各发电机都装有电压自动调节装置,短路前所有同步发电机都处于额定工作状态。而同时还应考虑到整个系统可能的发展前景。

对继电保护装置进行动作值整定时,可能要计算电气装置或整个电力系统不同运行方式下的短路电流。此时则可能仅有部分发电机投入运行。

电力系统短路时,同步调相机、同步电动机以及大容量的并联电容器组等,都可能向短路点提供短路电流,在计算电路图中应将它们当做附加电源。但如果这些设备距离短路点较远,或同步电动机的总视在功率在 1 000 kVA 以下时,因对短路电流的影响不大,可以不予考虑。

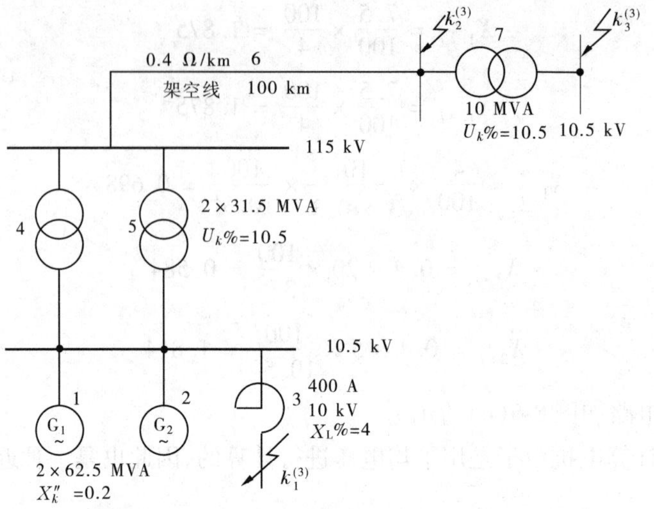

图 8-7 计算电路举例

三、计算各元件电抗，并画等值电路图

电力系统各元件电抗计算见本章第三节。采用有名值计算时，必须将各元件归算到同一电压侧，标幺值计算不存在归算问题。短路电流实用计算中，各电压参数是用平均额定电压进行计算的，即认为凡接在同一电压等级中的所有电气设备的额定电压，都等于相应的平均额定电压，但电抗器仍应用其自身的额定电压进行计算。

短路电流是对应各个短路点分别进行计算的，所以等值电路也应根据各短路点分别作出，即对应每个短路点作出一个等值电路。如图 8-8(a)所示，为图 8-7“k_1”点短路的等值电路，由于短路电流仅流过发电机和电抗器，短路电流并不流过其他元件，所以仅画出发电机和电抗器的等值电抗，其他元件的等值电抗不必画出。有时为了方便，也可将几个短路点的等值电路绘制在一起，如图 8-8(b)所示为对应“k_1”、“k_2”、“k_3”点短路时的等值电路。图 8-8 中用分数的形式注明元件的顺序编号和电抗值，其中分子为元件的编号，分母为相应元件的电抗值。

四、化简等值电路

化简等值电路是为了求得电源至短路点的短路回路总电抗 X。等值电路化简时，常用下列公式计算。

(1)串联电路的等值电抗：

$$X_{\Sigma} = X_1 + X_2 + \cdots + X_n \tag{8-20}$$

(2)并联电路的等值电抗：

$$\frac{1}{X_{\Sigma}} = \frac{1}{X_1} + \frac{1}{X_2} + \cdots + \frac{1}{X_n} \tag{8-21}$$

(3)三角形与星形等值变换(见图 8-9)：

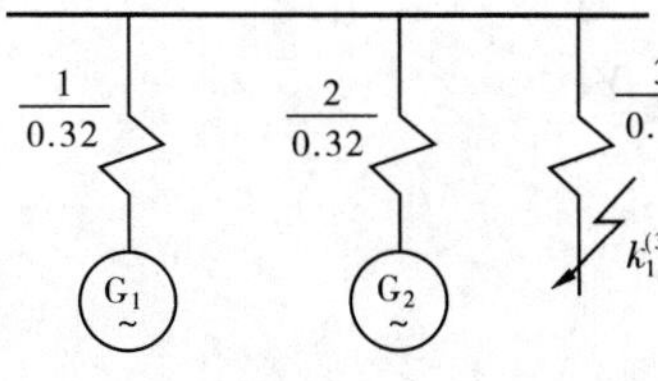

(a) $k_1^{(3)}$点等值电路

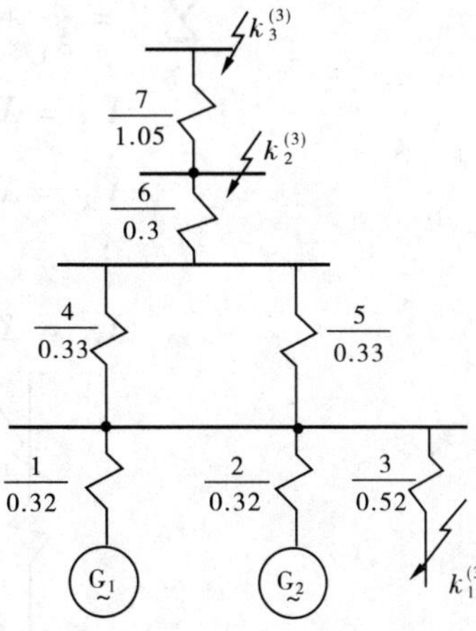

(b) $k_1^{(3)}$、$k_2^{(3)}$、$k_3^{(3)}$点等值电路

图 8-8　对应图 8-7 的等值电路

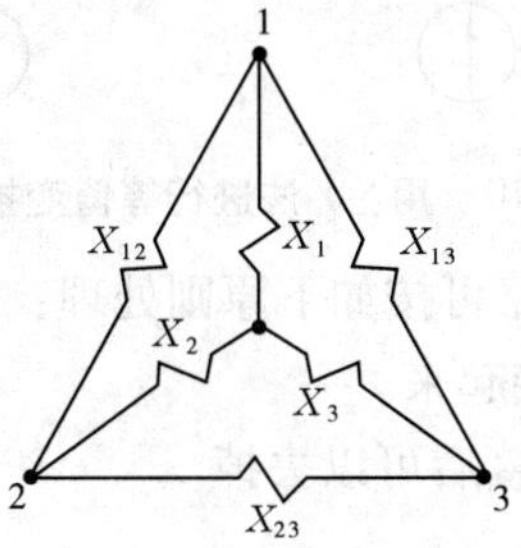

图 8-9　三角形星形转换图

$$\left.\begin{aligned} X_1 &= \frac{X_{12}X_{31}}{X_{12}+X_{23}+X_{31}} \\ X_2 &= \frac{X_{12}X_{23}}{X_{12}+X_{23}+X_{31}} \\ X_3 &= \frac{X_{23}X_{31}}{X_{12}+X_{23}+X_{31}} \end{aligned}\right\} \tag{8-22}$$

$$\left.\begin{aligned} X_{12} &= X_1+X_2+\frac{X_1X_2}{X_3} \\ X_{23} &= X_2+X_3+\frac{X_2X_3}{X_1} \\ X_{13} &= X_1+X_3+\frac{X_1X_3}{X_2} \end{aligned}\right\} \tag{8-23}$$

(4) $\sum Y$ 法。如图 8-10 所示，当电源支路有 3 个或 3 个以上，且和短路点之间有公共电抗 X 时，可用 $\sum Y$ 法求出各电源与短路点之间的转移电抗 X_{1k}、X_{2k}、…、X_{nk}：

$$\sum Y = \frac{1}{X_1} + \frac{1}{X_2} + \cdots + \frac{1}{X_n} \tag{8-24}$$

$$\left.\begin{aligned} X_{1k} &= X_1 X \sum Y \\ X_{2k} &= X_2 X \sum Y \\ &\vdots \\ X_{nk} &= X_n X \sum Y \end{aligned}\right\} \tag{8-25}$$

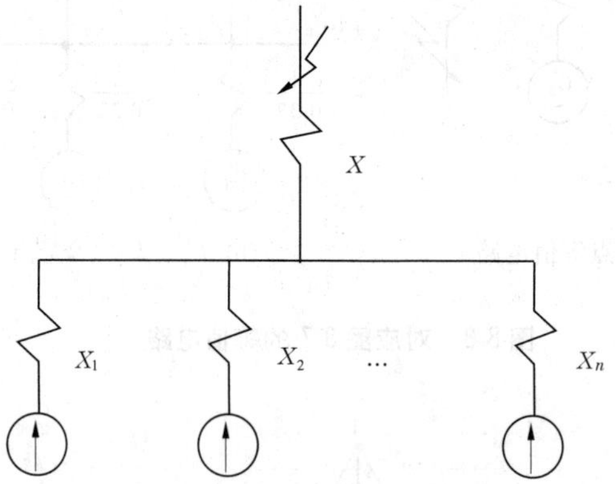

图 8-10　用$\sum Y$法进行等值变换

化简等值电路时,遇到对称电路可按如下原则处理:

(1)等电位的点,可以用线连接起来。

(2)等电位点之间的电抗被短接后可以去掉。

五、计算短路电流

短路回路总电抗求出后,就可根据电源的类型,计算出短路不同时段的短路电流。

电源的类型一般分为无限大容量系统和有限容量发电机两种,其中有限容量发电机按动力的不同又分为火电机组、水力机组等。

短路电流计算的目的不同,需要计算短路不同时段的短路电流。

(1)校验高压电器和导体的动稳定时,应计算短路电流峰值。

(2)校验高压电器和导体的热稳定时,应计算短路电流交流分量在 0 s、$t/2$ s 和 t s 的数值,t 为短路电流持续时间。

(3)校验断路器的开断能力时,应分别计算分闸瞬间的短路电流交流分量和直流分量。校验断路器的关合能力时,应计算短路电流峰值。

(4)校验非限流熔断器的开断能力时,应计算不对称短路开断电流值。

(5)校验限流熔断器的开断能力时,应计算短路电流交流分量初始值; 校验后备熔断器的开断能力时,还应计算最小短路电流。

(6)整定继电保护装置,除计算最大运行方式的最大短路电流外,还应求出最小短路电流值,作为校验继电保护装置灵敏系数的依据。此外,一些保护装置还需要计算短路时母线的残压。

第五节　无限大容量电力系统供电的电路内三相短路

一、无限大容量电力系统的概念

短路过程中短路电流变化的情况决定于系统电源容量的大小或短路点离电源的远近。如果系统的容量为无限大，而电源的内阻抗等于零，则由这种电源供电的电路内发生三相短路时，电源的端电压在短路时恒定不变，电压的幅值和频率也都恒定不变，这种系统就称为无限大容量电力系统。

实际上，真正的无限大容量电源并不存在，因为无论系统多大，其容量总是一个有限值，并且总是有一定的内阻抗，短路时电压和频率总是会发生变化。但是，当短路发生在距电源较远的支路上时，阻抗远大于系统的内阻抗，此时电源的电压几乎不变，在实用计算中，可以认为电源的电压恒定不变，向这个短路支路提供短路电流的电源便可认为是无限大容量电源。一般地，当电源或系统的内阻抗小于短路回路总阻抗的10%时，就可以认为这个电源或系统是无限大容量电源（系统）。

二、无限大容量电力系统短路电流的变化规律

现以图8-11所示的电路为例，讨论无限大容量电源供电的电路内发生三相短路时短路电流变化规律。

（一）短路电流的解析式

图8-11中电源为无限大容量电源，电源母线电压为相应的平均额定电压 U_{aV}，在短路过程中保持恒定不变。假设在 $k^{(3)}$ 点发生三相短路，R_Σ、X_Σ 为电源至短路点间各元件的总电阻和总电抗，R_f、X_f 为负荷的电阻和电抗。

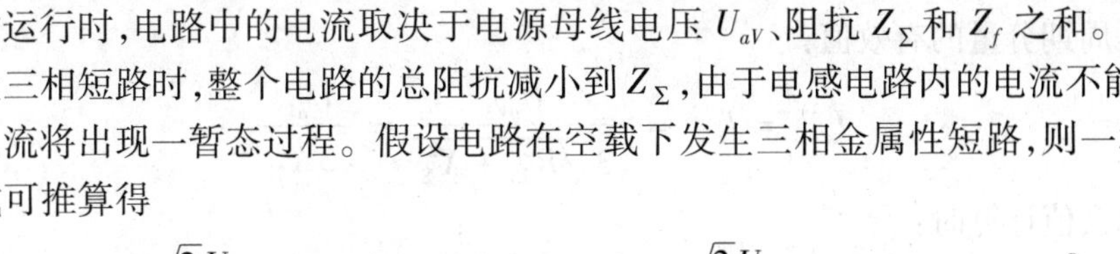

图8-11　由无限大容量电源供电的电路三相短路

正常运行时，电路中的电流取决于电源母线电压 U_{aV}、阻抗 Z_Σ 和 Z_f 之和。当 $k^{(3)}$ 点突然发生三相短路时，整个电路的总阻抗减小到 Z_Σ，由于电感电路内的电流不能突变，电路中的电流将出现一暂态过程。假设电路在空载下发生三相金属性短路，则一相短路电流解析式可推算得

$$i_k = \frac{\sqrt{2}U_{aV}}{\sqrt{3}\sqrt{R_\Sigma^2+X_\Sigma^2}}\sin(\omega t+\phi-\varphi) - \frac{\sqrt{2}U_{aV}}{\sqrt{3}\sqrt{R_\Sigma^2+X_\Sigma^2}}\sin(\phi-\varphi)e^{-\frac{R_\Sigma}{L_\Sigma}t} \tag{8-26}$$

式中　ϕ——短路时刻该相电势的相位角；

φ——短路回路的阻抗角。

如果短路发生时刻恰好 $\phi=0$，且忽略阻抗中的电阻不计，即 $\varphi=90^{\circ}$，则该相短路电流写做

$$i_k = \frac{\sqrt{2}U_{aV}}{\sqrt{3}X_{\Sigma}}\sin(\omega t - 90^{\circ}) + \frac{\sqrt{2}U_{aV}}{\sqrt{3}X_{\Sigma}}e^{-\frac{R_{\Sigma}}{L_{\Sigma}}t} \tag{8-27}$$

根据式(8-27)作出的短路电流曲线如图 8-12 所示。

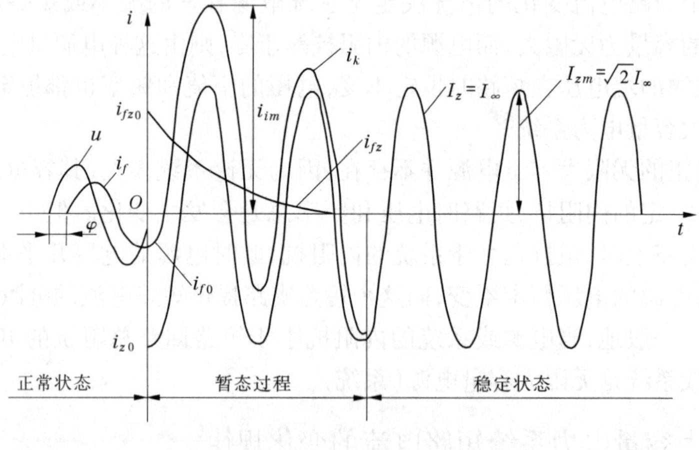

I_z—周期分量电流；i_{fz}—非周期分量电流；i_k—总的短路电流；u—电源电势

图 8-12　无限大容量电源供电电路三相短路电流的变化曲线

(二)周期分量有效值和非周期分量有效值

从式(8-26)和式(8-27)可以看出，短路电流由两部分组成。第一项是一个振幅不变的正弦分量，称为周期分量；第二项是一个按指数规律衰减的非周期分量。因短路前处于空载，电流为零。由于电感电路内的电流不能突变，所以 $t=0$ 时刻周期分量瞬时值和非周期分量瞬时值相等，但方向相反抵消为零。非周期分量电流将逐渐衰减为零，其衰减时间常数为

$$T_a = \frac{L_{\Sigma}}{R_{\Sigma}} = \frac{X_{\Sigma}}{314R_{\Sigma}} \tag{8-28}$$

在高压电路中，衰减时间参数平均值约为 0.05 s。非周期分量一般在经过 $4T_{fz}$，即 0.2 s 后已基本衰减为零。在电阻较大的电路，非周期分量衰减得更快。非周期分量衰减到零后，短路的暂态过程结束，进入稳定状态。此时的短路电流称为稳态短路电流，其有效值就是周期分量的有效值：

$$I_{\infty}^{(3)} = I_{z}^{(3)} = \frac{U_{aV}}{\sqrt{3}\sqrt{R_{\Sigma}^{2}+X_{\Sigma}^{2}}} \approx \frac{U_{aV}}{\sqrt{3}X_{\Sigma}} \tag{8-29}$$

用标幺值计算时：

$$I_{\infty *}^{(3)} = I_{z*}^{(3)} = \frac{U_{aV}}{\sqrt{3}X_{\Sigma}} \cdot \frac{\sqrt{3}U_{aV}}{S_j} = \frac{1}{X_{\Sigma}} \cdot \frac{U_{aV}^{2}}{S_j} = \frac{1}{X_{\Sigma *}} \tag{8-30}$$

可见，忽略电阻不计，采用标幺值计算时，周期分量有效值的标幺值就等于短路回路总电抗标幺值的倒数。

（三）冲击短路电流

由于非周期分量的存在，在暂态过程中短路的全电流与横轴不对称，在短路后约半个周期即0.01 s瞬间，总短路电流达到最大值，该值略小于周期分量振幅的2倍，这个电路电流的最大瞬时值称为冲击短路电流，用 $i_{im}^{(3)}$ 表示：

$$i_{im}^{(3)} = \sqrt{2}I_z^{(3)} + \sqrt{2}I_z^{(3)}e^{-\frac{0.01}{T_a}} = \sqrt{2}I_z^{(3)}(1 + e^{-\frac{0.01}{T_a}}) = \sqrt{2}K_{im}I_z^{(3)} \tag{8-31}$$

$$K_{im} = 1 + e^{-\frac{0.01}{T_a}} \tag{8-32}$$

式中 K_{im} 称为冲击系数，当取 $T_a = 0.05$ s时，$K_{im} = 1.8$，则

$$i_{im}^{(3)} = 2.55I_z^{(3)} \tag{8-33}$$

冲击短路电流仅发生在短路时恰好 $\phi = 0$ 的相，其他两相短路电流最大瞬时值小于 $2.55I_z^{(3)}$。因此，冲击短路电流是在短路前空载及某相电势过零点瞬间时，在该相出现，其他两相不出现。这种情况是最严重的短路，所以将以此作为计算短路电流的计算条件。

三、母线残余电压

在继电保护的整定计算中，有时需要计算处在短路点前面的某一母线的剩余电压。三相短路时，短路点的电压为零，系统中距短路点电抗为 X 的某点剩余电压，在数值上就等于短路电流通过该电抗时的电压降。剩余电压又称为残余电压，短路进入稳态后，如某一母线至短路点的电抗为 X，则该母线的剩余电压用式(8-34)及式(8-35)计算：

用标幺值计算
$$U_*^{(3)} = I_{\infty *}^{(3)}X_* \tag{8-34}$$

用有名值计算
$$U^{(3)} = \sqrt{3}I_\infty^{(3)}X \tag{8-35}$$

四、短路功率

电力系统发生短路时，某点的短路功率可按式(8-36)计算：

$$S_k^{(3)} = \sqrt{3}U_{aV}I_\infty^{(3)} \tag{8-36}$$

由于短路功率是用平均额定电压 U_{aV} 而不是用残压计算，故短路功率是一个假定值，用标幺值计算时：

$$S_{k*}^{(3)} = \frac{S_k^{(3)}}{S_j} = \frac{\sqrt{3}U_{aV}I_z^{(3)}}{\sqrt{3}U_{aV}I_j} = \frac{I_z^{(3)}}{I_j} = I_{z*}^{(3)} \tag{8-37}$$

可见短路功率的标幺值与短路电流的标幺值相等。

【例8-2】 计算图8-13中 $k^{(3)}$ 点三相短路时，流过电抗器、架空线的稳态短路电流和冲击短路电流，6.3 kV母线到达稳态后的残余电压和通过断路器的短路功率。

解：1. 短路电流有名值计算

电抗归算到115 kV侧：

$$X_1 = 0.4 \times 70 = 28(\Omega)$$

$$X_2 = X_3 = X_4 = \frac{U_k\%}{100}\frac{U_{aV}^2}{S_{Tn}} = \frac{10.5}{100} \times \frac{115^2}{15} = 92.6(\Omega)$$

$$X_5 = \frac{X_L\%}{100}\frac{U_{Ln}}{\sqrt{3}I_{Ln}}\frac{115^2}{6.3^2} = \frac{4}{100} \times \frac{6}{\sqrt{3} \times 0.3} \times \frac{115^2}{6.3^2} = 153.9(\Omega)$$

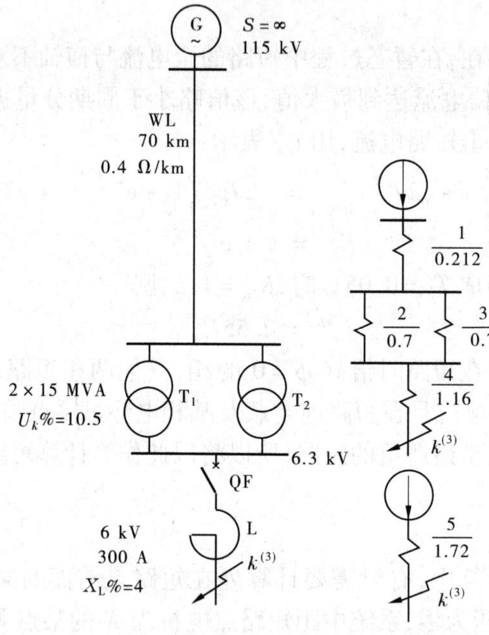

图 8-13　例 8-2 的电路图

$$X_6 = X_1 + X_2/3 + X_5 = 212.77(\Omega)$$

$$I_\infty^{(3)} = \frac{U_{aV}}{\sqrt{3}X_6} = \frac{115}{\sqrt{3}\times 212.77} = 0.312(\mathrm{kA})$$

流过架空线的稳态短路电流为 0.312 kA。

流过电抗器的稳态短路电流为 $0.312\times\frac{115}{6.3}=5.695(\mathrm{kA})$。

6.3 kV 母线残压 $U^{(3)}=\sqrt{3}\times 5.695\times 153.9\times\frac{6.3^2}{115^2}=4.556(\mathrm{kV})$。

其他计算与标幺值计算相同。

2. 标幺值计算

选

$$S_j = 100\ \mathrm{MVA}, U_j = U_{aV}$$

$$X_{1*} = 0.4\times 70\times\frac{100}{115^2} = 0.212$$

$$X_{2*} = X_{3*} = X_{4*} = \frac{10.5}{100}\times\frac{100}{15} = 0.700$$

$$X_{5*} = \frac{4}{100}\times\frac{6}{\sqrt{3}\times 0.3}\times\frac{100}{6.3^2} = 1.164$$

$$X_{6*} = 0.212 + 0.7/3 + 1.164 = 1.61$$

流到短路点的稳态短路电流标幺值为

$$I_{\infty *}^{(3)} = \frac{1}{1.61} = 0.621$$

流过电抗器的稳态短路电流和冲击短路电流为

$$I_{\infty L}^{(3)} = 0.621 \times \frac{100}{\sqrt{3} \times 6.3} = 5.69(\text{kA})$$

$$i_{imL}^{(3)} = 2.55 \times 5.69 = 14.5(\text{kA})$$

流过架空线的稳态短路电流和冲击短路电流为

$$I_{\infty}^{(3)} = 0.621 \times \frac{100}{\sqrt{3} \times 115} = 0.312(\text{kA})$$

$$i_{im}^{(3)} = 2.55 \times 0.312 = 0.796(\text{kA})$$

6.3 kV 母线的残压根据式(8-34)计算：

$$U^{(3)} = 0.621 \times 1.16 \times 6.3 = 4.54(\text{kV})$$

通过断路器的短路功率根据式(8-36)计算：

$$S_k^{(3)} = \sqrt{3} \times 6.3 \times 5.69 = 62.1(\text{MVA})$$

或

$$S_k^{(3)} = 0.621 \times 100 = 62.1(\text{MVA})$$

第六节　有限容量发电机供电的电路内三相短路

一、有限容量系统的概念

前面分析讨论了无限大容量系统供电电路内发生三相对称短路的情况，但是实际的电力系统电源容量都是有限的，对于这种有限容量电源供电的系统内发生短路时，母线电压往往是显著下降的，并不是恒定不变的。因此，不能再将供电电源看成是无限大容量，而应看成是一个有限容量的等值电源。而等值电源的容量就是系统所有电源的容量和，等值电抗为系统电源的总阻抗。

二、有限容量系统三相对称短路的分析

有限容量系统突然短路时的短路电流中同样含有周期分量和非周期分量。非周期分量产生的原因、衰减的性质及计算条件等，都与无限大容量电源供电电路内发生的短路相同。周期分量的幅值和有效值取决于供电电源电压及短路回路总阻抗。由于有限容量电源的端电压（或电动势）在整个短路的暂态过程中是变化的，所以短路电流周期分量的幅值和有效值也是变化的，这是与无限大容量电源供电电路内三相短路的最主要的区别。

有限容量电源供电电路内短路电流周期分量变化的情况，还与发电机是否装有励磁自动调节装置有关。图 8-14 分别给出了无励磁自动调节装置和有励磁自动调节装置的电源供电电路内发生短路时短路电流的变化曲线。

电力系统中的发电机一般都装有励磁自动调节装置，它的作用是当发电机电压发生变化时，能自动地调节发电机的励磁电流，维持发电机的端电压在一定的范围内。当系统发生短路引起发电机的端电压下降时，励磁自动调节装置动作使得励磁电流增大，发电机电压上升，短路电流也相应增大。但是不论采用哪种类型的励磁自动调节装置（电子型或机械型），它们都具有一定的时间滞后性。同时励磁回路也具有较大的电感，励磁电流不会立即增大。

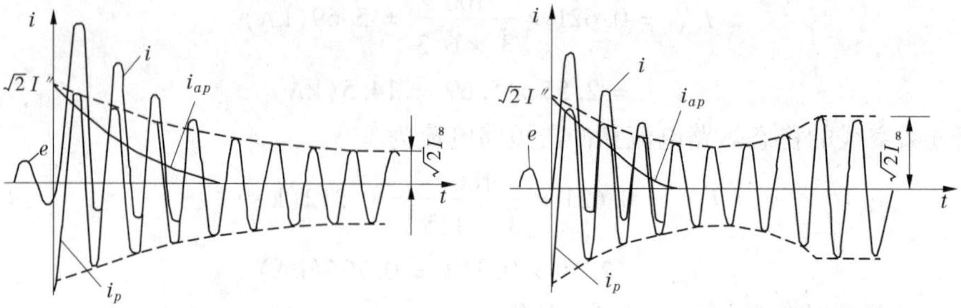

(a)无励磁自动调节装置时　　(b)有励磁自动调节装置时

图 8-14　发电机供电电路内短路电流的变化曲线

实际上,励磁自动调节装置都是在短路发生后经过一定的时间后才起作用。所以,短路电流周期分量的起始值并不会受到影响,在几个周波以内的影响也是不大的。以后随着励磁自动调节装置的作用逐渐增强,短路电流周期分量所受的影响也逐渐增大,最后达到稳定值,短路的暂态过程结束而进入稳态。因此,不论发电机是否装有励磁自动调节装置,在短路开始的瞬间及短路后的几个周期内,短路电流的变化情况都是一样的。

短路电流的周期分量,在暂态过程中是变化的,但在其中任一周期内的变化可以忽略不计。周期分量在时间 t 的有效值 $I_{zt}^{(3)}$,是周期分量在以时间 t 为中心的一个周期内的有效值。

$t=0$ 时,周期分量的起始有效值又称为次暂态短路电流,用 $I''^{(3)}$ 表示。短路的暂态过程结束后的短路电流称为稳态短路电流,用 $I_\infty^{(3)}$ 表示。

短路电流周期分量的变化,不仅与发电机是否装有励磁自动调节装置有关,而且与短路点和发电机间的电气距离有关。电气距离越小,发电机端电压下降得越多,反之就越少。此外,发电机的类型、参数等对周期分量也都有影响,所以短路电流周期分量的变化情况与很多因素有关,要想准确计算是非常困难的。实际工程是应用运算曲线法进行短路电流计算。

三、周期分量有效值的实用计算法——运算曲线法

虽然影响短路电流周期分量的因素很多,但只要发电机(包括励磁系统)的参数和运行初态确定后,短路电流周期分量只是短路点到电源间电气距离和时间 t 的函数而已。电气距离大小用计算电抗表示。短路回路的计算电抗是以某一电源支路所有发电机额定容量和 $S_{N\Sigma}$ 为功率基准值时,该电源支路短路回路总电抗的标幺值:

$$X_{C*} = X_{\Sigma*}\frac{S_{N\Sigma}}{S_j} \tag{8-38}$$

计算电抗用 X_{C*} 表示。

短路电流周期分量的标幺值可表示为计算电抗 X_{C*} 和时间 t 的函数,即

$$I_{zt*} = f(X_{C*},t) \tag{8-39}$$

表征该函数关系的曲线称为运算曲线,运算曲线的纵坐标为周期分量有效值的标幺值 I_{zt*},横坐标为计算电抗 X_{C*},不同的时刻分别作出相应的曲线。

对于不同类型、型号的发电机，由于其参数的差异，制作出的运算曲线也具有不同的形状。运算曲线分汽轮发电机和水轮发电机两类。考虑到我国的发电厂大部分功率都是从高压母线送出，制作运算曲线的典型接线如图 8-15 所示，即认为发电机是在额定状态下运行时发生的三相短路，50% 的负荷挂在发电厂高压母线上，其余的负荷均在短路点以外。

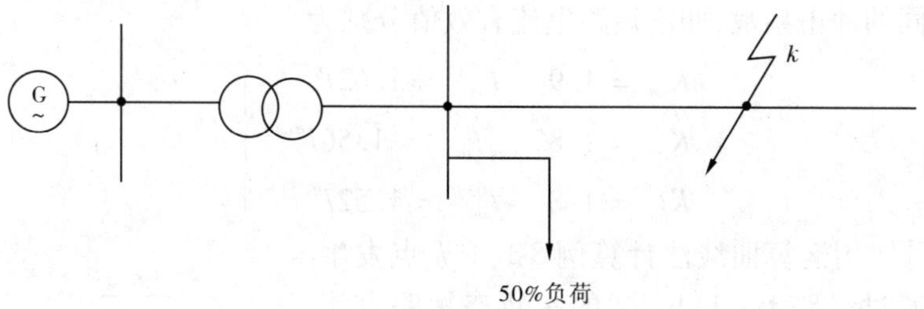

图 8-15　制作运算曲线时的典型接线

由于我国发电机型号繁多，为了使运算曲线具有通用性，只能采用统计的方法来制作。对水轮发电机选择了从 12.5 MW 到 225 MW 的 17 种不同容量、不同型号的样机，对汽轮发电机则选择从 12 MW 到 200 MW 的 18 种不同容量、不同型号的样机，分别对每一台发电机计算出相应的短路电流周期分量有效值。取同类型的发电机的平均值，作为运算曲线在某时刻 t 和 X_{C*} 所对应的周期分量有效值，分别绘制成水轮发电机和汽轮发电机的运算曲线。部分运算曲线见附录。

从运算曲线的制作过程可以看出，短路电流已经考虑了负荷的影响，计算电抗仅包括流过短路电流的全部元件的电抗，而不包括负荷阻抗，使计算大大简化。

利用运算曲线计算短路电流周期分量的一般步骤如下：

(1) 根据计算电路图作出等值电路，化简电路，求出短路回路的总电抗 $X_{\Sigma *}$。

(2) 将 $X_{\Sigma *}$ 换算为计算电抗 X_{C*}。

(3) 根据计算电抗 X_{C*}，查相应的运算曲线，可得到 t 时刻短路电流周期分量有效值的标幺值 I_{zt*}，其有名值为

$$I_{zt} = I_{zt*} \frac{S_{N\Sigma}}{\sqrt{3} U_{aV}} \tag{8-40}$$

一般地，当 $X_{C*} > 3.45$ 时，可将等值发电机当做无限大容量电源处理。这时，短路电流周期分量的有效值是不随时间变化的。

四、短路电流其他各量的计算

(一) 短路冲击电流

忽略周期分量的衰减时，短路冲击电流为

$$i_{im}^{(3)} = \sqrt{2} K_{im} I''^{(3)} \tag{8-41}$$

$$K_{im} = 1 + e^{-\frac{0.01}{T_a}} \tag{8-42}$$

式中　$I''^{(3)}$——次暂态短路电流，可由运算曲线查得。

当短路发生在发电机机端时，取 $K_{im}=1.9$；当短路发生在发电厂高压侧母线及发电机出线电抗器后时，取 $K_{im}=1.85$；当远离发电厂的地点发生短路时，取 $K_{im}=1.8$。

(二)冲击短路电流的有效值

冲击短路全电流的有效值为

$$I_{im}^{(3)} = I''^{(3)} \sqrt{1+2(K_{im}-1)^2} \tag{8-43}$$

对应不同的冲击系数，冲击短路电流有效值分别为

$$\left.\begin{aligned} K_{im} &= 1.9 \quad & I_{im}^{(3)} &= 1.62I''^{(3)} \\ K_{im} &= 1.85 \quad & I_{im}^{(3)} &= 1.56I''^{(3)} \\ K_{im} &= 1.8 \quad & I_{im}^{(3)} &= 1.52I''^{(3)} \end{aligned}\right\} \tag{8-44}$$

【例 8-3】 用运算曲线法计算例 8-1 中 k 点发生三相短路时通过线路 L－1、L－2 的次暂态短路电流 $I''^{(3)}$。

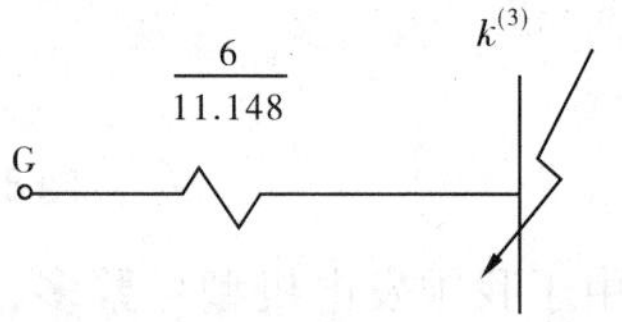

图 8-16 例题 8-3 简化等值电路

解：如图 8-6(c)所示为 k 点发生三相短路时的标幺值等值电路图，现化简为图 8-16，所以

$$X_{6*} = 5 + 1.875 + 0.584 + 1.875 + 1.814 = 11.148$$

则发电机到短路点的计算电抗为

$$X_{6*js} = 11.148 \times \frac{3.2/0.8}{100} = 0.446$$

查水轮机运算曲线得 $I''^{(3)}_{*}=2.44$

$$I''^{(3)} = 2.44 \times \frac{3.2}{\sqrt{3} \times 10.5 \times 0.8} = 0.537(\text{kA})$$

五、多电源系统用运算曲线法计算短路电流

由前述可知，绘制运算曲线的网络仅包含一台发电机。当电力系统发生三相短路时，应用运算曲线可以很方便地求出任意时刻短路电流周期分量的有效值。但电力系统通常是由多电源组成的，所以利用运算曲线进行短路电流计算会有一定误差。实用计算中，要根据短路电流计算的目的和系统的具体情况来确定计算方法。常用的方法有两种，下面就分别介绍。

(一)同一变化法

同一变化法就是将所有电源合并为一台等值发电机，忽略了各发电机的类型、参数以及到短路点的电气距离等因素对周期分量的影响，认为各发电机所提供的短路电流周期分量的变化规律完全相同。因此，在计算过程中查同一条运算曲线，从而求出短路电流的周期分量。当电力系统中所有电源以水电厂为主时，应查水轮发电机的运算曲线；若以火电厂为主，就应查汽轮发电机的运算曲线。

同一变化法计算短路电流非常简便，但它忽略了不同类型发电机之间的差别，也忽略了各发电机与短路点之间电气距离的差别，因此计算结果误差较大，特别是电力系统中有无限大容量电源时不能采用同一变化法，而要采用个别变化法。

(二)个别变化法

个别变化法是将系统中所有发电机按照类型及距短路点远近的不同分为几组,通常分为2~3组即可。每一组用一台容量为该组所有发电机额定容量和的等值发电机来替代,然后对每一台等值发电机用运算曲线分别求出向短路点提供的短路电流,则短路点总的短路电流就等于各等值发电机所提供的短路电流之和。

个别变化法的关键是对系统内的发电机进行分组,其基本原则是:

(1)与短路点直接连接的同类型发电机分为一组;

(2)与短路点距离相差不大的同类型发电机分为另一组;

(3)无限大容量电源应单独为一组。

根据分组的结果化简电路,并将等值电路化简为各组电源支路直接与短路点相连接,求出各组的计算电抗,查各自的运算曲线,便得到计算结果。

【例8-4】 试计算图8-17所示 k 点三相短路时的 I'' 和 i_{im}。

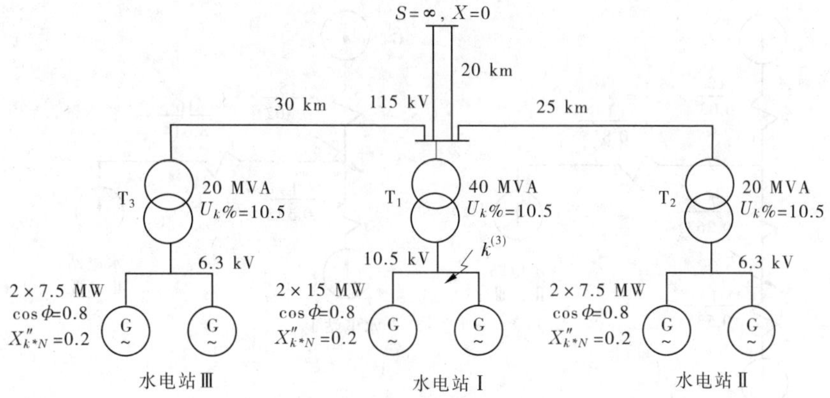

图8-17 例8-4的电路图

解:分析电网电源特点,水电站Ⅱ、Ⅲ相近,按同一变换法合并为一组,系统和电站Ⅰ各分一组,共3组。

1. 参数计算,并画等值电路

取 $S_j = 100$ MVA, $U_j = U_{aV}$,图8-18(a)为等值电路图,各电抗标幺值计算如下:

$$X_1 = X_2 = 0.2 \times \frac{100}{15/0.8} = 1.07, \quad X_3 = X_4 = X_5 = X_6 = 0.2 \times \frac{100}{7.5/0.8} = 2.13$$

$$X_7 = \frac{10.5}{100} \times \frac{100}{40} = 0.263, \quad X_8 = X_9 = \frac{10.5}{100} \times \frac{100}{20} = 0.525$$

$$X_{10} = 0.4 \times 25 \times \frac{100}{115^2} = 0.076, X_{11} = 0.4 \times 30 \times \frac{100}{115^2} = 0.091$$

$$X_{12} = \frac{1}{2} \times 0.4 \times 20 \times \frac{100}{115^2} = 0.03$$

2. 简化等值电路

$$X_{13} = \frac{1}{2} \times 1.07 = 0.535$$

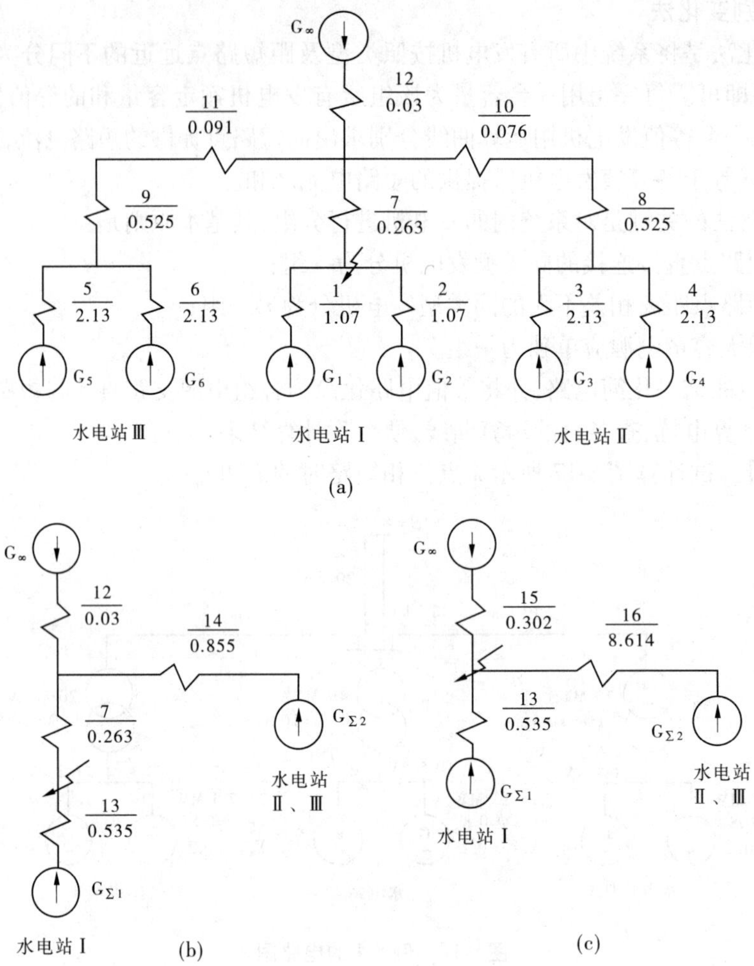

图 8-18　例 8-4 的等值电路图

将电站Ⅱ、Ⅲ合并为一组，得　　　$X_{14}=0.855$

将 X_{14}、X_{12}、X_7 构成的 Y 接线变换为△，得

$$X_{15}=0.03+0.263+\frac{0.03\times0.263}{0.855}=0.302$$

$$X_{16}=0.855+0.263+\frac{0.855\times0.263}{0.03}=8.614$$

简化后等值电路如图 8-18(b)、(c)所示。

3. 计算各支路计算电抗

电站Ⅰ支路　　　$X_{13.js}=0.535\times\frac{30/0.8}{100}=0.2$

电站Ⅱ、Ⅲ支路　　　$X_{16.js}=8.614\times\frac{30/0.8}{100}=3.23$

4. 短路电流计算

查运算曲线，得各支路短路电流标幺值：

电站Ⅰ支路 $I''_{\Sigma1}=5.526$

电站Ⅱ、Ⅲ支路 $I''_{\Sigma2}=0.32$

各支路短路电流有名值：

电站Ⅰ支路

$$I''_{\Sigma1}=5.526\times\frac{30}{\sqrt{3}\times10.5\times0.8}=11.39(\text{kA}),i_{im}=11.39\times2.7=30.75(\text{kA})$$

电站Ⅱ、Ⅲ支路

$$I''_{\Sigma2}=0.32\times\frac{30}{\sqrt{3}\times10.5\times0.8}=0.66(\text{kA}),i_{im}=0.66\times2.55=1.683(\text{kA})$$

系统 $$I''_{\infty}=\frac{1}{0.302}\times\frac{100}{\sqrt{3}\times10.5}=18.21(\text{kA}),i_{im}=18.21\times2.55=46.43(\text{kA})$$

其他时间段短路电流计算相类似。

第七节 短路电流的限制方法

一、短路电流限制的目的

在大容量发电厂和电力网中，短路电流可能达到很大数值而使其电气设备的选择产生困难，常需采取一些限制短路电流的措施。在中小容量发电站中，由本电站发电机所供短路电流一般较小，但若与大型电力网相连接，且电气距离又较近时，短路电流仍可达到较大数值。为了能选用轻型的开关电器与较小截面的电缆和母线，有时也需采取某些限制短路电流的措施。接于较大容量的配电变压器的低压网络，常有必要将其低压主母线的短电流限制在一定数值，以满足低压电气设备的选择要求。

与限制短路电流概念相反的是增大短路电流。小电网末端的短路电流较小，有时甚至与正常过负荷电流相差不大，因而造成继电保护装置或保护电器难以准确动作。这时宜设法增大短路电流，以确保继电保护或保护电器的动作灵敏度。

二、短路电流限制的方法

一般情况下就是增大短路回路阻抗，通常包括以下几个方面。

(一)将并联阻抗元件分开运行

图 8-19(a)为两台变压器并联接线。为限制较低电压侧母线的短路电流，可将该侧母线分段断路器 QF_f 断开，使两台变压器分开运行。

分开运行的变压器各自供本段母线上的负荷，其间负荷分配不均衡，总电能损耗比并联行时稍大，但因短路电流较小，加上供电可靠性较高，故在一般降压变电所和发电厂中获得广泛应用。

图 8-19(b)为双线路供电的大容量变电所，若断开其高压侧母线分段断路器 QF_f，使两线路分开运行，便可减小该变电所的短路电流。

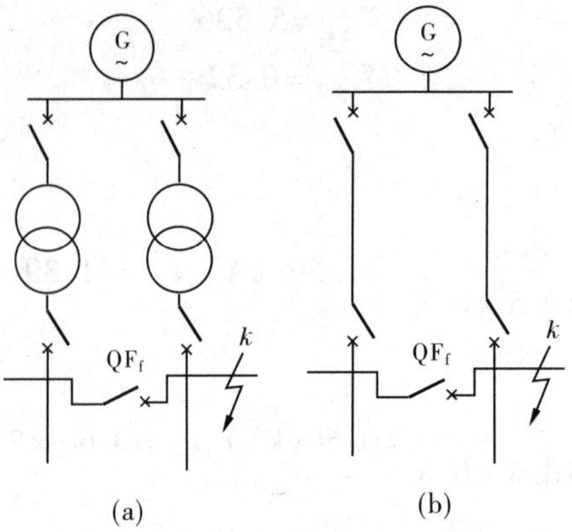

图 8-19　并联阻抗元件分开运行

(二)串联阻抗元件运行

这类阻抗元件有电抗器(普通电抗器和分裂电抗器)和隔离变压器等,增加短路时回路电抗值,达到减小短路电流的目的。常用于发电机电压母线及大容量降压变电站配电母线的馈电线路首端。

与普通电抗器相比,分裂电抗器的突出优点是正常工作时的电压损失比普通电抗器小,短路时限制短路电流的作用比普通变压器大。分裂电抗器的缺点是:若一臂短路而另一臂同时有负荷,由于互感电势的作用,有负荷的一臂将产生感应过电压,但若取 X_L = 8% ~10%,则此过电压值将不会太大。

(三)采用限流型熔断器与快速动作的继电保护和断路器

限流型熔断器和限流型低压空气开关等能有效地抑制短路电流中的非周期分量,明显减小短路冲击电流值和短路初始期间的电流有效值。快速动作的继电保护和断路器则不能减小短路初始时间的电流值包括冲击电流值,但加快切断短路电流,可减少短路电流热效应值的积累,同样起到限制短路电流的效果。

(四)减少电力网中的变压器中性点直接接地的数目

该法可以限制中性点直接接地系统的单相接地和两相接地短路电流的大小。通常根据电力网结构和运行方式,将部分变压器的中性点接地隔离开关拉开,使系统中任一点的单相和两相接地短路电流不大于其三相短路电流。

思考题与习题

1. 短路故障有哪几种类型?有哪些危害?短路发生的原因有哪些?防止短路的措施有哪些?

2. 标幺额定值、标幺基准值和百分值如何定义?有何不同用处?它们之间怎样进行换算?

3. 什么是无限大容量电力系统?无限大系统和发电机电源所供短路电流的变化规律有何异同?其瞬时值曲线、次暂态值、冲击值和稳态值等各有何特点?

4. 在中性点直接接地的高压系统中，为何要限制短路电流？如何进行限制？

5. 计算图 8-20 电路 k_1、k_2 三相短路时的各元件参数，并画等值电路。

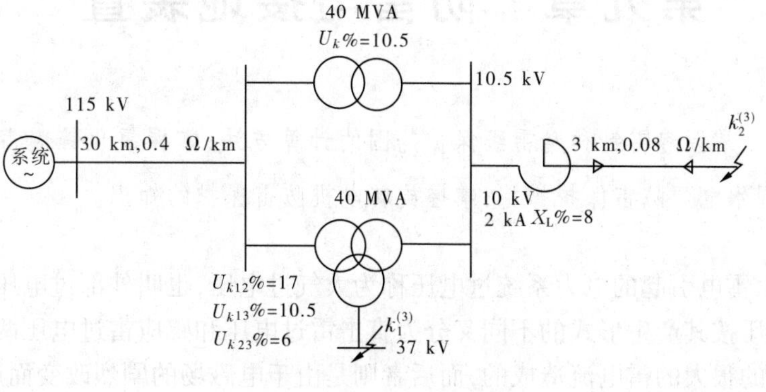

图 8-20　习题 5 计算电路图

6. 计算图 8-20 电路 k_1、k_2 三相短路时无穷大容量电源供给的短路电流和 115 kV、10.5 kV 母线的残压。

7. 计算图 8-21 电路 k 点三相短路时，各电源提供的 0 s、0.2 s、4 s 时间短路电流和冲击短路电流 i_{im}。

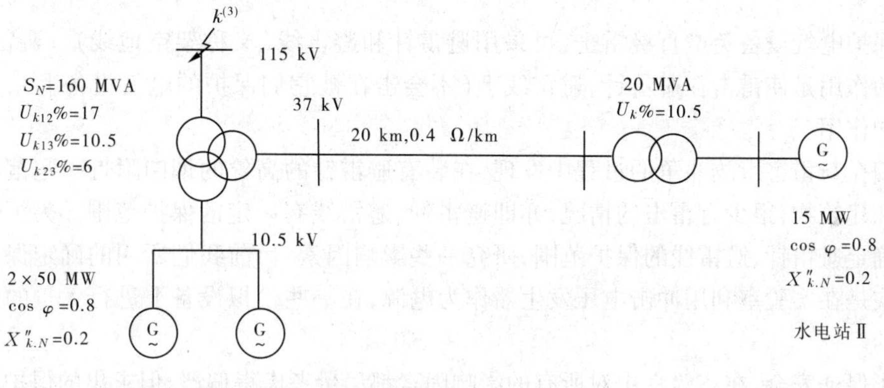

图 8-21　习题 7 计算电路图

第九章 防雷与接地装置

内容提示 掌握避雷针和避雷线保护范围的计算方法;掌握氧化锌避雷器的特点和选用方法;掌握水电厂防雷保护措施;掌握旋转电机防雷保护的知识。

通常,将由雷电引起的电力系统过电压称为大气过电压,也叫外部过电压或雷闪过电压。大气过电压按其产生形式的不同又分为直击雷过电压和感应雷过电压两种。前者是由流经被击物的很大的雷电流造成的,而后者则是由于电磁场的剧烈改变而产生的。

外部过电压的幅值取决于雷电参数和防雷措施,与电网的额定电压等级没有直接的联系。外部过电压对电气设备的绝缘威胁很大,为保证电力系统安全可靠运行,必须采取有效的防雷措施。

第一节 避雷针和避雷线

为保护电气设备免遭直接雷击,可采用避雷针和避雷线(又称架空地线)。避雷针、避雷线的作用是使雷击在避雷针、避雷线上(不会击在被它们保护的电气设备上),从而起到保护作用。

人们在与雷害事故斗争的过程中发现,在装有避雷针的高耸的烟囱附近一定范围内的设备和建筑物,很少有雷击的情况,亦即避雷针、避雷线有一定的保护范围。为了便于精确地确定避雷针、避雷线的保护范围,研究一些影响因素,目前我们所用的确定保护范围的公式是在实验室利用冲击电压发生器作为电源,在一些模拟设备上进行大量的实测后得到的。

为了保证安全,在实验室中对所有的影响因素都尽量考虑得偏严,但求出的保护范围仍不是绝对的,从运行经验中知,当设备处在保护范围之内时,受到雷击的可能性是很小的。由于避雷针呈尖状,雷云易于对它放电(对电场畸变的利用),故其保护效果较好,处在避雷针的保护范围内的设备受到雷击的可能性很小,一般不大于0.1%;而避雷线保护效果就差一些,设备受雷击的可能性要大些。但避雷线的保护范围是呈带状的,对保护伸长的被保护物最为恰当,特别适合于保护架空输电线,而避雷针则宜用于保护受雷面积不大的发电站、变电站。

一、避雷针

(一)单支避雷针的保护范围

它的保护范围应按下列方法确定,如图9-1所示。

(1)避雷针在地面上的保护半径应按下式计算:

$$r = 1.5h \tag{9-1}$$

式中　r——保护半径,m;

h——避雷针的高度,m。

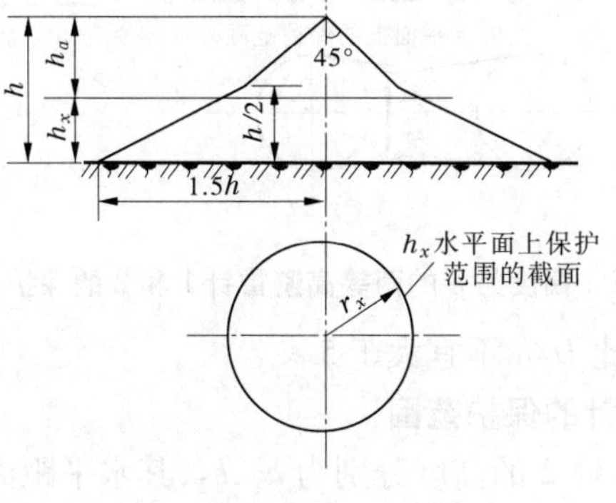

图 9-1　单支避雷针的保护范围

(2)在被保护物高度 h_x 水平面上的保护半径应按下式确定:

当 $h_x \geqslant \frac{h}{2}$ 时

$$r_x = (h - h_x)p = h_a p \tag{9-2}$$

式中　r_x——避雷针在 h_x 水平面上的保护半径,m;

h_x——被保护物的高度,m;

h_a——避雷针的有效高度,m;

p——高度影响系数,当 $h \leqslant 30$ m 时,$p=1$,当 30 m $< h \leqslant 120$ m 时,$p = \frac{5.5}{\sqrt{h}}$。

当 $h_x < \frac{h}{2}$ 时

$$r_x = (1.5h - 2h_x)p \tag{9-3}$$

当 $h > 30$ m 时,r_x 需乘以 p,它说明当避雷针高超过 30 m 时,其保护范围不再随避雷针高成正比增加。一个更为有效的扩大保护范围的做法是采用多只(等高或不等高)避雷针。

(二)两支等高避雷针的保护范围

如图 9-2 所示,两只高度均为 h 的避雷针的外侧(即针 1 的左,针 2 的右)的保护范围由式(9-2)、式(9-3)决定。由图 9-2 可见,采用两针时,两针之间除两个半径为 r_x 的保护范围外,又多得到一部分,这一部分保护范围的确定方法是:令 D 为两针间的距离;$2b_x$ 等于在高度为 h_x 水平面上保护范围的最小宽度,它位于两针的连接线的中点,即距每针的距离为$\frac{D}{2}$。如已知 b_x 的大小,则在平面图上可得$\left(\frac{D}{2}, b_x\right)$,由这一点向半径为 r_x 的圆作切线,便得到保护范围。

b_x 的确定:由图 9-2 可计算如下:

$$b_x = 1.5(h_0 - h_x) \tag{9-4}$$

式中　h_0——两针间保护范围上部边缘最低点的高度,m,可按下式计算:

$$h_0 = h - \frac{D}{7p} \tag{9-5}$$

当 $D = 7ph_a$ 时,$b_x = 0$。

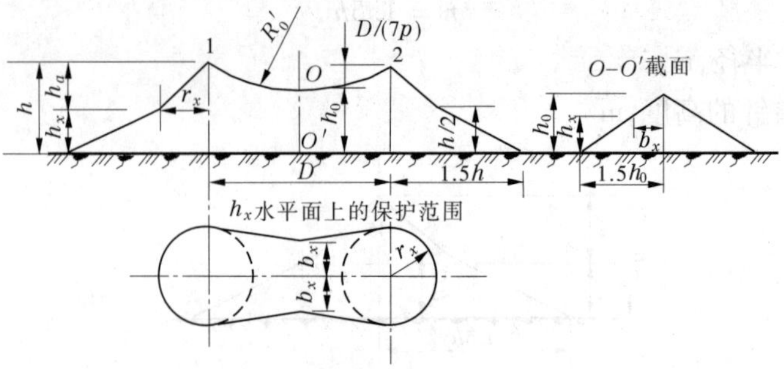

图 9-2　高度为 h 的两等高避雷针 1 和 2 的保护范围

两针间距离与针高之比 D/h 不宜大于 5。

(三)两支不等高避雷针的保护范围

如图 9-3 所示,设针 1、针 2 的高度分别为 h_1、h_2,其水平距离为 D,两针外侧的保护范围按单针的方法确定,两针间的保护范围确定如下:先作出较高针的保护范围的边界,之后由较低的针的顶部作一条与地面平行的线,这两者的交点,即图中的 3 点,由 3 点对地

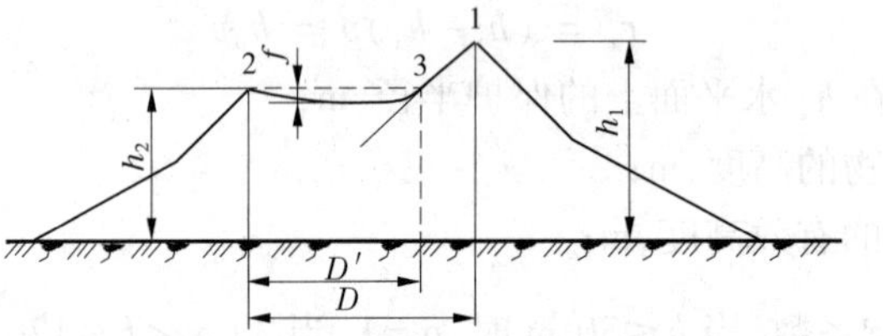

图 9-3　两支不等高避雷针 1 和 2 的保护范围

面作垂线,将此垂线看做一假想避雷针,再作它与针 2 的保护范围。

$$f = \frac{D'}{7p} \tag{9-6}$$

式中　D'——避雷针与假想避雷针间的距离,m;

f——圆弧的弓高,m。

有时,由于变电所室外配电装置的面积较大,即使用两根避雷针仍得不到满足时,那么就需用 3 ~ 4 支或更多支的避雷针进行保护,其计算见相关资料。

二、避雷线的保护范围

(一)单根避雷线的保护范围

单根避雷线保护范围的确定方法如图 9-4 所示。

在 h_x 水平面上避雷线每侧保护范围的宽度应按下式确定:

当 $h_x \geqslant \frac{h}{2}$ 时　　$r_x = 0.47(h - h_x)p$　　(9-7)

式中　r_x——每侧保护范围的宽度,m;

其他符号意义同前。

当 $h_x < \frac{h}{2}$ 时　　$r_x = (h - 1.53h_x)p$　　(9-8)

在 h_x 水平面上避雷线端部的保护半径,也应按式(9-7)、式(9-8)确定。

(二)双根避雷线的保护范围

如图 9-5 所示。两线外侧的保护范围,应按单线的计算方法确定。

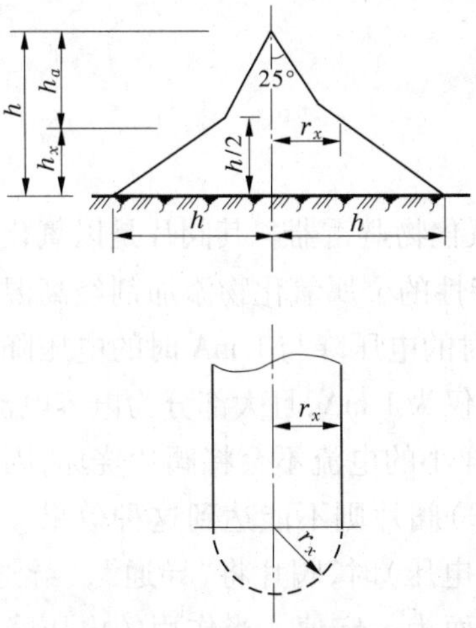

图 9-4　单根避雷线的保护范围

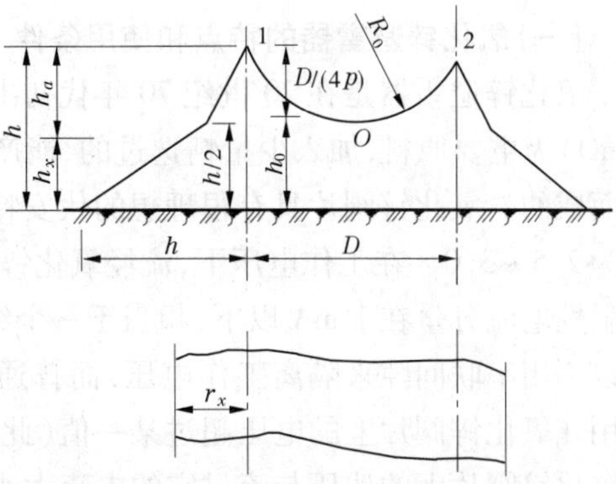

图 9-5　双根平行避雷线 1、2 的保护范围

两线之间各横截面的保护范围,应由通过两避雷线 1、2 点及保护范围上部边缘最低点 O 的圆弧确定。O 点的高度应按下式计算:

$$h_0 = h - \frac{D}{4p} \tag{9-9}$$

式中　h_0——两避雷线间保护范围边缘最低点的高度,m;

D——两避雷线间的距离,m;

h——避雷线的高度,m。

第二节　避雷器

一、避雷器的类型和基本要求

为保护电力系统的安全运行,必须限制作用于设备上的过电压,在与雷害事故斗争的过程中,人们利用了空气间隙在一定电压下会发生放电的特性,作出了保护间隙,它就是最先出现的“避雷器”。

当保护间隙在大气过电压作用下发生击穿,将雷电流引入大地后,系统还有工频电压的作用,于是保护间隙随即流过工频短路电流,如工频电弧不能熄灭,就会使供电中断。由此可见,对任何一个避雷器都应有两个基本要求:

(1)当过电压超过一定值时,避雷器发生放电(动作),将导线直接或经电阻接地,以限制过电压。

(2)在过电压作用过去后,能迅速截断在工频电压作用下的电弧,使系统恢复正常运行,避免供电中断。

避雷器按使用材料与构造的不同分为管型、阀型和氧化锌避雷器。管型、阀型避雷器(由普通碳化硅阀片构成),存在保护特性不好配合、残压高、有工频续流等问题,已完全被氧化锌避雷器所取代,因此本节主要介绍氧化锌避雷器的特点和应用,管型、阀型避雷器的特性和使用,参见其他材料。

二、氧化锌避雷器

(一)氧化锌避雷器的特点和使用条件

氧化锌避雷器是在20世纪70年代初出现的金属氧化物避雷器。其阀片是以氧化锌(ZnO)为主要原料,加入少量精选过的、能产生非线性特性的金属氧化物添加剂经高温烧结而成的。氧化锌阀片具有很理想的伏安特性,10 kA时的电压降与1 mA时的电压降之比为2.5~3.0。在工作电压下,流经氧化锌阀片的电流仅为1 mA,且大部分为电容电流,电阻性电流分量在1 mA以下,相当于一个绝缘体。这样小的电流不会将阀片烧坏,因此可以不用串联间隙来隔离工作电压,而普通碳化硅(SiC)阀片则不能达到这种效果。当作用在氧化锌阀片上的电压超过某一值(此值称为动作电压)时,阀片将“导通”,“导通”后氧化锌阀片上的残压与流过它的电流大小基本无关,而为一定值。当作用的电压降到动作电压以下时,氧化锌阀片“截止”,又相当于一个绝缘体,因此不存在工频续流。因此,氧化锌避雷器具有无间隙、无续流、伏秒特性无分散性、体积小、质量轻、价廉等优点。

氧化锌避雷器的正常使用条件:海拔不超过1 000 m,最大风速不超过35 m/s,环境温度不高于40 ℃、不低于-40 ℃,地震裂度Ⅶ度及以下地区。

对于在异常使用条件下的避雷器,另开发了高原型、耐污型和抗震型产品。高原型可使用于海拔超过1 000 m的高海拔地区;耐污型可使用于爬电比距不小于25 mm/kV、等值附盐密度等于或大于0.03 mg/cm^2 的重污秽地区;抗震型适用于地震裂度Ⅷ度及以上(水平加速度0.4 g 以上的强震地区)。

(二)氧化锌避雷器的分类和型号表示

1. 氧化锌避雷器的分类

(1)按用途可划分为线路型(X)、电站型(Z)、配电型(S)、并联补偿电容器组保护型(R)、电气化铁道型(T)、电动机及电动机中性点型(D)、变压器中性点型(不表示)七类。

(2)按结构可划分为两大类:

①瓷外套氧化锌避雷器。瓷外套氧化锌避雷器按耐污秽性能分为4个等级:Ⅰ级为普通型,Ⅱ级可用于中等污秽地区(爬电比距20 mm/kV),Ⅲ级可用于重污秽地区(爬电比距25 mm/kV),Ⅳ级可用于特重污秽地区(爬电比距31 mm/kV)。

②复合外套氧化锌避雷器。复合外套氧化锌避雷器是用复合硅橡胶材料作外套,并选用高性能的氧化锌电阻片,内部采用特殊结构,用先进工艺方法装配而成的,具有硅橡胶材料和氧化锌电阻片的双重优点。该系列产品除具有瓷外套氧化锌避雷器的一切优点外,另具有绝缘性能好、耐污秽性能高、防爆性能良好以及体积小、质量轻、平时不需维护、不易破损、密封可靠、耐老化、性能优良等优点。

(3)按结构性能可分为无间隙(W)、带串联间隙(C)、带并联间隙(B)三类。

2. 氧化锌避雷器的型号

氧化锌避雷器的型号表示如下：

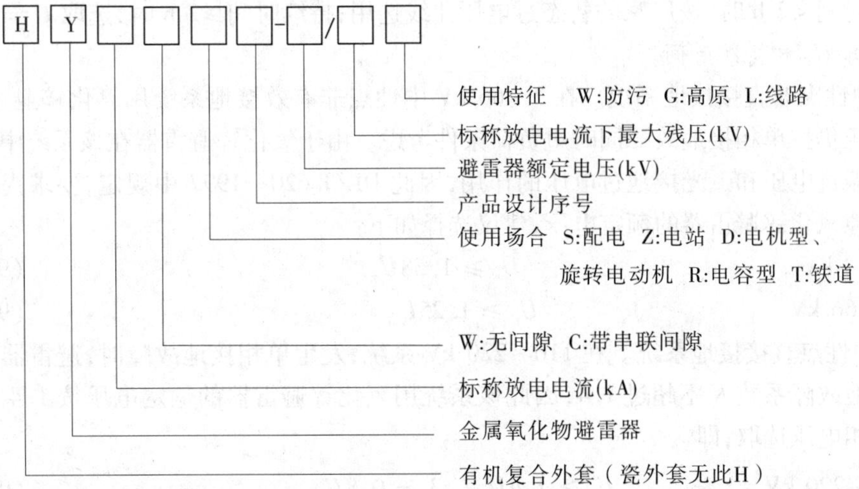

(三)氧化锌避雷器的主要技术参数及选用

1. 持续运行电压 U_c

要求系统长期施加在避雷器上的电压小于避雷器持续运行电压。与有间隙避雷器完全不同，无间隙避雷器的 ZnO 元件直接处于系统工作电压的作用下，由于泄导持续电流(正常为 100 μA 数量级)引起的发热，可能导致 ZnO 元件加速老化而缩短工作寿命。设氧化锌避雷器两端之间的最高实际长期运行电压(为相电压)为 $U_{ca}=U_m/\sqrt{3}$(U_m 为最高长期运行的线电压)，则：

(1)在中性点直接接地系统中，其持续运行电压可按不低于系统最高相电压选取，即

$$U_c \geqslant U_{ca} \tag{9-10}$$

(2)在中性点非直接接地系统中，其持续运行电压可按下式选取：

10 s 及以内切除故障 $U_c \geqslant U_{ca}$ (9-11)

2 h 及以上切除故障，3 ~ 15.7 kV 电压等级 $U_c \geqslant 1.1U_m$ (9-12)

35 ~ 66 kV 电压等级 $U_c \geqslant U_m$ (9-13)

10 s ~ 2 h 之间切除故障，可按 2 h 以上选取，也可参照避雷器的工频电压耐受特性曲线选取。

2. 额定电压 U_r

U_r 是指避雷器两端间的最大允许工频电压的有效值。按试验标准，避雷器在 60 ℃的温度下注入规定的能量后，能耐受额定电压 U_r 10 s，随后在持续运行电压 U_c 下，耐受 30 min，能保持热稳定。

3. 暂态过电压

暂态过电压 U_T 是确定避雷器额定电压的主要依据。氧化锌避雷器的额定电压通常按电力系统单相接地故障并考虑甩负荷、长线电容效应条件下，非故障相上的最高暂态过电压 U_T 来选择。

1) 已知 U_T 和持续时间

持续时间≤10 s时，选 $U_r \geqslant U_T$；持续时间≤100 s时，选 $U_r \geqslant 1.05U_T$。

持续时间<2 h时，按厂家的暂态过电压曲线选用；持续时间≥2 h时，选取 $U_c = U_T$。

2) 未知 U_T 和持续时间

（1）中性点非直接接地系统。在3～66 kV中性点非有效接地系统用氧化锌避雷器，其额定电压仍按单相接地故障同时甩负荷条件考虑。由于氧化锌避雷器在该系统中可能会承受谐振过电压和弧光接地过电压的作用，因此DL/T 620—1997中规定，要求提高该系统无间隙氧化锌避雷器的额定电压，建议选择如下：

3 ～ 10 kV $\qquad U_r \geqslant 1.38U_m \qquad$ (9-14)

35 ～ 66 kV $\qquad U_r \geqslant 1.25U_m \qquad$ (9-15)

（2）中性点直接接地系统。在110～220 kV系统，发生单相接地故障时，避雷器安装地点的接地故障系数 K 不超过1.4，因此该系统用氧化锌避雷器的额定电压按1.4倍的最大工作相电压选取，即

110 ～ 220 kV $\qquad U_r \geqslant 1.4U_m/\sqrt{3} = 0.8U_m \qquad$ (9-16)

4. 工频电压耐受时间特性（U—t 曲线）

由于暂态过电压 U_T 和持续时间是随电网结构和运行工况不同而不同的，上述 U_r 仅为持续时间1 s时的电压，因此工频电压耐受时间特性规定了多个持续时间点的“允许电压值”以满足实际电网的需要。选用 U_c 和 U_r 时应根据实际系统参数及运行条件，按厂家提供的耐压能力曲线确定。

5. 标称放电电流 I_n

I_n 称为避雷器的标称放电电流，波形用8/20 μs。I_n 是用以划分其等级类别的重要参数，有1 kA、1.5 kA、2.5 kA、5 kA、10 kA、20 kA等各个等级，前三级分别与中性点、低压、电机、电容器、避雷器等相对应，电站型避雷器则分为后三级。在选择避雷器标称放电电流时，一般不把近区雷击作为线路选择的依据，主要考虑远方着雷时，雷电流在线路上衰减变形后的情况。选用时要计算流过避雷器的雷电流幅值，以确定 I_n。

第三节　水电站防雷保护

发电厂、变电所是电力系统的重要组成部分，如果发生雷闪事故，可能会使变压器及其他电器等主要设备发生损坏，造成大面积停电，严重地影响国民经济和人民生活，因此对发电厂、变电所的防雷保护，必须十分可靠。

发电厂、变电所的雷害事故可来自三个方面：一是雷直击于发电厂、变电所的导线或设备；二是雷击线路后沿线路向发电厂、变电所传来的雷电侵入波；三是在电站附近，包括电站避雷针上落雷导致的感应雷过电压。

对于直击雷的保护是采用避雷针或避雷线。我国运行经验证明，凡装设符合规程要求的避雷针的发电厂、变电所，可以认为是完全可靠的。

由于线路绝缘水平较高，线路落雷频繁，所以沿线路入侵的雷电波幅值会很大，如不

采取防护措施势必造成变电所内电气设备绝缘损坏。所以,发电厂、变电所对雷电进行波的防护是非常重要的任务。其主要的防护措施是装设避雷器,以限制侵入波过电压;在线路装设避雷线以限制入侵波陡度和流过避雷器的雷电流幅值。

据统计,我国35 kV以上变电所由入侵雷电波而引起的事故率约为0.67次/(百所·a),直配电机的雷击损坏率约为1.25次/(百所·a)。

一、发电厂、变电所的直击雷保护

为了防止雷直击发电厂、变电所,可以装设避雷针,装设避雷针的原则如下:

(1)所有被保护设备(电气设备,烟囱、冷却水塔、水电厂的水工建筑,易燃易爆装置等)均应处于避雷针的保护范围之内,以免遭受雷击。此外,对于发电厂、变电所进线的最后一挡线路,如果没有避雷线保护,也应包括在避雷针的保护范围之内。

(2)当雷击避雷针时,雷电流通过避雷针入地,使避雷针对地电位升高,此时应防止避雷针至被保护设备发生反击。雷电流 i_L 流经避雷针及其接地装置(见图9-6)时,在避雷针上高度为 h 处(A 点),将出现高电位 u_k,避雷针的接地装置上的电位为 u_d,则有

$$u_k = L\frac{\mathrm{d}i_L}{\mathrm{d}t} + i_L R_{ch} \tag{9-17}$$

$$u_d = i_L R_{ch} \tag{9-18}$$

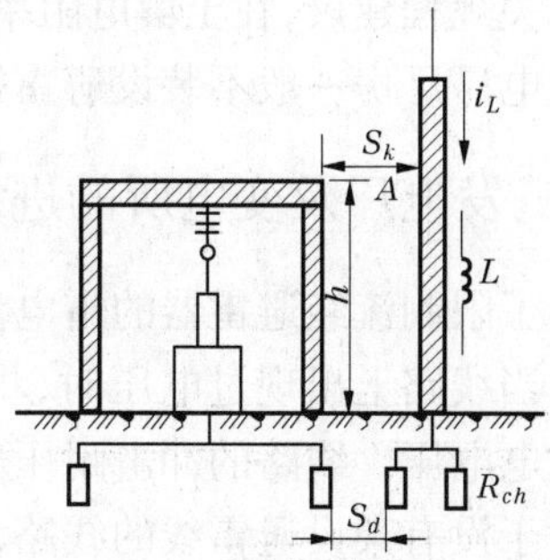

图9-6　独立避雷针离配电构架的距离

式中　R_{ch}——避雷针的冲击接地电阻;

i_L、$\frac{\mathrm{d}i_L}{\mathrm{d}t}$——流经避雷针的雷电流、雷电流平均上升速度,取雷电流 i_L 的幅值为150 kA,雷电流的平均上升速度$\frac{\mathrm{d}i_L}{\mathrm{d}t}$取为30 kA/μs;

L——避雷针的等值电感,其值为1.7 μH/m时,可得

$$u_k = 150R_{ch} + 51h \tag{9-19}$$

$$u_d = 150R_{ch} \tag{9-20}$$

式中　h——配电构架的高度。

可以看出,避雷针和其接地装置上的电位 u_k 和 u_d 与冲击接地电阻 R_{ch}有关,R_{ch}愈小,则 u_k 与 u_d 愈低。

为了防止避雷针与被保护设备或架之间的空气间隙 S_k(见图9-6)被击穿而造成反击事故,必须要求 S_k 大于一定距离,若取空气的冲击放电电压为500 kV/m,则 S_k 应满足式(9-21):

$$S_k > 0.3R_{ch} + 0.1h \tag{9-21}$$

同样,为了防止避雷针接地装置和被保护设备接地装置之间在土壤中的间隙 S_d 被击穿,S_d 应满足式(9-22):

$$S_d > 0.3R_{ch} \tag{9-22}$$

此处假设土壤冲击放电电压为 500 kV/m。在一般情况下 S_k 不应小于 5 m，S_d 不应小于 3 m。

对于 110 kV 及以上的变电所，可以将避雷针装设在配电装置的构架上，这是因为这类电压等级的配电装置的绝缘水平较高，雷击于避雷针时，在构架上出现的高电位不会造成反击事故。避雷针的配电构架应装设辅助接地装置，此接地装置与变电所接地网的连接点距主变压器接地装置与变电所接地网的连接点之间的距离不应小于 15 m，目的是使雷击避雷针时，在避雷针上产生的高电位沿接地网向变压器接地点传播过程中逐渐衰减，在到达变压器接地点时，不会造成变压器反击事故。由于变压器的绝缘较弱，又是变电所中最重要的设备，故在变压器的门型构造上，不应装设避雷针。

关于线路终端杆塔上的避雷针能否与变电构架相连的问题，也可按上述装设避雷针的原则来处理。110 kV 及以上的变电所允许相连，35 kV 及以下的变电所一般不允许相连。有关规程建议，在土壤电阻率不大于 500 Ω·m 的地区，可以相连。

发电厂厂房一般不装设避雷针，以免发生反击事故和引起继电保护误动作。

二、发电厂及变电所的进线保护

为了限制流经避雷器的雷电流和限制入侵波的陡度，变电所需采用一定的进线保护接线。当线路上出现过电压时，将有电磁波沿导线向变电所运动，其幅值为线路绝缘的 50% 放电电压。线路的冲击耐压值为变电器冲击耐压值的 1.5 ~ 1.8 倍。

对于没有架设避雷线的线路，当雷击于变电所附近线路的导线上时，沿线路入侵流经避雷器的雷电流可能超过 5 kA，且其陡度也可能超过允许值，因此在靠近变电所的一段进线上，必须装设避雷线，这样在进线段内出现雷电波的概率将大大减小，保证雷电波只能在进线段以外出现。由于在进线上架设避雷线，称为变电所进线保护段，其长度一般为 1 ~ 2 km，见图 9-7。进线段因具有较高的耐雷性能，规程规定，不同电压等级进线段线路的耐雷水平见表 9-1。避雷线的保护角应为 20°左右，以尽量减小绕击机会。

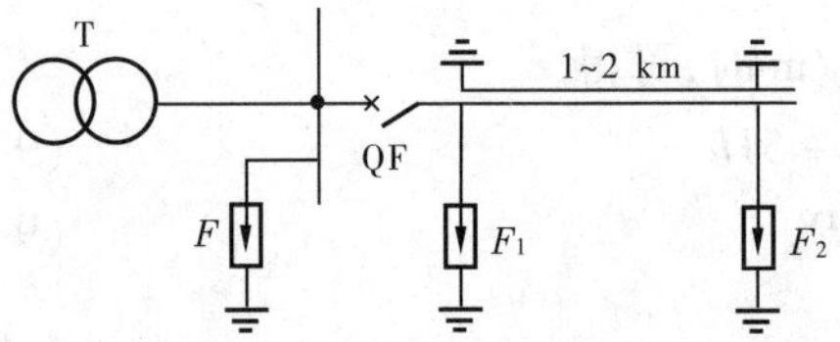

(a)未沿全线架设避雷线的35~110 kV线路进线保护

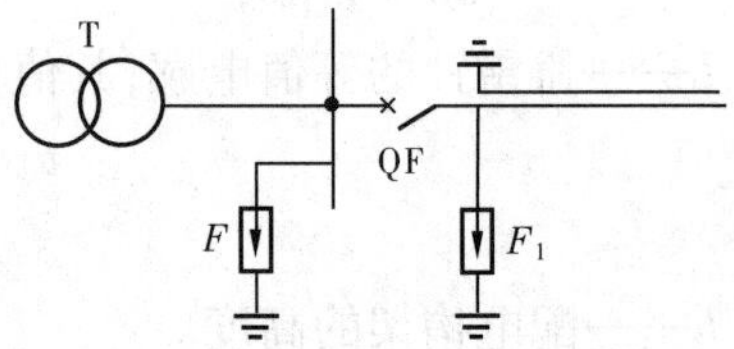

(b)全线架设避雷线进线保护

图 9-7　变电所的进线保护接线

表 9-1　不同电压等级进线段线路的耐雷水平

额定电压(kV)	35	60	110	154	220	330
耐雷水平(kA)	30	60	75	90	120	140

对于全线装有避雷线的线路，距变电所附近 2 km 长的一段线路也算做进线段。

经计算可知，1 ~ 2 km 长度进线段已能满足限制避雷器中雷电流不超过 5 kA(或 10

kA)的要求。

最不利的情况是在进线段的首端落雷，这时入侵雷电波的幅值等于线路的50%冲击闪络电压，且具有直角波头。此电压已超过导线的临界电晕电压，因此在入侵波作用下，导线将发生电晕，由于电晕要消耗能量，可以使入侵波衰减与变形。所以，直角波头的入侵雷电波由进线段首端向变电所的传播过程中，波形将发生变形而使波头变缓。

表9-2给出了不同电压等级变电所入侵波的计算用陡度α′值。

表9-2 变电所入侵波的计算用陡度α′值

项目		额定电压(kV)			
		35	110	220	330
α′(kV/m)	1 km 进线段	1.0	1.5	1	1
	2 km 进线段或全线避雷线	0.5	0.75	1.5	2.2

在线路绝缘水平很高的情况，为了限制入侵雷电波的幅值，可在进线段的首端处装设一组氧化锌避雷器 F_1，如图9-7(a)所示。在雷雨季中，如变电所35～110 kV进线的隔离开关或断路器可能经常处于断开状态，且在线路侧又带电的情况下，当沿线路有50%幅值的雷电波入侵时，在断开点将发生全反射使电压升高一倍，可能发生冲击闪络而产生工频电弧，使开路的断路器或隔离开关烧毁。因此，靠近隔离开关或断路处，应装设一氧化锌避雷器 F_2，如图9-7(a)所示，F_2 在断路器闭合运行时，入侵雷电波不应使氧化锌避雷器 F_2 动作，即此时 F_2 应在变电所氧化锌避雷器保护范围内。若在断路器闭合运行时，入侵雷电波使 F_2 动作放电，则会产生截波，这样可能会危及变压器的纵绝缘。

此外，运行经验证明，在重雷区，甚至在雷雨季中常合闸的断路器，也宜装设氧化锌避雷器 F_2，因为一次雷击引起断路器跳闸后，可能发生连续雷击，致使已跳闸的断路器闪络。

三、变压器的雷闪过电压及保护

(一)三绕组变压器的保护

三绕组变压器在正常运行时，有时存在只有高、中压绕组开路的运行情况。此时若高压绕组或中压绕组有雷电波入侵，由于低压绕组对地电容较小，开路的低压绕组上静电感应分量可达到很高的数值，将危及低压绕组绝缘。考虑到静电感应分量将使低压绕组三相电位同时升高，故为了限制这种过电压，只要在低压绕组任一相的直接出口处加装一只避雷器即可。中压绕组也有开路的可能，但其绝缘水平较高，一般不装避雷器。

(二)变压器中性点保护

当三相进波时，中性点不接地的变压器中性点电位会达到绕组端电压的2倍，这时变压器的中性点需要保护。

对于中性点不接地或经消弧线圈接地的系统，变压器是全绝缘的，即中性点处的绝缘与相线端绝缘水平相同。由于三相进波的概率很小，且大多数波来自线路较远处，其陡度很小，变电所进线不止一条，非雷击的进线起了分流作用，变压器绝缘也有一定裕度等原因，有关规程规定，35～60 kV 变压器中性点一般不需保护。但对 110 kV 且为单过线的变电所，则宜在中性点上加装避雷器，这些避雷器的额定电压应与首端的避雷器是同样等级。

对于中性点接地系统，为了减少单相接地短路电流，其中一部分的变压器中性点是不接地的。在这些系统中的变压器往往是分级绝缘的，即变压器在中性点处的绝缘水平要比相线端低得多，例如我国 110 kV 和 220 kV 变压器中性点绝缘分别为 35 kV 和 110 kV 等级，这时需要在中性点上加装氧化锌避雷器以保护中性点绝缘。

（三）配电变压器的防雷保护

3～10 kV 配电网络分布面很广，平均每千米线路就有一台配电变压器。由于配电变压器容易遭受雷击，故必须做好配电变压器的防雷保护。

3～10 kV 的配电变压器采用氧化锌避雷器作为防雷保护。保护装置应尽量靠近变压器装设。为了避免雷电流 I_L 流过接地电阻 R 上的压降与避雷器的残压叠加在一起作用在配电变压器的主绝缘上，应将避雷器接地端的接地线与配电变压器的外壳连在一起，如图 9-8 所示。这样作用在配电变压器主绝缘上的电压只有避雷器的残压。但这又会带来另外的问题，就是雷电流在接地电阻 R 上的压降会使配电变压器外壳电位提高，可能产生外壳对低压绕组逆闪络。为此，可将低压绕组的中性点也连在配电变压器的外壳上，当外壳电位提高时，低压绕组的电位也随之提高，保持外壳与低压绕组电压不变，避免了逆闪络，这样就形成了避雷器的接地引下线、配电变压器外壳、低压绕组中性点连在一起，三点共同接地，如图 9-8 所示。其工频接地电阻值对于 100 kVA 及以上的变压器应不大于 4 Ω，对于小于 100 kVA 的变压器应不大于 10 Ω。

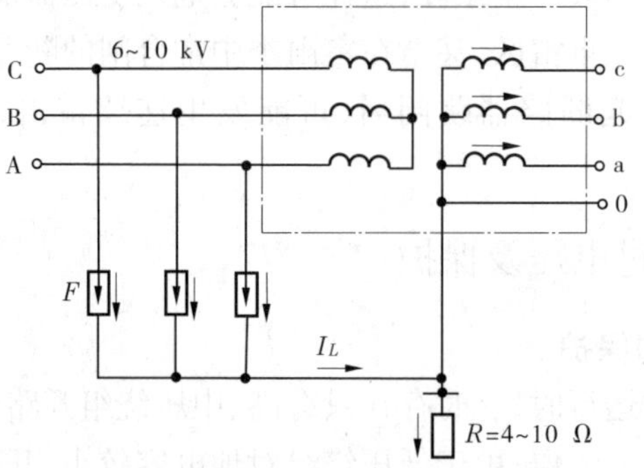

图 9-8　配电变压器的防雷保护接线

对于 Y，y_{n0} 接线的配电变压器，如果在低压侧未装避雷器保护，当高压侧受到雷击时，高压侧避雷器动作，经过避雷器会有雷电流流入大地，在接地电阻上产生压降 I_LR。这个电压降也同时作用在低压侧的中性点上，但此时低压侧出线相当于经地线路波阻接地，因此这个压降 I_LR 大部分加在变压器低绕组上。由于电磁感应，在高压绕组上将出现 I_LR 乘变比的过电压。由于高压绕组出线端的电位受避雷器固定，因此这个电压沿高压绕组分布，且在中性点上达最大值。所以，在中性点附近绝缘可能发生击穿，这种现象称为逆变换过电压。

对于郊区农村的配电变压器，由于低压出线较长，且多没有高建筑物的屏蔽，故低压线路易受雷击。若配电变压器低压侧未装避雷器保护，当雷电波由低压侧侵入时，由于低压侧中性点是接地的，低压绕组将有雷电流通过并产生磁通，通过电磁感应，按变比在高压侧感应电势，高压绕组出现高电压，称为正变换过电压。由于低压侧绝缘裕度比高压侧大，一般低压侧不易损坏，而使高压侧绝缘击穿。

故在多雷区的 3 ~ 10 kV，Y，y_{n0} 或 Y，y 的配电变压器，宜在低压侧装设一组氧化锌避雷器，其作用是限制低压绕组的过电压，从而也限制了感应在高压绕组的正、逆变换过电压。

四、旋转电机的防雷保护

直接与架空线相连的旋转电机称为直配电机。这种电机因线路上的雷电波可以直接传入电机，故其防雷保护尤为重要。旋转电机的防雷保护应包括电机主绝缘、匝间绝缘和中性点绝缘的保护。

（一）旋转电机防雷保护的特点

由于结构和工艺上的特点，在相同电压等级的电气设备中，旋转电机的绝缘水平是最低的，其主绝缘的冲击系数接近于1。表 9-3 列出了旋转电机主绝缘的出厂耐压值与变压器的冲击耐压值的比较。

表 9-3　旋转电机的出厂耐压值与变压器的冲击耐压值

电机额定电压（有效值(kV)）	电机出厂工频耐压（有效值(kV)）	电机出厂冲击耐压（幅值(kV)）	同级变压器出厂冲击耐压（幅值(kV)）	Y5W 氧化锌避雷器 5 kA 残压（幅值(kV)）
10.5	$2u_n+3$	34	80	31
13.8	$2u_n+3$	43.3	108	40
15.75	$2u_n+3$	48.8	108	45

从表 9-3 中可以看出，旋转电机绝缘的出厂耐压值仅为变压器的 1/2.5 ~ 1/4，而且在运行过程中，由于受到机械、电、热和化学的联合作用，电机绝缘将会老化，因此运行中的电机实际的冲击耐压水平将比表 9-3 中所列的数值还要低。

保护旋转电机用的氧化锌避雷器（Y5W 型）的保护性能与电机绝缘水平的配合裕度很小。从表 9-3 中可知，旋转电机冲击耐压值只比避雷器的残压高 8% ~10%。

对于旋转电机的防雷保护，应根据发电机的容量、重要性以及当地雷电活动情况，因地制宜地采取一定的防范措施。考虑到对直配电机的防雷保护还不能达到十分完善的地步，有关规程规定：60 000 kW 以上的发电机不允许与架空线直接相连。

当雷电波作用于发电机绕组时，匝间绝缘及中性点绝缘都会受到电压的作用，入侵波陡度越大，匝间绝缘上承受的电压越高，为了保护匝间绝缘，必须将入侵波陡度限制在 5 kV/μs以下。

一般说来，发电机中性点是不接地的，当直角波入侵中性点时，中性点电压可达端电压的 2 倍，因此必须对中性点采取保护措施。试验证明，入侵波的陡度降低时，中性点的过电压也随之减小，当入侵波陡度降至 2 kV/μs 以下时，中性点的过电压将不会超过相端的过电压。

作用在直配电机上的大气过电压有两种：一种是与电机相连的架空线路上的感应雷过电压；另一种是雷直击于与电机相连的架空线路而引起的过电压，其中感应雷过电压出现的机会较多。如前所述，感应雷过电压是由线路导线上的感应电荷转为自由电荷所引起的。在相同的感应电荷下，增加导线的对地电容，就可以降低感应过电压。所以，为了限制作用在发电机上的感应雷过电压，使之低于电机冲击耐压强度，可在发电机电压母线上装设电容器。

（二）直配电机的防雷措施

雷直击于与电机相连的线路，雷电波会沿线路侵入电机，这是直配电机防雷保护的主要方面，其防雷保护的主要措施如下：

（1）在每台发电机出线的母线处装设一组 Y5W 型氧化锌避雷器，以限制入侵波幅值，同时再采取进线保护措施以限制通过 Y5W 的雷电流不得超过 5 kA。

（2）在发电机电压母线上装设电容器，以限制入侵波陡度 α，从而保护电机匝间绝缘及中性点绝缘，同时也降低了感应过电压。

（3）进线段保护。为了使流经氧化锌避雷器 Y5W 中的雷电流小于 5 kA，需要设置进线段保护。

图 9-9 所示为电缆与氧化锌避雷器联合作用的典型进线段保护接线。这种接线适用于单机容量为 6 000 ~ 60 000 kW 的直配电机。

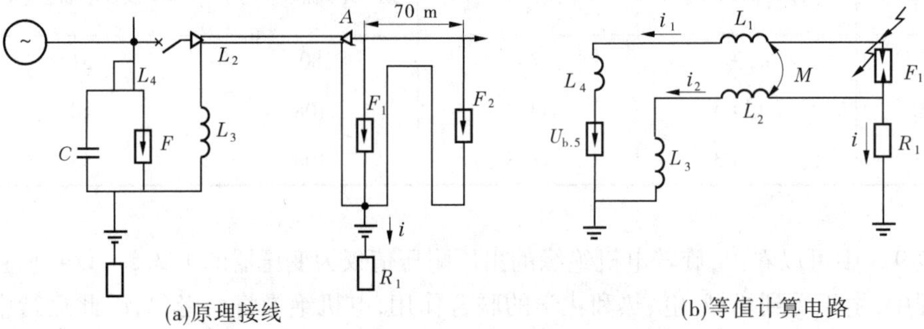

图 9-9　电缆与氧化锌避雷器联合作用的进线段保护接线

雷电波入侵时，氧化锌避雷器 F_1 动作，电缆芯线与外皮经氧化锌避雷器 F_1 短接在一起，雷电流流过 F_1，和接地电阻 R_1 上所形成的电压降 iR_1，同时作用在电缆外皮与芯线上。避雷器动作后，其等值电路如图 9-9（b）所示。这时，沿电缆外皮将有电流 i_2 流向电机侧，i_2 在电缆外皮的自感 L_2 上将出现压降 $L_2\dfrac{di_2}{dt}$。此压降是由环绕外皮的磁力线变化所造成的，这些磁力线也必然全都与电缆芯线相匝链（因有互感 M），结果在芯线上也感应出一个大小等于 $L_2\dfrac{di_2}{dt}$的反电势来。这个反电势将阻止雷电流从 A 点沿芯线向电机侧运动，从而限制了流经氧化锌避雷器 Y5W 的雷电流。如果 $L_2\frac{di_2}{dt}$与 iR_1 完全相等，则在芯线中就不会有电流流过，但因电缆外皮末端的下线总有电感 L_3 存在，则 iR_1 与 $L_2\frac{di_2}{dt}$之间会有差值，差值越大，则流经芯线的电流也越大，故在实际中，应尽量使电缆末端外皮接地引下线到接地网的距离缩短。

计算表明，当电缆长度为 100 m，电缆末端外皮接地引下线到接地网的距离为 12 m、$R_1=5\ \Omega$、电缆段首端落雷且雷电流幅值为 50 kA 时，流经每相避雷器 Y5W 的雷电流不会超过 5 kA，也就是说这种保护接线的耐雷水平为 50 kA。

由上可知，这种进线保护段的限流作用完全靠氧化锌避雷器 F_1 动作，但因电缆的波阻抗远比架空线小，入侵波到达图 9-9 中的 A 点时，将发生负反射，使 A 点电压降低，故 F_1 有可能不动作，这时电缆段的限流作用将不能发挥，此时雷电流将沿电缆芯线侵入电机母线，流经避雷器 Y5W 的电流将会超过规定值，所以只有 F_1 是不够的。为此在 A 点前 70 m 再加装一组氧化锌避雷器 F_2。由于它距离电缆首端 A 有一定距离，在负反射未到达时，F_2 已动作，F_3 的接地线应用导线与电缆首端 A 和 F_1 连接，连接线悬挂在杆塔导线下面 2 ~ 3 m 处（以增加两线间的耦合）。采用此方式后，虽然 F_3 容易放电，但由于 F_3 的接地端到电缆首端外皮的连接线上的压降不能全部耦合到导线上去，故沿芯线流向母线的电流就会增大，遇强雷时可能超过 5 kA，为防止这种情况，所以在电缆首端仍保留一组氧化锌避雷器 F_2，如图 9-10 所示，在强雷时，此避雷器也动作。这样，电缆段的限流作用就可以得到充分发挥。

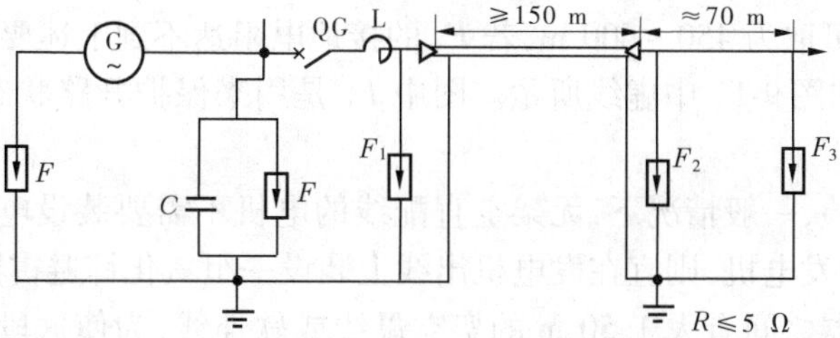

图 9-10　25 000 ~ 60 000 kW 直配电机的保护接线

有关规程建议的大容量（25 000 ~ 60 000 kW）直配电机的典型防雷保护接线如图 9-10所示。图中 L 为限制工频短路电流用电抗器，只为放雷专门设置，在电抗器前加装一组氧化锌避雷器，以保护电抗器和电缆终端，由于电抗 L 的存在，F 动作后使流经母线上氧化锌避雷器 Y5W 的电流得到进一步限制。

为了保护发电机中性点的绝缘，除了限制入侵波陡度 α 不超过 2 kV/μs，尚须在中性点加装避雷器。考虑到电机在受雷击的同时，可能有单相接地存在，中性点可能出现相电压，故中性点用避雷器的灭弧电压应大于相电压，具体值可按表 9-4 选择。若电机中性点不能引出，则需将每相电容增大到 1.5 ~ 2 μF，以进一步降低入侵波陡度，确保中性点绝缘。

容量较小（6 000 kW 以下）或少雷区的直配电机可不用电缆进线段，其保护接线见

图 9-11。在进线保护段长度 l_b 内,应装设避雷针或避雷线,入侵波使 F_3 动作,流经 F 的雷电流与 F_3 动作后与地的电压降有关,它的接地电阻 R 愈小,则流经 F 的雷电流愈小;进线段的长度愈大,其等值电感 L 愈大,则流经 F 的雷电流也愈小。有关规程建议:

表 9-4　保护电机中性绝缘的避雷器

电机额定电压(kV)	3	6	10
避雷器型式	Y1W-2.3/6	Y1W-4.6/12	Y1W-7.6/19

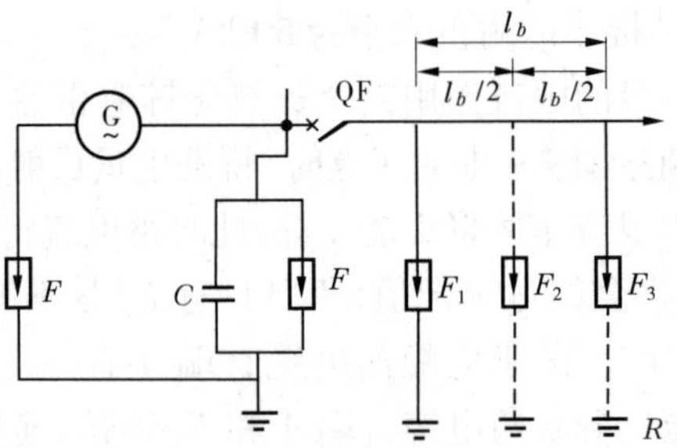

图 9-11　1 500~6 000 kW 以下直配电机的保护接线

对 3 kV、6 kV 线路　　　　　　$l_b/R \geqslant 200$

对 10 kV 线路　　　　　　$l_b/R \geqslant 150$

式中　l_b——进线保护段长度,m;

R——接地电阻,Ω。

一般进线段长度可取为 450~600 m,若 F_3 的接地电阻达不到上述要求,可在 $l_b/2$ 处再设一组避雷器 F_2,如图 9-11 中虚线所示。图中 F_1 是用来保护开路状态的断路器或隔离开关的。

根据我国运行经验,一般情况下,无架空直配线的电机不需要装设电容器和避雷器。在多雷区,特别重要的发电机,则宜在发电机出线上装设一组氧化锌避雷器。

若发电机与变压器之间有大于 50 m 的架空母线或软连线,为使这段连线不受雷击,这段连线除需用避雷针进行防护外,还应防止雷击附近而产生的感应过电压,此时应在电机出线上每相加装不小于 0.15 μF 的电容器或氧化锌避雷器。

第四节　人体触电

电对人体的伤害是多方面的:电流通过人体会造成电击;电流的热效应会造成电灼伤;电流的化学效应会造成电烙印和皮肤金属化;电磁场能量对人体的辐射作用,会引起头晕、乏力、神经衰弱等症状;电火花会引起瓦斯及氢气爆炸,造成设备损坏和人身伤亡。所以,必须研究电气安全技术,采取有效措施。

一、人体触电的概念与原因

人体的不同部分,如手脚之间、两手之间或两脚之间受到电压的作用,在人体内通过电流，造成伤害，甚至危及生命安全，叫做触电。

通常是人站在天然导电的地面上，手接触到带电体而发生触电。统计表明，多数触电事故是由于直接接触或接近电路的裸带电部分而造成的；另有约20%的事故则是由于电气设备的绝缘损坏致使金属外壳、基础构架等发生非正常带电而引发的。前一类称为直接触电，防止的办法是采用电气隔离，并且正确地执行电气设备安全运行的组织措施和技术措施；后一类称为间接触电，除了加强绝缘的定期监测和维修，便是采用接地保护的办法。须知绝缘损坏并不都是由外部原因引发的偶然现象，任何绝缘的老化都是必然的，而老化的绝缘便随时可能出现绝缘故障。

二、电流对人体作用的机理

电流通过人体内部，对人体的伤害程度与通过人体的电流大小、电流通过人体的持续时间、电流通过人体的途径、电流的种类及人体的精神状态有关，而且各种因素之间有密切联系。

（一）电流大小

通过人体的电流越大，人体的生理反应越强烈，引起心室颤动所需的时间越短，致命的危险性就越大。对于工频电流，按照电流通过人体的大小不同，可以划分为以下三级：

（1）感知电流。引起人的感觉的最小电流称为感知电流。实验资料表明，对于不同的人，感知电流也不同，成年男性的平均感知电流约为1.1 mA，成年女性的平均感知电流约为0.7 mA。

（2）摆脱电流。人触电后能自动摆脱电源的最大电流称为摆脱电流。实验资料表明，对于不同的人，摆脱电流也不同，成年男性的平均摆脱电流约为16 mA，成年女性的平均摆脱电流约为10.5 mA，国际公认的人体摆脱电流为10 mA。

（3）致命电流。引起心室颤动的最小电流称为致命电流。当通过人体的电流超过50 mA时，就有致命的危险。

（二）通电时间

通电时间愈长，愈容易引起心室的颤动，死亡的危险性愈大。

（三）电流途径

电流通过心脏时会引起心室颤动，较大的电流还会使心脏停止跳动。电流流过中枢神经，会引起中枢神经系统强烈失调而导致死亡。电流通过头部会使人昏迷，若电流较大，会对脑产生严重伤害，使人昏迷而导致死亡。因此，从左手到脑部是最危险的电流途径，从手到手、从手到脚也是很危险的电流途径。

（四）电流种类

直流电流、高频电流、冲击电流和静电电荷对人体都有伤害作用，其伤害程度一般较工频电流为轻。电流的频率不同，对人体的伤害程度亦不同。25～30 Hz的交流电对人体的伤害程度最严重。

（五）人体状况

电流对人体的伤害程度与人体状况也有关系。电流对人体的作用，女性较男性敏感；小孩承受电击能力较成年人低；引起心室颤动的电流约与体重成正比。

（六）人体电阻和安全电压

人体电阻不是一个常数，它与电流途径、皮肤（干湿及破损）状况以及接触面大小有关，且随作用电压的大小而变。在小电压时，皮肤具有绝缘保护作用，在电压升高时皮肤将逐渐发生击穿，并增加机体电解，使人体总电阻下降。

设电流途径为手—手或手—脚，皮肤具有一般的接触面积和平均干湿度。当电压低于 100 V 时，人体电阻平均值约为 3 000 Ω，忽略站脚处地面电阻率的影响，则痉挛电压值约为 $3\ 000 \times 0.02 = 60$（V）。即是说，在一般条件下，触电者不需别人帮助能自行脱开 60 V 的触电电压，避免出现触电死亡事故。若接触条件变坏（指皮肤潮湿、接触面加大），即使人体电阻降至 1 300 Ω，也不至于达到 50 mA 的使心室颤动的危险限值。因此，一般可认为根据国际电工学会的推荐，该电压值现宜降至 50 V。

在特殊环境中，例如水中或特别潮湿处，或在潮湿皮肤和金属的地面大面积接触的情况下，人体电阻只有几百欧姆。此时必须使用更低的安全电压规定值，例如 36 V、24 V 甚至 12 V。

第五节　保护接地及保护接零工程

一、保护接地

（一）接地的分类

所谓接地，即将电气设备的某些部分用导线（接地线）与埋在土壤或水中的金属导体（接地体）相连接。按照接地的作用，电气设备的接地主要有三种形式：

（1）工作接地。工作接地是为了使电气装置正常工作而将电气回路中的某一特定点接地，使之与地基本保持同电位。如变压器中性点、电压互感器中性点等的接地。

（2）保护接地。保护接地是将主要电气设备可能带电的金属部分进行接地，防备由于绝缘损坏而使外壳带上危险电压，以保护人身的安全。如电气设备的金属外壳，钢或钢筋混凝土构架、杆塔，停电检修的电路等的接地。由于绝缘故障有可能窜入高压的低压回路，使得一点接地，也具有保护接地的性质。如电流互感器二次回路的一点接地。

（3）冲击接地。其作用是将雷电流安全地泄入地中，消除过电压的危险影响，也叫防雷接地，如避雷针、避雷器和线路杆塔等的接地。

按照接地电流的波形，工作接地和保护接地属于工频接地，在电站共用一个统一的接地装置。冲击接地常设置独立的集中接地装置，构成过电压保护装置的一部分。

（二）基本原理

未作保护接地时，当电气设备主绝缘损坏致使金属外壳等与带电部分相连通时，人一接触设备，即与故障相的对地电压接触，这对人体是非常危险的，如图 9-12 所示。

处于相电压下的金属外壳对人体安全构成的威胁还与系统中性点的运行方式有关。

在中性点不接地系统或经消弧线圈接地的系统中，通过触电者的电流将是单相接地的电容性电流（或过补偿的感性电流），其数值以安培计，故对人体构成威胁。

在中性点直接接地系统中，加于触电者的电压是相电压，在高压系统中将导致人体的

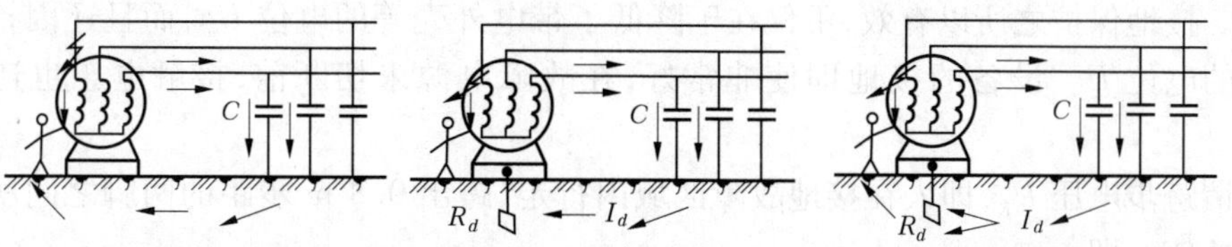

图 9-12　保护接地的作用原理

迅速烧毁。

当金属外壳等有保护接地时，情况便大不相同。当电气设备绝缘损坏时，设备外壳上的对地电压为

$$U_d = I_d R_d \tag{9-23}$$

式中　I_d——单相接地电流；

R_d——接地装置的电阻。

当人触及设备外壳时，接地电流将沿着接地体和人体身体流过，如图 9-12 所示，而通过人体的电流为

$$I_r = I_d R_d / (R_r + R_d) \tag{9-24}$$

式中　R_r——人体的电阻。

以图 9-13 为例，与外壳同电位并与土壤紧密接触的接地体，在电流向地中散流时，因土壤的电阻率很大，在设备附近形成一个倒漏斗形的地电位分布曲线。靠近接地体附近的土壤中电流密度大，电位分布陡峭。距接地体越远，电流密度越小，电压降也越小。在 15 ~ 20 m 处地电位接近于零。最高电位 U_{jd} 与接地电流 I_{jd} 之比值叫做接地电阻 R_{jd}，即

$$R_{jd} = \frac{U_{jd}}{I_{jd}} \tag{9-25}$$

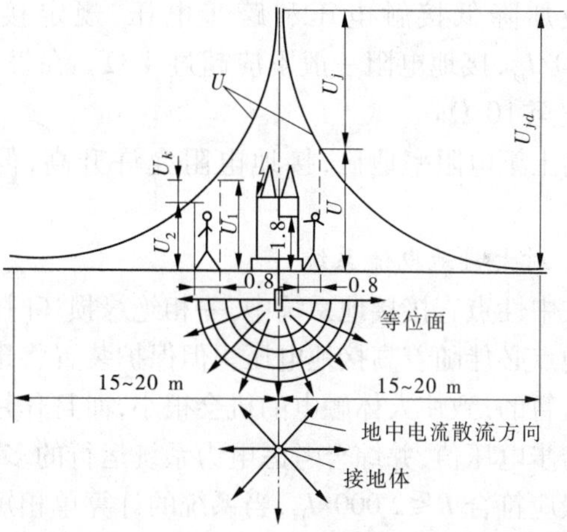

图 9-13　单根垂直接地体的散流场和地面电位分布

显然，接地电阻不是一个集中专数，而是遍及电位分布场中的分布电阻。

(三)接触电压与跨步电压

在发生接地故障时，处于分布电场中的人体所受到的电压有接触电压和跨步电压。

所谓接触电压，是指人站在距设备 0.8 m 处，手触外壳等带电部分，手脚之间的电压值。即

$$U_j = U_{jd} - U \tag{9-26}$$

式中　U——触电者站脚处的电位。

由式(9-25)可见，接触电压的大小与接地电阻的大小有关，接地电阻越小，接触电压

就越小。接地保护之所以有效，不仅在于降低了带电外壳等的电位 U_{jd}，而且还因抬高了站脚处的电位 U。设备的接地即使非常好，在故障电源未切断前，接触电压也还是存在的。

所谓跨步电压 U_K，即人在接地故障区域内行走，跨出 0.8 m 步距的两脚之间所受到的电位差值。即

$$U_K = U_1 - U_2 \tag{9-27}$$

式中 U_1、U_2——两脚落地点的地面电位。

当人处于电场内有麻电的感觉时，不能奔跑逃离电场，而应该单脚跳或细步离开电场。

(四)接地电阻最大允许值

接地电阻由式(9-25)来决定，这时的接地电压 U_{jd} 应是能保证人身安全的数值。

1. 对小接地电流系统

在中性点不接地或经消弧线圈接地的系统中，一相绝缘损坏时的接地电流一般控制在 10～30 A 以下，可以带故障运行 2 h。此时为了不致出现过高的接触电压和跨步电压，应适当限制接地电压值。当接地装置仅用于高压系统时，规定接地电压不超过 250 V，故一般应符合 $R \leqslant 250/I_{jd}$，接地电阻值一般不应大于 10 Ω。

当接地装置被低压系统或高压系统共用时，考虑到人与低压设备接触的机会较多，需要更加降低接触电压和跨步电压，规定接地电压不超过 120 V，故一般应符合 $R \leqslant 120/I_{jd}$，接地电阻一般不应超过 4 Ω。在发电机或变压器的容量小于 100 kVA 时，可放宽至 10 Ω。

高土壤电阻率地区，接地电阻允许升高，但不应超过：发电厂、变电站 15 Ω，其余 30 Ω。

2. 对大接地电流系统

在中性点直接接地系统中，一相绝缘损坏时的接地电流很大，此时巨大的短路电流流过接地点必伴随着高接地电压。但保护装置将迅速动作切除故障电路，接地电压的出现只是短暂的，致使人体触电的机会很小，而且作用时间短。因此，允许采用较大的接地电压和跨步电压值，并综合考虑电力系统运行的多方面要求，规定接地电压不超过 2 000 V，故一般应符合 $R \leqslant 2\,000/I_{jd}$，当系统的计算单相短路电流大于 4 000 A 时，可取 $R \leqslant 0.5$ Ω。

高土壤电阻率地区，接地电阻允许升高，但不应超过 5 Ω。

3. 对低压系统

低压系统（主要是 380/220 V 系统）的中性点一般采用直接接地。

并联运行电气设备的总容量为 100 kVA 以上时，接地电阻一般不应大于 4 Ω；并联运行电气设备的总容量为 100 kVA 及以下时，接地电阻一般不应大于 10 Ω。

高土壤电阻率地区，接地电阻允许升高，但不应超过 30 Ω。

二、保护接零

(一)保护接零原理

在中性点直接接地系统中，无论高低电压，要发生单相接地时，都使一相电压经接地

中性点与故障接地点形成单相短路回路。但由于低压系统电压低,中性点和设备处接地装置电阻值较大,单相短路电流偏小,常达不到保护所需要的动作值。此外,对低压设备,接地电压也略显过大。

针对低压设备保护接地存在接地电流偏小和接地电压偏高的两个主要缺点,一般在380/220 V 低压系统中设置工作零线,将电气设备的金属外壳等与工作零线相连,构成保护接零。它用零线短接了保护接地回路中的电阻 R_0 和 R_s,因而接零保护可增大接地电流和减小接地电压。它是保护接地的进一步发展。

图 9-14(a)为保护接零图。当电气设备绝缘损坏而发生碰壳短路时,形成了一个闭合的金属性接地电阻,由于这个回路不包括接地体的接地电阻,所以短路电流比较大,使继电保护装置能够可靠动作。另外,假定零线阻抗与相线阻抗(包括变压器或发电机每相绕组阻抗)持平,则相电压 220 V 在相线与零线上各降落 110 V 左右。图 9-14(b)实线表示只有变压器中性点接地时,接零保护的电位分布。此时故障设备外壳的对地电压 U_{jd} 为 110 V 左右。若在故障设备处作零线的重复接地,则零线上的电位分布如图 9-14(b)中虚线所示,这时零线压降在 R_0 和 R_s 两个接地电阻上分压。可见,在中性点直接接地的低压系统中,具有重复接地的接零保护能提供比接地保护大得多的故障分断电流和低得多的接地电压,这是接零保护的优点。

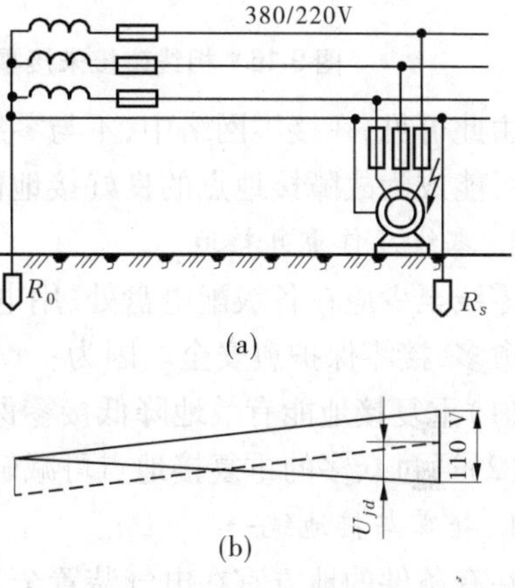

图 9-14　低压设备的保护接零

(二)保护接零条件

低压系统在实施保护接零时如果处理不当,不仅会影响其优点的充分发挥,甚至会带来严重后果。为此,必须满足以下接零条件。

1. 零线不允许开断

图 9-15 表示零线在 S 点开断后,其负载端由于单相负载 B 的连通而上升为相电压,导致接零保护设备 A 的外壳带电,这是非常危险的。为了防止零线开断,要求零线有足够的机械强度,截面不宜过小,并尽量减少其接头;各设备的接零保护不能采用串接,而应各自用保护导线与零干线连接;在零线上切忌装设熔断器和闸刀开关。

2. 接零网络中的低电阻接地体均应接零

如图 9-16 所示,当相线对着未接零的低电阻接地体 A 发生单相接地故障时,故障电流经设备 A 的接地电阻 R_A 和变压器中性点的接地电阻 R_0 回流,引起变压器中性点电位上升,使零线及接零保护的设备外壳产生危险的对地电压 U_0,若忽略变压器和相线中的阻抗,则 220 V 相电压在 R_A 和 R_0 上分压,零线对地电压 U_0=

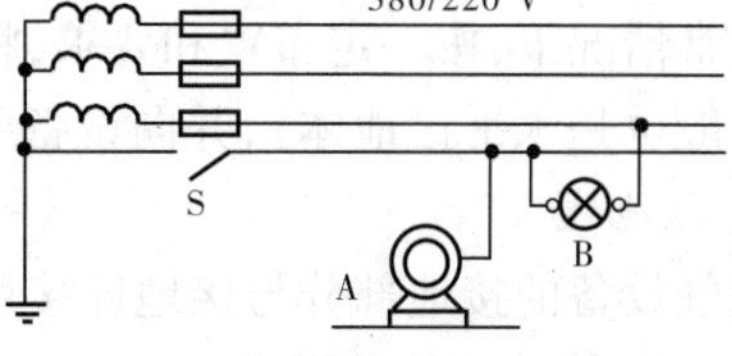

图 9-15　零线开断时引起的危险

$220R_0/(R_0+R_A)$。R_A 越小,则零线电位升高越大。

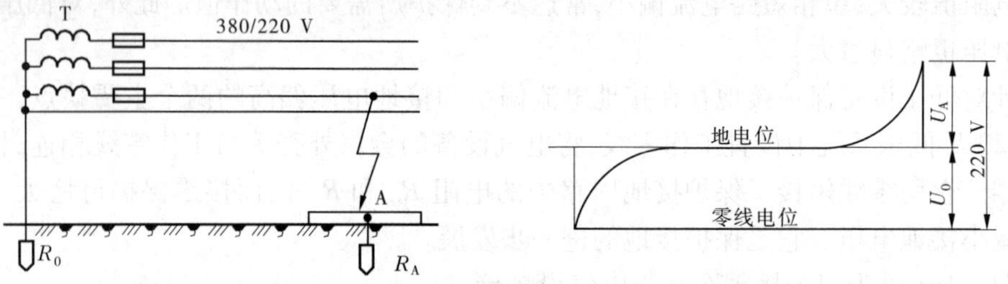

图 9-16 相线碰接未接零的低电阻接地体时引起零线电压的升高

由此可见,在接零网络中,不与零线相接的单纯保护接地是禁止采用的。此外,对那些有可能成为故障接地点的良好接地体如金属水管等,也要与零线作可靠的电气连接。

3. 零线应作重复接地

零线至少应在各级配电盘处、用电设备集中处及网络支路末端等作重复接地。重复接地愈多,接零保护愈安全。因为:

(1)重复接地能有效地降低接零保护接地电压 U_{jd},见图 9-14(b)中的虚线。

(2)通过众多的重复接地点可减轻因未满足上述接零条件时出现的危险后果。

4. 接零与接地统一

在有条件的地方宜在电气装置全范围内设置统一的接地网,它与电源中性点相接后便成为统一的接地接零网,此时电气设备的保护接地也就是保护接零,并自行满足上述各项接零条件。但为了避免单相负荷或三相不对称负荷电流长期流过接地网,对低压网络干线仍需设置工作零线。

三、接地系统

(一)接地系统的构成

接地系统由接地体和接地线组成。

1. 接地体

埋入地中并直接与大地接触的金属导体称为接地体。接地体包括两大类:

(1)自然接地体,指兼作接地体用的直接与大地接触的各种金属构件、金属井管、钢筋混凝土建筑物内的钢筋、金属管道和设备。

(2)人工接地体,指人为埋入地中的金属构件,按打入的方式不同可分为垂直接地体和水平接地体。垂直接地体一般采用钢管或角钢,垂直打入土中;水平接地体则用扁钢或圆钢平放埋入 0.6~0.8 m 深地下。

通常情况下,按一定布置和要求,将众多的水平接地体和垂直接地体相互连接(连接导体一般也是水平接地体),并向设备引出接地抽头,构成接地网。

2. 接地线

电气设备的接地部分与接地连接用的金属导体称为接地线。

(二)对接地系统的要求

(1)在使用期限内,接地系统的性能和接地电阻应满足电气装置对工作接地、保护接地及冲击接地的要求。

(2)接地设施应具有足够的机械强度或设置附加的机械保护,以能适应外界的影响。为此,接地钢管的厚度应不小于3.5 mm,扁钢不小于20 mm×4 mm,圆钢不小于φ8。地中连接一律采用焊接。

(3)接地系统应有防腐蚀措施,以保证在使用期限内保持符合要求的接地电阻值。

(4)接地体要有适当的埋深,以避免机械外伤,也可避免地表土壤层温度的剧烈变化对其的影响。在北方应尽量埋设在冻土层以下。

(5)接地网应遍及需要保护接地的电气设备所在地点,为各设备提供接地引出抽头。在高压配电装置室等户内必要场所,还应设置明敷接地带,为设备的检修和试验提供临时性接地抽头。

(6)接地网边缘一般应封闭成环,并酌情在场内增设均压带以降低接触电压和跨步电压。

(7)节省钢材和投资、减少工作量、方便施工。为此,可采取以下措施:①充分利用自然接地体;②大面积接地网应以水平接地体为主;③因地制宜不失时机地在基础开挖、土石方工程回填时作深埋接地体;④利用地质钻探孔作深井接地体等以获得事半功倍的效果。

(三)接地系统的分类及特点

(1)按接地电流的大小,可分为大电流接地网和小电流接地网。二者对接地电阻值和均压的要求不同,其工程规模和布置方式相差很大。4 Ω级接地电阻值在一般土壤地区是容易达到的,一般充分利用自然接地体即可达到或超过此要求。但敷设0.5 Ω级接地装置则是一项艰巨的工程,接地网面积大概需要达到500 m×500 m。采取措施降低接地电阻值是这种接地装置敷设的主要目标。

(2)按土壤电阻率分类,可分为优质土壤、低电阻率土壤、中电阻率土壤和高电阻率土壤。通常认为$\rho \leqslant 100\ \Omega \cdot m$的为不可多得的优质土壤,$100\ \Omega \cdot m < \rho < 500\ \Omega \cdot m$的为低电阻率土壤,$500\ \Omega \cdot m \leqslant \rho < 2\ 000\ \Omega \cdot m$的为中电阻率土壤,$\rho \geqslant 2\ 000\ \Omega$的为高电阻率土壤。由于$\rho$值差别很大,相应接地网的构造和规模也大不相同。在高电阻率地区,当难以达到正常的接地电阻值要求时,考虑到技术经济的合理性,允许按规程适当降低电阻值要求。

(3)按所属电站的不同,可分为水电站接地网、变电站接地网和火电厂接地网等。水电站建筑物的水下部分有大量自然接地体可资利用,还有水域面积可作外引接地网。但有的水电站地处峡谷,土壤覆盖层薄,又远离水库,建设接地工程十分困难。变电站和火电厂则主要依靠人工接地体,且一般要避免选址在高电阻率地区。

(四)降低接地电阻值的常用措施

在高电阻率地区敷设接地网,降低接地电阻值是一个突出的难题,在技术经济合理的限度内应扩大接地工程规模和采取一些降低接地电阻值的措施,同时还可按规程适当放宽对接地电阻值的要求。工程上常用以下几种措施降低接地电阻值。

1. 敷设外引接地网

若在附近1 km以内有电阻率较低的土壤,可设置外引接地网,它与主接地网之间至少要用两根接地干线相连接。外引允许距离受到连接干线本身阻抗值的限制,如有大截面的自然接地体如金属管道、压力钢管、钢轨等作外引连接干线最为理想,但要注意在其接头处作补充的电气连接。经过公路外引线时,埋设深度不应小于0.8 m。

外引水下接地网在水电站有普遍意义。凡便于施工、水量丰富、水域宽阔之处,如尾水渠、前池、引水渠、水库、河道等均宜就近加以利用。为了充分发挥水下接地网的作用,应与建筑物中的自然接地体相距10 m以上并向外伸展。

2. 深埋接地体

如果地下较深处的土壤电阻率较低,可用井式或深埋式接地体的方式,或用钻孔、冲压等技术将垂直接地体深埋至十几米、几十米甚至几百米深处,达到地下水层以下。由于地下水层导电性能的改善和散流截面的扩大,降阻效果非常明显。有时一根深埋接地体即可将接地电阻值降到2~1 Ω,甚至0.5 Ω以下。接地电阻值不仅随埋深下降,主要还取决于地层情况:黏土和矿砂层最好,砂卵石层次之,岩石层最差。深埋接地体较昂贵,最好能利用现成的地质钻探孔。相邻深井间距离宜大于20~30 m,以避免屏蔽效应。

3. 换土

用电阻率较低的土壤(如黏土、黑土及电石渣、矿渣、氮肥渣、石灰、木炭等与优质天然土壤的混合物等)替换电阻率较高的土壤,具体做法见图9-17和图9-18。

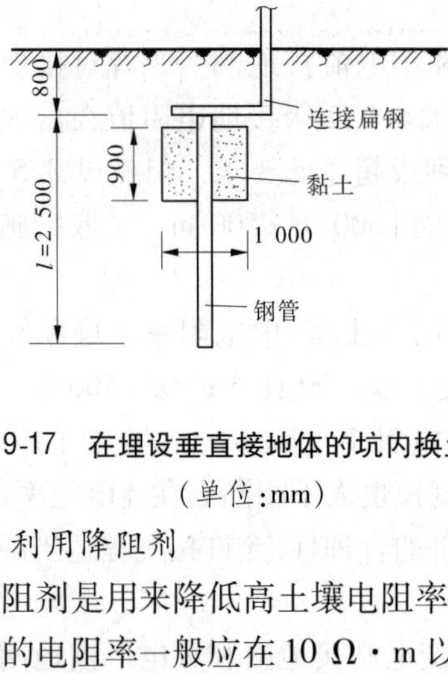

图9-17 在埋设垂直接地体的坑内换土
(单位:mm)

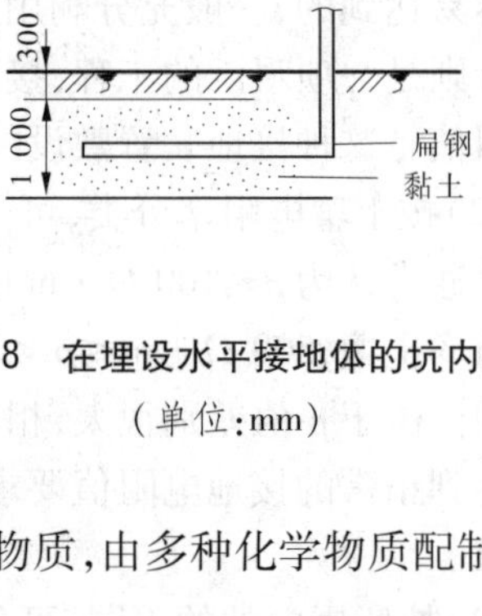

图9-18 在埋设水平接地体的坑内换土
(单位:mm)

4. 利用降阻剂

降阻剂是用来降低高土壤电阻率接地体接地电阻的物质,由多种化学物质配制而成。降阻剂的电阻率一般应在10 Ω·m以下。

降阻剂用在小面积的集中接地、小型接地网时,可以明显降低接地体的接地电阻。如在输电线路杆塔的接地装置或小型变电站的接地网中,其降阻效果较为显著。但在大中型变电站的接地网中,由于降阻剂使接地网的有效尺寸扩大的百分比很有限,所以降阻剂的作用不大。

5. 敷设水下接地网

充分利用水工建筑物(水塔、水井、水池等)以及其他与水接触的金属部分作为自然接地体,当不能满足要求时,可在就近的水中敷设引外接地装置。

(五)接地网的敷设

下面以水电站的接地网为例,介绍接地网的敷设情况。

1. 根据电阻值要求和土壤环境确定工程规模与实施方案

在非高电阻率区敷设小电流接地网比较简单,其目标是:①使接地网遍及电气设备所在地点,就近向设备引出接地抽头;②适当顾及均压要求。在满足此两点后,可以使其阻值接近或达到4 Ω。为此,在水电站的主、副厂房,主变场地,开关站等处,分片或连片敷设环形接地网。再参照电气设备的布置,在环内每隔5~8 m敷设数行水平接地体,并准确按设备位置引出接地抽头。上述的“环”和“行”应尽量利用片内的自然接地体。最后在各分片之间至少用2根截面不小于40 mm×4 mm的扁钢相互连接(连接带本身也是水平接地体),形成一个全站统一的接地接零网。

大电流接地网是在上述基础上采取以下措施以降低接地电阻值和进一步实现均压的:

(1)扩大接地网范围,不再囿于上述电气设备所在场地。

(2)增设较远的引外接地网,尤其是水下接地网,并尽量利用远近的水工建筑物的水下自然接地体。

(3)在选择地打设一些垂直接地体。

(4)在重要地段如主变场地、开关站及交通要道增设均压带。

2. 主、副厂房的接地

立式机组主厂房结构复杂,钢筋、金属管道等交织密集,应充分利用其作为自然接地体。水轮机层以下一般为水下部分,其自然接地体对降低电阻值颇为有效。基本实施方法是:分别在主厂房底层(包括集水井和集水廊道底板、尾水管底板等)、水轮机层和发电机层三层钢筋中,每隔3~5 m(考虑均压)或5~8 m(不考虑均压)选定一根纵向和横向尾水管直管段和机墩等处,相应地选取垂直主钢筋作为垂直自然接地体,与各层对应的水平自然接地体钢筋相连接,并上引至主厂房顶,形成一个多层的、立体的笼式钢筋接地网,与厂内所有金属管道、设计基础等牢固焊接。

卧式机组主厂房是单层的,且多为砖木结构,使用钢筋少,一般要敷设人工接地体,并与厂房大柱钢筋、尾水锥管、压力水管及机械电气管道相连接。其他要求同上。

3. 屋外配电装置的接地

配电装置和主变场地是接地网的中心地段。屋内配电装置接地网常和主、副厂房接地网连成一片;主变场地则依主变位置或与主、副厂房或与屋外配电装置的接地网连成一片。

大面积屋外配电装置场地的接地如图9-19所示。它以水平接地体为主,埋深0.6~0.8 m。考虑场内均压的需要,水平接地体行间距离取3~6 m(大接地电流、高电阻值和小面积场地时取小值),并就近向设备和构架引出接地抽头。对大电流接地系统,该接地网一般要向外扩展,并将外缘各角做成圆弧形,以缓和接地电位分布。

如图9-19所示两断面图显示均压带使地面电位的分布趋于平缓。虽然其接地电压可能超过2 kV,但场地内接触电压和跨步电压不大。

由于场地外侧的地面电位分布依然陡峭,为此可做以下处理:

(1)扩展外缘线至偏僻陡坡处。

(2)在边缘附近用高电阻材料(如砾石、卵石、沥青或沥青混凝土等)覆盖。

(3)在交通要道和出入口等处,为了有效地降低边缘跨步电压,可采用“帽檐式均压带”,即在局部地方加设两行埋深依次递增的均压带,详见图9-19中的大样图D。该处地

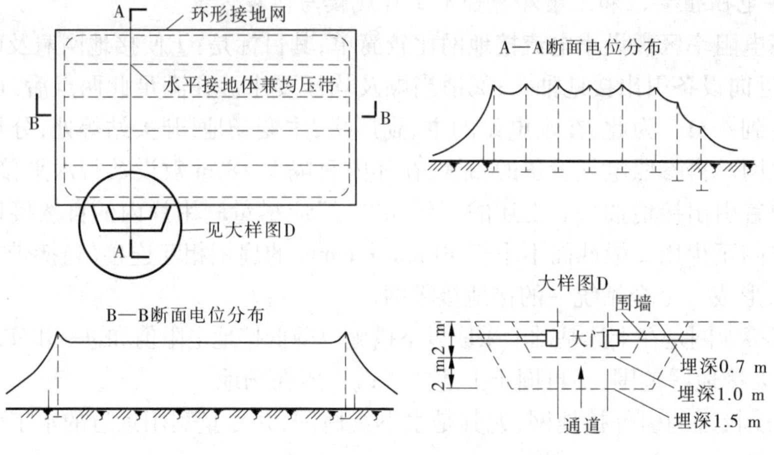

图 9-19　屋外配电装置的环形均压接地网及地面电位分布

面电位的分布明显变平缓，如 A—A 断面图右端所示。

第六节　接地电阻的测量

测量接地电阻是接地装置试验的主要内容，现场运行部门一般采用电压表、电流表法或专用接地电阻表(俗称接地摇表)进行测量。

一、接地电阻的测量方法

用电压表、电流表法和接地电阻表测量接地电阻的接线如图 9-20 所示。

电压表、电流表法测量接线如图 9-20(a)所示。接地电阻计算式为

$$R_e = \frac{U}{I} \tag{9-28}$$

式中　R_e——接地电阻，Ω；

U——电压表测得被测接地电极与电压辅助电极间的电压，V；

I——流过被测接地电极的电流，A。

由于一般低压 220 V 由一火一地构成，若没有隔离变压器，则火线端直接接到被测接地装置上，可能造成近似于调压器短路，被测试验电流很大。

图 9-20(b)示出了接地电阻表的测量接线。接地电阻表的使用方法和原理类似于双臂电桥，使用时，C 端接电流极 C′引线，P 端接电压极 P′引线，E 端接被测接地体 E′。当接地电阻表离被测接地体较远时，为排除引线电阻影响，同双臂电桥测量一样，将 E 端子短接片打开，用两根线 C_2、P_2 分别接被测接地体。

测量接地电阻时电极的布置一般有以下两种，如图 9-21 所示。图 9-21(a)中示出的为电极直线布置，一般选电流线 d_{13} 等于(4～5)D，D 为接地网最大对角线长度，电压线 d_{12} 为 0.618d_{13} 左右，测量时还应将电压极沿接地网与电流极连线方向前后移动 d_{13} 的 5%，各测一次。若三次测得的电阻值接近，可以认为电压极位置选择合适。若三次测量

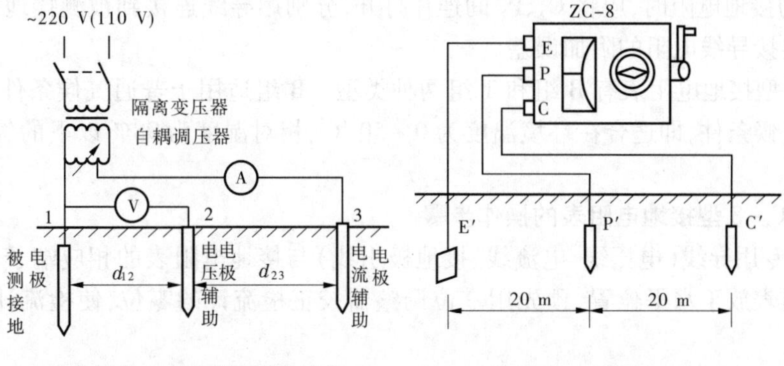

(a)电压表、电流表法测量接线　　　　(b)接地电阻表测量接线

图 9-20　接地电阻测量接线图

值不接近,应查明原因(如电流极、电压极引线是否太短等)。在土壤电阻率均匀地区,d_{13}可取 $2D$,d_{12}可取 $1.2D$ 左右。

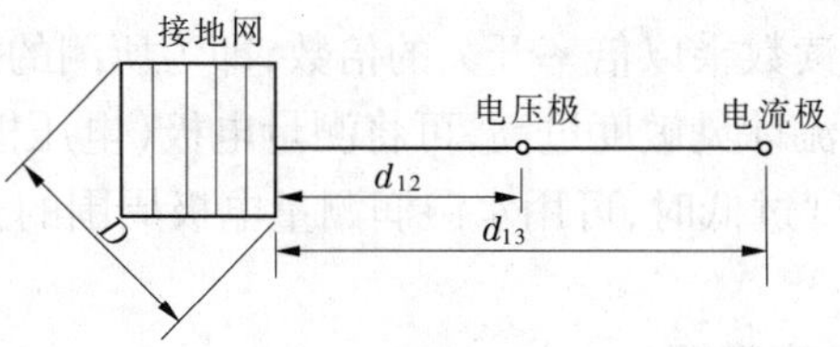

(a)直线布置

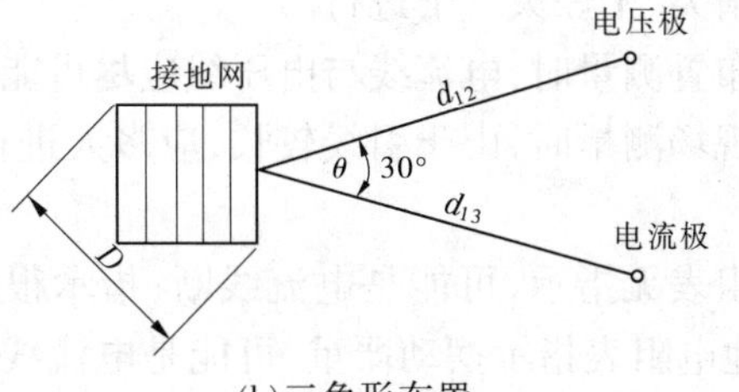

(b)三角形布置

图 9-21　测量接地电阻时电极布置图

图 9-21(b)中示出的为电极三角形布置,一般选 $d_{12}=d_{13}>2D$,夹角 $\theta\approx30^{\circ}$。测量时也应将电压极前后移动再测两次,共测三次。

二、ZC-8 型接地电阻表的使用

ZC-8 型接地电阻表主要由手摇发电机、电流互感器 TA、可调电阻 R_S 和检流计 G 等构成。接线端子 E 接于被测接地极,C 接于电流极引线,P 接于电压极引线。

ZC-8 型接地电阻表可以利用倍率开关,得到三个不同的量程。ZC-8 型接地电阻表有 0~1 Ω/0~10 Ω/0~100 Ω 及 0~10 Ω/0~100 Ω/0~1 000 Ω 两种测量量程的产品,供使用时选择。

ZC-8 型接地电阻表如设有四个端钮 C_1、P_1、C_2、P_2,还可用于测量土壤电阻率,测量小于1 Ω的接地电阻时，应将C_2、P_2间连片打开，分别用导线连接到被测接地体上，以消除测量时连接导线电阻的附加误差。

ZC－8型接地电阻表有B组和T组两种类型。B组适用于普通气候条件；T组适用于亚热带气候条件，即适合在环境温度为0～50 ℃、相对湿度为98%以下的气候条件下使用。

（一）ZC－8型接地电阻表的操作步骤

（1）用专用导线（电压线、电流线、接地极引线）与接地电阻表的相应端子良好连接，将接地电阻表放于水平位置，预先用零位调整器校正检流计的零位，使检流计的指针指零。

（2）测量开始应先将倍率开关置于最大倍数位置，慢慢转动发电机的手柄，同时调节指示刻度盘，使检流计的指针指于中心线，然后逐渐加快手柄的转速，使其达到120 r/min以上，调节指示标度盘使检流计指针指于中心线。

（3）如指示标度盘的读数小于1，应将倍率开关置于较小倍数，再重新调整指示标度盘，使检流计指针指于中心线。

（4）用指示标度盘的读数乘以倍率开关的倍数，即为所测的接地电阻值。

（5）测量时如发现检流计灵敏度过高，可将测量电极（电压极、电流极）插入地中的深度浅一点；当检流计灵敏度过低时，可用水湿润测量电极周围的土壤或选择一湿润土壤处安装测量电极。

（二）接地电阻测量注意事项

（1）测量应选择在晴天、干燥天气下进行。

（2）采用电极直线布置测量时，电流线与电压线应尽可能分开，不应缠绕交错。

（3）在变电站进行现场测量时，由于引线较长，应多人进行，转移地点时，不得甩扔引线。

（4）测量时接地电阻表无指示，可能是电流线断；指示很大，可能是电压线断或接地体与接地线未连接；接地电阻表指示摆动严重，可能是电流线、电压线与电极或接地电阻表端子接触不良，也可能是电极与土壤接触不良造成的。

（5）选若干接地点测完主接地网接地电阻后，若要确定每一电力设备的接地线与接地体的连接情况，可在变电站内用万用表等其他方法测两个接地点间的电阻的方法来确定。若电阻很小，可视为连接良好；若电阻偏大且超过0.5 Ω以上，则通过与已确认和接地体连接良好的接地点的比较分辨出来。

（6）对于运行10年以上的接地网，应部分开挖检查，看是否有接地体焊点断开、松脱、严重锈蚀现象。曾发生过变电站接地电阻测量合格而开挖检查时发现接地体严重锈蚀的情况。

思考题与习题

1. 雷电放电过程分哪几个阶段？各有何特点？
2. 感应过电压会不会引起相间绝缘闪络？为什么？

3. 如何确定雷击线路时的耐雷水平？

4. 试述变电站防雷的基本原则。

5. 为防止反击，变电所中避雷针到被保护物间的距离如何确定？

6. 避雷针的安装方式有哪两种？各用在什么情况下？

7. 试述三绕组变压器、自耦变压器的防雷特点。

8. 试述氧化锌避雷器的优点。

9. 试分析 6 000 ~ 60 000 kW 直配电机防雷保护接线中各元件的作用。

10. 有人说"具有接地电阻值为 R_{jd} 的设备外壳发生碰壳带电时，人手触及外壳相当于人体电阻与 R_{jd} 并联"。这种说法对吗？为什么？

11. 何谓接触电压与跨步电压？如何降低这些电压？

12. 接地电阻是如何定义的？不同系统对接地电阻值的要求是多少？工程上常采取哪些措施来降低接地电阻？

13. 何谓保护接零和保护接地？保护接零必须具备哪些条件？

14. 在同一三相四线制系统中，能否将接地和接零混用？为什么？

15. 35 kV 及以下小型水电站的接地网工程有何特点？主要需满足哪些要求？

16. 简述 1 kV 以上电力设备接地电阻的允许值。

17. 简述 ZC－8 型接地电阻表的工作原理及使用注意事项。

18. 采用电极直线布置、电极三角形布置测量接地电阻时，电压线和电流线的长度应如何选取？

19. 触电伤害程度与哪些因素有关？

20. 简述避雷针、避雷线、避雷器的作用及使用场合。

第十章　电气一次设备选择

内容提示　熟悉电气设备选择的一般条件;掌握载流体、绝缘子、开关电器、互感器等高低压电气设备的选型和技术参数校验的知识。

课题二　根据第五章课题一确定的水电站电气主接线配置电气设备,并进行电气设备选择。

第一节　电气设备选择的一般条件

在水电站电气部分设计中,设备选择是一项重要内容。电气设备选择要在保证安全、可靠和方便的前提下注意节约投资与运行费用,并顾及与整个工程标准协调一致,积极稳妥地采用新技术、新设备,做到技术先进、经济合理、运行方便和留有余地。

电气设备的具体选择是根据电气主接线方案及短路电流计算结果、当地环境条件以及制造厂产品目录等方面材料,按一定原则和条件,对电气设备的型号、技术参数和使用条件作出选择。各种导体和电气设备,由于它们的用途和工作条件不同,所以每种电气设备和载流导体选择时都有具体的选择条件与校验项目,其中一部分是共同的,另一部分是特有的。共同遵循的选择条件和校验项目称为电气设备选择的一般条件;不同的选择条件和校验项目称为特殊条件。

一、电气设备选择的一般条件

尽管电力系统中各种电气设备的作用和工作条件并不一样,具体选择方法也不完全相同,但它们的基本要求却是相同的。

一般电气设备选择应满足以下原则:

(1)按正常的工作条件选择;

(2)选择电器和导体时应尽量减少品种;

(3)应与工程的建设标准协调一致,扩建工程在保证技术先进性的前提下,尽量使新老型号一致;

(4)满足正常运行、检修、短路和过电压情况下的要求,并考虑远景发展;

(5)力求技术先进和经济合理;

(6)选用的新产品均具有可靠的试验数据,并经正式鉴定合格。

上述原则的基本点有两条:一是按正常运行条件选择;二是按短路条件进行校验。这就是选择电气设备的一般条件。

二、按正常工作条件选择电气设备和载流导体

(一)按使用环境选型

1. 按户内、户外等安装环境选型

安装在户内、户外的设备,其绝缘要求、制造工艺等方面都是不同的,户外设备技术要求比户内要高得多。因此,户内设备只能用在户内,户外设备虽然也可以使用在户内,但其体积和价格都较户内的大,除特殊情况外,也应尽量避免户外设备使用在户内。

2. 按特殊地区环境选型

有些设备的安装环境有更具体的规定。

(二)额定电压和最高工作电压选择

导体和电气设备所在电网的运行电压因调压或负荷的变化,常高于电网的额定电压 U_N,所以所选电气设备和载流导体允许最高工作电压 $U_{y.\max}$ 不得低于所接电网的最高运行电压 $U_{g.\max}$,即

$$U_{y.\max} \geqslant U_{g.\max} \tag{10-1}$$

一般载流导体和电气设备允许的最高工作电压为:当额定电压在 220 kV 及其以下时,为 $1.15U_N$;当额定电压为 330 ~ 500 kV 时,为 $1.1\ U_N$。而实际电网运行的最高运行电压 $U_{g.\max}$ 一般不超过电网的额定电压 U_{Nw} 的 1.1 倍。因此,在选择设备时,一般可按照电气设备和载流导体的额定电压 U_N 不低于装置地点电网额定电压 U_{Nw} 的条件选择,即

$$U_N \geqslant U_{Nw} \tag{10-2}$$

(三)额定电流的选择

导体和电气设备的额定电流或载流导体的长期发热允许电流 I_y 应不小于该回路的最大持续工作电流 $I_{g.\max}$,即应满足条件

$$I_y \geqslant I_{g.\max} \tag{10-3}$$

1. 由额定电流 I_N 修正为允许电流 I_y

式(10-3)中的长期允许发热允许电流 I_y 实际上是设备额定电流 I_N(载流导体为 I_{yN})在周围介质温度不等于额定值时的修正值。当使用环境气温、海拔、污秽等条件超出一般电气设备的额定使用条件时,必须对设备额定电流 I_N 进行修正。

对于载流导体,当实际使用环境温度 θ_0 不等于其额定环境温度 θ_{0N}(我国目前生产的电气设备的额定环境温度为 40 ℃,裸导体的额定环境温度为 25 ℃)时,其长期允许电流 I_y 可修正为

$$I_y = \sqrt{\frac{\theta_N - \theta_0}{\theta_N - \theta_{0N}}} I_{yN} = K_\theta I_{yN} \tag{10-4}$$

式中 θ_N——载流导体允许最高发热温度;

K_θ——温度修正系数,K_θ 也可以按表 10-1 查得;

I_{yN}——载流导体在允许温度 θ_N 和额定环境温度 θ_{0N} 下的允许载流量。

对于断路器、隔离开关、电抗器等的额定电流可按制造厂的建议修正:以 +40 ℃为基准,当这些设备使用环境温度高于 +40 ℃,但不高于 +60 ℃时,环境温度每增加 1 ℃,需减少额定电流 1.8%;环境温度每降低 1 ℃,需增加额定电流 0.5%,但其最大负荷不得超

过额定电流的20%。一般使用环境温度低于+40 ℃时，不作修正，而是将环境温度降低所增加的额定电流充做设备容量的裕度。

表10-1　裸导体载流量在不同海拔高度和环境温度下的综合修正系数

导体最高允许温度(℃)	适用范围	海拔高度(m)	实际环境温度(℃)						
			+20	+25	+30	+35	+40	+45	+50
+70	屋内矩形、槽形、管形导体和不计日照的屋外软导线		1.05	1	0.94	0.88	0.81	0.74	0.67
+80	计及日照的屋外软导线	1 000及其以下	1.05	1.00	0.95	0.89	0.83	0.76	0.69
		200	1.01	0.96	0.91	0.85	0.79		
		300	0.97	0.92	0.87	0.81	0.75		
		400	0.93	0.89	0.84	0.77	0.71		
	计及日照的屋外管形导体	1 000及其以下	1.05	1.00	0.94	0.87	0.80	0.72	0.63
		200	1.00	0.94	0.88	0.81	0.74		
		300	0.95	0.90	0.84	0.76	0.69		
		400	0.91	0.86	0.80	0.72	0.65		

周围介质温度θ_0应以夏季高温天气为准，对屋外设备取年最高平均气温，即年极高温度的多年平均值。对屋内设备则取装置处的通风设计温度。当缺乏资料时，可按最热月平均气温加5 ℃计。最热月平均气温是一年中最热的一个月内每日最高温度的月平均值，再取多年平均值。

2. 最大持续工作电流$I_{g.\max}$的计算

设备最大持续工作电流$I_{g.\max}$宜取其所在回路的主要电力设备在夏季的长期允许工作电流(包括允许的持续过负荷电流)。在正常运行条件下，可按以下原则考虑。

(1)发电机。

在电压降低5%时，出力保持不变，故其相应回路的$I_{g.\max}$为

$$I_{g.\max}=\frac{P_N}{\sqrt{3}(0.95U_N)\cos\varphi_N}=1.05I_N \tag{10-5}$$

(2)三相电力变压器。

$$I_{g.\max}=\frac{S_N K_g}{\sqrt{3}(0.95U_N)}=1.05I_N K_g \tag{10-6}$$

式中　K_g——考虑变压器持续过负荷的系数，没有资料时推荐取1.3~1.5。

此外，主变回路的最大持续工作电流还受所连接发电机总电流的限制。

(3)出线回路。

$$I_{g.\max}=\frac{P_{\max}}{\sqrt{3}U_N\cos\varphi_N} \tag{10-7}$$

式中　P_{max}——设计最大输送功率和线路损耗之和，必要时还需考虑系统事故时可能转移过来的负荷。

(4)母线分段断路器、母联断路器、桥断路器等回路，按各种运行方式下可能出现的最大功率计算。

(5)汇流主母线的最大持续工作电流视母线上主设备而定，并与接线单元的排列顺序有关。

(6)电动机回路按电动机的额定电流计算。

三、按短路条件校验电气设备热稳定和动稳定

(一)电气设备的热稳定校验

热稳定校验旨在直接或间接地判断电气设备在短路终止时的温度 θ_k 是否超过其短时发热的允许温度 θ_{yN}。

短路电流通过时，导体和电气设备各部件温度、发热效应应不超过允许值，即应满足热稳定的条件为

$$Q_k \leqslant Q_{yN} \tag{10-8}$$

或

$$I_{\infty}^2 t \leqslant I_r^2 t_r \tag{10-9}$$

式中　Q_k——短路电流产生的热效应；

Q_{yN}——短路时导体和电气设备允许的热效应；

I_r——热稳定时间 t_r 内允许通过的短时热稳定电流。

短路电流热效应 Q_k 由短路电流周期分量热效应 Q_z 和短路电流非周期分量热效应 Q_f 两部分组成，即

$$Q_k = Q_z + Q_f = \frac{I''^2 + 10I_{z\frac{t}{2}}^2 + I_{zt}^2}{12}t + TI''^2 \tag{10-10}$$

式中　I''——次暂态短路电流分量；

$I_{z\frac{t}{2}}$——$\frac{t}{2}$时刻短路电流周期分量有效值；

I_{zt}——t 时刻短路电流周期分量有效值；

t——短路电流持续时间；

T——非周期分量等效时间，可由表 10-2 查得。

表 10-2　非周期分量等效时间 T　　（单位：s）

短路点	T	
	$t \leqslant 0.1$	$t > 0.1$
发电机出口及母线	0.15	0.2
发电机升高电压母线及出线和发电机出线电抗器后	0.08	0.1
变电所各级电压母线和出线	0.05	

如果短路持续时间大于 1 s，导体的发热量由周期分量热效应决定，可以不计非周期

分量热效应的影响。

热稳定校验计算的基本单位与短路电流计算相一致，取 kA、kV、MVA、MJ、Ω、s 等。

（二）电气设备的动稳定校验

动稳定校验旨在判明初选设备是否能经受得住所在回路的最大短路冲击电流的电动力作用。被选择的电气设备和导体，通过可能最大的短路电流时，不应因短路电流的电动力效应而造成变形或损坏，即动稳定应满足的条件是

$$i_{im} \leqslant i_{dw} \tag{10-11}$$

或

$$I_{im} \leqslant I_{dw} \tag{10-12}$$

式中 i_{im}、I_{im}——三相短路冲击电流的幅值及其有效值；

i_{dw}、I_{dw}——设备允许通过动稳定电流（极限电流）的峰值和有效值。

下列几种情况可不校验热稳定或动稳定：

（1）用熔断器保护的电气设备，其热稳定由熔断时间保证，故可不验算热稳定；

（2）采用限流熔断器保护的设备可不校验动稳定；

（3）电缆可不校验动稳定；

（4）装设在电压互感器回路中的裸导体和电气设备可不校验动稳定、热稳定。

四、电气设备选择中短路电流实用计算的规定

短路电流的热效应和电动力均与电流的平方成正比，而短路电流大小随系统装机容量、接线方式、短路点等的变化而变化，为使所选导体和电气设备具有足够的可靠性、经济性与合理性，并在一定时期内适应系统发展需要，作校验用的短路电流应按下列条件确定。

（一）容量和接线

按工程设计最终容量（施工期长的大型水电厂为本期工程）计算，并考虑电力系统远景发展规划（一般为本期工程建成后 5～10 年）。其接线方式应采用可能发生最大短路电流的正常接线方式，但不考虑在切换过程中可能并列运行的接线方式。

（二）短路种类

一般按三相短路验算，若其他种类短路比三相短路严重，则应按最严重情况验算。

（三）短路计算点

短路计算点应选在载流导体和电气设备通过的短路电流最大的那些点。

如图 10-1 所示，要选择 G2 发电机回路的 Q2 断路器、电缆等设备，有 K1、K2 两个短路点可供选择。从图中看到 K1 短路时通过所选设备的短路电流仅由 G2 发电机提供，K2 短路时通过所选设备的短路电流由 G1 发电机和系统 G 两者提供。若 G1、G2 发电机容量相等，则显然 K2 短路流过所选设备的短路电流要大于 K1 短路情况。因此，应选 K2 作为短路计算点。选择 G2 发电机母线时，有 K5、K6 两个短路点可供选择，K5 短路时流过母线的短路电流由 G2 发电机和系统 G（一半）提供，K6 短路时，流过母线的短路电流由 G1、G2 发电机和系统 G（全部）三者提供，显然 K6 短路流过母线的短路电流更大，应选 K6 为短路计算点。选择 Q2 断路器时的短路点读者自己判断。值得一提的是，带电抗器的 6～10 kV 出线及厂用分支回路，在母线和母线隔离开关前的母线引线及套管应按电抗

器前 K6 点短路选择。由于干式电抗器工作可靠性较高,且电气设备间的连线都很短,故障几率小,故隔板后的载流导体和电气设备一般可按电抗器后,即 K7 点为计算短路点,这样可选用轻型断路器,节约投资。

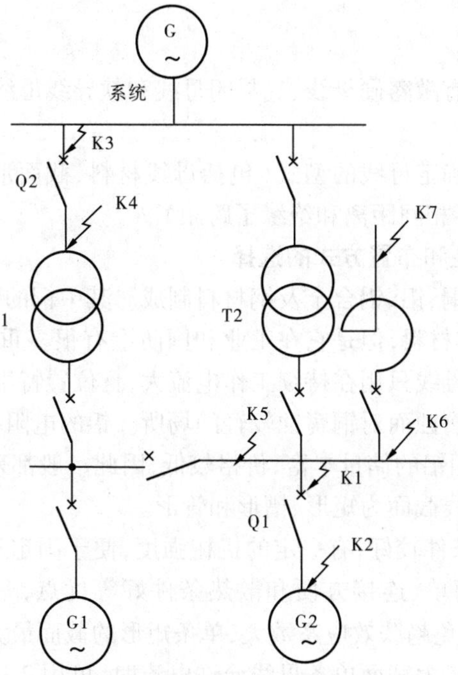

图 10-1　选择短路计算点示意图

(四)短路计算时间 t

验算热稳定的短路计算时间 t 为继电保护动作时间 t_b 和相应断路器的全开断时间 t_{kd} 之和,即

$$t = t_b + t_{kd} \tag{10-13}$$

式中　t_{kd}——固有分闸时间与熄弧时间之和。

当验算裸导体及 3 ~6 kV 厂用馈线电缆短路热稳定时一般采用主保护动作时间。如主保护有死区,则应采用能保护该死区的后备保护动作时间,并采用相应处的短路电流值。

如验算电气设备和 110 kV 及其以上充油电缆的热稳定,为了可靠,一般采用后备保护动作时间。

开断电气设备应能在最严重的情况下开断短路电流,故短路计算时间 t 应为主保护时间 t_b 和断路器固有分闸时间 t_{gf} 之和,即

$$t = t_b + t_{gf} \tag{10-14}$$

其中断路器固有分闸时间 t_{gf} 是接到分闸信号到触头刚分离这一段时间。

为方便计,将继电保护装置的起动机构与执行机构的延时以及断路器的开断时间总共取 0.2 s,如用 t_{bz} 表示保护整定时间,则

$$t = t_{bz} + 0.2 \tag{10-15}$$

第二节　母线、电缆和绝缘子的选择

一、母线的选择

电力系统中的母线有敞露硬母线、气封闭母线和软导线母线，本节主要介绍硬母线的选择。

硬母线的选择在于确定母线的型式（包括母线材料、截面形状及母线布置方式）、截面面积及主要结构（包括相间距离和绝缘子跨距）。

（一）导体材料、类型和布置方式的选择

常用的导体材料由铜、铝、铝合金及钢材料制成。其中铜的电阻率低，抗腐蚀性强，机械强度大，是很好的导体材料，但是它在工业和国防上有很多重要用途，且我国铜的储量不多，价格较贵，因此铜母线只用在持续工作电流大，且位置特别狭窄的发电机、变压器出线处或污秽对铝有严重腐蚀而对铜腐蚀较轻的场所。铝的电阻率虽为铜的 1.7 ~ 2 倍，但密度只有铜的 30%，我国铝的储量丰富，价格较低，因此一般都采用铝或铝合金材料。

工业上常用的硬母线截面为矩形、槽形和管形。

（1）矩形母线散热条件较好，有一定的机械强度，便于固定和连接。单条矩形导体具有趋肤效应较小、安装简单、连接方便和散热条件好等优点，一般适用于工作电流 $I_g \leqslant$ 2 000 A的回路中。为避免趋肤效应系数大，单条矩形的截面最大不超过 1 250 mm^2。

而当工作电流超过最大截面单条母线允许电流时，可用 2 ~ 4 条矩形母线并列使用。但是由于邻近效应的影响，多条母线并列的允许载流量并不成比例增加，故一般避免采用 4 条矩形母线。在实际工程中，矩形导体一般只用于 35 kV 及其以下、电流在 4 000 A 及其以下的配电装置中。当工作电流在 4 000 A 以上时，导体则应选用有利于交流分布的槽形或圆管形的成型导体。

（2）槽形母线具有机械强度较好、电流分布比较均匀、载流量较大、安装方便、趋肤效应系数较小、散热条件好等优点。槽形母线一般用于 4 000 ~ 8 000 A 的配电装置中，可选用双槽形导体。

（3）管形母线是空芯导体，机械强度高，趋肤效应系数小，且有利于提高电晕的起始电压，管内可以通水和通风作为冷却，因此可用于 8 000 A 以上的大电流母线。另外，由于圆管形表面光滑，电晕放电电压高，因此可用做 110 kV 及其以上配电装置母线。

（二）母线截面的选择

配电装置的汇流母线及较短导体按导体长期发热允许电流选择，其余导体的截面一般按经济电流密度选择。

1. 按导体长期发热允许电流选择

载流导体所在电路中最大持续工作电流 $I_{g.\max}$ 应不大于导体长期发热的允许电流 I_y，即

$$I_y = K_\theta I_{yN} \geqslant I_{g.\max} \tag{10-16}$$

式中　I_{yN}——导体允许温度和基准环境条件下的长期允许电流，可查资料得到；

K_θ——综合修正系数(可查表 10-1,也可查电力设计手册等有关工程手册)。

2. 按经济电流密度选择

对于全年负荷利用小时数较大,母线较长(长度超过 20 m),传输容量较大的回路,如发电机—变压器和发电机—主配电装置的回路,均应按经济电流密度选择母线截面。从降低电能损耗角度出发,导体截面越大越有利,但为了节约投资,降低线路的造价及折旧维修费,导体的截面越小越有利。因此,综合考虑各方面的因素制定出符合国家利益的对应于一定负荷电流的导体截面,称为经济截面。对应于经济截面的电流密度,称为经济电流密度。按经济电流密度选择导体截面可使年计算费用最低。年计算费用包括电流通过导体产生的年电能损耗费、导体投资(包括损耗引起的补充计费)和折旧费,以及利息等,对应不同种类的导体和不同的最大负荷年利用小时数 T_{max},都有一个年计算费用最低的电流密度,即经济电流密度 J。表 10-3 所示为部分导体的经济电流密度。按经济电流密度选择导线截面的公式为

$$S = \frac{I_{g.\max}}{J} \tag{10-17}$$

式中 S——经济截面,mm^2;

$I_{g.\max}$——正常运行时的最大持续工作电流,A;

J——经济电流密度,A/mm^2,可由表 10-3 查得。

表 10-3 母线和电缆的经济电流密度 (单位:A/mm^2)

导体材料	年最大负荷利用小时数		
	<3 000 h	3 000 ~ 5 000 h	>5 000 h
铝母线与裸导线	1.65	1.15	0.9
铝芯电缆	1.92	1.73	1.54
铜母线与裸导线	3.0	2.25	1.75
铜芯电缆	2.5	2.25	2.0

选择标准截面应尽量接近式(10-17)计算的截面(标准截面数据可查相关电力工程电气设计手册),当无合适规格的导体时,为节约投资,允许选择小于经济截面的导体。按经济电流密度选择的导体截面还必须满足式(10-16)的要求。

(三)导体截面的校验

1. 热稳定校验

按正常电流选出导体截面后,还应按短路时热稳定进行校验。根据短路电流的热效应计及趋肤效应,按热稳定决定的导体最小截面应满足的条件为

$$S \geqslant \frac{\sqrt{K_f Q_k}}{C} \tag{10-18}$$

式中 S——所选导体的截面面积,mm^2;

Q_k——短路电流热效应,$kA^2 \cdot s$;

C——与导体材料及发热温度有关的热稳定系数，$10^{-3}\dfrac{kA}{mm^2}\cdot s^{\frac{1}{2}}$，在不同的工作温度下，对于不同的母线材料，$C$ 值可查表 10-4；

K_f——导体趋肤系数，导体截面面积小于 240 mm^2 时，取 $K_f=1$。

表 10-4　不同工作温度下的 C 值

导体材料	工作温度(℃)										
	40	45	50	55	60	65	70	75	80	85	90
硬铝和铝锰合金	99	97	95	93	91	89	87	85	83	81	79
硬铜	186	183	181	179	176	174	171	169	166	164	161

注：工作温度可由 $\theta_g=\theta_0+(\theta_N-\theta_{0N})(I_g/I_{yN})^2$ 求得，式中 I_g 为工作电流，I_{yN} 为与允许最高温度 θ_N 相对应的长期允许载流量，θ_{0N} 为额定环境温度，θ_0 为实际环境温度，θ_g 为实际工作温度。

2. 按短路时动稳定的校验

各种形状的硬母线通常都安装在支持绝缘子上，当冲击电流通过母线时，电动力将使母线产生弯曲应力。导体短路时产生的机械应力一般均按三相短路检验（发生其他短路形式的短路电流较大时则按最严重的情况检验），当冲击电流通过母线时，母线中间一相受到最大电动力的作用，所以应按多跨距的梁来校验中间一相母线上的最大应力，只要小于材料的允许应力，即满足动稳定。即要求

$$\sigma_{js}\leqslant\sigma_y \tag{10-19}$$

式中　σ_{js}——导体的最大计算应力；

σ_y——导体材料的允许应力（硬铝为 70×10^6 Pa，硬铜为 137×10^6 Pa，钢为 157×10^6 Pa）。

其中母线材料的最大计算应力 σ_{js} 与母线的截面形状、条数等有关，对于重要回路如主变压器、发电机回路及配电装置汇流母线等，硬导体的应力计算需考虑共振的影响。

1）单条矩形母线

$$\sigma_{js}=1.73\times10^{-2}i_{im}^2\frac{\beta L^2}{aW} \tag{10-20}$$

式中　i_{im}——短路冲击电流值，A；

L——支持绝缘子间的跨距，m；

W——截面系数，m^3；

a——母线相间距离，m；

β——振动系数，当实际跨距小于母线避免共振的最大允许跨距时，$\beta=1$，各种规格的单片矩形铝母线避免共振的最大允许跨距见表 10-5。

截面系数 W 表征母线抵抗弯矩的能力，与母线的布置方式有关。

矩形母线立放水平布置（或平放竖直布置）时，正面受弯截面系数

$$W=\frac{b^2h}{6} \tag{10-21}$$

矩形母线平放水平布置（或立放竖直布置）时，侧面受弯截面系数

$$W = \frac{bh^2}{6} \tag{10-22}$$

表 10-5　单片矩形铝母线的载流量(额定环境温度为 30 ℃)与动稳定计算数据

母线尺寸 $H \times B$ (mm × mm)	截面面积 S (mm^2)	趋肤系数 K_f	允许载流量 I_{yN} (A)		截面系数 W ($\times 10^{-6} m^3$)		动稳定系数 K_w ($kA \cdot m^{\frac{1}{2}}$)		避免共振的最大允许跨距(m)	
			平放	立放	平放	立放	平放	立放	平放	立放
20 × 3	60	1.0	192	203	0.030	0.20	10.9	28.2	0.36	0.85
25 × 3	75	1.0	238	250	0.038	0.31	12.3	35.1	0.36	0.96
25 × 4	100	1.0	278	290	0.067	0.42	16.3	40.8	0.39	0.96
30 × 4	120	1.0	327	344	0.080	0.60	17.8	48.8	0.39	1.11
40 × 4	160	1.0	430	453	0.107	1.07	20.6	65.1	0.39	1.22
40 × 5	200	1.0	489	509	0.167	1.33	25.7	72.6	0.43	1.22
50 × 4	200	1.0	533	560	0.133	1.67	23.0	81.4	0.39	1.36
50 × 5	250	1.01	601	633	0.208	2.08	28.7	90.8	0.43	1.36
63 × 6.3	397	1.02	822	895	0.417	4.17	40.7	128.6	0.45	1.43
63 × 8	504	1.03	938	1 020	0.672	5.29	51.7	145.1	0.51	1.43
63 × 10	630	1.04	1 065	1 157	1.050	6.62	64.6	162.3	0.57	1.43
80 × 6.3	504	1.03	1 037	1 125	0.529	6.72	45.9	163.5	0.45	1.61
80 × 8	640	1.04	1 178	1 281	0.853	8.53	58.2	184.2	0.51	1.61
80 × 10	800	1.05	1 331	1 448	1.333	10.67	72.8	206.0	0.57	1.61
100 × 6.3	630	1.04	1 285	1 397	0.662	10.50	51.3	204.4	0.45	1.80
100 × 8	800	1.05	1 459	1 586	1.067	13.33	65.1	230.3	0.51	1.80
100 × 10	1 000	1.08	1 568	1 723	1.667	16.67	81.4	257.5	0.57	1.80
125 × 6.3	788	1.05	1 596	1 735	0.827	16.41	57.3	255.2	0.45	2.01
125 × 8	1 000	1.08	1 811	1 968	1.333	20.83	72.8	287.8	0.51	2.01
125 × 10	1 250	1.12	1 945	2 114	2.083	26.04	91.0	321.8	0.57	2.01

在设计中为便于计算,常根据材料最大允许应力来确定绝缘子间最大允许跨距

$$L_{max} = \frac{7.6}{i_{im}} \sqrt{\sigma_y a W} \tag{10-23}$$

或

$$L_{max} = K_w \frac{\sqrt{a}}{i_{im}} \tag{10-24}$$

式中　$K_w = 7.6\sqrt{\sigma_y W}$,称为母线动稳定系数,可查表 10-5 求得。

在实际中,应取 $L \leqslant L_{max}$,一般取母线跨距不超过 1.5 ~ 2 m,等于配电装置间隔的宽度。

2)多条矩形母线

当母线由多条组成时,母线上的最大机械应力由相间作用应力 σ_{xj} 和同相各条间的作

用应力 σ_{tj} 合成,即

$$\sigma_{js} = \sigma_{xj} + \sigma_{tj} \tag{10-25}$$

相间作用应力 σ_{xj} 的计算公式与单条母线相同,但其中的截面系数 W 应为多条母线的截面系数,即 $W = nW_x$,n 为并列的条数。

同相各条间的作用应力 σ_{tj} 为

$$\sigma_{tj} = \frac{f_t L_s^2}{2b^3 h} \tag{10-26}$$

其中,每相有两条时 $$f_t = 2.55 \times 10^{-2} k_{12} i_{im}^2 \frac{1}{b} \tag{10-27}$$

式中 L_s——衬垫中心线间距离;

b——矩形母线厚度;

h——矩形母线宽度;

k_{12}——母线形状系数,是 $\frac{b}{h}$ 和 $\frac{a-b}{b+h}$ 的函数,由图 10-2 查得。

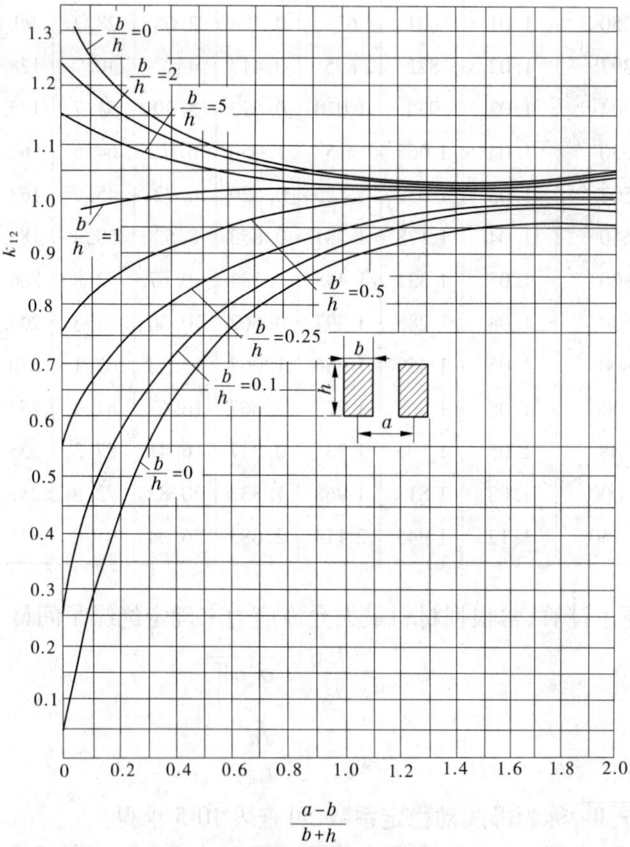

图 10-2 矩形导体的母线形状系数

每相有两条以上矩形母线的计算式这里不作介绍。当选择为非矩形的硬母线时的校验方法可查相关设计书。

二、电力电缆的选择

(一)电缆选型

1. 芯线材料和芯数的选择

35 kV 以上的高压电缆以及移动式设备、振动式设备、高温和防爆场所要采用铜芯电缆。某些重要电缆如发电机的励磁回路、厂用总电源回路等电缆也宜酌情选用铜芯。其余可根据经济计算与货源情况选用铝芯或铜芯。

电缆形式按芯数主要划分为单芯、两芯、三芯和四芯电缆,一般选用情况如下:

(1)单芯电缆:用于直流线路和 35 kV 以上电力电缆线路。

(2)两芯电缆:用于单相负荷线路。

(3)三芯电缆:用于 35 kV 及以下电力电缆线路。

(4)四芯电缆:用于三相四线制低压线路。

2. 电缆绝缘形式选择

电缆形式按绝缘材料主要可划分为油浸纸绝缘电缆、聚氯乙烯绝缘电缆(全塑电缆)、交联聚乙烯绝缘电缆和橡皮绝缘电缆。

交联聚乙烯绝缘电缆除了具有全塑电缆耐水、耐腐蚀、无油、电缆头制作简单、敷设不受高差限制等优点,还具有芯线绝缘允许温度高、载流量和热稳定电流大、绝缘性能优异等优点,一般 6 ~ 110 kV 高压电缆均选用交联聚乙烯电缆(如 YJLV、YJV)。

低压电力电缆一般选用聚氯乙烯绝缘聚氯乙烯护套电缆(如 VLV)。

控制电缆一般选用铜芯聚氯乙烯或聚乙烯绝缘聚氯乙烯护套电缆(如 KVV、KYV)。

消防水泵、重要直流回路和保安电源电缆宜选用阻燃电缆。高温场所宜选用耐热电缆。

3. 电缆保护层的选择

应根据使用环境选择保护方式。

(1)明敷(含架空、隧道、沟道内等)的电缆,不应有黄麻外护层,不得采用无保护层的裸铅(铝)包,以免因机械损伤或地电流烧伤而破坏铅(铝)包的密封,一般选用裸钢带铠装或塑料外护层电缆。

(2)直埋电缆一般选用钢带铠装电缆。在潮湿或腐蚀性土壤的地区明敷或直埋敷设时,还应选用塑料外护层电缆。

(3)需要承受拉力的应选用钢丝铠装。

(4)垂直或高差较大处敷设电缆,应采用不滴流电缆。

(5)移动机械选用重型橡套电缆。

(6)环境温度超过 40 ℃时不宜采用橡皮绝缘电缆。

(二)按电网电压等级选择电缆额定电压

电缆的额定电压等于或大于所在网络的额定电压,电缆的最高工作电压不得超过其额定电压的 15%。

(三)按经济电流密度选择电缆芯截面

负荷电流大、电缆长度超过 20 m 时均应按经济电流密度选择电缆芯截面。选择方法与母线相同,经济电流密度见表 10-3。

(四)校验电缆的经济截面

所选电缆截面校正后的长期允许电流应大于装设电路的长期最大工作电流,其中电缆的综合修正系数 K 与环境温度、敷设条件有关。

$$I_y = KI_{yN} \geqslant I_{g.\max} \tag{10-28}$$

式中 K——修正系数;

I_{yN}——额定环境中的允许载流量,A,以产品技术数据为准,也可参考表 10-6。

表 10-6 三芯铝电缆的载流量(环境温度 30 ℃,土壤温度 25 ℃) (单位:A)

绝缘型式		交联聚乙烯(YJLV)				聚氯乙烯绝缘(VLV)			
电压(kV)		6~10		35		1~3		6	
芯线额定温度(℃)		90		80		65		65	
敷设方式		空气中	直埋	空气中	直埋	空气中	直埋	空气中	直埋
芯线截面面积(mm^2)	4					23	32		
	6					29	40		
	10					41	56	44	53
	16					56	73	58	70
	25	110	115			74	94	76	90
	35	130	135			89	115	93	110
	50	155	160	150	150	115	145	115	135
	70	190	200	190	185	140	170	140	160
	95	235	240	225	225	170	205	175	195
	120	270	270	260	250	195	230	200	225
	150	305	300	290	280	230	265	230	235
	185	350	340			265	300	265	290
	240	410	400			315	350	315	340
	300	470	450			355	380	350	380
	400	550	520						
	500	635	595						

注:相同条件下,铜芯电缆的载流量为铝芯电缆的 1.29 倍。

综合修正系数 K 可分下列几种情况求得。

1. 电缆在空气中敷设

明敷时 $$K = K_\theta K_b \tag{10-29}$$

穿管时 $$K = K_\theta K_g K_{gb} \tag{10-30}$$

式中　K_θ——环境温度修正系数，$K_\theta=\sqrt{\dfrac{\theta_N-\theta_0}{\theta_N-\theta_{0N}}}$；

K_b——电缆在空气中的明敷并列系数，由相邻电缆间净距 d 和并列根数 n 决定，当 d 等于其平均外径和 $n=2\sim5$ 时，$K_b=0.95\sim0.9$，当 $d=0$ 和 $n=2\sim5$ 时，$K_b=0.9\sim0.8$，单根电缆敷设时 $K_b=1$；

K_g——电缆穿管修正系数，芯线截面不超过 95 mm^2 的取 $K_g=0.9$，截面为 120～150 mm^2 的取 $K_g=0.85$，截面 185 mm^2 及以上的取 $K_g=0.8$；

K_{gb}——电缆管在空气中的并列系数，当 $n=2\sim5$ 时，$K_{gb}=0.93\sim0.9$。

2. 电缆在土壤中敷设

直埋敷设的额定载流量，是在土壤温度25 ℃、土壤热阻率 ρ_r 为0.8 ℃·m/W 时电缆允许通过的最大电流，环境条件不同时修正系数为

$$K=K'_\theta K_r K'_b \tag{10-31}$$

式中　K'_θ——土壤温度修正系数，$K'_\theta=\sqrt{\dfrac{\theta_N-\theta'_0}{\theta_N-25}}$；

θ'_0——取土壤埋深处土壤的最热月平均温度，一般不超过 30 ℃；

K_r——当土壤热阻率 ρ_r 偏移0.8 ℃·m/W 时的修正系数，对潮湿的土壤，如我国南方多雨地区，热阻率 $\rho_r=0.6\sim0.8$ ℃·m/W，可取 $K_r=1.09\sim1.00$，普通土壤，如华北、东北等平原地区，$\rho_r\approx1.2$ ℃·m/W，可取 $K_r=0.91\sim0.87$，干燥土壤，如高原地区和其他干旱地带，$\rho_r=1.6\sim3$ ℃·m/W，可取 $K_r=0.83\sim0.7$，在干燥的土壤及砾石地直埋时应在土壤周围置换土质以保护电缆和改善 ρ_r 值。此外，由于大电缆对周围土壤的烘干作用大于小电缆，宜在上述 K_r 值的范围内对大电缆取较小值，对小电缆取较大值；

K'_b——多根直埋电缆的并列系数，若保持电缆间净距 100 mm，当并列电缆根数 $n=2\sim4$ 时，$K'_b=0.9\sim0.8$。

电缆穿管埋地与直埋时的载流量基本相同，即埋设穿管系数约为1，因此 K 值与直埋敷设相同。

另外，如果同一根电缆的各段有不同的敷设方式和环境，应分段修正载流量，取其小者为该电缆之允许载流量 I_{yN}。

（五）电缆的热稳定校验

电缆按热稳定决定的导体最小截面应满足的条件为

$$S\geqslant\frac{\sqrt{K_f Q_k}}{C} \tag{10-32}$$

式中　S——所选电缆的截面面积，mm^2；

Q_k——短路电流热效应，$kA^2\cdot s$；

K_f——电缆芯趋肤效应系数，见表 10-7；

C——与导体材料及发热温度有关的热稳定系数，见表 10-8。

表 10-7　电缆芯趋肤效应系数

电缆结构	电缆芯额定截面(mm^2)							
	150	185	240	300	400	500	625	800
三芯电缆	1.01	1.02	1.035	1.052	1.095			
单芯电缆或分相铅包电缆	1.006	1.008	1.010 5	1.025	1.050	1.08	1.125	1.2

表 10-8　电缆长期与短时发热允许温度及热稳定系数 C 值

电缆类型		电压(kV)	长期发热允许温度 θ_N(℃)	短时发热允许温度 θ_{dN}(℃)		额定热稳定系数 C_N		热稳定修正系数 K_c	
				铝	铜	铝	铜	铝	铜
交联聚乙烯绝缘		≤10	90	200	250	82.5	148	0.4	0.5
		20~35	80	200	250	81	153	0.4	0.6
聚氯乙烯绝缘		1~6	65	160	160	80	122	0.5	0.75
橡皮绝缘		0.5~6	65	160	160	80	122	0.5	0.75
有中间接头的电缆	锡焊	与电缆同	与电缆同	120		(60)	91	0.6	0.95
	压接			150		(74)	113	0.5	0.78

注:1. C_N 的单位为 $10^{-3}\frac{kA}{mm^2}\cdot s^{\frac{1}{2}}$,$K_c$ 的单位为 $10^{-3}\frac{kA}{mm^2\cdot ℃}\cdot s^{\frac{1}{2}}$;

2. 初选 $C=C_N$,当热稳截面与初选截面较接近时再取修正的热稳系数 $C=C_N+K_c(\theta_N-\theta_g)$,其中 θ_g 为工作温度。

三、支柱绝缘子和穿墙套管的选择

支柱绝缘子用来支持母线,承受母线的绝缘和机械力作用,因此要选择其形式和电压,并作动稳定校验。穿墙套管除绝缘功能外,还需要安全通过持续工作电流和短路电流,因此穿墙套管还要选择额定电流和进行热稳定校验。

(一)支柱绝缘子

1. 型式选择

按安装环境选择屋内或屋外绝缘子。支柱绝缘子,屋内选用多棱联合胶装型,屋外选用棒式支柱型。

2. 额定电压选择

要求所选绝缘子的额定电压要大于或等于所在电网的额定电压,在污秽、冰雪环境下可选高一级电压,其中 3~6 kV 甚至可选高两级电压。

3. 动稳定校验

支柱绝缘子主要校验顶部横向力的破坏作用。常用 A、B、C、D、E 等级表示 375 kg、750 kg、1 250 kg、2 000 kg、3 000 kg 的抗弯破坏荷重,计为 F_p,各级支柱绝缘子的动稳定条件为

$$F_{js} \leqslant 0.6F_p \tag{10-33}$$

式中　F_{js}——计算作用力,N。

支柱绝缘子的抗弯破坏强度是按作用在绝缘子帽上给定的(见图 10-3),需要求出短路时作用在绝缘子帽上的计算作用力 F_{js},则有

$$F_{js} = F_{\max}\frac{H_1}{H} = 0.173\frac{i_{im}^2 l_{js}}{a}\frac{H_1}{H} \tag{10-34}$$

式中　$H_1 = H + b + \frac{h}{2}$;

H_1——绝缘子底部到母线水平中心线的高度,mm;

b——母线支持器下片厚度,一般竖放矩形母线 $b = 18$ mm,平放矩形母线及槽形母线 $b = 12$ mm;

H——绝缘子高度,mm;

L_{js}——计算跨距,$l_{js} = \frac{l_1 + l_2}{2}$;

l_1、l_2——支持绝缘子两侧的跨距,mm,见图 10-4。

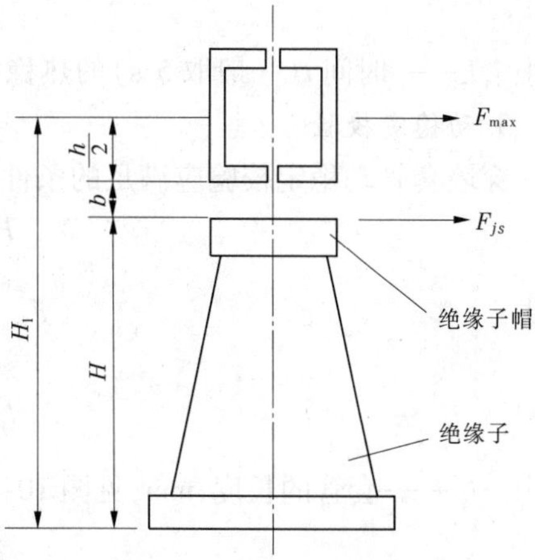

图 10-3　绝缘子受力示意图

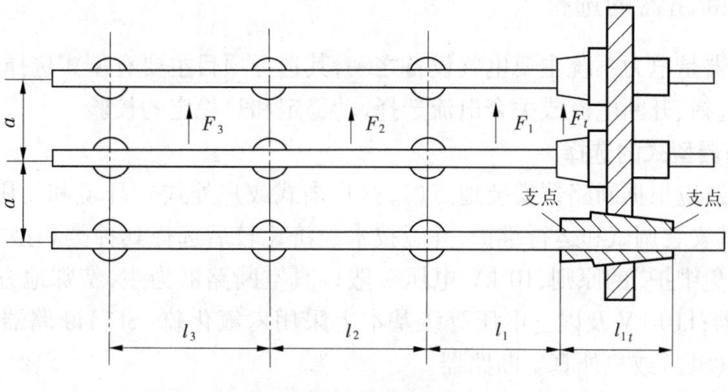

图 10-4　支柱绝缘子和穿墙套管所受的电动力

(二)穿墙套管

1. 型式选择

穿墙套管也要根据安装地点选屋内式或屋外式。屋内配电装置一般宜选用铝导体穿墙套管。

2. 额定电压

要求所选绝缘子的额定电压要大于或等于所在电网的额定电压。

3. 额定电流选择

按正常最大持续工作电流 $I_{g.\max}$ 选择套管绝缘子的额定电流,要求满足

$$I_y = K_\theta I_{yN} \geqslant I_{g.\max} \tag{10-35}$$

式中　I_{yN}——套管在允许温度和基准环境条件下的长期允许电流,可查资料得到;

K_θ——综合修正系数(可查表10-1,也可查电力设计手册等有关工程手册)。

4. 热稳定校验

穿墙套管热稳定校验应满足的条件是

$$Q_k \leqslant I_r^2 t \tag{10-36}$$

式中 I_r——时间 t(一般取5 s)的热稳定电流,A。

5. 动稳定校验

穿墙套管动稳定校验应满足的条件与支柱绝缘子相同,即

$$F_{js} \leqslant 0.6F_p \tag{10-37}$$

其中

$$F_{js} = 0.173\frac{i_{im}^2 l_{js}}{a} \tag{10-38}$$

$$l_{js} = \frac{l_1 + l_{1t}}{2} \tag{10-39}$$

式中 l_{1t}——套管的长度,mm,见图10-4。

第三节 高压开关电器的选择

一、高压断路器的选择

高压断路器是电力系统主要电气设备之一,其选择项目主要有型式选择、额定电压选择、额定电流选择、开断电流或关合电流选择、动稳定和热稳定的校验。

(一)断路器型式的选择

高压断路器应根据断路器安装地点(选择户内式或户外式)、环境和使用技术条件等要求,并考虑其安装调试和运行维护,并经技术经济比较后选择其种类和型式。遵循"无油化、小型化、免维护"的原则,10 kV电压一般以真空断路器为主,特殊地方使用六氟化硫(SF_6)断路器;110 kV及以上电压等级基本上采用六氟化硫(SF_6)断路器;35 kV电压使用六氟化硫(SF_6)或户外真空断路器。

(二)按额定电压选择

断路器的额定电压,应不小于所在电网的额定电压(或工作电压)。

(三)按额定电流选择

断路器的额定电流,应大于所在回路的最大持续工作电流。

由于高压断路器没有连续过载的能力,在选择其额定电流时,应满足各种可能运行方式下回路持续工作电流的要求,即取最大持续工作电流为选择条件。当所选断路器使用的环境温度高于或低于设备最高允许温度时,应考虑适当减少或增加额定电流。

(四)按开断电流和关合电流选择

断路器的额定开断电流应按大于或等于断路器触头刚分开时,实际开断的短路电流周期分量有效值来选择。当断路器的额定开断电流较系统的短路电流大很多时,为了简化计算,也可用次暂态电流进行选择。

校验短路应按照最严重的短路类别进行计算,但由于断路器开断单相短路的能力比

开断三相短路的能力大15%以上，因此只有单相短路比三相短路电流大15%以上才作为短路计算条件。装有自动重合闸装置的断路器，当操作循环符合厂家规定时，其额定开断电流不变。

一般对于使用快速保护和高速断路器者，其开断时间小于0.1 s，当在电源附近短路时，短路电流的非周期分量可能超过周期分量的20%，其开断短路电流应计及非周期分量的影响，如果非周期分量超过周期分量20%以上，订货时应向制造部门提出补充要求。对于中、慢速断路器，由于开断时间较长（>0.1 s），短路电流非周期分量衰减较多，能够满足国家标准规定的、非周期分量不超过周期分量幅值20%的要求，实际开断的短路电流可按周期分量有效值来选择。

在断路器合闸之前，若线路上已存在短路故障，则在断路器合闸过程中，触头间在未接触时即有巨大的短路电流通过，容易发生触头损坏。且断路器在关合电流时，不可避免地在接通后又自动跳闸，此时要求能切断短路电流，因此要求断路器的额定关合电流不应小于短路电流最大冲击值。

（五）动稳定校验

动稳定校验是指检验在冲击电流作用下，断路器的载流部分所产生的电动力是否会导致断路器的损坏。动稳定应满足的条件是短路冲击电流应小于或等于断路器的电动稳定电流（峰值）。一般在产品目录中给出的是极限通过电流（峰值）。

（六）热稳定校验

应满足的条件是短路热效应不大于断路器在t时间内的允许热效应，即

$$Q_k \leqslant I_r^2 t \tag{10-40}$$

式中 I_r——时间t（一般取5 s）的热稳定电流，A。

根据对断路器操作控制的要求，选择与断路器配用的操动机构。高压断路器的操动机构大多数由制造厂配套供应。有的还有电磁式、弹簧式或液压式等几种型式的操动机构可供选择。

二、隔离开关的选择

隔离开关的选择主要以额定电压、额定电流为依据，并进行动、热稳定校验。但由于隔离开关不能开断负荷电流和短路电流，因此不需校验其他参数。

隔离开关选择时应根据安装地点选用户内式或户外式，并结合配电装置布置的特点，进行综合技术经济比较后确定。

所选隔离开关的额定电压应大于或等于装设电路所在电网的额定电压。

额定电流应大于或等于装设电路的最大持续工作电流。

校验只考虑动稳定校验和热稳定校验，校验方法与断路器类似，这里不再重复。

三、高压熔断器的选择

熔断器是最简单的电气保护设备，它用来保护电气设备免受过载和短路电流的损害。

高压熔断器的选择、校验条件，在选择时应注意以下几点：

（1）根据安装地点选用户内式或户外式。

(2)按额定电压选择。对于一般的高压熔断器，其额定电压必须大于或等于电网的额定电压。另外对于充填石英砂、有限流作用的熔断器，则只能用在等于其额定电压的电网中，因为这种类型的熔断器能在电流达到最大值之前就将电流截断，致使熔断器熔断时产生过电压。过电压的倍数与电路的参数及熔体长度有关，一般在等于其额定电压的电网中为2.0~2.5倍，但如在低于其额定电压的电网中，因熔体较长，过电压值可高达3.5~4倍相电压，以致损害电网中的电气设备。

(3)按额定电流选择。熔断器的额定电流选择，包括熔断器熔管的额定电流和熔体的额定电流的选择。

①熔管额定电流的选择：为了保证熔断器外壳不致损坏，高压熔断器的熔管额定电流应大于或等于熔体的额定电流。

②熔体额定电流的选择：选择条件为

$$I_{Nt} = kI_{g.\max} \tag{10-41}$$

式中 k——可靠系数，保护变压器时，若不计电动机自起动，$k=1.1\sim1.3$，当考虑电动机自起动时，$k=1.5\sim2.0$，保护电力电容器时，考虑因电网电压波动或波形畸变而引起的电容涌流，对限流熔断器取$k=1.5\sim2.0$（一台电容器）或$k=1.3\sim1.8$（一组电容器），对跌落式熔断器取$k=1.2\sim1.3$；

$I_{g.\max}$——回路最大持续工作电流。

(4)熔断器开断电流校验。对于有限流作用的熔断器，因熔体在短路冲击电流出现之前已熔断（即在电流过最大值之前已截断），其开断电流I_{Nk}应满足

$$I_{Nk} \geqslant I'' \tag{10-42}$$

对没有限流作用的跌落式高压熔断器，其断流容量应分别按上、下限值校验，而且开断电流应以短路全电流校验，即

$$I_{Nk} \geqslant I_{im} \tag{10-43}$$

式中 I_{im}——冲击短路电流的有效值，A。

(5)熔断器选择性校验。为了保证前后两级熔断器之间或熔断器与电源（或负荷）保护之间动作的选择性，应进行熔体选择性校验。各种型号熔断器的熔体熔断时间可由制造厂提供的安秒特性曲线查出。

对于保护电压互感器用的高压熔断器，只需按额定电压及断流容量两项来选择。

第四节 互感器的选择

一、电流互感器的选择

(一)型式选择

电流互感器品种繁多，从技术上来说，型式选择在于：①根据配置地点和安装方式确定结构型式，即户内式或户外式、独立式或装入式、支持式或穿墙式；②有适合测量或保护要求的相应准确度级次；③有合适的参数范围。

电压35 kV及以上，如有适当的配套设备，应优先考虑选择装入式电流互感器以简化

布置和节约投资，其不足之处是准确度级次较低。因此，当使用装入式电流互感器不能满足准确度要求时，应采用独立式。在母线穿墙过板处应优先选用穿墙式电流互感器，既方便布置，又可兼做套管绝缘子用。

(二)一次回路额定电压和电流选择

电流互感器的一次额定电压应不低于所在电网的额定电压等级。电流互感器的一次额定电流应不小于回路的最大工作电流。但一次额定电流的选择还应考虑该电流互感器的用途及接线：

(1)接测量仪表的电流互感器，宜取相近并略大于最大工作电流的额定电流档次，以保证测量仪表在最佳状态下工作；用于过流保护的电流互感器，则可取较大的额定电流。

(2)电力变压器中性点电流互感器的一次额定电流，应大于变压器允许的不平衡电流，一般可按变压器额定电流的30%选择，安装在放电间隙回路中的电流互感器，一次额定电流可按100 A选择。

(3)中性点非直接接地系统中的零序电流互感器选择和校验的条件为：由二次电流及保护灵敏度确定一次回路起动电流；按电缆根数及外径选择电缆式零序电流互感器窗口直径；按一次额定电流选择母线式电流互感器的母线截面。

(三)选择电流互感器的准确级和额定容量

为了保证测量仪表的准确度，互感器的准确级不得低于所供测量仪表的准确级。例如，装于重要回路(如发电机、调相机、变压器、厂用馈线、出线等)中的电度表或计费的电度表一般采用0.5～1级的，相应的互感器的准确级亦应为0.5级。供运行监视、估算电能的电度表和控制盘上仪表一般采用1～1.5级的，相应的互感器应为1级。供只需估计电参数仪表的互感器可用3级。当所供仪表要求不同准确级时，应按最高级别来确定互感器的准确级。

电流互感器二次额定电流已标准化为5 A或1 A，设备制造厂也常提供额定负荷阻抗Z_N，并以欧姆值表示，因此电流互感器二次侧的额定容量为$S_{N2}=I_{N2}^2Z_N$。

(四)选择电流互感器连接导线的截面

为保证互感器的准确级，与互感器二次侧所接负荷S_2应不大于该准确级所规定的额定容量S_{N2}，即

$$S_{N2} \geqslant S_2 = I_{N2}^2 Z_{2f} \tag{10-44}$$

互感器二次负荷(电抗不计)包括测量仪表电流线圈电阻r_y、继电器电阻r_j、连接导线电阻r_d和接触电阻r_c，即

$$Z_{2f} = r_y + r_j + r_d + r_c \tag{10-45}$$

式(10-45)中r_y、r_j可由回路中所接仪表和继电器设备的参数求得；r_c由于不能准确测量，一般可取0.1～0.2 Ω；仅连接导线电阻r_d为未知数。将式(10-45)代入式(10-44)中，整理后得

$$r_d \leqslant \frac{S_{N2} - I_{N2}^2(r_y + r_j + r_c)}{I_{N2}^2} \tag{10-46}$$

因为

$$S = \frac{\rho L_{js}}{r_d}$$

故 $$S \geqslant \frac{I_{N2}^2 \rho L_{js}}{S_{N2} - I_{N2}^2 (r_y + r_j + r_c)} = \frac{\rho L_{js}}{Z_{N2} - (r_y + r_j + r_c)} \tag{10-47}$$

式中 S——连接导线截面面积,mm^2;

L_{js}——连接导线的计算长度,m;

ρ——电缆芯电阻率,对铜 $\rho = 0.0175\ \Omega \cdot mm^2/m$。

式(10-47)表明,在满足电流互感器额定容量的条件下,选择二次连接导线的允许最小截面。

其中 L_{js} 与仪表到互感器的实际距离 l 及电流互感器的接线方式有关,如图 10-5 所示:

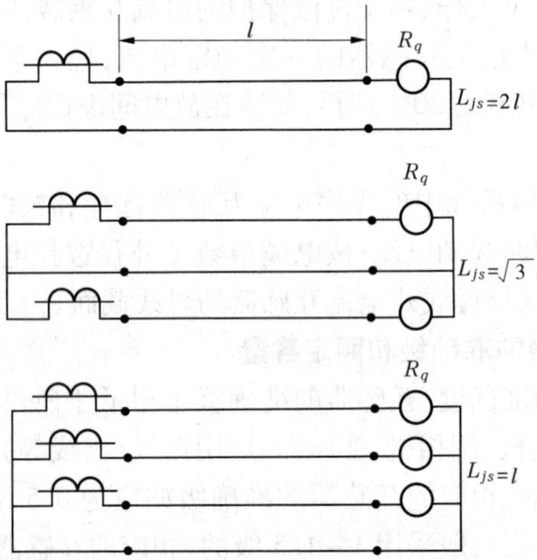

图 10-5　电流互感器二次侧电缆的计算长度

对于单相电流互感器接线　　$L_{js} = 2l$

对于不完全星形接线　　$L_{js} = \sqrt{3} l$

对于完全星形接线　　$L_{js} = l$

发电厂和变电所应采用铜芯控制电缆,选择的铜导线截面不应小于 2.5 mm^2。

(五)校验

1. 热稳定校验

电流互感器热稳定能力常以 1 s 允许通过一次额定电流 I_{N1} 的倍数 K_r 来表示,热稳定应按如下校验:

$$K_r \geqslant \frac{\sqrt{Q_k} \times 10^3}{I_{N1}} \tag{10-48}$$

2. 动稳定校验

电流互感器常以允许通过一次额定电流最大值的倍数 K_k(动稳定电流倍数)表示其内部动稳定能力,故内部动稳定可校验如下:

$$K_k \geqslant \frac{i_{im}}{\sqrt{2} I_{N1}} \tag{10-49}$$

二、电压互感器的选择

（一）按安装地点和使用条件等选择电压互感器的类型

6 ~ 10 kV 及以下的电压互感器一般为屋内型，推荐采用树脂浇注绝缘结构的电磁式电压互感器，如 JDZX1 - 10；35 kV 屋内配电装置，宜采用树脂浇注绝缘结构的电磁式电压互感器，屋外用油浸绝缘结构电磁式电压互感器；110 ~ 220 kV 配电装置一般采用串级式电磁式电压互感器；220 kV 及以上配电装置，当容量和准确级满足要求时，一般采用电容式电压互感器；SF_6 全封闭组合电器的电压互感器应采用电磁式。有条件的应尽量使用光电互感器。

另外，还要根据电压互感器的用途，确定电压互感器接线，选择单相的或三相的、一个二次绕组的或两个二次绕组的电压互感器，尽可能将负荷均匀分布在各相上。如在需要检查和监视一次回路单相接地时，3 ~ 20 kV 宜采用三相五柱式电压互感器，35 kV 宜采用具有第三绕组的单相电压互感器。

（二）按工作电压选择

电压互感器额定电压 U_N 应按不小于安装地点所在电网额定电压 U_{WN} 来选择。对于两个绕组的单相式电压互感器，一次和二次绕组额定电压比为 $U_{WN}/100$；对于三个绕组的 35 kV 及以下单相式电压互感器，一次和二次绕组额定电压比为 $\frac{U_{WN}}{\sqrt{3}}/\frac{100}{\sqrt{3}}/\frac{100}{3}$，对于 110 kV 及以上电网，一次和二次绕组额定电压比为 $\frac{U_{WN}}{\sqrt{3}}/\frac{100}{\sqrt{3}}/100$。

（三）按电压互感器准确度等级及二次回路负荷校验

电压互感器的准确度等级应符合其二次侧所连接的测量仪表对准确度等级的最高要求。电压互感器二次负荷一般都不大，能满足要求，可不进行校验。

第五节　高压电气设备选择实例

选择如图 10-6 所示水电站电气主接线中的一次电气设备。已知条件如下：

（1）短路电流计算结果见表 10-9。

（2）气象参数如下：多年平均气温 19.3 ℃，多年平均最高气温 21.3 ℃，极端最高气温 36.8 ℃，极端最低气温 -1.2 ℃。

（3）发电机电压侧配电装置采用 XGN2 - 10 箱形固定式金属封闭开关柜。35 kV 侧采用屋外配电装置。发电机和变压器低压侧至配电装置室连接的电气距离均超过 20 m。

（4）发电机纵差保护为主保护 0 s 动作，发电机后备保护为过电流保护 3 s 动作，主变纵差保护为主保护 0 s 动作。

（5）本电站总装机容量为 2 × 3 200 kW，年利用小时数为 5 000 h。

一、短路电流计算

选择发电机母线为 $d_1^{(3)}$ 三相短路点，变压器高压侧出口处为 $d_2^{(3)}$ 三相短路点，计算短

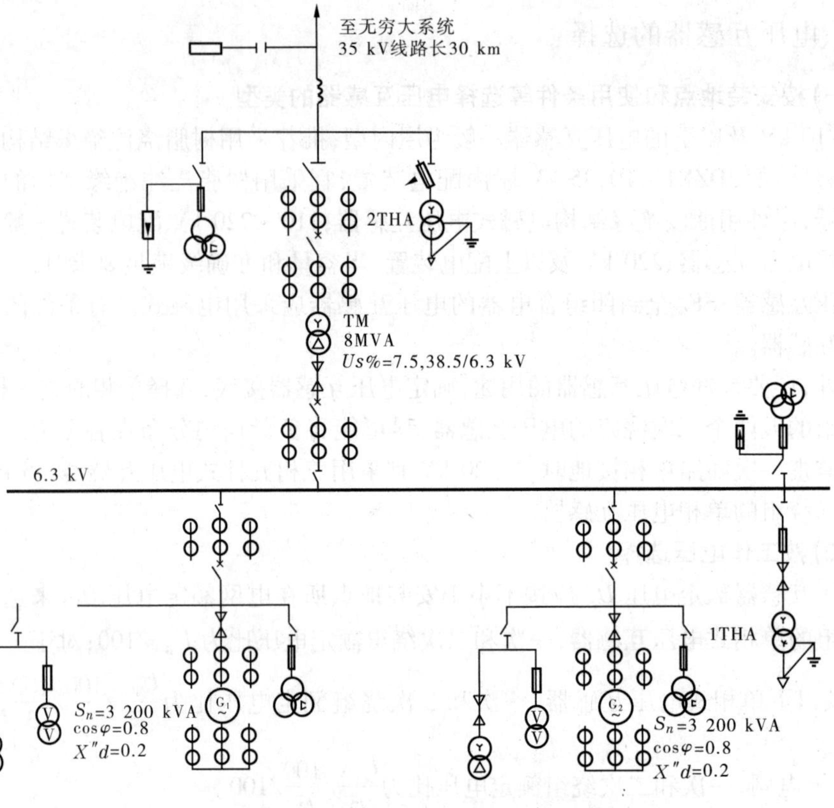

图 10-6　2×3 200 kW 水电站电气主接线图

路电流结果如表 10-9 所示。

表 10-9　短路电流计算结果

短路点		数据							
		I''	$I_{z0.1}$	$I_{z0.2}$	I_{z1}	I_{z2}	I_{z4}	i_{im}	I_{im}	S''_k
d_1 点	系统	8.12	8.12	8.12	8.12	8.12	8.12	20.71	12.34	88.65
	本站 I	4.05	2.97	2.83	2.61	2.48	2.37	10.94	6.56	44.24
	合计	12.17	11.09	10.95	10.73	10.60	10.49	31.65	18.90	132.89
d_2 点	系统	8.21	8.21	8.21	8.21	8.21	8.21	20.94	12.48	526.32
	本站 I	0.50	0.40	0.39	0.38	0.38	0.38	1.30	0.32	31.94
	合计	8.71	8.61	8.60	8.59	8.59	8.59	22.24	12.80	558.26

二、电气设备选择

(一)发电机回路电气设备选择

1. 选择计算的条件

(1)发电机回路工作电路。

发电机额定电流：
$$I_{GN}=\frac{3\ 200}{\sqrt{3}\times 6.3\times 0.8}=367(\mathrm{A})$$

发电机回路持续工作电流按发电机电压降低5%出力不变计算：

$$I_g=1.05\times 367=385.4(\mathrm{A})$$

(2)发电机回路短路电流计算点应取 d_1—1 点，该回路通过的短路电流为除本回路发电机外的所有电源供给的短路电流之和，即 $I''=12.17-\frac{1}{2}\times 4.05=10.145(\mathrm{kA})$，同理得 $I_{z0.1}=9.605\ \mathrm{kA}$，$I_{z0.2}=9.535\ \mathrm{kA}$，$I_{z1}=9.425\ \mathrm{kA}$，$I_{z2}=9.360\ \mathrm{kA}$，$I_{z4}=9.305\ \mathrm{kA}$，$i_{im}=26.18\ \mathrm{kA}$，$I_{im}=15.62\ \mathrm{kA}$，$S''_k=110.77\ \mathrm{kA}$。

(3)短路计算时间。6.3 kV 电压等级选用ZN28－10 型真空断路器，其全开断时间 $t_{kd}=0.06\ \mathrm{s}$，验算电力电缆的热稳定计算时间 $t_{js}=t_b+0.2=0+0.2=0.2(\mathrm{s})$；验算电器的热稳定时间 $t_{js}=t_b+0.2=3+0.2=3.2(\mathrm{s})$，取4 s。

2. 断路器和隔离开关的选择

根据 $U_{WN}=6\ \mathrm{kV}$ 和 $I_g=385.4\ \mathrm{A}$，以及安装于 XGN2－10 型开关柜的情况，初选ZN28－10/630型真空断路器和 GN30－10/400 型隔离开关。

短路电流的热效应为：

$$Q_{zt}=\frac{t}{12}(I''+10I^2_{z\frac{t}{2}}+I^2_{zt})=\frac{4}{12}\times(10.145^2+10\times 9.36^2+9.305^2)=355.2(\mathrm{kA^2\cdot s})$$

按短路电流选择列表如表10-10 所示。

表10-10 断路器和隔离开关的选择(一)

计算数据		技术数据(保证值)		
计算参数	计算值	额定参数	GN30－10/400	ZN28－10/630
$I''(\mathrm{kA})$	10.145	$I_{kN}(\mathrm{kA})$	12.5	20
$i_{im}(\mathrm{kA})$	26.18	$i_{dN}(\mathrm{kA})$	31.5	50
$Q_k(\mathrm{kA^2\cdot s})$	355.2	$I_{rN}t_{rN}(\mathrm{kA^2\cdot s})$	$12.5^2\times 5=781$	$20^2\times 5=2\ 000$

注：初选 $C=C_N$，当热稳截面与初选截面较接近时再取修正的热稳系数：$C=C_N+K_C(\theta_N-\theta_r)$，其中 θ_r 为工作温度。

选用的设备合格，真空断路器选配 CD17(或 CD10Ⅱ)型操动机构，隔离开关配 CS18手动操作机构。

3. 发电机回路电力电缆的选择

(1)选型：根据敷设环境和工作电压，选用 $\mathrm{YJLV_{22}}$－6 铝芯交联聚乙烯钢带铠装聚氯乙烯护套电力电缆。

(2)电缆芯截面选择：电缆长度超过 20 m，按经济电流密度选择截面，年利用小时数5 000 h，查表10-3 得 $J=1.73\ \mathrm{A/mm^2}$，所以 $S=\frac{367}{1.73}=212(\mathrm{mm^2})$，选240 $\mathrm{mm^2}$ 截面。

(3)按长期允许载流量校验：本电站极端最高温度为36.8 ℃，单根敷设在空气中，修正系数 $K=\sqrt{\frac{90-36.8}{90-40}}=1.032$，查产品资料 $\mathrm{YJLV_{22}}$－6－3×240 电缆在环境温度40 ℃时允许载流量为376 A(注：不同厂家会有所不同，应以厂家提供的实际数据为准)，实际允许载流量为 1.032 ×376 =388(A),大于发电机回路最大工作电流 385.4 A,满足发热要求。

(4)按短路电流热稳定选择截面:验算电缆的热稳定时间为 0.2 s,所以

$$Q_{z0.2} = \frac{10.145^2 + 10 \times 9.605^2 + 9.535^2}{12} \times 0.2 = 18.61(\text{kA}^2 \cdot \text{s})$$

系统和发电机提供的部分非周期分量等效时间分别取 0.05 s 和 0.2 s(见表 10-2)。

$$Q_{ft} = T_{ftG} I''^2_G + T_{ftS} I''^2_S = 2.025^2 \times 0.2 + 8.12^2 \times 0.05 = 4.1(\text{kA}^2 \cdot \text{s})$$

$$Q_k = Q_{z0.2} + Q_{ft} = T_{ft} I''^2 = 18.61 + 4.1 = 22.71(\text{kA}^2 \cdot \text{s})$$

从表 10-10 中计算得 $C = C_N = 82.5$,所以,按短路热稳定电缆最小截面为 $S_{\min} = \frac{\sqrt{K_f Q_k}}{C} \times 10^3 = \frac{\sqrt{1.035 \times 22.71}}{82.5} \times 10^3 = 58.8(\text{mm}^2)$。

所选截面远大于热稳定截面,满足热稳定要求。

4. 电流互感器的选择

根据电流互感器的用途、持续工作电流、工作电压及装置的 XGN2 - 10 型开关柜等条件,查资料电流互感器可选用 LZZJB6 - 10,400/5,0.5/B 这一型号。可供给测量和差动保护装置用,并查得 1 s 热稳定倍数 $K_{rN} = 55$,动稳定倍数 $K_{dN} = 70$。

热稳定校验: $$K_{rN} = 55 > \frac{\sqrt{355.2}}{400} \times 10^3 = 47$$

动稳定校验: $$K_{dN} = 70 > \frac{26.18}{\sqrt{2} \times 400} \times 10^3 = 46.3$$

所以,所选电流互感器满足动、热稳定要求。

(二)汇流主母线及支持绝缘子选择

1. 选择计算条件

(1)主母线上通过的最大持续工作电流为两台发电机最大工作电流之和,即 $I_{g.\max} = 2 \times 385.4 = 771(\text{A})$。

(2)主母线装设专门的继电保护装置,母线短路时由发电机过电流保护动作切除故障。因此,主母线热稳定计算时间 t_{js} 取同于发电机回路电器为 4 s。

(3)短路计算点确定为 d_1—2 点,短路电流值为表 10-9 中 d_1 短路点合计栏。

2. 主母线的选择

1)按长期发热条件选择截面

根据 $I_{g.\max} = 771$ A,温度修正系数 $K_\theta = \sqrt{\frac{70 - 36.8}{70 - 30}} = 0.91$,得允许载流量为 $I_y = \frac{I_{g.\max}}{K_\theta} = \frac{771}{0.91} = 847(\text{A})$,查表 10-5 得,选用矩形铝截面母线 $S = 63 \times 8\ \text{mm}^2$,其 30 ℃环境下允许载流量为 938 A,能满足长期发热要求。

主母线比较短,不按经济电流密度选择,故选用 LMY - 63 ×8 矩形铝截面母线。

2)热稳定校验

短路时间取 4 s,短路热效应 θ_k 为

$$\theta_k = \frac{12.17^2 + 10 \times 10.6^2 + 10.49^2}{12} \times 4 = 461(\text{kA}^2 \cdot \text{s})$$

主母线短路前可能的最高温度 θ_w 为：$\theta_w = 36.8 + (70 - 30) \times (\frac{771}{938})^2 = 63.8(℃)$，取 65 ℃，查表 10-4 得热稳定系数 $C = 89$。

$$S_{\min} = \frac{\sqrt{1.03 \times 461}}{89} \times 10^3 = 245(\text{mm}^2) < 63 \times 8(\text{mm}^2)$$，所选母线满足热稳定要求。

3）动稳定校验

铝材许用应力为 70 MPa，取跨距为柜的宽度 $l = 1.1$ m，相间距 $a = 0.25$ m。

$$\sigma_{js} = 1.73 \times 10^{-2} i_{im}^2 \frac{\beta l^2}{aW} = 1.73 \times 10^{-2} \times 31.65^2 \times \frac{1 \times 1.1^2}{0.25 \times 5.292} \times 10^6 = 15.85(\text{MPa}),$$

$[\sigma] = 70\ \text{MPa} > \sigma_{js}$，满足动稳定要求。

或 $L_{\max} = \frac{7.6}{31.65} \times \sqrt{70 \times 10^6 \times 0.25 \times 5.292 \times 10^{-6}} = 2.31(\text{m}) > 1.1$ m，满足动稳定要求。

3. 支持绝缘子选择

查相关资料，可选用 ZNA－6MM 型支持绝缘子。

$F_{ph} = 375$ kg，当 $l = 1.1$ m 时

$$F_{js} = 0.173 \times 31.65^2 \times \frac{1.1}{0.25} = 762.5(\text{N}) = 77.8\ \text{kg}$$

$$F_{js} = 77.8 < 0.6 \times 375 = 225(\text{kg})$$

所以，选用 ZNA－6MM 型支持绝缘子合格。

（三）母线电压互感器回路设备选择

1. 电压互感器的选择

根据母线电压互感器的用途、装置的 XGN2－10 高压开关柜以及工作电压，查资料，可选用 JDZJ－6，$\frac{6}{\sqrt{3}}/\frac{0.1}{\sqrt{3}}/\frac{0.1}{3}$ kV 单相三绕组电压互感器三台，连接成 $Y_0/Y_0/\triangleright$ 接线，可满足测量、保护和绝缘监察的需要。

2. 隔离开关的选择

为了使电压互感器检修时与电源可靠隔离，须装设一组隔离开关，可选用 GN30－10D/630，动、热稳定检验可以满足要求，即

$$Q_k = 461\ \text{kA}^2 \cdot \text{s} < 20^2 \times 5 = 2\,000(\text{kA}^2 \cdot \text{s})$$

$$i_{im} = 31.65\ \text{kA} < 50\ \text{kA}$$

3. 高压熔断器的选择

选用专用的 RN2－10，6 kV 型熔断器，查资料知 $I_{kN} = 85\ \text{kA} > I'' = 12.17$ kA，满足短路保护作用要求。

由于采用 RN2－10，6 kV 型限流熔断器，连接导体可不必进行动稳定校验，可选最小规格母线。

4. 避雷器的选择

（1）选型：根据工作条件选择电站用复合外套无间隙氧化锌避雷器 HY5WZ 系列。

(2)最大持续工作线电压 $U_m = 6.3 \times 1.05 = 6.615(\text{kV})$。

按式(9-18),$U_c \geqslant 1.1U_m = 6.615 \times 1.1 = 7.28(\text{kV})$。

按式(9-20),$U_r \geqslant 1.38U_m = 6.615 \times 1.38 = 9.13(\text{kV})$。

所以,选用 HY5WZ－10/27 氧化锌避雷器符合要求,其技术参数为:$U_c = 8$ kV,$U_r = 10$ kV,雷电冲击下电流 5 kA、残压 24 kV(峰值)。

(四)变压器低压侧(6.3 kV 侧)回路电气设备选择计算

1. 选择条件

(1)短路点选择:以 d_1—3 点三相短路电流计算结果为依据,短路电流由系统提供。

(2)短路计算时间:$t_{js} = t_b + 0.2$,即开关电器选择短路计算时间 $t_{js} = 2.5 + 0.2 = 2.7(\text{s})$,取 4 s;导体选择短路计算时间 $t_{js} = 0 + 0.2 = 0.2(\text{s})$。

2. 断路器和隔离开关选择

根据 $U_{WN} = 6$ kV 和长期工作电流 $I_g = 2 \times 385.4 = 771(\text{A})$,以及安装于 XGN2－10 型开关柜的情况,初选 ZN28－10/1000 型真空断路器和 GN30－10/1000 型隔离开关。

短路电流的热效应为

$$Q_k = \frac{4}{12} \times (8.12^2 + 10 \times 8.12^2 + 8.12^2) = 263.7(\text{kA}^2 \cdot \text{s})$$

按短路电流选择如表 10-11 所示。

表 10-11　断路器和隔离开关的选择(二)

计算数据		技术数据(保证值)		
计算参数	计算值	额定参数	GN30－10/1000	ZN28－10/1000
I''(kA)	8.12	I_{kN}(kA)	31.5	20
i_{im}(kA)	20.71	i_{dN}(kA)	80	50
Q_k($\text{kA}^2 \cdot \text{s}$)	263.7	$I_{rN}t_{rN}$($\text{kA}^2 \cdot \text{s}$)	$31.5^2 \times 5 = 4\,961$	$20^2 \times 5 = 2\,000$

选用的设备合格,真空断路器选配 CT19B 型操动机构,隔离开关配 CS18 手动操作机构。

3. 载流导体选择

开关柜选用铝排出线,根据工作电流和短路电流情况,选择与主母线相同的 63×8 铝排出线能满足要求。

(五)变压器高压侧(35kV 侧)回路电气设备选择计算

1. 选择条件

(1)短路点选择:以 d_2—1 点三相短路电流计算结果为依据,短路电流由系统提供。

(2)短路计算时间:$t_{js} = t_b + 0.2$,即开关电器选择短路计算时间 $t_{js} = 2 + 0.2 = 2.2(\text{s})$,取 4 s;导体选择短路计算时间 $t_{js} = 0 + 0.2 = 0.2(\text{s})$。

2. 断路器和隔离开关选择

回路工作电流:$I_g = 1.05I_{TN} = \dfrac{1.05S_{TN}}{\sqrt{3}U_N} = \dfrac{1.05 \times 8\,000}{\sqrt{3} \times 38.5} = 126(\text{A})$

根据电网电压,以及安装于屋外的特点,初选 LW34－40.5/1600 型真空断路器和 GW4－35GD/630 型隔离开关。

短路电流的热效应为

$$Q_k = \frac{4}{12} \times (8.21^2 + 10 \times 8.21^2 + 8.21^2) = 270(\text{kA}^2 \cdot \text{s})$$

按短路电流选择如表 10-12 所示。

表 10-12 断路器和隔离开关的选择

计算数据		技术数据(保证值)		
计算参数	计算值	额定参数	GW4-40.5/630	ZN28-10/1000
I''(kA)	8.21	I_{kN}(kA)	20	20
i_{im}(kA)	20.94	i_{dN}(kA)	50	50
Q_k($\text{kA}^2 \cdot \text{s}$)	270	$I_{rN}t_{rN}$($\text{kA}^2 \cdot \text{s}$)	W$20^2 \times 5 = 2\,000$	$20^2 \times 5 = 2\,000$

选用的设备合格。

3. 载流导体选择

屋外载流导体选用软导线,规格与线路导线截面相同。

4. 35 kV 出线回路电流互感器的选择

根据用途,计量和测量用选 LR-35-200 六只,额定电流变比 150/5,准确度级次 0.5 级;保护用选 LRB-35-200 六只,额定电流变比 150/5,准确度级次 10P 级。

LR 系列电流互感器不需要进行热稳定和动稳定校验。

(六)35 kV 侧电压互感器回路设备的选择

1. 选择条件

(1)短路点选择:以 d_2—2 点三相短路电流计算结果为依据,短路电流为系统和两台发电机提供的短路电流合计值。

(2)短路计算时间:与主变回路电器相同。

2. 隔离开关选择

根据电网电压,以及安装位置,选择 GW4-35GD/630 型隔离开关。

短路电流的热效应为

$$Q_k = \frac{4}{12} \times (8.71^2 + 10 \times 8.59^2 + 8.59^2) = 296(\text{kA}^2 \cdot \text{s}) < 20^2 \times 5 = 2\,000(\text{kA}^2 \cdot \text{s})$$

$$i_{im} = 22.24 \text{ kA} < 50 \text{ kA}$$

选用的设备合格。

3. 电压互感器选择

根据用途,采用 JDXN-35 型电压互感器,极限负荷 1 000 VA,额定变比:$\frac{35}{\sqrt{3}}/\frac{0.1}{\sqrt{3}}/\frac{0.1}{3}$,准确度等级为 0.5 级。

4. 熔断器选择

选用 RXW4-35/0.5 A 电压互感器专用保护熔断器,不需要校验。

5. 避雷器选择

(1)选型:根据工作条件选择电站用复合外套无间隙氧化锌避雷器 HY5WZ 系列。

(2)最大持续工作线电压 $U_m = 35 \times 1.15 = 40.25$(kV),按式(9-19),$U_c \geq U_m = 40.25$ kV,选择避雷器的持续工作电压;按式(9-21),$U_r \geq 1.25U_m = 1.25 \times 40.25 = 50.3$(kV),选择避雷器的额定电压。

所以,选用 HY5WZ - 51/134 氧化锌避雷器符合要求,其技术参数:持续工作电压 $U_c = 40.8$ kV,额定电压 $U_r = 51$ kV,雷电冲击下电流 5 kA、残压 134 kV(峰值)。

(七)35 kV 侧厂用变压器保护用电器选择

根据安装位置选用跌落式非限流熔断器。

回路工作电流:$I_{g.\max} = 1.05 \times \dfrac{80}{\sqrt{3} \times 35} = 1.39$(A),选用 RW5 - 35/100,配用熔件额定电流 10 A,额定开断电流 5.7 kA。

第六节　低压电器的选择

电动机供电回路中,宜装有隔离电器、保护电器及操作电器,也可采用保护和操作合一的电器。对于供电干线可只装设隔离电器和保护电器。隔离电器可采用隔离开关、负荷开关、插头等;保护电器可采用断路器、熔断器等;操作电器可采用接触器、磁力起动器、组合电器、断路器、软起动器等。

低压电器的组合一般应遵循下列原则:

(1)除工艺上密切相关的一组电动机、不重要负荷或不经常运行且容量不大的负荷可各负荷共用一套保护电器外,用电负荷宜装设单独的保护电器。供电回路中各级保护电器应有选择性地动作,为此要求:

当支线采用断路器作短路保护时,干线可采用带延时动作的断路器或熔断器作短路保护,熔断器熔体的熔断时间在考虑误差后应大于断路器的分闸时间,其熔体应较支线上熔断器的熔体大一定级差。对于 NT 熔断器,前后级熔件额定电流比为 1∶1.6,对 RT0 熔断器应差 2 ~4 级。

熔断器之间、熔断器与断路器之间、熔断器与接触器之间配合的具体要求,见相关电力工程电气设计手册。

(2)除运行需要,一组电动机可共用一套操作电器外,每个电动机供电回路均应单独装设操作电器。

(3)装在主配电屏及机旁配电屏上的起动器或交流接触器与其串联的短路保护电器的协调配合,应符合制造厂推荐的保护型式。

(4)用于控制Ⅰ、Ⅱ类负荷电动机的交流接触器,不应将 2 台及以上装于屏、箱的同一单元内。

(5)照明电源回路和运行中有可能过负荷的电动机回路及其供电干线应有过负荷保护。过负荷保护可采用断路器的热继电器或长延时过电流脱扣器,也可采用熔断器;对电动机回路,如熔体电流过大,不能起过负荷保护作用,可采用带热继电器的磁力起动器作过负荷保护。

(6)过负荷保护宜采用反时限特性的保护电器。当采用低压断路器、封闭式或半封闭式一般用途熔断器、热继电器等电器作为过负荷保护时,保护电器与导体的配合应满足下式要求:

$$I_j \leqslant I_n \leqslant I_g \tag{10-50}$$

式中 I_j——线路计算负荷电流;

I_n——断路器长延时脱扣器整定电流或熔断器熔体额定电流或热继电器额定电流;

I_g——导体允许持续载流量。

(7)起吊设备的电源回路,应设就地操作的铁壳开关。

(8)对于电流小于6 A的电动机可用闸刀开关或组合开关作为操作电器。

(9)用熔断器和接触器组成的电动机回路,要装断相保护装置。

(10)对在有爆炸或火灾危险环境中使用的保护电器与导体的配合,应按相应标准、规范要求执行。

常用低压电器组合见图10-7。各类低压电器的综合选择项目和条件如表10-13所列。

低压电器(包括电缆)品种繁多,选择条件烦琐复杂。但用电设备(多数是电动机)供电回路中的电器选择主要取决于用电设备的容量及特点,其次也受网络结构(指供电变压器容量、高压侧短路容量、一低压侧馈电干线等)的影响。在某种特定网络情况下,可根据用电设备的类型和容量先初步确定其供电回路的组合方式,再选择各电器的型式与参数。

有关工程手册对各种常用的电动机列出了整套的供电支路设备选择表,可供直接查表选择,使烦琐复杂的低压电器选择大为简化。

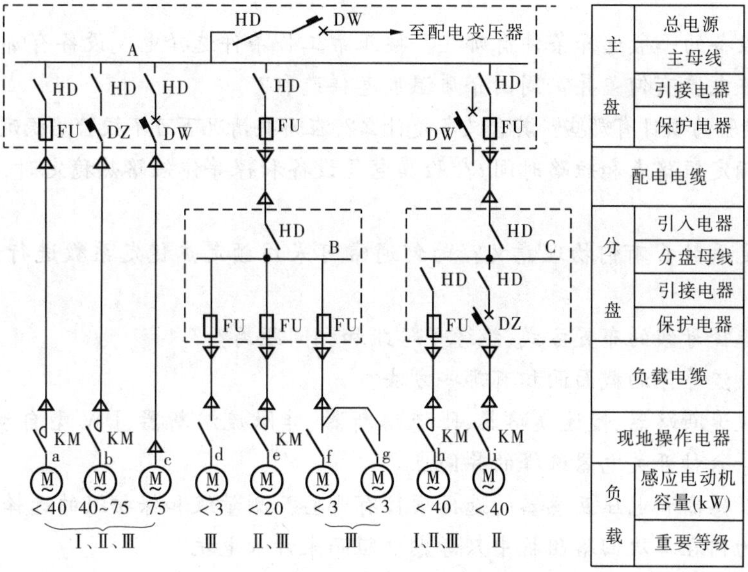

图10-7 低压网络及电器组合

表 10-13　低压电器的选择项目和条件

<table>
<tr><th rowspan="2" colspan="2">选择条件</th><th colspan="8">选择项目</th></tr>
<tr><th>额定电压</th><th>额定电流</th><th>动稳定</th><th>热稳定</th><th>开断电流</th><th>起动电流</th><th>保护灵敏度</th><th>保护级差</th></tr>
<tr><td colspan="2">闸刀开关与组合开关</td><td rowspan="6">$U_N \geqslant U_g$</td><td>$I_N \geqslant I_g$</td><td colspan="2">—</td><td>—</td><td>降低额定电流使用</td><td>—</td><td>—</td></tr>
<tr><td colspan="2">熔断器</td><td>$I_{gN} \geqslant I_{jN} \geqslant I_g$</td><td>—</td><td>—</td><td>$I'' \leqslant I_{kdN}$</td><td rowspan="3">躲过起动电流</td><td>$\frac{I_k^{(1)}}{I_{jN}} \geqslant 4 \sim 5$</td><td>对 FU－FU
$t_1 \geqslant 3t_2$</td></tr>
<tr><td rowspan="2">自动开关</td><td>DZ 型</td><td rowspan="4">$I_N \geqslant I_g$</td><td>—</td><td>—</td><td>$I''_{im} \leqslant I_{kdN}$</td><td>$\frac{I_k^{(1)}}{I_{zd}} \geqslant 1.5$</td><td>对 FU－DZ
$t_1 \geqslant 0.07$ s</td></tr>
<tr><td>DW 型</td><td>—</td><td>$[I_r^2 t] \geqslant Q_k$</td><td>$I'' \leqslant I_{kdN}$</td><td>$\frac{I_k^{(2)}}{I_{zd}} \geqslant 2$</td><td>对 DW－FU
$t_1 \geqslant 1.5t_2 + 0.5$ s</td></tr>
<tr><td colspan="2">磁力起动器与交流接触器</td><td colspan="2">0.1 s 保安电流</td><td>—</td><td>—</td><td>—</td><td>—</td></tr>
<tr><td colspan="2">热继电器</td><td>—</td><td>—</td><td>—</td><td>不得动作</td><td>过负荷 20%动作</td><td>—</td></tr>
</table>

思考题与习题

1. 电气设备的一般选择条件有哪些？按正常工作条件选择电气设备有哪些项目？额定电流与允许电流有何差异？周围介质温度怎样选取？

2. 短路校验的项目有哪些？其含义各是什么？在哪些情况下可不校验热稳定或动稳定？

3. 如何确定短路点和短路时间 t？验算电气设备和裸导体短路热稳定时，保护动作时间如何确定？

4. 热稳定系数 C 有何物理意义？为何通常可采用额定热稳定系数进行载流导体的热稳定校验？

5. 如何选择母线的布置方式、绝缘子跨距和相间距离？

6. 选择载流导体的截面面积有哪些方法？

7. 比较快速断路器、慢速断路器、限流熔断器、非限流熔断器、DW 型自动开关和 DZ 型自动开关等六种开关电器选择的异同点。

8. 电流互感器和电压互感器的选择项目有哪些？测量级和保护级的选择与校验方法有何不同？为何在二次回路阻抗中只考虑电阻而未计入电抗？

9. 低压开关电器如何分类？与高压开关电器的分类有何异同？低压操作电器主要有哪些？有何特点？

第十一章　电气总布置

内容提示　熟悉水电站总体布置的要求；掌握主变布置、中控室和升压站布置的内容与注意事项，并能绘制总体布置图和中控室、升压站的平面布置图。

第一节　主变场地布置

主变是电站中最重要、带油量最多的设备之一，且又处于一次接线的纽带地位，其场地布置要着重考虑起吊搬运、防火防爆、进出线方式和通风散热等多方面的问题。此外，其中性点设备与出口避雷器等的布置也应一并考虑。

一、主变压器的起吊与搬运

小型水电站采用三相油浸式变压器。电压 35 kV 等级及以下和容量 6 300 kVA 以下的变压器一般为整体运输。超过上述电压或容量者，外形尺寸过大，出厂时常卸掉散热器油枕等附件，但仍带油运输。一般运抵厂房安装间，利用桥机吊卸，并在完成放油、吊芯检查（对钟罩式为吊盖检查）、附件安装、充油及实验等安装工序后，再经专门的通道搬运就位。可见，厂房桥机要按主变吊重进行校验，桥机吊高还要满足主变吊芯或吊盖高度（检阅有关产品目录或手册）的要求，否则可在安装间设置主变压器检修坑（洞）。主变检修常有以下三种方式：一是拖运至安装间检修；二是就地检修，就地搭设临时性起吊设施，此时无论屋外或屋内布置均应适当增大场地面积和空间范围，室内布置的还要预先埋设吊梁、吊环等；三是就近设置变压器检修间。在水电站因有现成的桥机和安装间，应优先选择第一种检修方式。为此，主变要靠近安装间布置并居同一高程，截至安装间之间设置搬运通道。通道宽度要满足搬运中的变压器至两侧运行中的带电部分的距离不小于 B_1 值，如图 7-2 所示。在通道端头要预埋设拖运地锚。对电压 110 kV 和容量 10 000 kVA 以上的主变，可酌情采用钢轨运输道，牵引力大为降低（每吨只需 45 kg 左右）。

二、主变的进出线方式

因受地形条件和枢纽建筑物的制约，水电站主变的进出线有时较复杂，甚至成为影响主变位置的选择和电气总布置的一个制约因素。

（一）变压器出线套管的排列规则

对双绕组变压器，站在高压侧看，从左至右为 O、U、V、W、油枕。对侧对应为低压侧之 u、v、w。或站在油枕端看变压器，则左边为高压侧，右边为低压侧，由远至近为 O、U、V、W、油枕。如图 11-1（a）所示。

对三绕组变压器，高压侧与上述同。中压侧和低压侧套管居同侧，且按中压、低压、油枕的顺序排列,如图 11-1(b)所示。

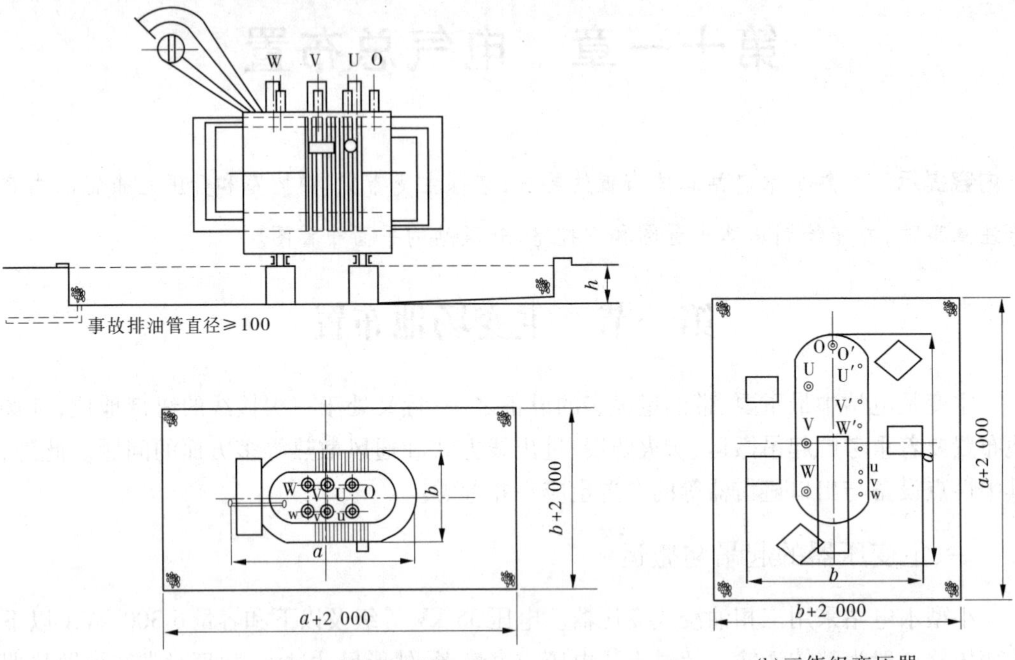

图 11-1　变压器出线套管的排列规则及贮油坑的布置　(单位:mm)

如果变压器两侧电路均有电源,但相序相反,则需将一次线路倒相,否则不能并列。若两侧电路相序相同(或只有单侧电源),但与变压器出线套管的相序排列相反,则可不必倒相,但此时主变压器的接线组别将由 Y,d11 变为 Y,d1,特性相同,但互感器的二次回路需按接线组别相应变动。

(二)进出线方式

1. 电缆进(出)线

通常用角钢支架固定电缆头,对多根电缆还要设置小段母线以便接线。该侧不得占据变压器搬运通道,若两侧均采用电缆进线,变压器一般只能沿窄面推进。

电缆线路占用空间小,且方便灵活,便于跨越通道和公路等,施工工作量小,缺点是载流量有限,一般并联 2 ~ 3 根时宜改用母线。

2. 硬母线进(出)线

当电路长度不大时,采用硬母线进(出)线最为方便,电流大小不限,布置路线要尽量减少转弯和错位。接至变压器套管档要接入母线温度补偿器,以免套管承受母线的温度应力。宽面推进的变压器居搬运通道中的一侧一般不宜采用硬母线出线。

3. 架空拉线—跳线出线

此出线方式是用架空拉线挂接至变压器附近,再由拉线向变压器出线套管跳线,一般用于变压器高压侧出线。其拉线和跳线均须保证线间距离和 D 值的要求。

跳线—拉线的具体做法取决于主变位置和开关站的方位,因而取决于水电站的电气总布置。常见的有:①由大坝下游面拉出;②由主厂房下游墙拉出;③装设变压器门型构架拉出;④装设转角铁塔拉出。尤其是对三绕组变压器还要设中间拉线层,经两次跳线才能保证中间距离。当采用①和②两种方式出线时,拉线与墙角的角度不宜小于30°。

三、主变的防火防爆

目前的防火措施不在于着火主变的救灭,而在于其事故排油和隔离,以避免出现火灾的蔓延、扩大,祸及相邻建筑物和邻近主变。

(一)事故排油和贮油坑

规程规定,充油量600 kg及以上的变压器场地要设置贮油坑。坑的边缘要超出变压器外廓1 m。坑内填入ϕ30~50 mm的卵石,其间隙率为25%。当户外变压器遇紧急情况急需事故排油时,贮油坑中的卵石总间隙应能吸收设备充油量的20%,同时通过贮油坑的底部不小于ϕ100 mm的排油管迅速将全部变压器油排至安全处(例如事故排油坑)。贮油坑底面向排油管侧有不小于2%的坡度。户外布置的贮油坑平均深度按下式计算,但不小于0.25 m。

$$h \geqslant \frac{0.2G}{0.9 \times 0.25(S_1 - S_2)} \approx 0.9\frac{G}{S_1 - S_2}$$

式中 G——总油重,t;

S_1——贮油坑总面积,m^2,$S_1=(a+2)(b+2)$,a、b分别为主变外廓的长和宽,m;

S_2——贮油坑中变压器基础梁的面积,m^2。

系数0.9为油的比重,0.25为卵石间隙率,0.2为贮油坑应有的贮油容积比。

对户内设置,可增大贮油坑的贮油容积比至0.25,则上式变为

$$h \geqslant \frac{0.25G}{0.9 \times 0.25(S_1 - S_2)} = 1.1\frac{G}{S_1 - S_2}$$

要保护好贮油坑中卵石的间隙不被泥土、杂物填塞。户外贮油坑的四周设高0.05~0.1 m的挡水墙,防止地面泥水流入坑内。出于楼板上的贮油坑不得漏油漏水,穿过贮油坑的电缆管要用正常厚度的焊接管,不能用熟料管或薄壁管代替。任何情况下贮油坑不得跨越结构的沉陷缝和伸缩缝。

充油量60~600 kg的设备,上述事故排油贮油措施可以简化或取消。但屋内布置时,尤其是楼房和地下室层,不宜简略。油量少于60 kg的少油设备可不考虑上述贮油排油措施。

(二)防火隔离

当变压器着火或防爆玻璃爆破喷油时,应不危及邻近变压器或建筑物的安全。充油10 t以上的主变之间要有10 m以上的净距,否则应在其间设防火隔墙。隔墙的高度和长度均应超出变压器外廓0.5~1 m,建筑物距离主变小于5 m时,对应主变外廓的上面和左右两侧3 m之内不得开设门窗;建筑物距离主变5~10 m时,可酌情开设防火窗和门。

四、主变场地的通风散热

变压器效率很高,但大容量主变的损耗总功率仍然可观,并以热的形式散布于周围空间,屋外的主变宜置于开阔通风处。坝后式水电站常将主变置于大坝和主厂房之间,如果

再增设一些隔墙,显然对通风散热不利。此外,屋外主变既要增强辐射散热,又要减少强日照的影响,外表以着灰色漆为好。

屋内布置的主变间应有自然或强迫排风设施,热空气要直接排向屋外,且不得对流返回主厂房内。有的小电站将主变置于安装间旁作半屋内半屋外布置,其热量大部分散向主厂房内,加剧了夏天厂房内的高温,对运行十分不利。屋内主变不受强日光照射,且外着黑色漆以加强辐射散热。

第二节　电气总布置

一、电气总布置的一般规律及影响因素

发电厂是生产电能的工厂,站内电力生产流程如图 11-2 所示。方框表示各主要电气装置,横线表示各装置间的连接。通常发电站由发电机、发电机电压配电装置、主变压器、升压配电装置、输出线路、中控室等主要电气装置组合而成。其中中控室不直接参与电力流程,但对其他各装置及全流程起控制、监测和保护的作用。电气总布置就是研讨这些主要布置间的相互位置关系的。

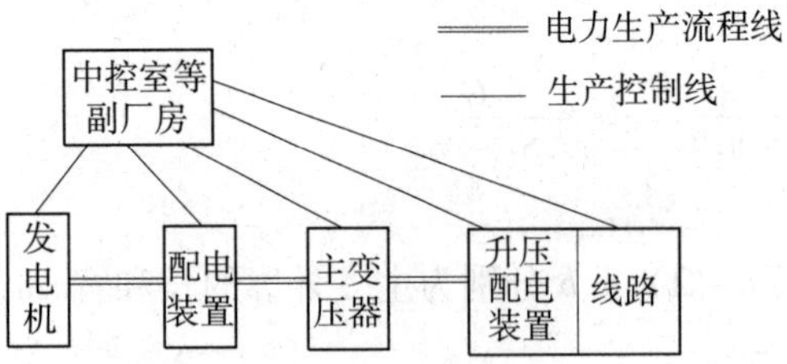

图 11-2　发电站的电力生产流程

合理地做出电气总布置,首先要根据上述电力生产流程,按顺序布置各主要装置,缩短装置之间的距离,使布置趋于紧凑,以达到减少电能损耗、降低造价和节约用地的目的;其次要方便和改善运行环境及运行条件,并有利于电站的长期、安全、可靠运行。

水电站的总电气布置一般受内部因素和外部因素的影响与制约,所谓的内部因素主要有电气主接线的结构、各装置的型式(尤其是主变台数和容量与配电装置的型式)和装置间的连接方式。外部条件是指电站的地形和水文(如洪水位)条件、枢纽建筑物的组成、主厂房的型式和进站公路的走线等。这些内外条件尤其是外部条件千差万别,使水电站的电气总布置变化多样,难以实现定型设计,而需因地制宜、灵活巧妙地根据具体情况,拟定各主要装置的位置,组成不同的电气总布置方案,再比较择优。这是确定水电站总电气布置的一般原则。

二、各主要电气装置位置的分析和选择

(一)主变和发电机电压配电装置位置的选择

从发电机至主变,中间经过配电装置,电压较低而电流较大,常采用硬母线或动力电缆连接。三者宜靠近布置以缩短连接导体的长度,同时也减少大电流回路的电能损耗。这便是常见的发电机、配电装置和变压器相结合的布置,即发—配—变布置链。显然,在这种布置链中,主变位置决定配电装置的位置和发电机出线的大致方向。为了运行的方便和缩短二次电缆的长度,中控室等电气副厂房与发电机电压配电装置及主变一起置于

主场房的同一侧,主变与升压配电装置联接。可见,在一般正常情况下,主变室处于电气总布置的中心和纽带地位,它的位置大体上确定了发电机出行方向和电气副厂房的位置。因此,不同的主变位置常常是构成不同的电气总布置方案的基础。

主变位置选择多由主厂房的型式和电站容量等参数确定,也受地形和其他枢纽建筑物的影响,现分析如下:

(1)主变置于主厂房上游面,与安装间附近地面同高程。坝后式电站大坝和主厂房分离,期间有一狭长地段可供布置主变和电气副厂房,这是小型坝后式水电站的典型布置。有时甚至把开关站也置于该地段,但这将造成主厂房后移,增加输水管长度。只有在受地形等条件限制,无其他更好方案时才取此下策。

(2)主变置于主厂房下游面,与安装间附近地面同高程。无论是坝后式、河床式或引水式厂房,小型水电站因尾水肘管短,尾水平台狭窄,不能布置主变和副厂房。但尾水渠旁边、安装间段下游面及其延伸方向,常是主变和副厂房的理想布置地段。

(3)主变置于坝顶。对于河床式小型水电站,可将主变置于主厂房上游挡水墙顶面、坝顶路面的旁边。而发电机电压配电装置则置于主变的下方,常与发电机同层。

(4)主变及副厂房布置在主厂房的端头,常见于机组台数少、容量偏小的引水式电站。副厂房和主变可布置在安装间外端,也可布置于安装间的相反端。但后者需在主厂房两端间有主变搬运通道连通,例如电站采用了尾水隧洞。

(5)主变与电气副厂房脱离而靠拢开关站布置。这是一种受地形等外部条件的限制而被扭曲的布置,它增长了主变低压侧的大电流电路,使损耗增加,并增大了母线工作量和有色金属用量。但对于小容量的主变(例如5 000 kVA及以下),若低压侧能采用电缆送电,这种布置仍有普遍意义。

(二)中控室的位置

中控室既要靠近其他主要电气装置以缩短控制电缆走线和方便运行巡视,又要改善运行环境,包括解决当前小型水电站运行最为突出的噪音和酷暑高温,以及一般的防潮、通风、采光等问题。对小型水电站,中控室的位置基本上是跟随发—配—变布置链,与高压开关柜室等组成统一的副厂房。现仅补充两点。

1. 中控室布置高程的选择

在小型水电站中,中控室常与6.3 kV开关柜毗邻,靠近主场房中部,与发电机同层布置,或者叠置于开关柜上层,高出发电机层6 m左右。前者便于电缆的布置,即在中控室、开关柜及厂用主盘的下面设统一的电缆夹层,既缩短电缆走线,又节省电缆土建工程。后者要分别在中控室和开关柜等的下面设置不同高程的两个电缆夹层,其间用电缆竖井相沟通。但由于中控室位置的升高和偏中,对隔离机房的噪音和高温有利。其对通风、防潮和采光等方面也有很大改善。这对于发电机层高程较低的河床式水电站尤为明显。

2. 中控室脱离配电装置等的布置

在小型河床式水电站,如果主变置于上游挡水墙顶面,即按上述第(3)款选定位置,这时若中控室跟随主变等置于主厂房挡水墙下,此处环境潮湿,一般需建造防潮夹层,面积也较狭窄。此外,其通风、防暑、采光、隔音等条件也较差。升高中控室后情况有所改善。但更可以脱离开关柜等一次装置,单独按改善运行环境的要求选择中控室的位置,例如升高高程，置于安装间段下游面。

(三)升压配电装置位置的选择

屋外升压配电装置(简称开关站)占地较大，它与主变的连接一般采用架空拉线，距离无严格限制，故其位置在水电站主要由地形条件决定。但同时要顾及以下方面：①开关站的位置和朝向要便于主变出线和开关站进线。②要便于开关站的出线。其出线方向与线路走向一致最为理想，以免线路绕行和反行。出线走廊不宜经过电站生活区、学校和其他较高建筑群。③远离污秽环境，例如不宜靠近多风尘的工厂或乡间尘土飞扬的公路。④酌情控制开挖和回填工程量，不占或少占农田。

如果受地形等条件的限制，35 kV 开关站可用屋内或半屋内配电装置代替，其占地面积大为减少。具体位置和朝向也要方便从主变来的进线和装置对线路的出线。

思考题与习题

1. 主变布置要注意哪些问题？变压器防火措施有哪些？
2. 水电站电气总布置包含哪些内容？为什么说主变的位置是总布置的中心环节？
3. 中控室布置要注意哪些问题？
4. 升压配电装置布置要注意哪些问题？

第十二章　电气二次电路图

内容提示　熟悉电气二次电路的基本知识；了解水电站中电参数和非电量的测量方法；掌握交、直流系统的绝缘监察装置的工作原理。熟悉水电站操作电源的种类；了解铅酸蓄电池、镉镍蓄电池和铅酸免维护蓄电池的特点；掌握蓄电池的维护方法；了解高频开关直流电源系统的主要性能特点。熟练掌握常见断路器和灭磁开关控制回路的工作原理，能熟练画出各种控制回路。熟悉水电站中信号装置的分类；了解中央信号装置的组成。熟悉发电机的同期方式和水电站同期点的设置；熟悉水电站手动和自动准同期系统的接线；掌握手动准同期和自动准同期并网的操作过程；掌握对水电站同期系统的设计。熟悉二次回路安装接线图的分类；能对二次回路进行编号；能对二次设备进行项目代号的编号；掌握端子图和屏背面接线图的画法；能看懂实际安装接线图。

第一节　电气二次电路图的基本知识

在水电站中，电气设备除一次设备外，还有大量的二次设备。水电站的二次设备是指对电气一次设备、水力机械、水工设施和其他机械进行检测、控制、保护及自动调节等的辅助设备。它包括监视和测量用表计、控制用开关电器、继电保护及自动远动装置用电器、信号器具、同期系统用电器、操作电源和控制电缆等。二次设备通常为低压设备，由蓄电池组直流系统、电压互感器、电流互感器或厂用低压电源等供电。

二次设备经导线或控制电缆以一定方式互相连接所构成的电气回路称为二次回路（又称二次接线）。表明二次回路连接关系的图纸称为电气二次图。

二次回路的主要任务是：反映一次系统的工作状态，并对一次系统进行控制、保护和调节等，并在一次系统发生事故时使事故部分退出工作。

按用途二次回路可分为控制、信号、保护、同期、测量、自动装置等。这种分类表明了回路的性质和用途，并能帮助说明动作原理。按二次回路供电电源的性质，可分为交流电压回路、交流电流回路和直流回路。这种分类的优点是，在二次回路的安装、检修工作中，查对接线是否正确，以及运行中查找故障十分方便。

二次回路的电路图有三种：原理接线图、展开接线图、安装接线图。

一、原理接线图（归总式原理接线图）

原理接线图是用国家统一规定的图形符号及相应的文字符号和数字序号绘制而成的，并按照工作顺序排列，详细表示电路、设备或成套装置的全部基本组成和连接关系，而不考虑其实际位置的一种图。

原理接线图是用来表示继电保护、测量仪表和自动装置等工作原理的一种二次接线图。它的特点是二次设备以整体形式表示，并将有关的交流电流回路、交流电压回路、直流回路和一次主接线图综合画在一起。这种接线图的优点是使看图者对整个装置的构成有一个明确的整体概念，如图 12-1 所示 35 kV 线路电流保护原理图。

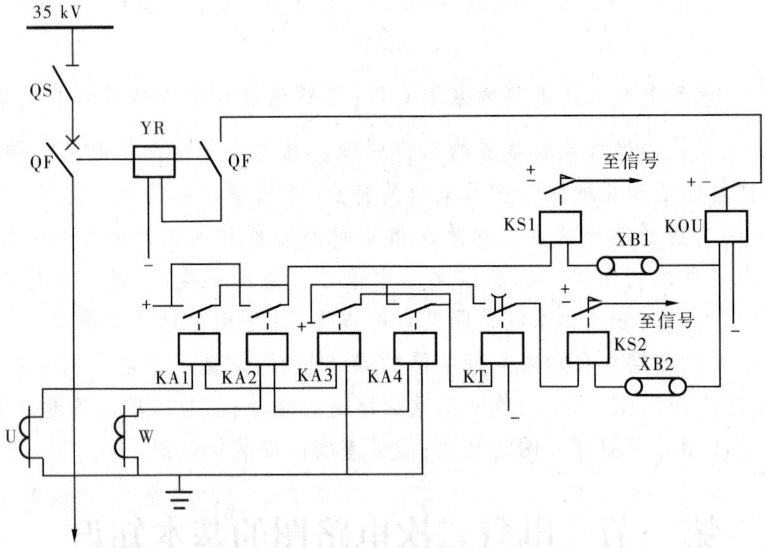

图 12-1　35 kV 线路电流保护原理图

从图 12-1 中可以看出，整套保护装置由 8 只继电器组成。其动作原理如下：

（1）电流继电器 KA1、KA2 和信号继电器 KS1 构成电流速断保护，当输电线路首端发生短路时，流过 KA1 或 KA2 线圈的电流超过其动作整定值时，KA1 或 KA2 的触点闭合，接通信号继电器 KS1 的线圈、保护出口继电器 KOU 的线圈回路，KS1 和 KOU 的线圈同时激磁动作，信号继电器 KS1 的触点闭合发出信号，保护出口继电器 KOU 动作使得跳闸线圈 YR 激磁动作，使断路器 QF 跳闸，跳闸后，QF 的常开辅助触点断开，切断跳闸回路。

（2）电流继电器 KA3、KA4 和时间继电器 KT 及信号继电器 KS2 构成定时限过电流保护，当输电线路末端发生短路或输电线路首端发生短路且电流速断保护拒动，流过 KA3 或 KA4 线圈的电流超过其动作整定值时，KA3 或 KA4 的触点闭合，接通时间继电器 KT 的线圈回路，直流电源电压加在时间继电器 KT 的线圈上，时间继电器起动，经过一定时限后其延时触点闭合，把信号继电器 KS2 的线圈、保护出口继电器 KOU 的线圈回路接通，KS2 和 KOU 同时激磁动作，信号继电器 KS2 的触点闭合发出信号，保护继电器 KOU 动作使得跳闸线圈 YR 激磁动作，使断路器 QF 跳闸，跳闸后，QF 的常开辅助触点断开，切断跳闸回路。

原理接线图表示了继电保护和自动装置的工作原理及构成这套装置所需要的设备。由于原理图上各元件之间的联系是整体连接表示的，对一些细节未表示清楚，如图中未画出二次设备的内部接线、元件接线柱编号和回路编号，直流操作电源只标明其极性，没有标明从哪一组熔断器向下引出，信号部分只标出“至信号”，无具体接线。在二次回路比较复杂时，绘图和阅图比较困难，图纸中的缺陷及错误不易发现和寻找。因此，只有原理接线图是不能进行二次回路施工的，还要其他的一些二次图纸配合才行。

二、展开接线图

展开接线图的特点如下：

(1)按供电电源不同将二次回路中的设备分开表示，即分成交流电流回路、交流电压回路、直流回路和信号回路等几个主要组成部分。于是，同一仪表或继电器的电流线圈、电压线圈和触点就可能出现在不同的回路中。

(2)为了避免混淆，属于同一元件的线圈和触点在不同的回路中采用相同的文字符号表示。如果在同一展开接线图中，同样的设备不止一个，还需要加上数字序号。例如某电流继电器的线圈画在交流回路中，其标示符号是 KA1；该继电器的触点画在直流回路中，其标示符号仍然是 KA1。

(3)展开接线图右侧加以文字说明，用来说明该回路的性质和用途，帮助阅读图纸，使读者能更好地理解图纸的含义、作用。

一张完整的展开接线图包括以下内容：

(1)二次连接电路图，并在图右侧附有文字说明。

(2)与二次接线有关的主接线示意图。

(3)在二次连接电路图中须表明小母线标号、设备的符号、回路编号和元件接线柱标号。

(4)设备表(按不同的安装地点分别列出)。

(5)标明图名、图号等的标题栏。

展开接线图可按照以下的要求阅读：

(1)必须了解图中各种控制设备和继电器的简单结构及动作原理，同时必须了解控制开关触点、按钮触点、继电器触点、断路器辅助触点等的通断情况。

(2)展开接线图中的二次器具和元件均按照国家统一规定的图形符号与文字符号来表示。为此，必须熟悉并深刻了解图中设备的图形符号和文字符号的含义以及它们的性能、用途。

(3)展开接线图中的元件、器件和设备的可动部分都按照它们的非激励或不工作的状态或位置来表示，即继电器和接触器在非激励状态；断路器和隔离开关在断开位置；控制开关在零位或图中特定的位置；机械行程开关在非工作的状态(或位置)等。

图 12-2 是根据图 12-1 所示的原理接线图而绘制的展开接线图。其中，图 12-2(a)是主接线示意图，图 12-2(b)、(c)、(d)是保护回路展开接线图。从图中可以看出，展开接线图由交流电流回路、直流操作回路和信号回路三部分组成。

比较图 12-1 和图 12-2 可以知道，展开接线图接线清晰、层次分明，易于阅读、查线，便于了解整套装置的动作程序和工作原理，特别是在复杂的图纸中优点更为突出，因此它在实际工程中得到广泛的应用。

三、安装接线图

有关安装接线图的内容将在本章第七节中讲述。

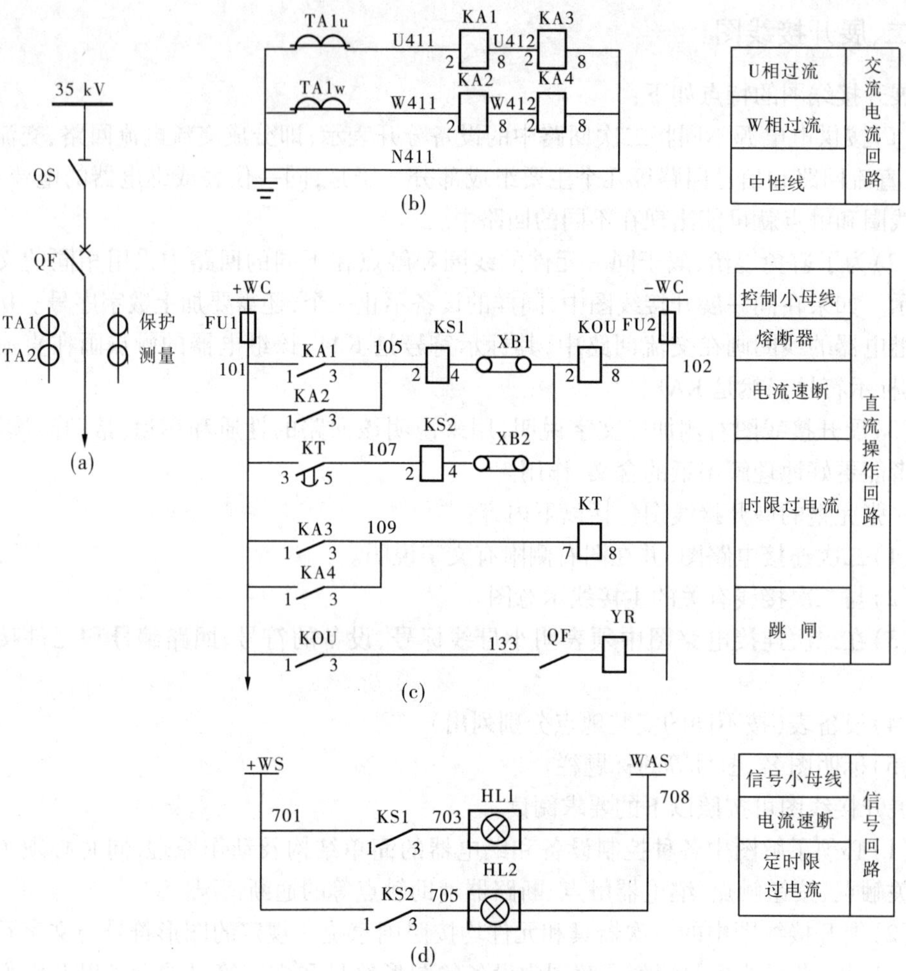

图 12-2　35 kV 线路电流保护展开图

第二节　测量监察回路

为了保证水电站能够安全经济运行，二次回路必须装设一定数量的电气测量仪表、非电量测量仪表和绝缘监察装置等。

一、电气测量仪表的配置及用途

（一）仪表配置的原则

装设在水电站中的电气测量仪表，由于其测量的对象不同，所采用的准确度等级和测量范围是有区别的，都有明确的规定。

（1）准确度等级。用于发电机测量的仪表，其准确度等级不低于 1.5 级；用于设备和线路上的仪表，其准确度等级不低于 2.5 级；直流仪表不应低于 1.5 级；有功电能表准确度等级一般为 1.0 级；无功电能表准确度等级一般为 2.0 级。频率测量宜采用测量范围为 44 ~ 55 Hz 的频率表，在 49 ~ 51 Hz 测量范围内，其实际误差不应大于 ±0.05 Hz。

与仪表连接的分流器、附加电阻和互感器的准确度等级不应低于 0.5 级，仅作电流和电压测量的仪表可使用 1.0 级互感器，不重要回路的电流可使用 3.0 级电流互感器。

(2)测量仪表应有一定的测量范围。电气测量仪表量程的选择应使发电机、变压器等电气设备正常运行时，仪表指针在仪表量程范围的 2/3 刻度上。如指针低于此刻度，说明仪表量程选择过大，则仪表的误差增大；反之，说明仪表量程选择过小，在电气设备运行时裕度很小，有时不能满足要求。

(二)仪表的配置及用途

电气测量仪表的配置应根据电站运行监视要求，做到技术先进、经济合理、准确可靠和监视方便，并符合有关电气测量仪表装置规程的规定。水电站电气测量仪表可按表 12-1 来配置。

(三)测量表计的读数

水电站中绝大部分表计的读数，能直接反映出电气一次系统的参数。因为当测量表计和互感器配套使用时，制造厂已经把表计的量程按一定的比例进行了扩大，这样电气值班员就能很方便地知道一次系统的参数，而不需要进行折算。比如某电流表的量程为 400 A，上面标有 400/5 A，说明该电流表和变比为 400/5 A 的电流互感器配套使用时，量程扩大了 80 倍。

表 12-1　水电站电气测量仪表配置一览

测量回路	仪表种类及数量	备注
发电机	定子：电流表 3 只、电压表 2 只、频率表 2 只、有功功率表 2 只、无功功率表 1 只、有功电能表 1 只、无功电能表 1 只(含机旁屏) 转子：电流表 2 只、电压表 2 只(含机旁屏)	有的表计如频率表、交流电压表、有功功率表等在机旁也应装设
主变压器	电流表、有功功率表、无功功率表	如需计送出电能，则装电能表
厂用变压器	电流表 3 只，电压表、有功电能表各 1 只	表计在低压侧
6 kV、10 kV、5 kV 母线	电压表、频率表各 1 只	电压表配换相测量转换开关
10 kV、35 kV 线路	电流表、有功功率表、无功功率表各 1 只	如需计量电能可加装电能表
同期系统	电压表、频率表各 2 只，同期表 1 只；或采用组合式同期表 1 只	现广泛采用 1 只组合式同期表

但也有少数表计如有功电能表、无功电能表的读数需经过计算才能获得。下面介绍电能计算法。

1. 直接式

若有功电能表、无功电能表的接线不经过电流互感器、电压互感器，直接与一次系统连接，可直接读数，每月的电量只要用本月读数减去上月读数就行了。

2. 间接式

此类表在实际应用中相当普遍，凡大电流、高电压的用电户电能计量，均应通过互感器，不能直接读出，其计算方法如下：

(1)只经过电流互感器的电能表。

实用电量=(本月读数－上月读数)×电流比

(2)经过电流互感器和电压互感器的电能表。

实用电量(或实发电量)=(本月读数－上月读数)×电流比×电压比

(四)测量回路接线举例

如图12-3所示,为发电机模拟电气测量仪表接线图,该接线图是用于电站有中央控制室的情况。因此,在配置仪表时,有功功率表、电压表、频率表各配置2个,一个装在中央控制室控制屏上,一个装在机旁屏上,这样便于在机旁开机时观察发电机情况;电流表、电压表、有功功率表、无功功率表、频率表各1只,装在中央控制室的发电机控制屏上,有功电能表、无功电能表装在发电机保护屏后面。

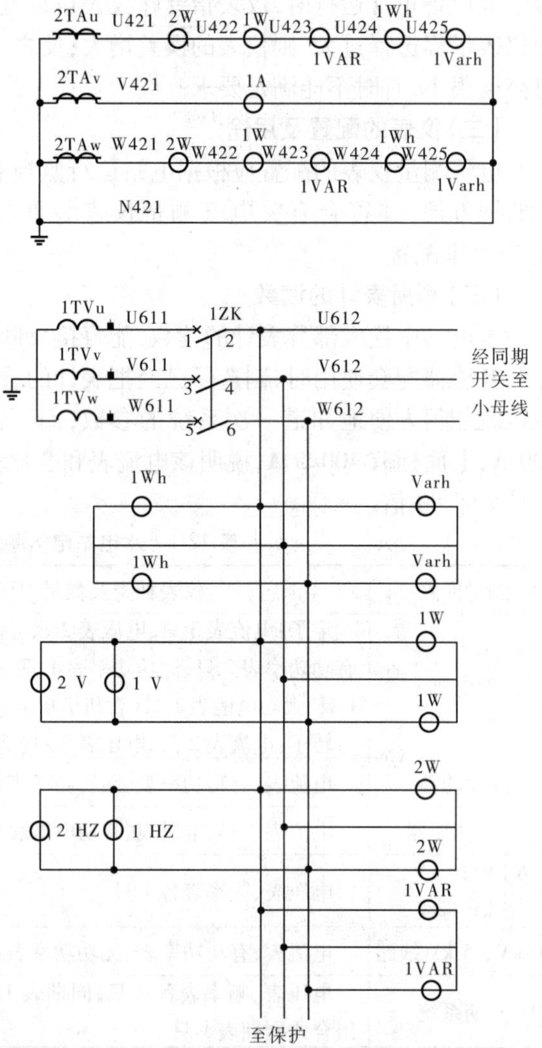

图12-3 发电机模拟电气测量仪表接线图

(五)智能交流电参数测量仪

随着计算机技术的快速发展,智能交流电参数测量仪开始广泛应用于电力系统中。如图12-4所示,为发电机智能交流电参数测量仪接线图,智能交流电参数测量仪不经过变送器,可以将电压互感器的二次电压100 V、电流互感器的二次电流5 A直接输入到电参数测量仪中,利用微处理器的软件功能代替硬件功能,按照一定的规律直接采集交流量并加以处理,计算出电压、电流有效值和有功、无功功率的有效值及其他有关参数,既减少了投资,又保证了系统监察的精度和稳定性。目前智能交流电参数测量仪已逐步代替了传统的模拟测量仪表,如现在电力系统中广泛应用的电参数测量仪有PML3720、PM130E、PAMAC9900、EPM420等电力智能仪表,这些智能仪表可以实时测量三相电压、三相电流、有功功率、无功功率、视在功率、功率因数、有功电能、无功电能和频率等所有交流量,一般可测量上百个电气参数。智能交流电参数测量仪一般带液晶显示,配置RS－232或RS－485通信接口,可以很方便地和上位计算机之间进行通信,实现对电力参数的快速采集,可以在上位机上对发电机所有电参数进行实时视频监控,极大地减轻了值班员的工作强度。

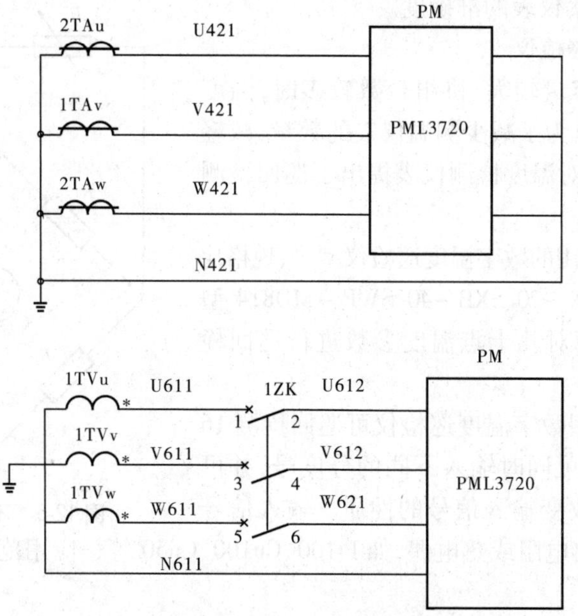

图 12-4 发电机智能交流电参数测量仪接线图

二、温度测量装置

电气测量仪表不能完全保证对发电机、变压器和电动机正常工作的监视。例如发电机的冷却水中断时,可能使发电机绕组发生过热而引起发电机的故障,但这时发电机的电气测量仪表的读数仍在允许范围内。所以,为了更加可靠地保证发电机与变压器的正常运行,除装设上述电气测量仪表外,还装有一些测量温度、转速、压力等的仪表和器具,这些量属于非电量测量。

过去大部分采用一次(原级)测量法,这就使测量精度的提高受到限制。随着水电站自动化水平的逐步提高,要提高测量精度和自动化程度,非电量的测量宜采用电测法,即是将非电量参数转变为电量的变化而加以测量的方法。非电量的电测法速度快、精度高,读数直观,并能进行远距离测量。

水电站需要经常测量、监视温度的部位,主要是水轮发电机组的定子线圈及铁芯,冷却系统的进、出风,各种轴承的润滑油、各种轴瓦等。一般水电站都把这些温度参数传送到一定的集中地点用仪表进行显示。目前,常用的温度测量装置有下列几种。

(一)电阻式温度计

温度测量装置由测温电阻、二次仪表和连接导线三部分组成。测温电阻的阻值随温度变化,一般常用铜热电阻、铂热电阻。二次仪表是用电桥原理制作的。在工程测量中一般利用不平衡电桥,如图 12-5 所示。不平衡电桥法是接入三个桥臂的电阻 R_1、R_2、R_3 为已知固定电阻,第四个桥臂接入测温电阻 R_w 和导线电阻,在桥的对角线上接入电源和调节电阻,在另一个对角线上接入指示仪表。设 R_w 在 0 ℃时,电桥处于平衡状态,当温度升高时,由于 R_w 的增加使电桥失去平衡,仪表中有电流通过,仪表指示出温度读数。电阻

R_0 主要用来定期监察仪表的准确度。

(二)数字温度巡检仪

当水电站机组容量较大、机组台数较多时,温度测量点也随之增加。为了减少测温仪表的数量,减轻值班员的工作强度,对温度检测仪表提出了巡回检测的要求。

目前在水电站使用的数字温度巡检仪型号、规格比较多,如 DXJ-40、SRX-20、SXB-40、SWP-MD814 型数字温度巡检仪,能对几十点温度参数进行巡回检测、数字显示和报警。

SWP-MD814 型数字温度巡检仪可巡回检测 16 路测量信号,各通道可同时输入不同的分度号,并可通过面板设置随时改变输入信号的性质。输入信号可以是各种规格的热电阻或热电偶,如 Pt100、Cu100、Cu50 等, 应用范围很广, 测量范围为 -20 ~1 800 ℃。

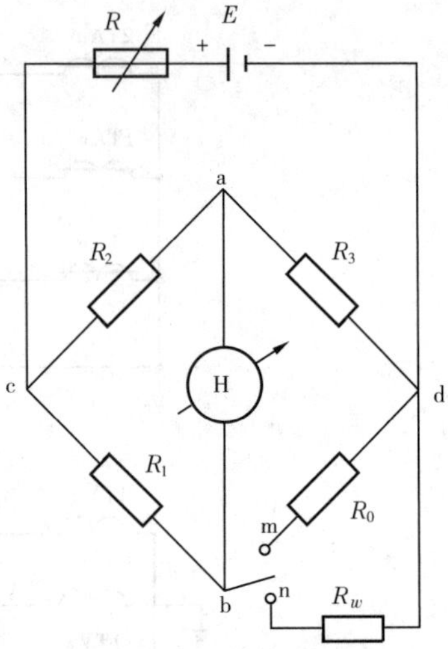

图 12-5 不平衡电桥法

校对方式采用了智能化微机技术,提出了全新的数字式调试概念,不需要电位器调节,为面板按键操作,只需要修改仪表内部参数即可进行校对、测量值零点和量程的变更,可进行 0 ~50 ℃数字式温度自动补偿。面板上数字显示为 4 位显示。各输入通道可分别设置报警温度值和事故温度值,控制输出可选择各输入通道统一报警输出或各输入通道分别报警输出。SWP 仪表支持多机通信,可选择多种通信接口方式,如 RS-232、RS-485、RS-422 等,通信波特率 300 ~9 600 可自由设定。可与各种带串行输入输出的设备(如计算机、PLC 等)进行实时通信。

三、小电流接地系统的交流绝缘监察

为了及时发现单相接地故障,在小电流接地系统中应装设专门的绝缘监察装置,这种装置能在发生上述故障时发出信号,以便值班员采取措施。图 12-6 就是常用的交流绝缘监察原理接线图。

在水电站中,交流电网的接地保护一般采用无选择性的绝缘监察装置,如图 12-6 所示,主要由电压测量和绝缘监察两部分组成。TV 一般由 3 个单相的电压互感器组成,一次绕组接成 Y0 形,中性点直接接地是为了测量相对地电压,用来判断相对绝缘情况,中性点接地属于工作接地;二次绕组接成 Y0 形,用于测量、保护和同期;二次辅助绕组接成开口三角形,在开口三角形两端接电压继电器 KV 用做绝缘监察。工作原理如下。

(一)绝缘监察

绝缘监察部分主要由开口三角形、过电压继电器 KV 和信号继电器 KS 组成,KV 整定值一般为 15 ~20 V,以避开开口三角形在正常运行时的不平衡电压。如图 12-7 所示为开口三角形连接图。

绝缘监察装置动作情况如下:

(1)电网正常运行时,$3U_0=0$,KV 不动作,不发出单相接地信号。

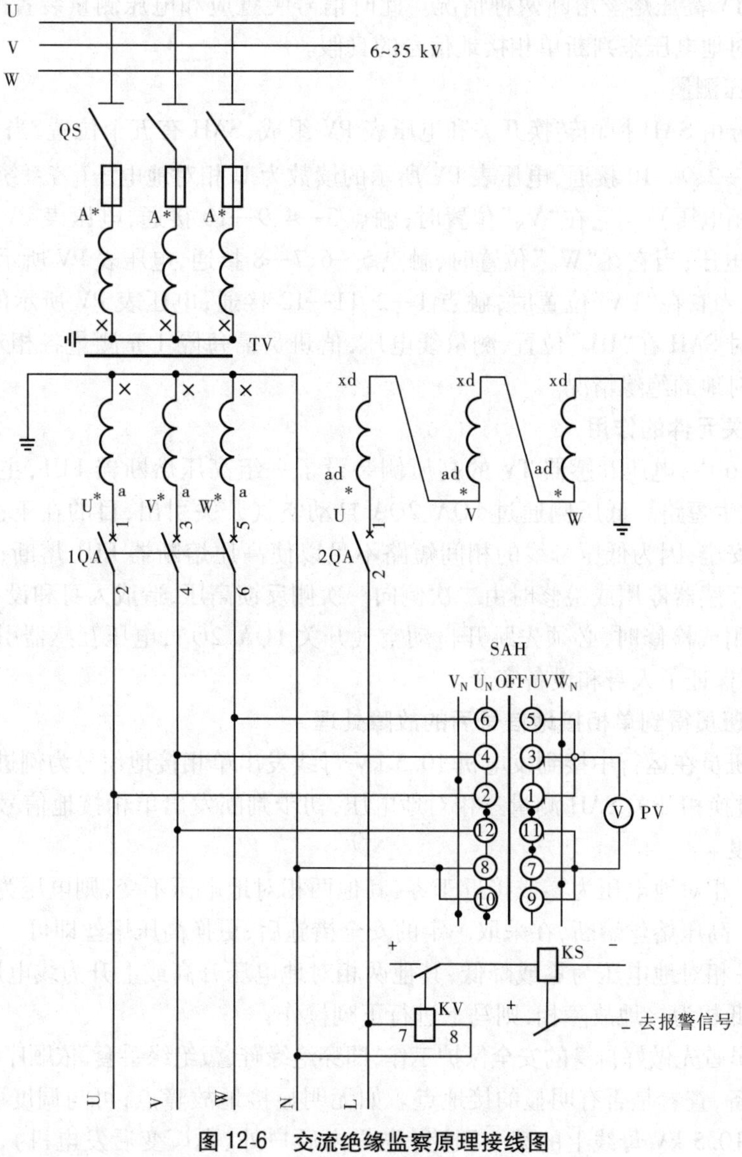

图 12-6　交流绝缘监察原理接线图

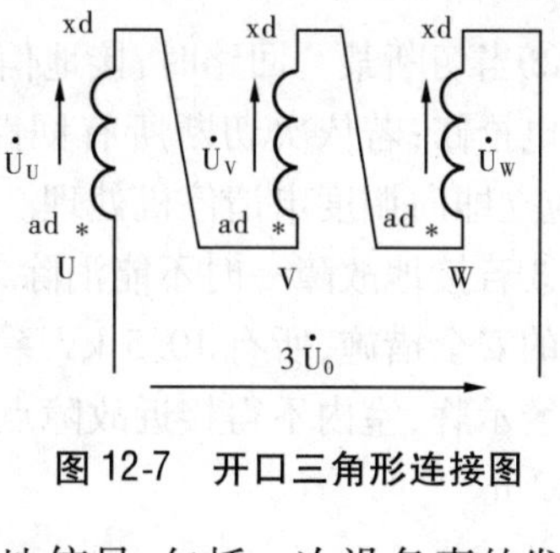

图 12-7　开口三角形连接图

（2）发生 TV 高压熔丝一相或两相熔断时，$3U_0=33.3$ V，KV 线圈激磁动作，其常开触点闭合，接通预告信号回路，点亮光字牌 HL 并发出单相接地预告信号。但此信号属误发信号，需值班员正确判断。

（3）当电网发生单相接地时，$3U_0=33.3\sim100$ V，KV 线圈激磁动作，同前面一样也发出单相接地预告信号。

从以上分析可看出，交流绝缘监察装置发出单相接地信号，包括一次设备真的发生单相接地和由 TV 高压熔丝熔断两种情况。此时信号装置应和电压测量装置配合使用，通过测量三相对地电压来判断单相接地信号的真假。

（二）电压测量

测量部分由 SAH 换相转换开关和电压表 PV 组成，SAH 有五个位置，当它在“U_N”位置时，触点 1—2、9—10 接通，电压表 PV 所示的读数为 U 相对地电压（若系统对称则相对地电压等于相电压）；当它在“V_N”位置时，触点 3—4、9—10 接通，电压表 PV 所示的读数为 V 相对地电压；当它在“W_N”位置时，触点 5—6、7—8 接通，电压表 PV 所示的读数为 W 相对地电压；当它在“UV”位置时，触点 1—2、11—12 接通，电压表 PV 所示的读数为 UV 线电压。平时 SAH 在“UV”位置，测量线电压，值班员需每隔 1 h 测量各相对地电压，便于检查各相对地的绝缘情况。

（三）相关元件的作用

在图 12-6 中，电压互感器 TV 的高压侧装设了一组高压熔断器 FU1，主要用来保护 TV 一次侧发生短路。低压侧通过 1QA、2QA 自动空气开关引出，目的在于：一方面保护二次绕组的安全，因为低压母线的相间短路不足以使高压熔断器 FU1 熔断；另一方面为了防止电压互感器停用或检修时由二次侧向一次侧反馈高压，造成人身和设备事故，当电压互感器停用或检修时，必须先跳开自动空气开关 1QA、2QA，电压互感器引出回路就完全断电，从而保证了人身和设备安全。

（四）值班员得到单相接地信号后的故障处理

现以值班员在运行中接到发电机 10.5 kV 母线发出单相接地信号为例进行处理：

（1）通过换相开关 SAH 测量三相对地电压，初步判断发出单相接地信号的原因及接地故障的程度。

（2）若一相对地电压为零或接近于零，其他两相对地电压不变，则电压为零或接近于零相发生 TV 高压熔丝熔断，在采取一定的安全措施后，更换高压熔丝即可。

（3）若一相对地电压为零或降低，其他两相对地电压升高或上升为线电压，则对地电压为零或降低相为接地故障相，则马上进行下列操作：

①值班员首先做好自身的安全保护工作，即穿绝缘鞋，戴绝缘手套，依顺序检查 10.5 kV 一次回路设备，查看是否有明显的接地点。如无明显接地故障点，可与调度联系，采用依次短时切断 10.5 kV 母线上的某一回路（先户内后户外、先厂变后发电机），查明接地点回路。

②当切断某一回路时，接地信号消失，则接地点在这一回路上，和调度联系后，马上进行停电抢修；若依次切断所有回路后接地现象不消失，则接地点可能在母线或母线 TV 上，应立即向调度申请停机处理。

③若接地故障一时不能消除，而电力供应紧缺，调度又不允许停机时，值班员应采取相应的安全措施，所有 10.5 kV 系统都视为故障接地点，要装设相应的临时遮栏，悬挂相应的警示牌，室内不得接近故障点 4 m 之内，室外不得接近故障点 8 m 之内，但最多允许运行 2 h。

第三节　操作电源

一、操作电源的作用和要求

在水电站中，对继电保护装置、自动装置、信号装置、开关电器控制等二次回路以及事故照明、直流油泵和交流不停电电源装置设有专门可靠的供电电源，这种电源统称为操作电源。操作电源一般有交流和直流两类，而主要是直流操作电源。直流电源的主要用途如下：

（1）水电站正常运行操作时，作为控制、信号、保护、自动装置等回路的电源，作为断路器的合闸、分闸的操作电源。

（2）作为操作机械和调节机械传动装置的电源。

（3）在事故情况下，当厂用电中断时，作为独立的事故照明电源。

（4）孤立运行的水电站，采用晶闸管励磁的发电机重新开机需要直流起励时，提供起励电源。

操作电源是水电站站用电最重要的一部分，要求可靠性很高，在任何事故情况下，均应能保证可靠供电。操作电源对于保证水电站安全运行是非常重要的，为此必须采用技术上和经济上都比较合理的操作电源。

二、操作电源的分类

水电站采用的直流电源类型很多，主要有以下几种。

（一）蓄电池组直流系统

蓄电池组直流系统是由相当数量的蓄电池串联成蓄电池组供电的，是一种独立的操作电源。有四种电压，即 220 V、110 V、48 V、24 V。

这种操作电源的优点是供电不受电网电压的影响，非常可靠，无论电力系统发生任何事故，甚至在交流电源全部停电的情况下，它仍能保证控制回路、信号回路、继电保护和自动装置连续可靠地工作，同时还可以保证事故照明及发电机起励用电。

但是，蓄电池价格昂贵，投资大，寿命短，所需辅助设备多，运行费用大，维护工作量大。

尽管如此，由于蓄电池组直流系统具有供电可靠的特点，目前它仍为普遍采用的操作电源。随着技术的发展，目前已生产出免维护的蓄电池，使用方便，工作可靠，价格合理，得到了广泛的使用。

（二）硅整流电容储能装置直流系统

在小型水电站中，也可采用硅整流元件，把交流电变成直流电作为操作电源使用，并装设储存电能的电容器组。在电力系统正常运行时，这种操作电源由水电站站用电通过降压整流供电。当系统发生故障，电压下降甚至站用电消失时，电站的控制、保护和断路器线圈跳闸的用电由全厂公用的已经充足电的电容器供给。而操作机械、调节机械传动装置的电源和事故照明电源以及断路器合闸电源无法供给。

与蓄电池组操作电源相比,这种电源的优点为投资省、寿命长、维护方便、易实现自动化和远动化。但是电容蓄电有限,且不能长期连续供电,可靠性差,所以一般应用在主接线比较简单、没有复杂保护的小型水电站中。

(三)复式整流装置直流系统

复式整流是指整流装置不但由站用变压器或电压互感器提供交流电,而且能由反映故障短路电流的电流互感器供电。当系统发生故障时,与电容储能相比,复式整流装置能输出较大的功率,并能保持电流电压恒定。但是采用复式整流必须满足以下两个条件:

(1)短路电流的大小必须保证继电保护和断路器可靠地动作。

(2)要有专用的电流互感器,以便在各种短路情况下都能输出足够的功率,向复式整流器供电。

与蓄电池组操作电源相比,它也具有投资省、维护方便的优点。但是在全厂电源消失后,不能长期连续供电。

(四)全交流操作

这种操作电源由厂用电供电或由电流、电压互感器供电,当系统发生事故时,利用短路电流增大的特点,使断路器跳闸。这种操作电源接线简单,但可靠性不高,适合用于较小的农村水电站中。

本节主要介绍蓄电池组直流系统。

三、蓄电池运行和维护

蓄电池是储蓄电能的一种设备。它把电能转变为化学能储蓄起来,使用时,再把化学能转换为电能供给用电设备,这叫做放电。当蓄电池已经完全放电或部分放电后,两电极表面形成了新的化合物,这时,如果用适当的反向电流通入蓄电池,可以形成新化合物重新还原为原来的物质,又可供下次放电使用。这种以反向电流通入蓄电池的过程叫做充电。蓄电池的充电和放电的过程是可逆的,是可以循环重复的。

根据电解液和电极所用的物质的不同,蓄电池一般分为酸性蓄电池和碱性蓄电池两种。

(一)铅酸蓄电池

1.铅酸蓄电池的结构

铅酸蓄电池可分为固定型和移动型两类。以前所用的固定型蓄电池大多为开口式(G型),酸雾直接散发到室内,所以不能防酸防爆,现在逐渐为防酸防爆式(GF型、GM型)所代替。移动型蓄电池也叫起动蓄电池(Q型)。

蓄电池由正负极板、隔板、容器和电解液等构成。蓄电池的正极板为二氧化铅(PbO_2),负极板为多孔铅绒(Pb)。

正、负极板之间用耐酸的微孔橡胶(或微孔塑料)隔板隔开,以防止极板之间发生短路,并允许电解液在其中流动,使电解液在极板间流通。极板与容器之间用弹簧支撑。

2.铅酸蓄电池的充电、放电原理和特性

1)蓄电池的放电、充电原理

完全充电的蓄电池放电时,在电池内部电流由负极流向正极,使电解液中硫酸电解为带正电荷的氢离子和带负电荷的硫酸根离子。前者移向正极与氧化铅结合,形成硫酸铅和水,后者移向负极板与铅合成硫酸铅。

总的放电化学反应为

$$PbO_2 + Pb + 2H_2SO_4 = 2PbSO_4 + 2H_2O$$

蓄电池充电时,电流方向与放电方向相反。在蓄电池内部是从正极流向负极,在电流的作用下,氢离子移向负极,硫酸根离子移向正极,正、负极板上的硫酸铅和电解液中的水被分解。正极板上的硫酸铅与硫酸根离子化合,失去电子变成二氧化铅;负极板上的硫酸铅被氢离子还原成铅。

总的充电化学反应为

$$2PbSO_4 + 2H_2O = PbO_2 + Pb + 2H_2SO_4$$

从以上充电、放电反应式看出,充电与放电的化学反应是相反的,两种反应是可逆的。

2)蓄电池的电动势和容量

蓄电池的电动势就是外部电路开断情况时蓄电池的端电压。它主要与电解液的密度和温度有关,温度在允许范围内(5~25 ℃)变化时对电动势的影响很小,可近似地以下面的经验公式决定:

$$E = 0.85 + d$$

式中 E——蓄电池的电动势,V;

d——电解液的密度,g/cm^3;

0.85——铅酸蓄电池的电动势常数。

运行中不允许电解液的温度超过 35 ℃。铅酸蓄电池的额定端电压(单个)为 2 V,但蓄电池充电终了时,其端电压可达 2.7 V。而放电后,其端电压可下降到 1.83 V。为了获得 220 V 的操作电压,需蓄电池个数为 $n = 230/1.83 = 126$(个)。考虑到充电终了时端电压的升高,因此长期接入操作电源母线的蓄电池个数为 $n_1 = 230/2.7 = 85$(个),而其他 $n_2 = n - n_1 = 126 - 85 = 41$(个)蓄电池则用于调节电压,接于专门的调节开关上。

蓄电池的容量是指蓄电池放电到某一允许电压(称为终止电压)时所能放出的电量,即放电电流安培数与放电时间小时数的乘积,单位为“Ah”(安时),它是蓄电池的重要特征,可用下式来计算:

$$Q = I_f t_f$$

式中 Q——蓄电池的容量,Ah;

I_f——放电电流,A;

t_f——放电时间,h。

蓄电池的容量和许多因素有关,如板极的类型、面积和数目,电解液的密度和数量,放电电流的大小,最终放电电压及温度等。

蓄电池的额定容量 Q,一般是指它的 10 h 放电容量。如 GF-100 型蓄电池,若它以 10 A 恒定电流持续放电 10 h,其放电电量为 $Q = 10 \times 10 = 100$(Ah),且终止电压不低于规定值。

3)蓄电池的自放电

充足电的蓄电池,无论是工作还是不工作,其内部都有放电现象,这种现象称为蓄电池的自放电。产生自放电的主要原因是极板含有杂质，形成局部的小电池，而小电池的两极又形成短路回路，短路回路的电流引起蓄电池的自放电。其次，由于蓄电池电解液上、下的密度不同，极板上、下电动势的大小就不等，因而在正、负极板上、下之间的均压电流也引起蓄电池的自放电。蓄电池的自放电会使极板硫化。通常，铅酸蓄电池在一昼夜内，由于自放电将使容量减小1% ~2%。因此，运行中应特别注意自放电问题。为防止蓄电池极板硫化，蓄电池应定期进行均衡充电，以补充自放电。

铅酸蓄电池的缺点是：需要专门的蓄电池室，占地面积大，价格贵，投资大，寿命短，维护工作量大，运行费用高。

（二）碱性蓄电池

国内现在生产的碱性蓄电池种类较多，碱性蓄电池按其极板所采用的活性物质的性质，可分为镉镍蓄电池、铁镍蓄电池和银锌蓄电池三种，其中烧结式镉镍蓄电池在电力系统和发电厂中曾得到广泛使用，但由于该种电池在生产中会产生破坏环境的物质，现已很少使用。

碱性镉镍蓄电池的正极板为氢氧化镍，负极板为氢氧化镉，电解液为氢氧化钠或氢氧化钾，正负极板的中间放有尼龙隔膜。将电池壳加盖胶封后，注入相对密度为1.25 ~1.28 g/cm^3 的氢氧化钾（KOH）电解液。

全烧结式镉镍蓄电池由工程塑料外壳、正极板、负极板、隔膜、电解液、气塞等组成。正、负极板基本上是采用低密度镍粉制备在金属骨架上，并在氢气保护的高温炉内进行烧结，然后分别浸渍硝酸镍和硝酸镉，再经过碱化、结晶等化学处理，获得氢氧化镍和氢氧化镉的活性物质而制成正、负极板。

外壳采用工程塑料注塑成型，透明度好，便于观察液面，外壳上标有最高及最低液面线，要求液面在两条液面线之间。蓄电池正、负极板分别以红、绿颜色塑料垫圈作标记，气塞采用液密式结构，能通气但不漏液，使用维护方便。

碱性镉镍蓄电池的化学反应方程式如下：

$$2Ni(OH)_2 + Cd(OH)_2 = 2NiOOH + Cd + 2H_2O$$

由上式可见，蓄电池在充电、放电的过程中，电解液不参加化学反应，只起到传导电流的作用，故工作中不会消耗电解液，成分不变，浓度变化也甚微，因此不能用测量电解液密度的办法来鉴别该型蓄电池所储存的电量。但是电极有吸收和释放水的特性，即充电时释放出水，使电解液液面升高；放电时吸收水，使电解液液面下降，因此可通过观察蓄电池的液面高度来判别蓄电池所储存的电量。

（三）固定型密封免维护铅酸蓄电池（又称阀控式密封铅酸蓄电池）

近几年，一种叫阀控式密封铅酸蓄电池的新型免维护蓄电池已经开始用于水电站，这种新型铅酸蓄电池保留了原有铅酸蓄电池容量大的特点，其放电过程的化学反应也不变。现采用较多的蓄电池型号有MD、FM系列。

1. 免维护铅酸蓄电池的结构

为了达到上述目标，免维护的铅酸蓄电池采用独特的设计，综合运用了上述两种手段：

（1）正负极板（栅）通过独特的合金配方与特别的充电方法来抑制和减少充电后期气体的产生，正极板采用铅钙合金或铅镉合金、低锑合金，负极板采用铅钙合金。

(2)通过独特的正负极活性物质和电解液配比设计以及选用独特的隔板材料使得在过充电时,只在正极产生少量氧气,且这些氧气能穿过隔板到达负极。

(3)活物质。设计正、负极板活物质在充电过程中的异步复原反应,即当正极板活物质完全充电恢复后,负极板活物质还未完全转变为海绵状铅,这样,充电末期当正极开始产生氧气时,负极板还未变成完全充电状态,可以最大限度抑制氢气的产生。

(4)采用超细玻璃纤维隔板。设计隔板达到以下主要目的:保持正、负极板绝缘;吸附电解液,保持电解液不流动及负极板处于湿润状态;高孔隙度,使正极产生的氧气容易通过到达负极板,在负极析氢前发生化学反应生成水,实现氢氧循环复合,达到氢气内部自我吸收;隔板中加入适量粗纤维,保持隔板长时间具备良好的弹性。

(5)充电末期电极反应。正极产生的氧气,与负极活物质和稀硫酸进行反应,使负极板的一部分处于去极化状态,从而抑制了氢气的产生。

(6)采用特制安全阀,使电池保持一定内压。

总之,充电过程中产生的氧气能够迅速与负极板上充电状态下的活物质发生反应变成水,结果基本没有水分的损失,密封成为可能。免维护铅酸蓄电池的单体电池电压为2 V,钢架组件电压有2 V、4 V、6 V、8 V和12 V等。若选择电池电压为12 V,当直流操作电源电压为220 V时,需18只蓄电池串联;当直流操作电源电压为110 V时,需9只蓄电池串联;若选择电池电压为2 V,当直流操作电源电压为220 V时,需104只蓄电池串联;当直流操作电源电压为110 V时,需52只蓄电池串联。

阀控式密封铅酸蓄电池在正常运行中以浮充电方式运行,浮充电值宜控制为(2.23～2.28)V×N,均衡充电电压宜控制为(2.30～2.35)V×N,在运行中主要监视蓄电池组的端电压、浮充电流值、每只蓄电池的电压值。

2.免维护铅酸蓄电池的优点

(1)无需添加水和调酸的密度等维护工作,具有免维护功能。

(2)大电流放电性能优良。

(3)自放电流小,25 ℃下每天自放电率在2%以下,为其他铅酸蓄电池的20%～25%。

(4)不漏液,无酸雾,不腐蚀设备,不伤害人,对环境无污染,可与其他设备同室安装。

(5)电池寿命长,25 ℃浮充电状态使用,电池寿命可达10～15年。

(6)结构紧凑,密封性好,可立式或卧式安装,占地面积小,抗振性能好。

从运行情况看,免维护铅酸蓄电池性能稳定、可靠,维护工作量小,但它对温度的反应比较灵敏,不允许严重的过充电和欠充电,对充、放电要求极为严格,要求充电装置具有较好的波纹系数、稳流系数和稳压系数。充电装置是直接影响蓄电池运行稳定性和使用寿命的重要因素。目前,国内外广泛采用高频开关式充电装置,它的输出直流波纹系数小(0.05%～0.1%),稳压和稳流系数也很小(0.2%～0.5%),且能按规定的程序自动地对蓄电池进行充、放电,基本满足了免维护铅酸蓄电池的要求。

免维护铅酸蓄电池没有需要补加水和测比重的操作麻烦,只需要监测电压变化及充、放电容量检查,容易实现微机控制,可实现无人值守和微机集中监控的现代化管理。因此,免维护铅酸蓄电池在发电厂及电力系统中得到广泛的应用。

(四)蓄电池的维护工作

蓄电池组的使用和维护必须十分在意,如有不当,不仅会造成蓄电池容量降低、寿命缩短,而且直接关系到电厂及电力系统的安全,因此值班员必须按照规定对蓄电池进行检查、测量、加液、充电、放电和处理废电池等。

1. 蓄电池的初充电

所谓初充电,就是新安装好的蓄电池第一次充电。新安装的蓄电池或极板经过储藏或从容器抽出大修后,均应进行初充电。初充电的操作是否正确及质量的好坏与否,对蓄电池的寿命和容量又有很大的影响。因此,新安装的蓄电池应按照制造厂的规定进行初充电。

2. 蓄电池的充电—放电运行方式

充电—放电法的特点是充电装置按蓄电池厂家的说明,以恒流对蓄电池进行充电,充足电后,通过开关切换装置把蓄电池切换到放电回路,以恒定电流通过可变电阻器进行放电。这种方法一般在蓄电池初充电及定期活化蓄电池容量时采用。一般一年进行一次。

3. 蓄电池的浮充电

浮充电运行方式就是先将蓄电池充足电,然后将充电设备与蓄电池并联在一起工作。充电设备既给直流母线的经常负荷供电,以(0.01~0.03)$Q/36$(Q 为蓄电池额定容量)的电流值向蓄电池浮充电,用来补偿由于自放电而损失的能量。这样就可以使蓄电池经常处于满充电状态,从而延长了蓄电池的寿命。当直流母线上有冲击负荷时,蓄电池组由于内阻很小,担任了冲击负荷的供电任务。而当交流系统故障而引起充电设备断电时,蓄电池就全部负担了直流负荷的供电任务,直到故障排除,充电设备恢复供电。此时,蓄电池应按充电—放电运行方式,先将蓄电池组充足电,然后再按浮充电运行方式运行。

浮充电法为蓄电池的主要运行方式,不仅可以减少运行维护的工作量,而且可以提高直流系统的工作可靠性。

4. 强充电(均衡充电)

蓄电池如果长期仅处于浮充电状态,由于每个蓄电池的浮充电流一致,但每个蓄电池自放电不同,结果会出现部分蓄电池处于欠充电状态,这样对蓄电池有害,将引起蓄电池容量的减少和产生电池容量的不相等,电池组间每个电池端电压也不相等。因此,为了使蓄电池能在健康的水平下工作,应对蓄电池进行强充电(均衡充电)。强充电的方式有两种:一种是定期进行强充电,一般是6个月一次;另一种是交流电源长时间中断恢复后的强充电。强充电的电流大小及具体时间应按蓄电池厂家的规定进行。

5. 补充充电

为了弥补运行中因浮充电流调整不当造成的欠充电,补偿不了阀控蓄电池自放电和漏电所造成的蓄电池容量的亏损,根据需要设定时间(一般为3个月),充电装置将自动地或手动进行一次恒流限压充电—恒压充电—浮充电过程,使蓄电池组随时具有满容量,确保运行安全可靠。

四、蓄电池组直流系统

以前我国各地的发电厂、水电站及各类变电站所使用的直流电源设备,大部分采用的是相控电源或磁饱和式电源，由于受工艺水平和器件特性的限制，上述电源长期以来处于低技术指标及维护保养难的状况。再加上受变压器或晶闸管自身参数的限制，上述电源存在很多不足之处。例如初充电流、浮充电流不稳，系统纹波电压过高，控制特性不佳，不便于同计算机系统配接实现监控等。同时，目前充电设备与蓄电池并联运行，当电源纹波系数较大，浮充电压波动时，会出现蓄电池脉动充电、放电现象，造成蓄电池组或单体的过早损坏。特别是阀控电池对充、放电的要求较高，不允许过充和欠充，在蓄电池初充电及正常维护的均衡充电时，均要求有性能良好和能按照蓄电池运行的程序要求自动进行均充、浮充的转换和恒压、恒流等功能的充电装置。目前在发电厂和电力系统中应用比较广泛的直流系统为PZG(W)8智能高频开关系列和GZDW智能高频开关系列直流电源系统。下面对GZDW智能高频开关系列直流电源系统作一简单介绍。

(一)系统型号定义

GZDW系列电力操作电源型号定义如下：

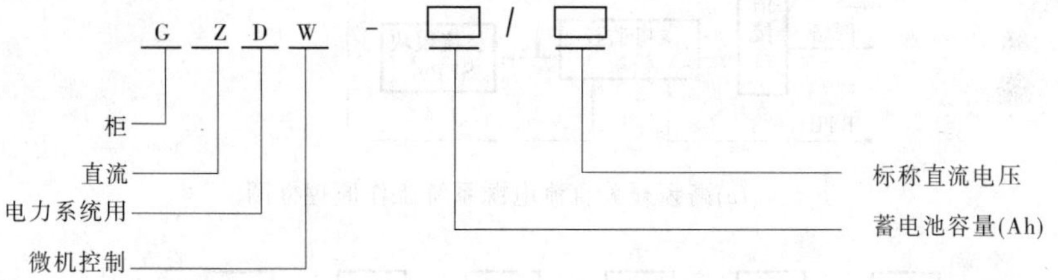

GZDW高频开关直流电源系统与传统的相控电源相比，高频开关电源具有体积小、质量轻、效率高、输出纹波及谐波失真小、自动化程度高及可靠性好等优点，是相控电源更新换代的理想产品。

(二)系统工作原理

1. 系统工作原理框图

图12-8(a)为GZDW高频开关直流电源系统工作原理框图。两路厂用电经过交流切换输入一路交流电，给各个充电模块(整流模块)供电。充电模块将输入的三相交流电转换为直流电，给蓄电池充电，同时给合闸母线负载供电，另外合闸母线通过降压装置给控制母线供电。

系统中的各监控单元受主监控的管理和控制，主监控能显示直流系统各种信息，用户也可通过液晶显示屏查询各种信息及操作，系统信息还可以接入到远程监控系统。

系统除本身自带的电压、电流监控功能外，还可以配置绝缘监测、电池巡检等功能单元，用来对直流系统进行全面监控。

2. 高频开关整流模块

高频开关整流模块采用模块化设计，采用先进的移相谐振高频开关电源技术，转换效率高，采用一体化的输入输出及通信端口，并可设计带电插拔方式，方便模块更换，给调试、维修及安装都带来了方便。高频开关整流模块具有软起动功能，还有输出电流大、模

块可叠加输出 $N+1$ 冗余等特点。输入与输出之间通过变压器隔离。同时该充电模块可通过微机监控模块控制，具有“遥控”、“遥测”、“遥调”、“遥信”功能。高频开关整流模块有 110 V/10 A、110 V/20 A、220 V/10 A、220 V/20 A 等几种规格。

图 12-8(b)是高频开关整流模块原理框图。该高频开关电源采用三相三线 380 VAC 平衡输入，无中线电流损耗，在交流输入端采用先进的尖峰抑制器件及 EMI 滤波电路。由全桥整流电路将三相交流电整流为直流电，再由 DC/DC 高频变换电路(200 kHz)把所得的直流电变成稳定可控的直流输出。保护输出部分具有输出过电压保护、输出限流保护、短路保护、过电流保护、过温保护等功能。

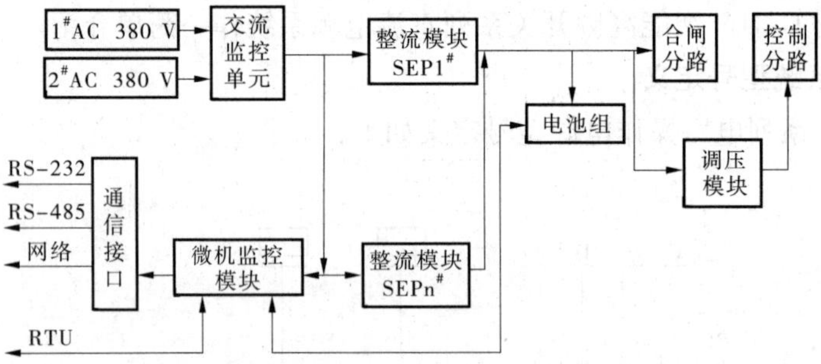

(a)高频开关直流电源系统工作原理框图

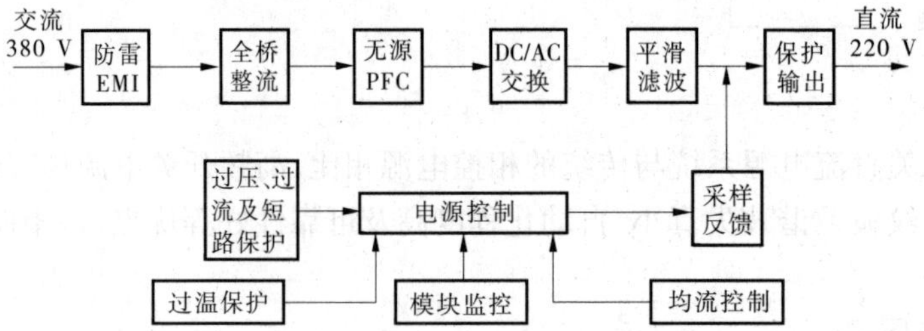

(b)高频开关整流模块原理框图

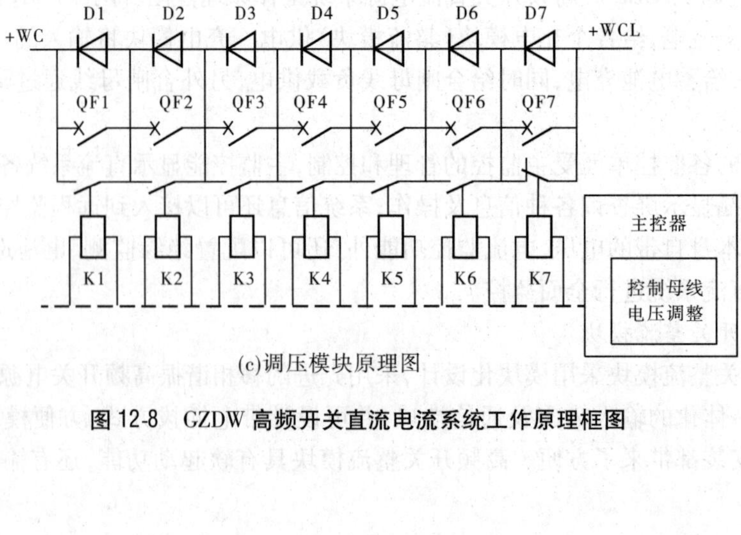

(c)调压模块原理图

图 12-8　GZDW 高频开关直流电流系统工作原理框图

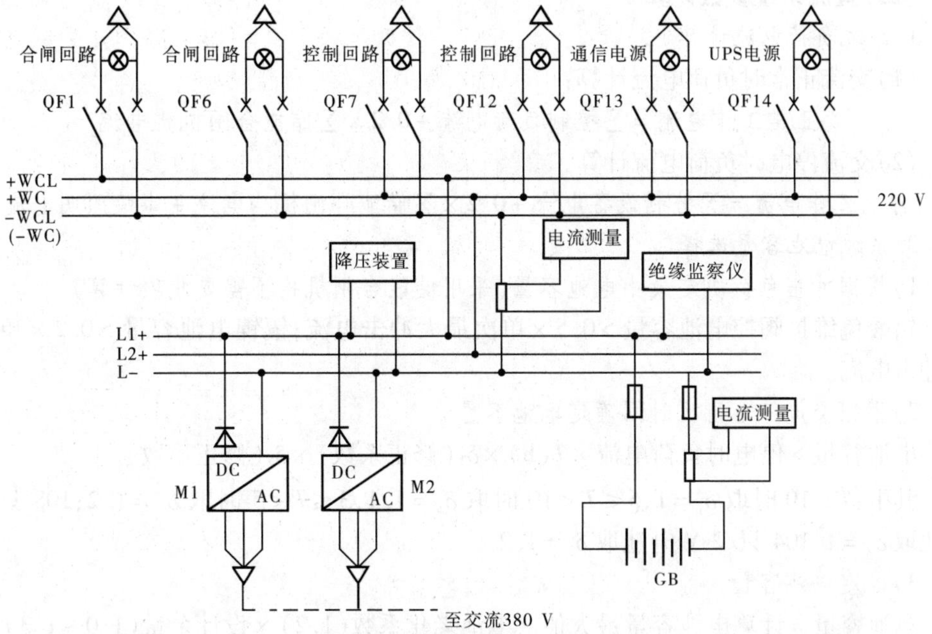

(d)直流系统接线图

续图 12-8

3. 调压模块

由于蓄电池浮充电和均衡充电时蓄电池两端电压不相等,同时蓄电池组在浮充电时其端电压比控制母线电压高10%左右,为了保证控制母线电压为恒定值,必须通过调压模块对控制母线电压进行调整。图12-8(c)所示为调压模块原理图,调压单元由浮充降压硅链、均充降压硅链、手动调压空气开关、自动调压继电器组成。

降压硅链共有七级,其中D1—D6为浮充降压硅链,D7为均充降压硅链。直流系统电压等级为220 V时,D1—D6硅链压降为4.3 V,D7硅链压降为10 V;直流系统电压等级为110 V时,D1—D6硅链压降为2.3 V,D7硅链压降为5 V。以直流系统电压等级220 V为例,浮充时,合闸母线电压最大为244 V,六级浮充降压硅链都投入工作,则控制母线电压为$244-6\times4.3=218.2$(V),在220 V×(1±3%)范围之内。均充时合闸母线电压比浮充时电压高10 V,因此均充时需使D7(10 V硅链)投入工作,而浮充时不投入工作。

调压方式有自动、手动两种方式,自动方式由监控系统的调压信号控制K1~K7进行调节,手动方式通过手动调节空气开关QF1~QF7的开/关进行调压。

(三)系统组成形式

直流电源系统按功能分为交流输入单元、高频开关整流模块、监控模块、调压模块、直流馈电单元(包括合闸分路、控制分路)、蓄电池组、电池检测模块、绝缘监测以及防雷模块等;按屏分为充电柜、馈电柜、电池柜等。根据变电站、发电厂等的具体配置,不同的接线方式有不同的输出馈电。系统最常用的配置为一个充电馈电柜和一个电池柜。标准配置的充电馈电柜由微机监控模块、高频整流模块、调压模块、交流输入单元、控制馈线输出单元、合闸馈线单元等组成。电池柜数量依电池数量不同而定。

(四)直流系统参数计算

1. 系统负荷电流计算

(1)交流正常时负荷电流计算:

$$正常工作电流=\sum 控制负荷电流+0.2\times\sum 储能合闸机构电流$$

(2)交流停电时负荷电流计算:

$$停电工作电流=\sum 控制设备电流+0.2\times\sum 储能合闸机构电流+事故照明电流$$

2. 系统电池容量选择

1)根据冲击负荷决定最小电池容量(采用储能合闸机构不需要此项计算)

铅酸免维护阀控电池容量>0.5×单次最大冲击电流;镉镍电池容量>0.2×单次最大冲击电流。

2)根据交流停电待机时间确定电池容量

电池容量>停电时负荷电流×T(h)×δ_1(修正系数)×δ_2(修正系数)

其中:$T\geqslant 10$ 时取 $\delta_1=1$,$5\leqslant T<10$ 时取 $\delta_1=1.1$,$3\leqslant T<5$ 时取 $\delta_1=1.2$;108 只/2 V 电池取 $\delta_2=1$,104 只/2 V 电池取 $\delta_2=1.2$。

3)确定电池容量

电池容量=计算电池容量最大值×电池老化系数(1.2)×设计余量(1.0~1.3)。

3. 整流模块电流计算

整流模块电流=正常工作电流+电池充电电流

铅酸免维护阀控电池:电池充电电流=0.1×电池容量

镉镍电池:电池充电电流=0.2×电池容量

4. 充电模块选择

充电/浮充电装置采用多个高频开关电源模块并联,$N+1$ 或 $N+2$ 热备份工作。高频开关电源模块数可按如下公式选择:

$$N\geqslant 最大经常性负荷电流+蓄电池充电电流/模块额定电流$$

例如直流电源系统电压等级为 220 VDC,蓄电池容量为 200 Ah,经常性负荷为 4 A(最大经常性不超过 6 A),则 $N\geqslant 6+200/10=26$,可选择 10 A 的电源模块 3 个($N=3$),再加一个备用模块,共 4 个电源模块并联可构成所需系统。当 3+1 个模块同时工作时,每个模块平均分配电流为 26/4=6.5(A),当其中一个模块发生故障时,充电装置发出报警信号,这一负荷由另外 3 个模块均流负担,此时每个模块的输出电流为 8.67 A,不会影响正常供电,可将故障模块更换。

(五)直流系统接线图

图 12-8(d)为直流系统接线图。直流系统采用 220 V 供电,控制母线电压为 220 V,合闸母线电压为 240 V;蓄电池采用 6FM-100F,额定电压为 12 V 共 18 只蓄电池串联;充电模块 2 个,采用 SEP11020-3,额定输出电流为 20 A,总输出电流为 40 A;降压装置用来自动调节控制母线电压;绝缘监测仪用来监视直流系统对地的绝缘情况,它能够显示母线电压值,当母线电压过高或过低时输出报警信号,可人工又可以自动地巡查各支路绝缘情况,值班员可方便地得到故障支路相对应的情况,又可根据需求显示正、负母线的对地绝缘电阻值及各回路的对地绝缘电阻值;负荷供电情况为:合闸回路有六路 QF1~QF6,控

制回路有六路 QF7 ~ QF12，一路接通信电源 QF13，一路接 UPS 电源 QF14；电流测量单元可以测量蓄电池充电电流及直流负荷电流。

五、直流系统的绝缘监察和电压监察装置

(一)直流系统两点接地的危害

水电站的直流电源分布较广，环境条件差，特别是在水轮机层和户外场所，空气潮湿，容易造成直流系统绝缘水平降低，甚至会发生绝缘损坏而接地。当直流系统发生一点接地时，并不引起任何危害，仍能继续运行。但是这种接地故障必须及时发现、及时排除，否则当发生另一处接地时，有可能引起信号回路、控制回路、保护回路等的不正确动作，造成严重的后果。如图 12-9 所示为直流系统两点接地的情况。

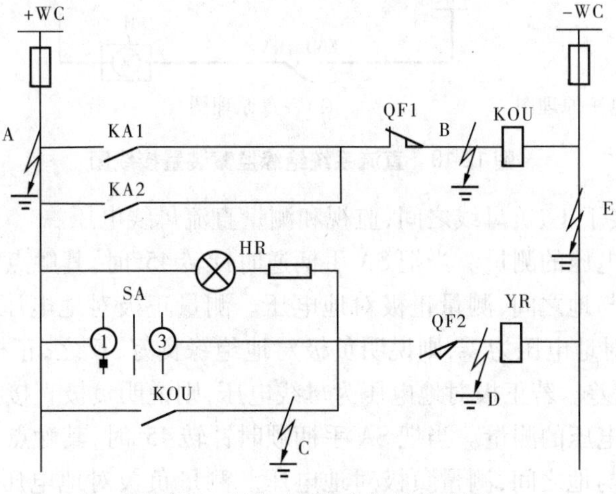

图 12-9 直流系统两点接地示意图

在图 12-9 中，当 A、B 两点发生直接接地时，电流继电器 KA1、KA2 的触点被短接，KOU 发生误动作，KOU 触点闭合而使断路器误跳闸。当 A、C 两点接地或 A、D 两点接地时，同样会造成断路器误跳闸。

在图 12-9 中，当 A、E 两点发生直接接地时，熔断器将熔断。当接地点发生在 B、E 和 C、E 两点时，在继电保护动作时，不但断路器将拒跳，而且使熔断器熔断。

所以，不允许直流系统长期一点接地运行。直流系统的绝缘状况，直接影响到发电厂的安全运行。为了能监视直流系统的绝缘状况，必须装设绝缘监察装置。

(二)直流系统的绝缘监察

水电站常用的直流系统绝缘监察装置接线图如图 12-10 所示。

直流系统的绝缘监察装置接线图由电压测量和绝缘监察两部分组成，测量部分由电压表 PV 和母线电压转换开关 SA 组成；绝缘监察装置主要由绝缘监察继电器 KVI 和光字牌 HL 组成。

1. 电压测量

母线电压转换开关 SA 有三个位置，即“母线”、“正极对地”和“负极对地”位置。

(1)母线电压的测量。正常状态下，SA 处于“母线”位置，其触点 1—2、5—8、9—11

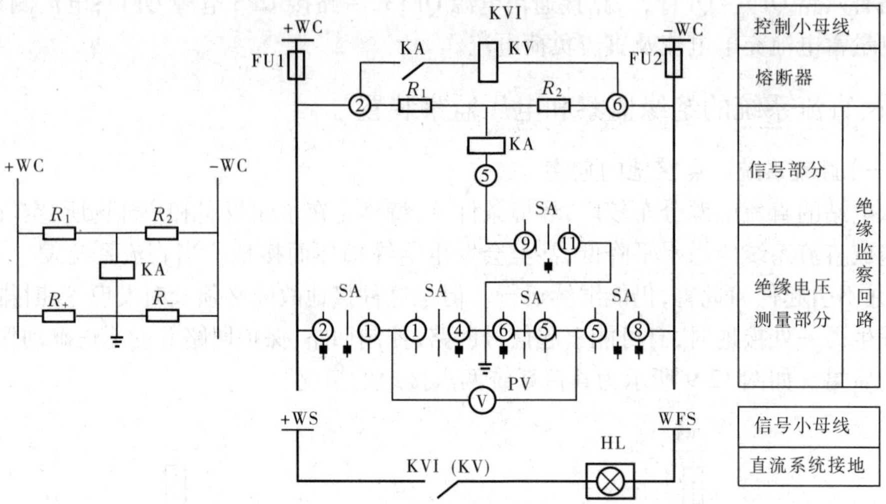

(a)信号部分电桥原理图　　(b)装置原理图

图 12-10　直流系统绝缘监察装置接线图

接通,电压表 PV 接于正、负母线之间,监视和测量直流母线电压。

(2)正极对地电压的测量。当把 SA 手柄逆时针转 45°时,其触点 1—2、5—6 接通,电压表 PV 接于正极与地之间,测量正极对地电压。测量正极对地电压可反映负极对地的绝缘情况,若正极对地电压为零,则说明负极对地绝缘良好;反之,正极对地电压越高,说明负极对地绝缘越差。若正极对地电压为母线电压,则说明负极直接接地。

(3)负极对地电压的测量。当把 SA 手柄顺时针转 45°时,其触点 1—4、5—8 接通,电压表 PV 接于负极与地之间,测量负极对地电压。测量负极对地电压可反映正极对地的绝缘情况,若负极对地电压为零,则说明正极对地绝缘良好;反之,负极对地电压越高,说明正极对地绝缘越差。若负极对地电压为母线电压,则说明正极直接接地。

必须注意的是,电压表 PV 必须是高内阻电压表,一般在 100 KΩ/V 及以上,否则在测量正、负极对地电压时,若发生直流系统一点接地,则有可能使二次回路拒动或误动。

同时,通过电路理论相关知识可知,若已知母线电压 U、正极对地电压 U_+、负极对地电压 U_-、电压表内阻 R_V,则可求出正极对地绝缘电阻 R_+、负极对地绝缘电阻 R_-。

$$R_+ = (\frac{U - U_+}{U_-} - 1)R_V \qquad R_- = (\frac{U - U_-}{U_+} - 1)R_V$$

2. 绝缘监察工作原理

KVI 所在电路的工作原理就是直流电桥的工作原理,简化原理图如图 12-10(a)所示。图中电阻 R_1、R_2 是平衡电阻,R_+ 和 R_- 分别代表直流系统正极对地绝缘电阻和负极对地绝缘电阻,这四个电阻就成了电桥的四个臂,绝缘监察继电器 KVI 中的 KA 电流线圈接于电桥的对角线上。

(1)直流系统绝缘良好时,SA 处于“母线”位置,其触点 9—11 接通,若 $R_+ = R_-$,选择 $R_1 = R_2$,则电桥平衡,KA 线圈中基本没有电流通过,所以 KVI 不会动作,不会发出直流接地信号。

(2)当直流系统正极(或负极)接地或绝缘电阻严重下降时,则 R_+ 与 R_- 不相等,电桥失去平衡,KA 线圈中就有电流流过,当电流足够大时,KA 动作,KA 常开触点闭合,起动 KV,KVI 常开触点闭合,点亮光字牌 HL,并发出预告音响信号。

(3)由于这种绝缘装置有一个人为的接地点,这样当直流系统中其他地方再发生一点接地时,将形成相当于两点接地的情况,为了防止两点接地而引起继电器误动作,则要求 KA 的线圈有足够大的电阻值。对于 220 V 直流系统,KA 线圈的电阻值为 30 kΩ,其起动电流为 1.4 mA。

这种绝缘装置虽然得到了广泛的应用,但它只能反映一极绝缘下降或接地,当正、负两极绝缘电阻同时降低时,KVI 不会动作,不会发出信号,此时只有通过定期测量正、负极对地电压来判断绝缘情况。

(三)直流接地点的查找

当直流系统发生一点接地时,发出预告信号,同时光字牌发出直流系统一点接地指示,值班人员应根据运行方式、操作情况、气候情况来判断可能发生接地的地点。查找接地点采取依次断开某一直流回路的方法,切断直流回路的时间越短越好。

查找接地点的切断顺序为:先寻找信号、照明直流回路,后查操作直流回路;先室外后室内;先负荷后电源。

1. 直流系统接地点的寻找

(1)先测量正、负极对地电压,判断是正极接地还是负极接地以及接地的程度。

(2)依次断开某一馈线的闸刀开关,再迅速合上(3 s),并注意接地现象是否消失。拉、合的顺序为:①首先切断不重要的、容易发生接地的回路;②取下中央音响信号回路熔断器;③拉开直流照明电源的闸刀;④拉开断路器控制保护回路电源的闸刀;⑤检查直流电源,主要是检查蓄电池组、整流装置及充电装置回路、直流母线是否有接地。

当查找到某一直流回路存在接地时,应分别取下各支路的熔断器,找出接地点。查出接地点后,应立即进行处理,必要时停电处理。

2. 寻找接地点时应注意的事项

(1)禁止使用灯泡来查找接地点,因为灯泡的电阻小,会引起直流回路短路,可使用高内阻的万用表来查找接地点,其内阻不得小于 2 000 Ω/V。

(2)检查直流一点接地的过程中,应防止直流回路再发生另一点接地,造成直流回路短路。

(3)在拉每一条回路时,应密切监视一次设备的运行及仪表指示变化情况。

(4)寻找和处理直流接地故障时,必须由两人进行,一人操作,另一人进行监护。

(四)直流电压监察装置

直流系统在运行过程中,若直流母线电压过高,对长期带电的设备(如继电器、信号灯等二次设备)会造成烧坏或缩短使用寿命;若电压过低,可能使继电器、保护装置和断路器操动机构拒绝动作。

为了监视直流母线电压,防止电压过高、过低,在直流母线上应装设直流电压监察装置,以便值班员及时调整直流母线电压。直流母线电压监察装置接线图如图 12-11 所示。

装置由一只过电压继电器 KV1 和一只低电压继电器 KV2 组成。当直流母线电压高

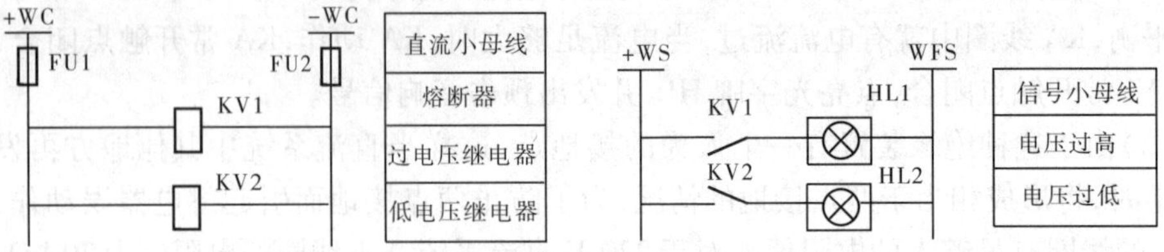

图 12-11　直流母线电压监察装置接线图

于动作整定值(1.25U_N)时,KV1 动作,点亮光字牌 HL1 并发出预告信号;当直流母线电压低于整定值(0.75U_N)时,KV2 动作,点亮光字牌 HL2 并发出预告信号。值班员可根据此信号及时处理。

随着微处理器的飞速发展和水电站自动化水平的日益提高,新建电站现已广泛采用微机型的直流监察装置,用以对直流系统电压、绝缘进行监测。该装置集电压、绝缘监察为一体,体积小,使用方便,监测准确。

第四节　断路器和灭磁开关的控制回路

一、断路器控制回路的组成

安装在配电装置中的断路器,合闸和跳闸的操作通常在中央控制室进行,中央控制室与断路器之间的距离,一般数十米到数百米。在中央控制室的集控台上,装有对断路器进行合闸和跳闸的控制开关或按钮。控制开关与断路器操动机构箱之间用控制电缆联系。操作控制开关即可控制断路器跳、合闸,即采用远方控制。

发电厂和变电所容量越大,断路器数量越多,为了减少值班员的监视面,缩小中央控制室的面积及节约控制电缆,将某些不重要或不需经常监视回路的断路器在安装地点进行控制,对这些断路器的控制称为就地控制,如 10 kV 线路及厂用负荷等。

(一)控制元件

控制元件由手动操作的控制开关 SA 和自动操作的自动装置与继电保护装置的相应继电器触点构成,后者由其他课程讲授,此处不再讲述。

手动操作的控制开关,目前强电控制的通常采用 LW2 系列组合式万能转换开关,又称为控制开关 SA,值班员利用 SA 的不同位置发出操作命令,对断路器进行手动分、合闸操作。

LW2 系列转换开关的正面有一个操作手柄,安装于屏前,与手柄固定连接的转轴上装有数节触点盒,触点盒装于屏后。每个触点盒中都有四个固定触点和两个动触点,动触点随轴转动,固定触点分布在触点盒的四角,盒外有供接线用的四个引出端子。水电站变电所广泛应用的 LW2 - Z 型控制开关外形如图 12-12 所示。

由于动触点凸轮与簧片的形状及安装位置不同,可以构成 14 种型式的触点盒。其中代号为 1、1a、2、4、5、6、6a、7、8 等九种型式的触点盒其动触点随轴一起转动;代号为 10、

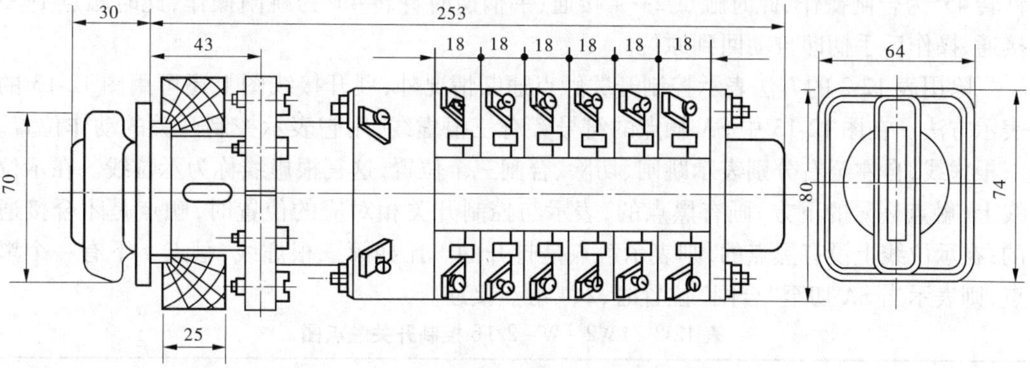

图 12-12　LW2 - Z 型控制开关的外形　（单位:mm）

40、50 等三种型式的触点盒其动触点在轴上有 45°的自由行程,即手柄转动角度在 45°自由行程内,动触点可以保持在原来位置上不动;20 型是动触点有 90°自由行程;30 型是动触点有 135°自由行程。

LW2 系列转换开关是旋转式的,可将操作手柄旋转 45°或 90°一个定位。操作手柄可以做成操作后自动复归的,即操作手柄转动后,若松手手柄自动恢复到原来的位置;也可以做成不能自动复归的,即操作后不能恢复到原来位置。水电站主要采用下列几种型式的转换开关:

LW2 - Z 型,有自复机构及定位;

LW2 - W 型,有自复机构;

LW2 - H 型,手柄可取出,有定位。

控制开关的型号意义如下:

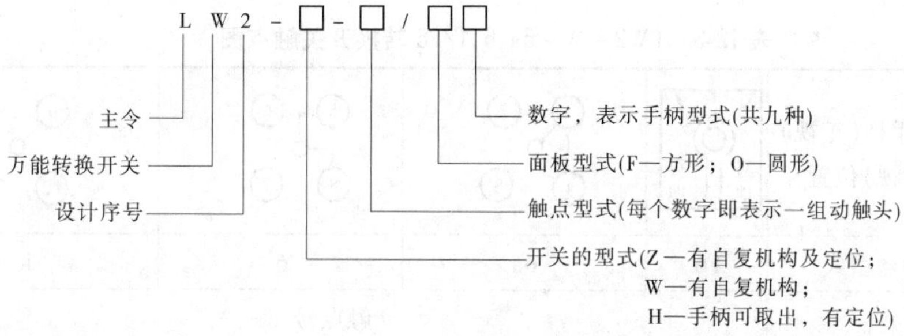

例如,LW2 - W - 6a,6,1/F6 表示开关有自复机构;触头盒三个,分别为 6a、6、1 型;方型面板,6 型手柄。

表明转换开关在不同工作位置,触点通断情况的图表称为触点图表。为了说明操作手柄在不同位置时,触点盒内各触点的通、断情况,一般列出触点图表。触点图表中,手柄是从屏前看的,触点的排列是从屏后看的,这点在看图表时应引起注意。表中有"×"者表示触点通,有"—"者表示触点断开。表 12-2 ~ 表 12-5 所选的触点图表是水电站中常见的四例。

表 12-2 中手柄有三个位置,平时手柄在中间位置,其触点 1—3、2—4 断开,手柄顺时

针转 45°为合闸操作，此时触点 2—4 接通；手柄逆时针转 45°为跳闸操作，此时触点 1—3 接通，操作后手柄即自动回到原位。

除用表 12-2 的方法表示控制开关触点通断情况外，展开接线图上还可用图 12-13 的表示方法。在图 12-13 中 SA 触点的符号旁有三根虚线，用它表示控制开关的动作位置。三根虚线，自左至右分别表示跳闸、切除、合闸三个位置，这三根虚线称为示位线。在示位线上（触点标号的下方）画有黑点的，表示与控制开关相对应的位置时，触点是闭合接通的；在示位线上没有黑点的，则表示触点是打开的。比如第三根虚线，触点 4 下有一个黑点，则表示当 SA 切至"合闸"位置时，2、4 触点接通。

表 12-2　LW2 - W - 2/F6 控制开关触点图

在中间位置手柄（正视）和触点盒（背视）位置		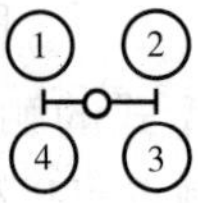	
手柄和触点盒型式	F6	2	
位置	触点号		
	—	1—3	2—4
中间		—	—
Ⅰ		—	×
Ⅱ		×	—

注：LW2 - W - 2/F6 广泛用于小水电站控制回路，其中Ⅰ表示的对象可为合闸、开机、开启、增大等；Ⅱ表示的对象可为跳闸、停机、关闭、减小等。

表 12-3　LW2 - W - 6a，6，1/F6 转换开关触点图

在"母线"位置手柄（正视）和触点盒（背视）位置		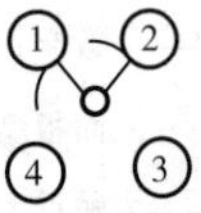		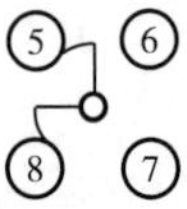		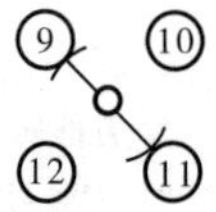	
手柄和触点盒型式	F6	6a		6		1	
位置	触点号						
	—	1—2	1—4	5—6	5—8	9—11	10—12
母线	—	×	—	—	×	×	—
负对地		—	×	—	×	—	—
正对地		×	—	×	—	—	—

（二）中间环节

中间环节指连接控制、信号、保护、自动装置、执行和电源等元件所组成的控制电路。根据操动机构和控制距离的不同，控制电路的组成不尽相同。

表 12-4　LW2 - H - 1,1,1,1,1,1/F7 - X 同期开关触点图

在"断开"位置手柄(正视)和触点盒(背视)位置	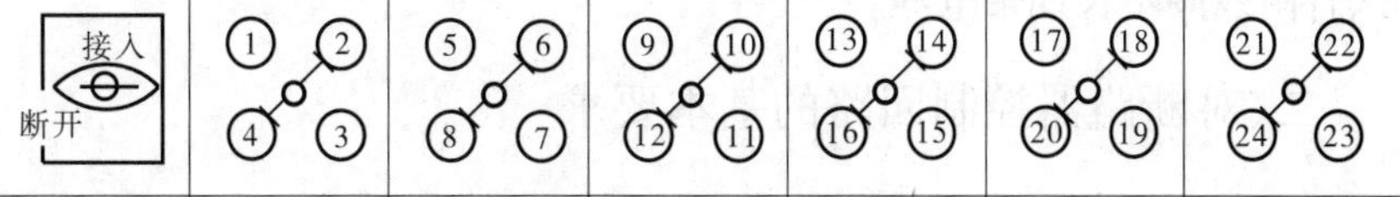												
手柄和触点盒型式	F7 - X	1		1		1		1		1		1	
位置		触点号											
	—	1—3	2—4	5—7	6—8	9—11	10—12	13—15	14—16	17—19	18—20	21—23	22—24
断开		—	×	—	×	—	×	—	×	—	×	—	×
接入		×	—	×	—	×	—	×	—	×	—	×	—

表 12-5　LW2 - 5,5,4,4,5,5/F4 - 8X 转换开关触点图

在"AB"位置手柄(正视)和触点盒(背视)位置	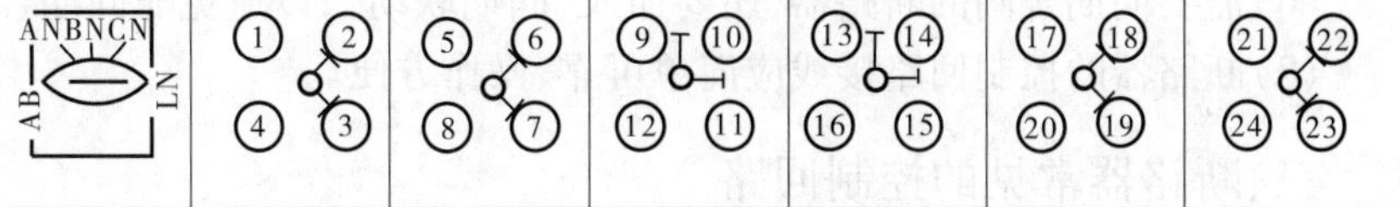												
手柄和触点盒型式	F4 - 8X	5		5		4		4		5		5	
位置		触点号											
		1—2	2—3	5—6	6—7	9—10	9—12	13—14	13—16	19—20	17—20	23—24	21—24
UV		—	×	—	×	—	—	—	—	—	—	—	—
UN		—	—	—	—	×	—	×	—	—	—	—	—
VN		×	—	×	—	—	—	—	—	—	—	—	—
WN		—	—	—	—	—	×	—	×	—	—	—	—
LN		—	—	—	—	—	—	—	—	—	×	—	×

(三)操动机构

断路器的控制回路在很大程度上取决于被控制断路器的操动机构形式,操动机构是断路器或灭磁开关附属的分闸、合闸装置,其种类较多。断路器操动机构的主要类型有电磁操动机构(CD)、弹簧储能操动机构(CT)、液压操动机构(CY)等。目前在水电站中一般常采用电磁操动机构和弹簧操动机构。通常分闸线圈和弹簧操动机构的合闸线圈所需功率较小,电压为 110 ~200 V 时,电流只有 0.5 ~5 A,因此电磁操动机构的跳闸线圈和弹簧操动机构的合闸线圈可直接接在控制回路中;而电磁操动机构的合闸线圈所需功率较大,当电压为 110 ~220 V 时,合闸线圈的电流为 35 ~250 A,因此必须通过合闸接触器去接通合闸线圈,并由专门的合闸母线供电。弹簧储能操动机构和液压操动机构合闸时取用的电流不大,故可利用控制开关触点直接接通合闸线圈回路,直接发出合闸命令。

操动机构除分闸、合闸线圈外,还有和传动部分联动的辅助触点,在二次回路中可利

用这些辅助触点通过信号灯指示出设备的分、合闸位置，或及时切断分、合闸线圈回路，使分、合闸线圈不长期带电等。

二、对断路器控制回路的基本要求

(1)操动机构的合闸线圈与分闸线圈都是按短时通过电流设计的，因此在完成断路器合闸或分闸操作后应能立即自动断开，以免烧坏线圈。

(2)断路器不仅能利用控制开关进行手动合闸与分闸，而且应有继电保护和自动装置实现自动分闸与合闸。

(3)应有表示断路器处于合闸或分闸状态的位置信号，红灯亮表示断路器处于合闸状态，绿灯亮表示分闸状态。

(4)当断路器的操动机构不带防止断路器“跳跃”的机械联锁机构或机械“防跳”不可靠时，必须装设电气“防跳”装置。

(5)应能监视电源及下次操作时合闸回路和分闸回路的完整性。

(6)需要同期合闸的断路器，还要加入“同期联动”，以避免非同期合闸。

(7)断路器的控制回路接线应简单可靠、操作方便。

三、断路器常见的控制回路

(一)具有灯光监视的断路器控制回路

如图 12-13 所示为电磁操动机构断路器的灯光监视控制回路接线图。±WC 为控制小母线，±WCL 为合闸小母线，它们都由直流系统供电，电压通常为 110 V 或 220 V；KM 是合闸接触器；YO 为合闸线圈，YR 为跳闸线圈；HG 为绿灯，HR 为红灯；K1 为自动装置引出触点，起自动合闸作用；KOU 为继电保护引出触点，起自动跳闸作用；SA 为控制开关(LW2－W－2/F6 型)，用来手动控制断路器；QF1 为断路器常闭辅助触点，QF2 为断路器常开辅助触点，当 QF 在跳闸位置时，QF1 接通，QF2 打开，当 QF 在合闸位置时，QF1 打开，QF2 接通。控制回路工作原理如下。

1. 当断路器处于跳闸后状态时

控制开关 SA 手柄处于自然位置(中间)，其触点 2—4、1—3 断开；断路器常开辅助触点 QF2 断开，断路器常闭辅助触点 QF1 闭合。于是绿灯 HG 及附加电阻 R、QF1 常闭触点、KM 线圈回路组成通路，此时绿灯 HG 亮，它一方面表示断路器处于跳闸位置，另一方面表示控制电源与合闸回路完好，同时应注意，虽然此时合闸接触器 KM 线圈中也有电流通过，但因回路中串接有绿灯及附加电阻，则控制电源的大部分电压降落在附加电阻上，而 KM 线圈上的电压很小，所以合闸接触器 KM 不会动作。

2. 合闸过程

(1)手动合闸。把 SA 手柄顺时针转 45°，此时触点 2—4 接通，绿灯 HG 及电阻 R 被短接，KM 线圈激磁动作，KM 的两对带灭弧的常开主触头闭合，接通合闸线圈 YO，断路器合闸。断路器合闸后，辅助触点 QF1 打开，自动切断合闸回路电流；QF2 闭合，此时红灯 HR 及附加电阻 R、QF2 常开触点、断路器跳闸线圈 YR 回路组成通路，此时红灯 HR 亮，指示出断路器已在合闸位置，同时表示控制电源及跳闸回路完好。同时也应注意，虽然此

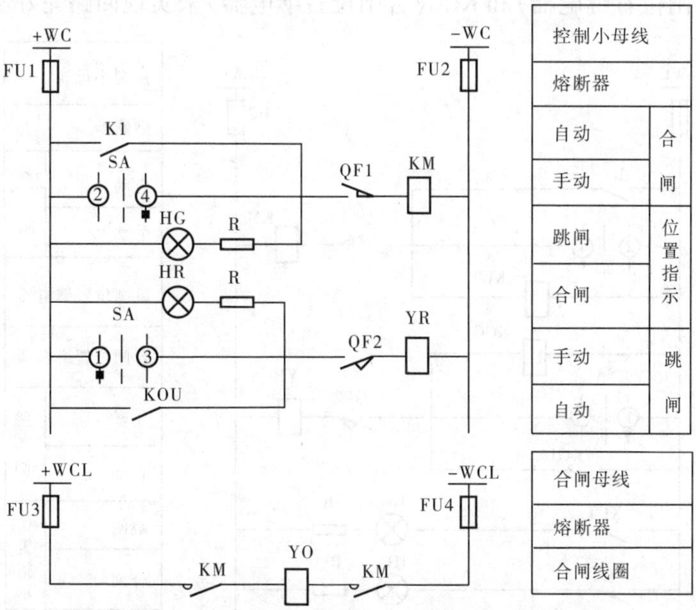

图 12-13　具有灯光监视的断路器控制回路接线图

时跳闸线圈 YR 中有电流通过，但因回路中串有红灯及附加电阻，则通过 YR 线圈的电流很小，YR 线圈不会激磁，所以不会使断路器跳闸。

(2)自动合闸。自动装置触点 K1 闭合，其作用和 SA 触点 2—4 接通相同，使得断路器合闸。

若实际运行中红灯 HR 不亮，则表示断路器跳闸回路断线或控制回路熔断器熔断。

3. 跳闸过程

(1)手动跳闸。把 SA 手柄逆时针转 45°，此时触点 1—3 接通，红灯 HR 及电阻 R 被短接，由于断路器已经合闸，其辅助触点 QF2 闭合，全部直流控制电压加到跳闸线圈 YR 上，此时 YR 线圈中通过足够大的电流使断路器跳闸。断路器跳闸后，辅助触点 QF2 打开，自动切断跳闸回路；QF1 闭合，绿灯 HG 亮，准备好断路器下一次的合闸操作。

(2)自动跳闸。当继电保护动作时，保护出口中间继电器 KOU 触点闭合，其作用和 SA 触点 1—3 接通相同，使得断路器跳闸。

若实际运行中绿灯 HG 不亮，则表示断路器合闸回路断线或控制回路熔断器熔断。

在控制回路中串接断路器辅助触点的目的如下：

(1)在跳闸、合闸操作任务完成后，迅速地切断跳闸、合闸回路，保证 YO 和 YR 线圈短时间通电要求。

(2)用辅助触点来断开电感回路，保护控制开关和继电器的触点。

(3)指示断路器分闸、合闸位置。

上述接线具有接线简单、所用二次设备少的优点；但存在着不能“防跳”及控制回路发生故障时不能发出信号的缺点。

(二)具有音响监视的断路器控制回路

如图 12-14 所示为具有音响监视的断路器控制回路。这种接线方式是利用中间继电器 KCT(称为跳闸位置继电器)和 KCC(合闸位置继电器)来实现回路完好性监视。

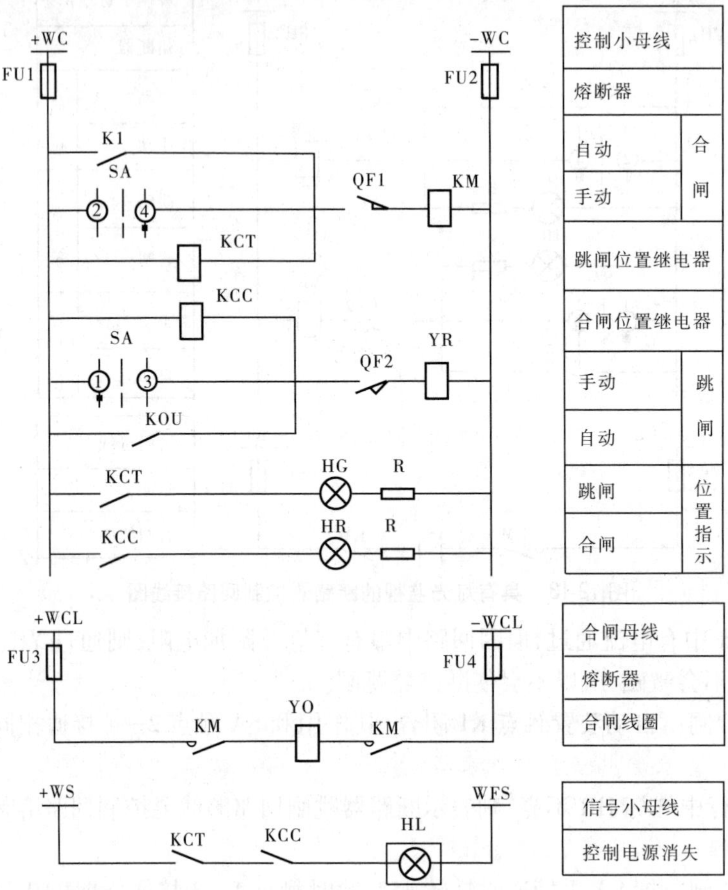

图 12-14 具有音响监视的断路器控制回路

控制回路工作原理如下:当断路器处于跳闸状态时,跳闸位置继电器 KCT 线圈、QF1 常闭触点、KM 线圈回路组成通路,由于 KCT 线圈电阻远大于 KM 线圈电阻,所以 KCT 动作,其常开触点接通绿灯 HG 回路,绿灯 HG 亮,指示断路器在跳闸位置。当断路器处于合闸状态时,合闸位置继电器 KCC 线圈、QF2 常开触点、YR 线圈回路组成通路,由于 KCC 线圈电阻远大于 YR 线圈电阻,所以 KCC 动作,其常开触点接通红灯 HR 回路,红灯 HR 亮,指示断路器在合闸位置。控制回路正常时,KCC、KCT 继电器线圈不会同时失电,即 KCC、KCT 继电器中有 1 只继电器始终处于动作状态,它们的常闭触点不会同时闭合,因此光字牌 HL 不会被点亮,不会发出"控制电源消失"信号。其他动作过程与图 12-13 相似,请读者自行分析。

音响监视过程如下:

(1)控制电源消失。当控制回路的熔断器熔断时,合闸位置继电器 KCC 与跳闸位置继电器 KCT 的线圈同时断电,它们的常闭触点均闭合,使光字牌 HL 亮,并经 WFS 小母线起动中央信号装置发出预告音响信号,以提醒值班员注意。

(2)断路器在合闸位置时跳闸回路不通。此时 QF1 断开,KCT 线圈失电,KCT 常闭触点闭合；而由于跳闸回路不通，KCC 线圈也失电，KCC 常闭触点闭合，于是点亮光字牌 HL，并接通中央信号装置发出预告音响信号。

(3)断路器在跳闸位置时合闸回路不通，同样也会发出音响信号。

KCC、KCT 是中间继电器，线圈的电阻很大，串联在跳闸、合闸回路中短路的可能性很小，所以不会影响断路器的动作。KCC、KCT 的触点很多，可以代替断路器的位置触点使用在不很重要的回路中。

在实际运行中，若光字牌 HL 亮，说明操作回路断线或操作电源熔断器熔断；断路器合闸而红灯熄灭，可能是灯泡损坏或跳闸回路断线、接头松动等；断路器分闸后，绿灯不亮，可能是灯泡损坏或合闸回路断线、接头松动或熔断器熔断等。

(三)具有电气防跳及音响监视的断路器控制回路

1. 断路器的跳跃现象

所谓断路器的跳跃现象是指断路器在短时间内发生多次合、分现象。特别是断路器合闸到永久性故障线路上时，SA 的触点 2—4 接通，使断路器合闸。合闸瞬间，故障反应于继电保护装置，KOU 闭合使断路器跳闸。此时若值班员仍将 SA 操作手柄维持在“合闸”位置(或触点由于某种原因被卡住不能复归，如触点粘住等)，SA 的触点 2—4 仍在接通位置，使断路器又立即合上，接着继电保护装置又使断路器跳闸，如此循环，形成了断路器的跳跃现象，一直到 SA 的触点 2—4 断开为止。断路器的跳跃是不允许的：一是短时间内多次投、切故障电流，使断路器灭弧室不能熄弧而产生爆炸；二是多次分、合闸的冲击，可能损坏断路器；三是多次连续短路电流的冲击，使电网的工作受到严重的影响。为此，一般必须装设必要的防跳设置。所谓“防跳”装置，就是利用操动机构本身的机械闭锁或在控制回路中采取措施，防止断路器发生“跳跃”的装置。当操动机构不带机械“防跳”闭锁装置，或虽带机械“防跳”而规程规定必须装设电气“防跳”装置时，应在控制回路增加电气“防跳”电路。电气“防跳”的方法有很多，最常见的是装设防跳继电器的控制回路。

2. 防止跳跃

如图 12-15 所示为具有电气防跳及音响监视的断路器控制回路。图 12-15 与图 12-14 控制回路的差别是它增加了 1 个中间继电器。KCF 为防跳继电器，它有两个线圈，一个是电流起动线圈，串接于跳闸回路中，这个线圈的额定电流应根据跳闸线圈的动作电流来选择，并要求有较高的灵敏度，以保证在跳闸操作时能可靠地起动；另一个是电压自保持线圈，经过自身的常开触点 KCF1 与合闸接触器线圈并联。此外，在合闸回路中还串联有常闭触点 KCF2。

其防跳工作原理如下：当利用控制开关 SA 或自动装置触点 K1 进行合闸时，若合在短路故障上，继电保护将动作，其出口继电器 KOU 触点闭合，将断路器跳闸回路接通，使断路器跳闸。同时跳闸电流也流过防跳继电器 KCF 的电流起动线圈，使 KCF 动作，其常闭触点 KCF2 断开合闸回路，其常开触点 KCF1 接通 KCF 的电压线圈。此时，如果控制开关 SA 的触点 2—4 或自动装置的触点 K1 因故未断开，则 KCF 的电压线圈将自保持，使 KCF2 的常闭触点始终打开，切断了合闸回路，使断路器不能再次合闸。只有当合闸脉冲解除后，KCF 的电压线圈失电，控制回路才恢复到跳闸状态。KCF3 的作用是：当保护出口中间继电器 KOU 的触点闭合，作用于断路器分闸时，用以防止在故障切除后，KOU 的

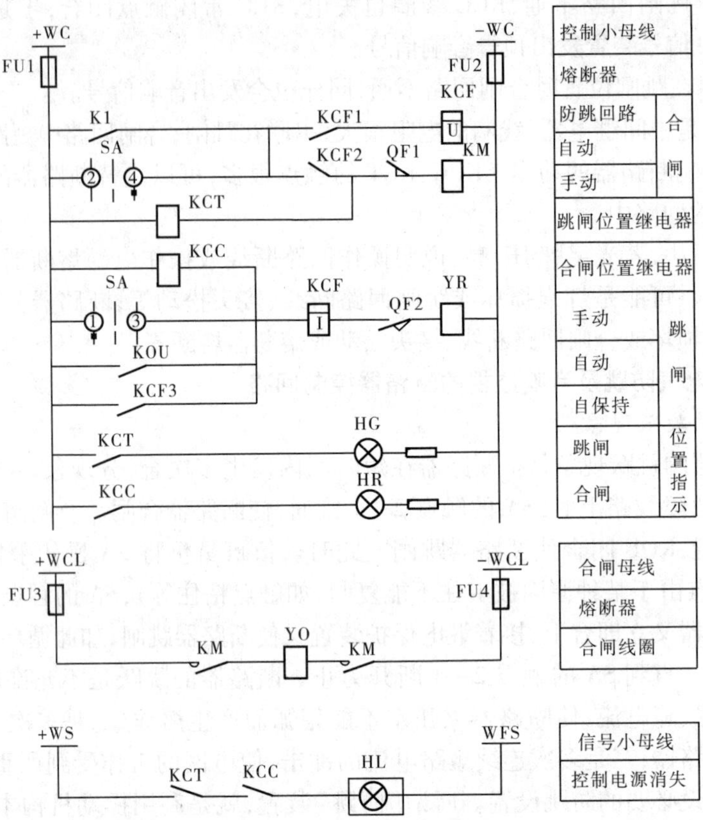

图 12-15 具有电气防跳及音响监视的断路器控制回路

触点比断路器辅助触点断开快的情况下使 KOU 触点烧毁,从而起到保护 KOU 触点的作用。

(四)弹簧操动机构的控制回路

弹簧操动机构平时由电动机将弹簧拉紧储能,合闸时弹簧释放,将断路器合上。弹簧操动机构的跳闸、合闸线圈的动作电流较小(0.5 ~ 2 A),可用控制开关或中间继电器触点直接控制,不需要通过接触器间接控制。

弹簧操动机构的控制回路如图 12-16 所示。其动作过程如下:当机构处于未储能状态时,行程开关的常闭触点 SP1 闭合,按下弹簧储能按钮 SB,则中间继电器 KA 线圈激磁动作,其常开触点 KA2 闭合,电动机与电源接通而运转,将弹簧逐渐拉紧,待弹簧完全拉紧后,即储能结束,这时 SP1 断开,切断电动机电源。同时,SP2 闭合,白灯 HW 亮,表示操动机构已处于储能状态。当弹簧未拉紧时,触点 SP3 闭合,发出"弹簧未拉紧"信号。弹簧储能结束后,KA 线圈失电返回,KA1 的常闭触点闭合。这时,如果断路器处于分闸位置,只要将 SA 投向"合"的位置,断路器合闸线圈 YO 通电激磁,断路器合闸。在弹簧储能过程中,KA 的常闭触点 KA1 是断开的,这时,即使将 SA 投向"合"的位置,YO 也不能通电,断路器不会合闸。

电动机的控制电源可以用直流或交流电源。

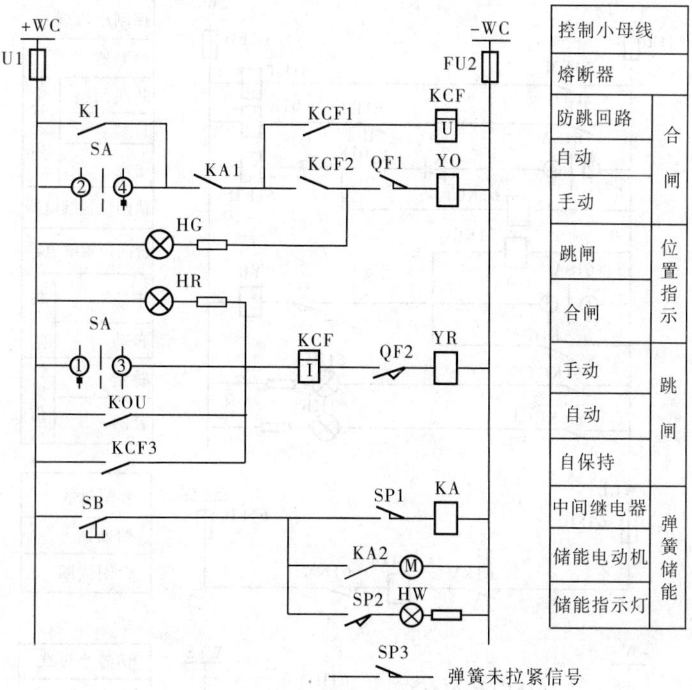

图 12-16　弹簧操动机构的控制回路

四、灭磁开关的控制回路

额定电流为 600 A 以下的 DW10 型自动开关采用电磁合闸的操动机构。水电站的灭磁开关一般采用 DW10－M 型自动开关，就是将 DW10 型自动开关的一个主触头改为常闭而成，因此 DW10－M 的主触头为两常开一常闭，辅助触点为三常开三常闭。

DW10－M 型灭磁开关控制回路，应着重考虑下面几个方面：

(1)灭磁开关合闸线圈应有足够的带电时间，不能因为控制开关提早返回而使合闸不成功。

(2)防止机械脱扣失灵时，烧坏合闸线圈。

(3)能防跳，即防止灭磁开关在分、合之间跳跃。

其控制接线图如图 12-17 所示，其工作原理如下：

设灭磁开关 Q 在跳闸位置，平时控制开关 61SA 手柄处于自然位置(中)，其触点 2—4、1—3 断开；灭磁开关常闭辅助触点 Q1 闭合，灭磁开关常开辅助触点 Q2 断开。于是 61KCT、Q1 常闭触点、61KM 线圈回路组成通路，61KCT 线圈激磁动作(由于 61KCT 线圈电阻很大，控制电压大部分加在 61KCT 上，而 61KM 所加电压小，故它不动作)；61KCT1 常开触点闭合，绿灯 61HG 亮。它一方面表示灭磁开关处于跳闸位置，另一方面表示控制电源与合闸回路完好。

(一)合闸过程

把 61SA 操作手柄顺时针转 45°，此时触点 2—4 接通，61KCT 线圈被短接，61KM 动作，一方面 61KM 的辅助常开触点进行自保持；另一方面其主触头闭合，起动合闸线圈

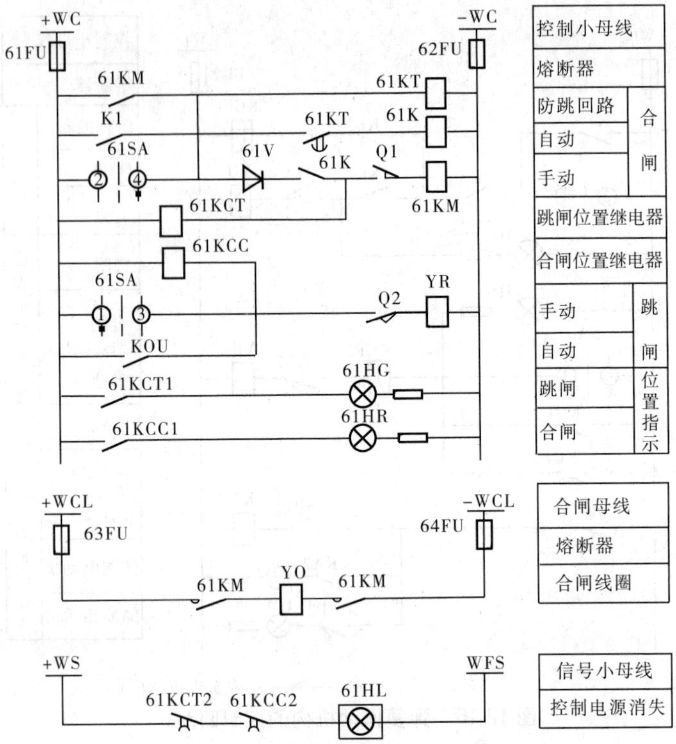

图 12-17　灭磁开关的控制回路

YO,灭磁开关合闸。灭磁开关合闸后,常闭辅助触点 Q1 打开,自动切断合闸回路;常开辅助触点 Q2 闭合,此时 61KCC 线圈、常开辅助触点 Q2、跳闸线圈 YR 组成通路,此时 61KCC 动作,61KCC1 常开触点闭合,红灯 61HR 亮,指示出灭磁开关已在合闸位置,同时表示控制电源及跳闸回路完好。在自动开机时,自动装置触点 K1 闭合,其作用和 61SA 触点 2—4 接通相同,自动投入灭磁开关。

(二)跳闸过程

当 61SA 的触点 1—3 接通或 KOU 闭合时,跳闸线圈 YR 激磁动作,使灭磁开关跳闸。跳闸后,常开辅助触点 Q2 打开,自动切断跳闸回路;常闭辅助触点 Q1 闭合,61KCT 线圈激磁动作,61KCT1 常开触点闭合,绿灯 61HG 亮,准备好灭磁开关下一次的合闸操作。

(三)防跳过程

利用 61SA 进行合闸时,一方面 61KM 动作使灭磁开关合闸;另一方面防跳时间继电器 61KT 动作;若在合闸脉冲没有消除时,由于电气事故使灭磁开关跳闸,则通过 61KT 延时闭合触点接通中间继电器 61K,61K 常闭触点始终切断合闸回路,防止灭磁开关第二次合闸。只有当合闸脉冲解除,61KT、61K 继电器线圈断电返回后,接线才恢复到跳闸状态。

(四)音响监视

当控制电源消失或灭磁开关在合闸状态时,跳闸回路不通,或当灭磁开关在跳闸状态时,合闸回路不通,都会使 61KCT、61KCC 继电器线圈同时失电,它们的常闭触点 61KCT2、61KCC2 都闭合,点亮光字牌 61HL,并发出预告音响信号。

图 12-17 中 61KT 为防跳时间继电器,保证灭磁开关只能合一次。它的整定时间应满

足:大于灭磁开关合闸一次所需时间,小于灭磁开关合闸两次所需时间。61KM 常开辅助触点起自保持作用,保证灭磁开关能可靠合闸。61V 主要用来避免 61KCT、61KT 构成回路,起隔离作用。61KCT、61KCC 位置继电器的触点带延时,主要是因为灭磁开关的合闸时间比断路器长,若触点不带延时,就会发出控制电源消失的误动作信号。

第五节 信号回路

在发电厂、变电站中,为了监视各机电设备和系统的运行状态,进行事故处理、分析和相互联系,经常采用信号装置。本节主要讲述信号的类型和作用,阐述强电信号系统中的事故信号、预告信号的工作原理,并对新型中央信号装置的功能进行简单介绍。

一、发电厂的信号

在发电厂和变电站中,为了使值班员及时掌握电气设备的工作状态,须用信号及时显示出当时的工作情况,如断路器是合闸位置还是分闸位置等。而当发生事故及不正常运行情况时,更应发出各种灯光信号及音响信号,帮助值班员迅速查明是发生了事故还是出现了不正常运行情况,以及事故的范围和地点,不正常运行情况的内容等,以便值班员作出正确的处理。

(一)按信号的表示方法分

为了及时、可靠、详细地显示设备事故和设备故障,水电站中通常采用三种互相关联、互相配合的信号方式,即音响信号、光字信号、掉牌信号。

音响信号分别是由电笛(或称峰鸣器)和电铃发出的,主要是为了最大限度地引起值班员的注意,同时区分事故和故障信号的性质。

光字信号由装于控制屏(或控制台)上的光字牌实现。在每一个光字牌上面写明设备事故(或故障)的分项或类别名称,如过电压、轻瓦斯、水机事故等。光字信号主要用来指明事故(或故障)的对象和性质。

掉牌信号是由装在保护屏上的信号(掉牌)继电器来实现的。信号继电器的特点是,只要信号继电器一动作,即使信号继电器线圈断电,通过信号牌的自身重量能维持信号继电器在掉牌位置,只有通过手动才能复归。这样可以利用信号继电器来判别和记忆事故(或故障)的种类,以便于处理和统计所发生的事故。

上述三种信号的运行过程如下:当出现一项事故(或故障)时,值班员首先听到音响信号,举目便可看到控制屏上的光字信号;若这个光字信号指明某一类别,则再到相应的保护屏上查找掉牌信号继电器,找出事故(或故障)项目,同时做好记录。只有当事故(或故障)处理完毕后,才可手动复归信号继电器,同时光字信号也随之消失。

(二)按用途分类

1. 位置信号

位置信号用来指示水电站内各种机电设备的位置状态。它可使远离被操作对象而在其他控制地点进行操作的值班员明确该设备现在所处的位置状态。可见,它实际上是监视各设备工作状态所显示的信号,位置信号一般用灯光来表示。

红灯:表示断路器合闸、闸门开启、灭磁开关投入、发电机发电状态等。

绿灯:表示断路器分闸、闸门关闭、灭磁开关断开、发电机静止状态等。

白灯:表示机组开机准备状态、弹簧操动机构已储能状态等。

蓝灯:表示发电机调相运行状态等。

2. 事故信号

事故信号用于表示水电站发生了严重的不正常情况,事故信号采用电笛发出音响信号。事故信号由音响、光字和掉牌三部分组成。例如:发电机过电压、定子线圈短路;主变差动、重瓦斯;机组轴承温度过高、机组过速、调速器油压过低等属于事故信号。

3. 预告信号

预告信号用来反映机组或设备运行时出现的不正常运行状态(或称为故障状态)。例如:过负荷、转子一点接地、操作电源消失、机组轴承温度升高、冷却水中断等。发生这些不正常情况后,在一般情况下,设备还能运行一段时间,但是应提醒值班员注意,要及时采取措施消除设备的不正常运行状态。预告信号采用电铃发出音响,由音响、光字和掉牌三部分组成。

事故信号和预告信号装置不是每台机组都需要装设,整个发电厂只设一公用的音响信号系统,放置在中央控制室内,称为中央信号装置。由于中央信号装置全厂公用,因此要求设立信号小母线,以便把发电厂中所有事故信号都接到事故音响小母线上,而把所有预告信号都接到预告信号小母线上,再通过这些小母线来起动中央信号装置。

二、事故信号装置

中央信号装置按其音响信号的复归方式可分为就地复归和中央复归;按其音响信号的动作性能可分为能重复动作和不能重复动作。现发电厂一般装设中央复归能重复动作的事故信号和预告信号。此种装置在电厂发生第一个事故时,发出音响信号,并在控制屏上点亮相应的光字牌;经过一定延时后能自动解除音响。在音响已经解除而光字牌尚未解除期间,若又发生第二个事故甚至更多时,则音响信号能重复动作。

中央复归能重复动作的事故信号装置,到目前为止,都是由冲击继电器来实现的,它是中央音响信号系统的关键元件。中央音响系统运行的好坏在很大程度上取决于冲击继电器的动作是否可靠。冲击继电器都由脉冲调制部件和继电器两部分组成。按脉冲调制方式可分为电流微分式、电压比较式、电压微分式等,按所采用的继电器型式可分为干簧式、极化式和半导体式等。下面介绍由 BC－4 型冲击继电器构成的音响信号装置。

图 12-18 所示为采用 BC－4 型冲击继电器构成的中央复归能重复动作的事故音响信号装置接线图。BC－4 型冲击继电器不是根据光字牌瞬时电流的变化而动作的,而是根据平均电流的变化而动作的,因此不容易受干扰因素的影响而误动。

(一) BC－4 型冲击继电器的组成和工作原理

电阻 R3、R4,电容 C3、C4,稳压管 V5、V6 等组成冲击继电器简单的工作电源;电阻 R0、R2,电容 C1、C2,电感 L,电位器 RP1、RP2 组成测量部分;小型继电器 K1 及三极管 V3、V4 组成出口部分;三极管 V3 的基极通过 R5、RP1 及 R2 组成偏置电路;三极管 V4 的基极则由 R6、R7 及 V2、RP2、R2 的串、并联电路组成偏置电路。

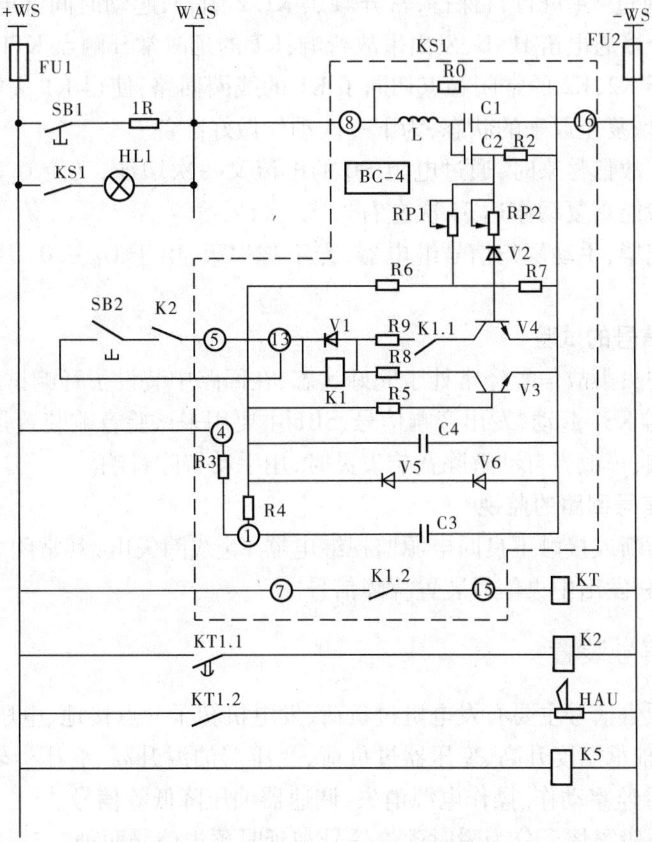

图 12-18　BC-4 型冲击继电器构成的中央复归能重复动作的事故音响信号装置接线图

(1)当光字牌电流为 0 或恒定时,R0 的信号电压 UR_0 亦相应为 0 或恒定,且与电容 C_1、C_2 上的电压一致,即 $U_{C1}=U_{C2}=U_{R0}$,此时输出电压 $U_{R2}=U_{C1}-U_{C2}=0$,因 $RP1+R2\ll R5$,V3 管的基极电压接近 0,V3 处于截止状态。因 R7 阻值较大,三极管 V4 虽处于正向偏置,但因集电极上 K1 的常开触点断开而未导通。

(2)当接通或增加接通一组光字牌时,电流流过 R0,在 R0 形成一定电压 U_{R0},于是电容 C1 通过 L 充电,电容 C2 通过 L 及电阻 R2 充电。由于 C1 充电回路的时间常数小,充电快,电压 U_{C1} 上升快;而 C2 充电回路时间常数大,充电慢,电压 U_{C2} 上升慢。此时输出电压 $U_{R2}=U_{C1}-U_{C2}>0$,三极管 V3 因基极电压升高而短时翻转导通,使继电器 K1 动作,K1.1 常开触点通过导通的三极管 V4 使继电器 K1 自保持,K1.2 常开触点去起动时间继电器 KT。实现了 $U_{R2}>0$ 时起动、自保持并起动时间元件等工作程序。

(3)当熄灭一组光字牌时,R0 上的电压消失(或减少),C1、C2 放电。同理,C1 放电快,C2 放电慢,于是 $U_{R2}=U_{C1}-U_{C2}<0$,负电压通过 RP2、V2 使三极管 V4 的基极电位下降,V4 由导通转为截止,出口继电器 K1 返回,全部电路复归。实现了 $U_{R2}<0$ 时能自动冲击复归。

与继电器 K1 并联的 V1 为续流二极管。

(二)信号装置动作过程

当某一事故发生后,接通相应的光字牌,使 $U_{R2}>0$,三极管 V3 导通,K1 动作,常开触点 K1.1 闭合，通过 V4 进行自保持，常开触点 K1.2 闭合，起动时间继电器 KT，常开触点 KT1.2 瞬时闭合接通电笛 HAU，发出事故音响；KT 的延时常开触点 KT1.1 经过延时闭合起动中间继电器 K2，K2 的常闭触点切断了 K1 的线圈回路，使得 K1 失电返回，自动解除音响，整套装置恢复至原来的状态，为下一次动作做好准备。

当第二个事故信号来时，通过电阻 R0 的电流又一次增加，又使 $U_{R2}>0$，又重复动作发出音响。一般能重复动作达 35 次左右。

事故处理完毕，手动复归信号继电器，光字牌熄灭，由于 $U_{R2}<0$，因此信号装置不会发出音响。

（三）音响信号的试验

为了确保中央事故信号经常处于完好状态，在回路中装设了音响试验按钮 SB1，按下 SB1，冲击继电器 KS1 起动，发出音响信号，SB1 主要用来试验音响装置是否完好。SB2 用来手动解除音响，一般当自动解除音响失灵时，用手动解除音响。

（四）事故信号回路的监视

当熔断器熔断或接触不良时电源监视继电器 K5 线圈失电，其常闭触点闭合，起动信号电源监视回路，发出中央信号装置故障信号。

三、预告信号装置

水电站的预告信号主要有发电机过负荷、发电机转子一点接地、电压互感器二次回路断线、发电机各轴承温度升高、变压器过负荷、变压器油温升高、变压器轻瓦斯动作、交流（直流）回路绝缘监察动作、操作电源消失、调速器油压降低等信号。

预告信号一般习惯上分为瞬时预告信号和延时预告信号两种。对某些当电力系统中发生短路时可能伴随发出的预告信号，如过负荷、电压互感器二次回路断线等，应带延时发出音响信号，这样当外部短路切除后，这些由系统短路所引起的信号就会自动消失，而不让它发出警报，以免分散值班员的注意力。因此，发电厂应分别设置瞬时预告信号和延时预告信号两种，但多年的运行经验表明，预告信号没有必要分为瞬时和延时两种，只装设延时（0.2～0.3 s）发出音响的预告信号装置，这样既可满足延时信号的要求，又不影响瞬时预告信号；另一方面可以简化预告信号的接线。因此，《火力发电厂设计技术规程》（SDJ1—84）中取消了“中央预告信号应有瞬时和延时两种”的内容。

图 12-19 为 BC－4 型冲击继电器构成的中央复归能重复动作的预告信号装置接线图。它的动作原理、接线等与事故信号装置基本相同，其中时间继电器 KT1 用来延时（0.2～0.3 s）发出音响信号，KT2 用来自动解除音响，电铃 HAB1 发出音响时间的长短，由 KT2 的动作时限决定。其工作原理如下所述。

（一）延时发出音响过程

当某一设备发生不正常状态，接通相应的光字牌，并使 K1 动作，常开触点 K1.1 闭合并通过三极管 V4 进行自保持，常开触点 K1.2 闭合并起动时间继电器 KT1，KT1 的常开触点延时闭合起动中间继电器 K2，常开触点 K2.1 闭合起动电铃 HAB1，延时发出预告音响信号；同时，常开触点 K2.2 起动 KT2，常开触点 KT2 延时闭合起动 K3，K3 的常闭触点切断了 K1 线圈回路，使 K1 失电返回，自动解除音响，整套装置恢复到原来的状态。

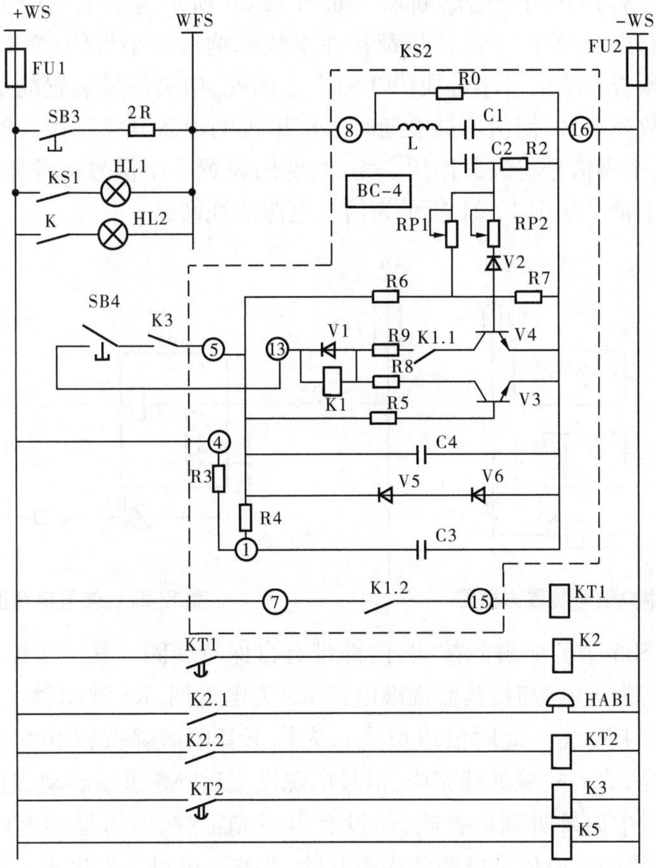

图 12-19　BC－4 型冲击继电器构成的中央复归能重复动作的预告信号装置接线图

(二)冲击自动返回过程

如果由于某种原因,使继电器 K 动作,其常开触点闭合,接通光字牌 HL2,此时同样会起动 K1 及 KT1,若在 KT1 延时触点闭合之前,触点 K 已经返回(故障消失),这时将使 C1、C2 放电,使 $U_{R2}<0$,负电压通过 RP2、V2 使三极管 V4 的基极电位下降,V4 立即由导通转为截止,出口继电器 K1 返回,使 KT1 失电返回,不会起动 K2,该预告信号未发出,达到了冲击自动返回的目的。此时电铃未响而电路全部复归。

(三)音响信号的试验

为了确保中央预告信号经常处于完好状态,在回路中装设了音响试验按钮 SB3,按下 SB3,冲击继电器 KS2 起动,发出音响信号,SB3 主要用来试验音响装置是否完好。SB4 用来手动解除音响。

(四)预告信号回路的监视

当熔断器熔断或接触不良时,电源监视继电器 K5 线圈失电,其常闭触点闭合,起动信号电源监视回路,发出中央信号装置故障信号。

四、信号电源监视回路

前面已经比较详细地介绍了中央信号装置。预告信号一般经独立的熔断器供电,有时设置与事故信号装置共用一组熔断器。如图12-20所示为水电站中央信号装置方框图。从图中可以看出，所有的事故信号都接在事故音响信号小母线（WAS）上，把所有的预告信号都接在预告音响信号小母线（WFS）上。因此，中央信号装置能反映水电站中所有的事故信号或故障信号，使值班员能随时了解出现的设备异常情况。然而当信号母线的熔断器熔断时，中央信号将失去作用。为此，专门设置一个信号电源监视回路，用来监视信号电源是否正常。如图12-21所示为信号电源监视回路。

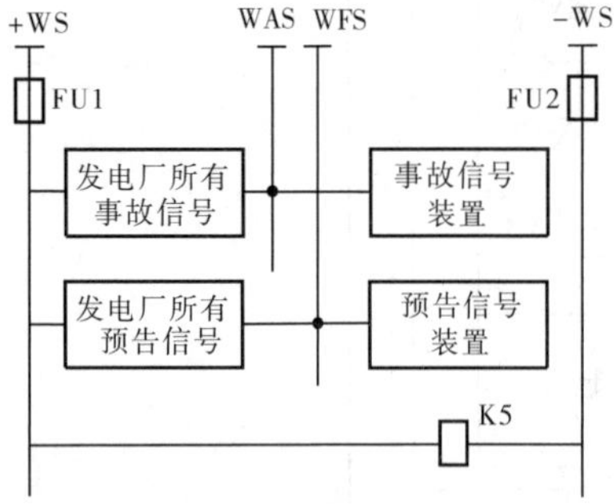

图12-20 水电站中央信号装置方框图

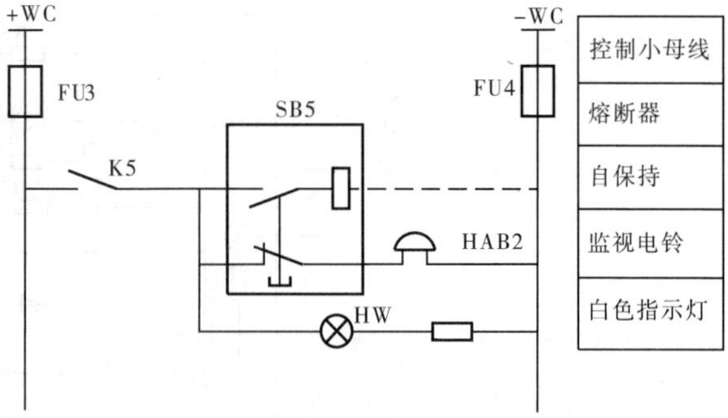

图12-21 信号电源监视回路

图12-21中，SB5为音响解除按钮，内部带有自保持线圈。其工作原理为：当事故信号或预告信号回路失去电源时，其监视继电器K5失电返回，K5常闭触点闭合，接通电铃HAB2，白色指示灯HW亮。此时值班员应首先按下音响解除按钮SB5，解除音响信号。但白炽灯HW仍亮，直到故障处理完毕，信号电源恢复后，K5重新起动，监视回路复归。

值班员在运行中如果听到电铃响，而没有点亮光字牌，但信号屏上白色指示灯HW亮，则能判断出电铃响是由信号电源消失引起的，并非机电设备发生不正常运行状态。

五、新型中央信号装置介绍

微机控制的新型中央信号除具有常用的中央信号装置的功能外，其信号系统由单个元件构成积木式结构，接收信号数量没有限制。

信号装置采用微机闪光报警器，除具有普通报警功能外，还具备报警信号的追忆、记忆信号的掉电保护、报警信号的双音双色、报警音响的自动消音等特殊功能。装置的控制部分由微处理器、程序存储器、数据存储器、时钟源、输入输出接口等组成微机专用系统。装置的显示部分（光字牌）采用新型固体发光平面管（冷光源）。该装置的特殊功能分述如下：

（1）双音双色：光字牌的两种颜色分别对应两种报警音响，从视觉、听觉上可明显区别事故信号和预告信号。报警时，灯光闪亮，同时发出音响；确认后，灯光平光，音响停；正常运行为暗屏运行。

（2）动合、动断触点可选择：可对64点输入信号的动合、动断触点状态以8位的倍数进行设定，由控制器主板上的拨码器控制。

（3）自动确认：信号报警器不按确认键，能自动确认，光字信号由闪光转为平光，音响停止，自动消音时间可控制。

(4)通信功能:控制器具有通信线,可与计算机进行通信,将断路器动作情况通过报文形式报告给计算机。当使用多个信号装置时,通信线可并网运行,由一台控制器作主机,其他控制器分别作子机,且子机计算机地址各不相同。其连接示意图如图 12-22 所示。

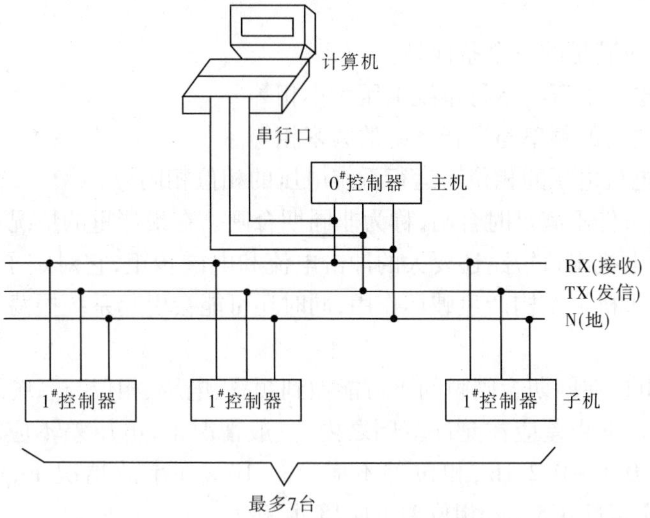

图 12-22　多台控制器连接示意图

(5)追忆功能:报警信号可追忆,按下追忆键,已报警的信号按其报警先后顺序在光字信号上逐个闪亮(1 个/s),最多可记忆 2 000 个信号,追忆中报警优先。

(6)清除功能:若需要清除报警器内记忆信号,操作清除键即可。

(7)掉电保护功能:报警器若在使用过程中断电,记忆信号可保存 60 天。

(8)触点输出功能:在报警信号输入的同时,对应输出一动合触点,可起辅助控制的作用。

第六节　同期接线

将一台单独运行的发电机投入到运行中的电力系统参加并列运行的操作,或两台发电机之间进行并列运行的操作,称为发电机的同期操作。为了适应负荷变化以及安排检修,这种操作是经常出现的,其中以发电机与系统的同期操作为最多。同期操作是电力系统中一项重要的操作。为了能可靠而简便地完成同期过程,必须根据水电站的具体情况及电力系统的要求而选择合理的同期方式和接线。

一、同期方式与同期点

(一)同期方式及条件

目前电力系统采用的同期方式有两种:准同期方式和自同期方式。按操作的自动化程度分为手动、半自动和自动三种。手动同期时,所有操作,包括机组的调速、发电机的调压和断路器的合闸等操作均由值班员手动进行;半自动同期时,一部分由值班员手动完成,另一部分由自动装置完成;自动同期则所有操作均由自动装置完成。

1. 准同期方式

所谓准同期方式,就是发电机断路器在合闸前已经励磁,然后对发电机电压、频率进行调节,使之满足下列三个条件后将发电机断路器合闸,合闸瞬间发电机定子电流接近于零。

准同期并列应满足的三个条件是:

(1)待并发电机电压与运行系统电压大小相等。

(2)待并发电机的频率与运行系统的频率相等。

(3)待并发电机电压的相位与运行系统电压的相位相同。

如果在上述条件不满足时合闸,称为非同期合闸。在最严重的情况下非同期合闸,发电机将出现比发电机出口短路还要大的冲击电流和电磁转矩,它对定子线圈端部的绝缘和接头以及发电机机械结构产生破坏作用,同时还可能会引起系统振荡,破坏电力系统的稳定性。

实际上,发电机在同期合闸瞬间不可能做到频率、电压、相位与系统绝对一致,允许它们有一定的误差。此误差应在允许范围之内,一般情况下,电压差不应超过5%~10%,频率差不应超过0.1~0.2 Hz,相位差不应超过10°;在事故情况下,电压差不应超过20%,频率差不应超过0.5 Hz,相位差不应超过20°。

准同期的优点是:只要并列操作得当,同期时冲击电流小,对系统电压影响小,系统电压不会降低。缺点是:同期操作复杂,并列时间长,对操作人员要求高,易发生非同期并列,在系统事故情况下,系统频率和电压变化大,同期更加困难。

目前发电厂和变电站广泛采用准同期并列方式。通常设有自动准同期和手动准同期两种装置。

2. 自同期方式

自同期方式是发电机在进行同期合闸前未加励磁电流,当发电机转速升高接近额定转速时,先合上发电机断路器,由断路器常开辅助触点联动合上灭磁开关,然后给发电机加上励磁电流,由系统强行把发电机拉入同步。

发电机以自同期方式进行同期,对发电机来讲,相当于三相短路,因此将产生较大的冲击电流并使系统电压下降,但电压恢复也比较快,一般经0.5~2 s便可恢复到95%的额定电压。

自同期的优点是:

(1)同期并列快,特别是在系统事故情况下能使机组迅速并入系统。

(2)操作简单,不会发生非同期并列。

(3)容易实现操作自动化,接线简单。

自同期的缺点是:合闸时冲击电流大,振动大,可能对机组某些部位有一定的影响,对电网影响大,合闸时使电网电压短时降低。为此,必须经过计算,在允许范围内才能应用自同期并列。

(二)同期点的设置

发电厂和变电站中的诸多断路器中,并不是每个断路器都可用于并列。只有当断路器断开时，其两侧电压来自不同的电源，该断路器必须由同期装置进行同期并列操作才能合闸，这些担任同期并列任务的断路器，叫同期点。

同期点的设置原则是：在正常运行时，待并发电机经简捷的操作就能与电力系统并列；在事故跳闸后，经最少的倒闸操作就能与系统并列，在最短时间内恢复供电。

根据上述原则，发电厂中的同期点具体位置设置如下：

(1)发电机引出端断路器或发电机—变压器组的高压侧断路器均需作为同期点。

(2)三绕组变压器有电源的各侧断路器都为同期点。

(3)对侧有电源的双绕组变压器的低压侧或高压侧断路器为同期点。

(4)接在母线上对侧有电源的线路断路器为同期点。

二、同期电压的引入及同期表接线方式

发电厂一般采用集中同期的方法，即全厂的同期操作集中在一块公用屏进行，同期装置全厂公用一套，因此必须设置公用的同期电压小母线。每个同期点断路器两侧的交流电压由电压互感器二次侧引来，经过同期开关触点接到相对应的同期电压小母线上，再由同期电压小母线将发电机电压和系统电压引接到同期装置中，这样的二次回路就是同期电压的引接，它和同期装置一起构成了同期系统。同期系统的接线按同期装置型式不同分为三相接线和单相接线两种，三相接线的特点是同期电压取待并系统的三相电压和运行系统的单相电压，相应的同期装置为三相式(如采用三相同期表)；单相接线的特点是同期电压取待并系统和运行系统的单相电压，相应的同期装置为单相式(如采用单相同期表)。

(一)同期电压的引入方式

在讲述同期电压引入之前，首先要搞清楚何谓“待并系统”和“运行系统”，通常情况下，把代表“发电机”的称为“待并系统”，把代表电力系统的称为“运行系统”，比如发电机并网前，发电机称为“待并系统”，发电机电压母线称为“运行系统”。“待并系统”和“运行系统”随着同期点的改变而改变，因此同期点选择不同，同期电压的引入方式也不同，下面介绍几种同期电压的引入方式，以三相接线为例。

1. 发电机出口断路器同期电压的引入

这表明发电机将与发电机电压母线并列，此时发电机为待并系统，母线为运行系统。由于同期表接线中不需要引入运行系统的 W 相电压，因此同期电压小母线有五根：运行系统的同期电压小母线 WOSu、WOSv(接入运行系统的 U、V 相电压)；待并系统的同期电压小母线 WSTCu、WSTCv、WSTCw(接入待并系统的 U、V、W 相电压)。同期电压的引入接线图(一)如图 12-23 所示。

图 12-23 中待并系统发电机的电压通过电压互感器 TV1 的二次电压来反映，其中 U、V、W 三相电压通过同期开关 SAS1 的触点 5—7、9—11、13—15 接到待并系统同期电压小母线 WSTCu、WSTCv、WSTCw 上。运行系统母线侧的电压则通过母线电压互感器 TV2 的二次电压来反映，其 U、V 两相电压通过同期开关 SAS1 的触点 17—19、21—23 接到运行系统同期电压小母线 WOSu、WOSv 上，运行系统 W 相电压不需引接。

以前在水电站中电压互感器二次侧通常采用 V 相接地，一方面起二次侧保护接地的

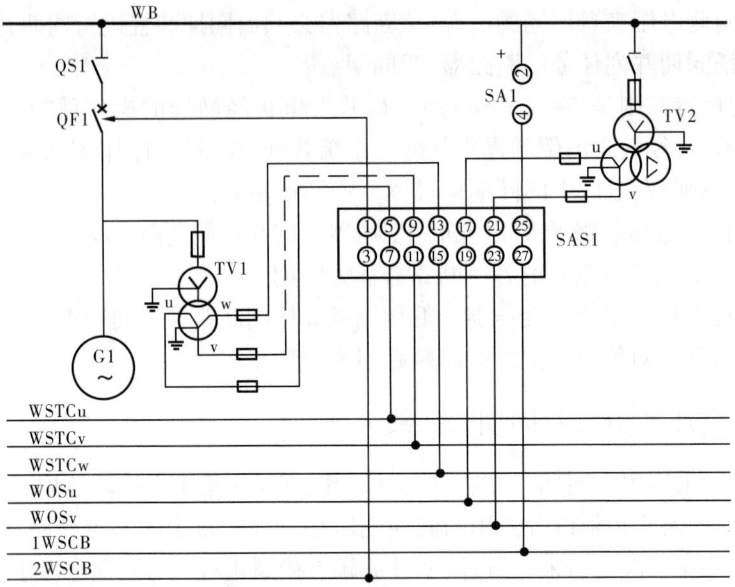

图 12-23 同期电压的引入接线图(一)

作用,另一方面可以简化同期系统接线,减少同期小母线根数,减少同期开关挡数。根据2001 年 10 月 8 号发布的中华人民共和国电力行业标准《水力发电厂二次接线设计规范》(DL/T5132—2001),其中第 8.2.6 条明确指出:电压互感器二次绕组只允许有一处接地,宜取消电压互感器二次绕组 V 相接地方式。另外从《电力系统继电保护及安全自动装置反事故技术措施要点》案例分析中,也明确提出宜取消电压互感器二次绕组 V 相接地方式,或改为经隔离变压器实现同步并列。因此,目前新设计的水电站电压互感器二次侧都采用中性点接地方式,但同期系统接线比采用 V 相接地方式复杂得多,如对引接到同期表的电压要通过隔离变压器进行隔离。图 12-23 中还有同期合闸小母线 1WSCB、2WSCB,其作用将在本节同期装置接线中叙述。

2. 主变高压侧断路器同期电压的引入

当同期点在主变高压侧断路器处时,同期电压的引入如图 12-24 所示。同期点选择在主变高压侧 QF2 处,此时 6.3 kV 母线为待并系统,35 kV 母线为运行系统。同期电压一方选在 35 kV 母线电压互感器 TV3 处,即 TV3 的二次电压反映运行系统;另一方选在 6.3 kV 母线电压互感器 TV2 处,即 TV2 的二次电压反映待并系统。

由于主变 TM 的接线组别为 Y,d11,即主变高压侧电压滞后其低压侧电压 30°相角差,而电压互感器 TV2、TV3 的接线组别为 Y,y12,即电压互感器的一次电压与二次电压相位相同,因此 TV3 的二次电压滞后 TV2 二次电压 30°相角差,这样就不能把 TV2 或 TV3 的二次电压直接引到同期电压小母线上。为了补偿这个相角差,常利用转角变压器 TR 来实现,转角变压器是一台普通的三相中间变压器,接线组别为 D,y1,变比为 100/100 V,容量约为 50 VA。

图 12-24 中 TV2 的二次电压 u、v、w 三相电压通过同期开关 SAS2 的触点 5—7、9—11、13—15 接到转角变压器的小母线 WTAu、WTAv、WTAw 上,再通过上述小母线接到转角变压器的三角侧;将转角变压器的星形侧引出线接到待并系统同期电压小母线WSTCu、

WSTCv、WSTCw 上。TV3 的二次电压 U、V 两相电压通过同期开关 SAS2 的触点 17—19、21—23 接到运行系统同期电压小母线 WOSu、WOSv 上，W 相电压不需引接。从图 12-24 中可以看出，接入转角变压器后，转角变压器的星形侧电压滞后其三角形侧电压 30°相角差，即滞后主变 TM 的三角形侧电压 30°相角差，这样转角变压器的星形侧电压已经完全和 TV3 的二次侧电压同相位，所以接入到同期电压小母线的电压相位已经一致，可以进行同期操作。

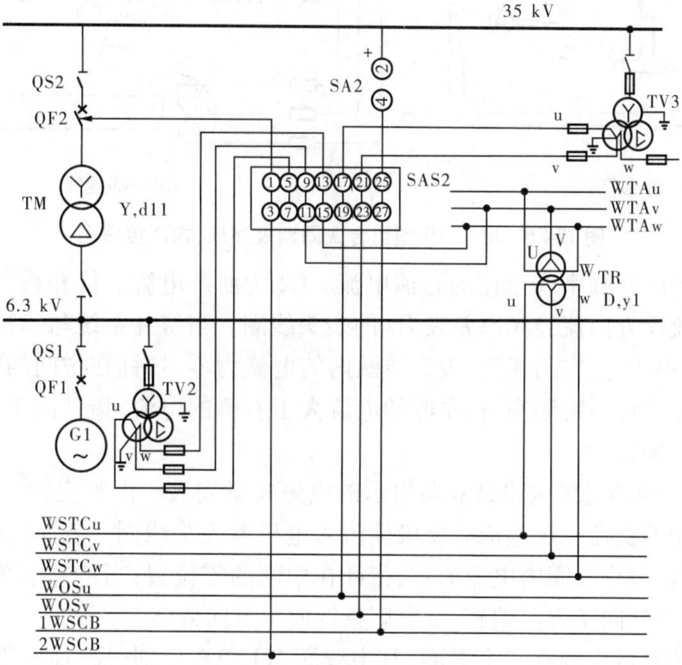

图 12-24　同期电压的引入接线图(二)

接有转角变压器的同期系统中，转角变压器一般接在待并系统侧，且全厂共设一个。

在同期接线图中，同期开关 SAS2 只有“接通”和“断开”两个位置，平时同期开关操作手柄在断开位置，其所有触点均在“断开”位置，同期电压小母线不带电；当要进行同期操作时，把同期开关操作手柄投入，并投入到“接通”位置，此时，该同期开关的所有奇数触点均接通，把待并系统和运行系统电压引到相应同期电压小母线上。

(二)组合式同期表及其接线

1. 组合式同期表

以前在发电厂中，同期系统装置一般采用 PT－1 型同期小屏，共有 2 只电压表、2 只频率表、1 只同期表。目前，发电厂都广泛采用 MZ－10 型组合式同期表，组合式同期表有三相和单相两种，整个仪表由频率差表、电压差表和同期表三部分组成，由于体积小，可直接安装在控制屏上。MZ－10 型三相组合式同期表外形、内部接线图如图 12-25 所示。

在外形图中，表面上的 Hz 代表待并系统与运行系统的频率差，V 代表电压差，S 为同期表代表相角差，也代表频率差。

频率差表 Hz 的测量机构为双向指示的电磁式流比计。利用稳压管 VS1 将输入的正弦电压波削波后形成方波电压，再由电容 C1 和电阻 R1 组成的微分电路和整流电路将交

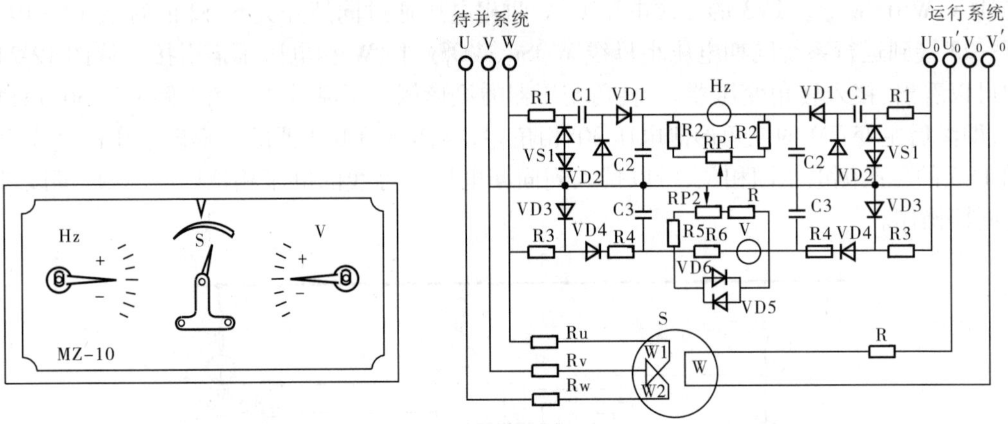

(a)外形图　　　　(b)内部接线

图 12-25　MZ－10 型组合式同期表外形、内部接线图

流电压转换成与电路频率成正比的直流电流。C2 为滤波电容。待并系统侧的电流与运行系统侧的电流反方向流经频率差表 Hz 的表头线圈。当待并系统与运行系统频率相同时，两电流的大小相等、方向相反，表头线圈内的电流为零，指针在中间的零位置；当待并系统的频率高于运行系统频率时，左侧的电流大于右侧的电流，指针向正方向偏转；反之则指针向负方向偏转。

电压差表 V 的测量机构也是双向指示的电磁式微安表。由整流管 VD4 分别将待并系统和运行系统的交流电压整流后反极性流入电压差表头线圈。若两侧电压相等，则整流后的电流相等，表头线圈内电流为零，指针在中间的零位置；当待并系统的电压大于运行系统电压时，指针向正方向偏转；反之则指针向负方向偏转。

同期表 S 的测量机构有三个线圈，其中线圈 W1、W2 分别经附加电阻 Ru、Rw、Rv 连接至待并系统的电压 $\dot{U}_{uv}$ 和 $\dot{U}_{vw}$ 上，W1 和 W2 在空间上布置为相互垂直，形成一个旋转磁场。另一个线圈 W 固定在带有指针的转动部分上，经附加电阻 R 连接至运行系统的电压 $\dot{U}_{uv}$ 上，产生一个脉动磁场。脉动磁场和旋转磁场相互作用而产生力矩，使同步表 S 的可动线圈带着指针自由转动。

S 表指针转动的特点为：

(1)当频率差 Δf 不为零时，若待并系统频率高于运行系统频率，则指针顺时针方向旋转；反之，指针逆时针方向旋转。频差越大，旋转越快；当频差大到一定程度，由于旋转惯性的影响，指针不再旋转，而只作大幅度的摆动，所以规定频率差在 0.5 Hz 内才允许接入 S 表。

(2)指针停留的位置与同步线之间的夹角，表示两侧电压的相位差。当待并系统的电压超前系统电压一个角度时，则指针偏离标志“红线”，并停留在“快”方向的一个角度；反之，停留在“慢”方向的一个角度。

(3)当待并系统与运行系统的电压、频率、相角均相同时，即完全同期，指针停留在中间的“红线”标志处。

组合式同期表的优点是准确度高，尺寸小，不需要单独的同期小屏，其缺点是不能指示两侧电源的频率和电压的绝对值。

MZ－10 型单相组合式同期表的工作原理与三相式基本相同，只有其中的同期表 S 为单相式。频率差表和电压差表完全一样。采用单相式同期表可简化同期接线，无论是从待并系统还是运行系统，都只需要引来一个单相电压即可。如图 12-26 所示为 MZ－10 型组合式同期表外部接线图。

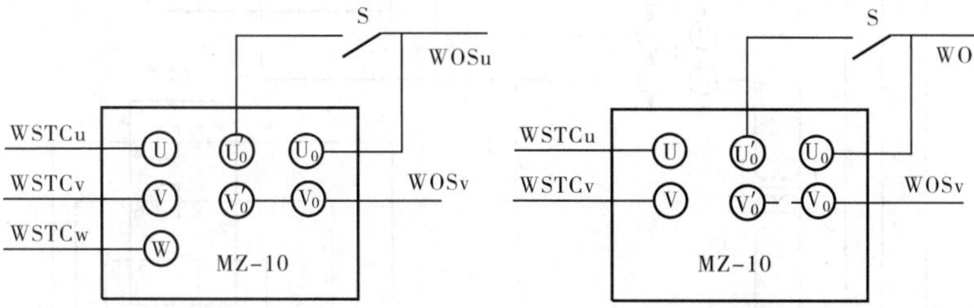

(a)三相组合式同期表接线图　　(b)单相组合式同期表接线图

图 12-26　MZ－10 型组合式同期表外部接线图

2. 组合式同期表的同期接线

图 12-27 所示为采用组合式三相同期表的同期接线图。其中 1SASC 为同期表计切换开关，它有“断开”、“粗略同期”、“精确同期”三个位置，平时此开关操作手柄在“断开”位置，同期装置不投入。KSY 为同期检查继电器，两个线圈分别接到待并系统和运行系统两个电源中，当同期点两侧电压大小相等、相位接近时(相位差小于 10°)，两线圈所产生的磁通大小相等、方向相反，继电器不动作，其常闭触点闭合，接通同期合闸小母线 1WSCB、2WSCB，使合闸脉冲回路接通，允许断路器合闸。相反，当同期条件不满足时，同期检查继电器动作，其常闭触点断开，使断路器不能合闸，避免非同期并网。T 为隔离变压器，变比为 100 V/100 V，容量为 50 VA，精确度为 0.5 级，因为电压互感器二次侧采用中性点接地，从图 12-25 中可以知道，在电压差表和频率差表中 V 接线柱(待并系统电压)和 V0 接线柱(系统电压)直接连在一起。若没有隔离变压器 T，当同期表计转换开关将待并系统电压和系统电压引接到组合式同期表时，将引起电压互感二次侧 V 相短路，从而烧毁组合式同期表，另外引起电压互感二次侧 V 相熔断器熔断，因此隔离变压器 T 主要用来避免两组电压互感器通过组合式同期表构成短路回路，从而起到保护组合式同期表的作用。

当准备同期并列时，先将同期开关 SAS 投入，使同期电压小母线带电，然后将 1SASC 转至“粗略同期”位置，这时触点 1—2、3—4、5—6、7—8、11—12 接通，投入频率差表和电压差表，指针开始指示，反映出待并系统和运行系统的频率差与电压差，此时值班员调整待并系统的电压及频率，当频率差表和电压差表的指针接近于零位时，将 1SASC 转至“精确同期”位置，这时触点 1—2、3—4、5—6、7—8、9—10、11—12 接通，将同期表投入，同期表指针开始转动，当同期表的指针顺时针方向缓慢转动快要达到同步线(一般提前 5°～10°)时，手动发出合闸命令，将断路器合闸。若断路器合闸并网成功，则一方面同期表指针稳定地停在同步线上不动；另一方面断路器的位置指示灯红灯亮。若并网失败，则同期表指针继续转动，同时断路器的绿灯亮。

在实际并网操作中，一般要求待并系统的频率比运行系统的频率偏高一点，即要求同

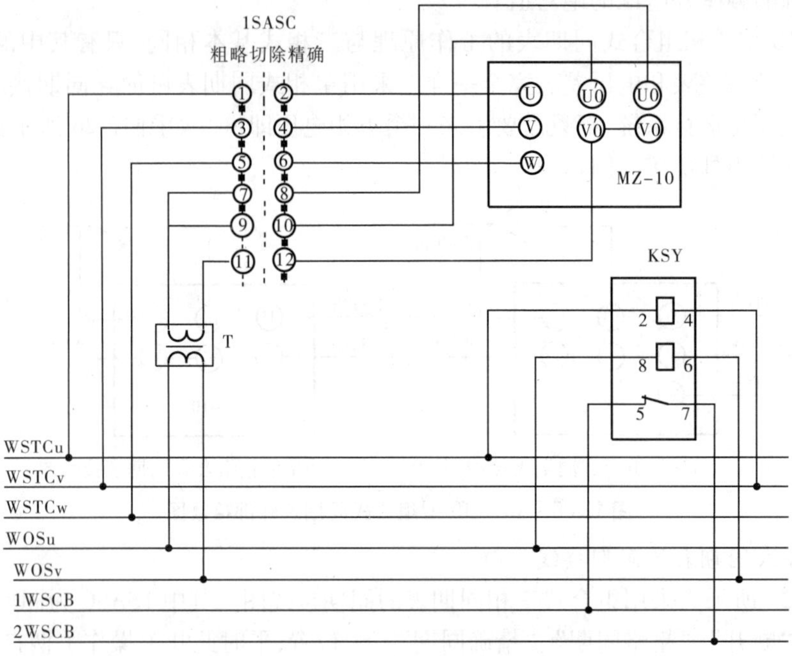

T—隔离变压器100 V/100 V,50 VA, 0.5级

图 12-27　采用组合式三相同期表的同期接线图

期表指针顺时针方向偏转,这样并网成功后,发电机立刻带上部分有功功率,有利于系统的稳定。

同期表计切换开关 1SASC 在"粗略同期"位置时切断同期表线圈回路,其目的是保护同期表,以免同期表长时间带电而烧毁;另外,当频率差太大时接通同期表,同期表的指针会抖动而不转动,容易引起误会,以为两者频率已相等。

若采用单相组合式同期表,则同期接线更为简单,相对图 12-27 而言,去掉 WSTCw 母线。

三、同期装置的接线

(一)需要同期操作的断路器合闸回路

手动准同期装置设备比较简单,只需要组合式同期表、同期转换开关。由于设备简单,所以缺陷较少。但手动准同期是由电气值班员根据上述表计指示调整发电机电压、频率,当满足准同期并列条件时发出断路器合闸指令,这要求电气值班员有较高的操作水平。

为了避免手动准同期过程中出现非同期合闸,在断路器合闸控制回路中装设同期闭锁装置,以便在不满足同期条件时闭锁合闸。同期闭锁装置由同期检查继电器 KSY、同期开关 SAS 和同期闭锁开关 SAL 等组成。

图 12-28 所示为带有闭锁的断路器合闸控制回路。在断路器的合闸回路中,串接了同期开关 SAS 触点和同期合闸小母线 1WSCB、2WSCB,在 1WSCB 和 2WSCB 之间接有闭

锁开关 SAL 触点和同期检查继电器 KSY 的常闭触点,1WSCB、2WSCB 的作用是防止非同期合闸。

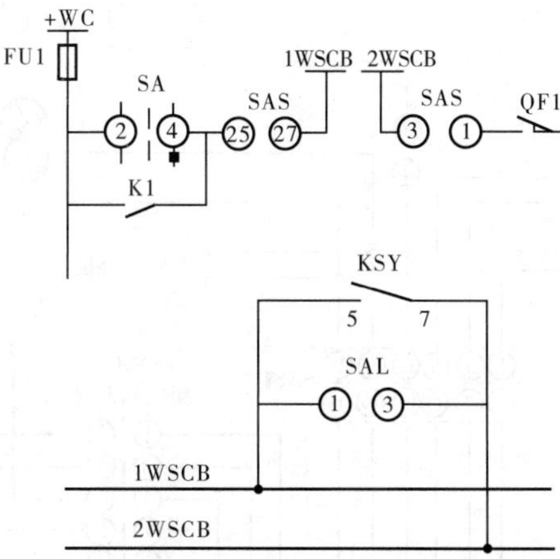

图 12-28 带有闭锁的断路器合闸控制回路

同步检查继电器 KSY 的线圈接线见图 12-28,其作用主要是检查待并系统和运行系统是否满足同期条件,防止同期点两侧电压相位差过大时合闸。当待并系统和运行系统两侧相角差超过允许值时,同期检查继电器 KSY 动作,其常闭触点打开,使合闸回路断开,合闸脉冲不可能发出,防止非同期合闸;反之,相角差小于允许值时,KSY 常闭触点闭合,允许发出合闸脉冲。同期合闸小母线为全站公用,与同期电压小母线一样,平时不带电。

具体操作时,先投入同期开关 SAS,其触点 1—3、25—27 接通,当基本满足同期条件,即待并系统和运行系统的相角差在允许范围内时,同步检查继电器 KSY 常闭触点闭合,使 1WSCB、2WSCB 同期合闸小母线接通,此时再操作控制开关 SA,发出合闸脉冲便可使断路器合闸。

闭锁开关 SAL 的作用是在特殊情况下解除同期闭锁回路。当设置同期的断路器一侧暂无电压而又要进行合闸操作时,由于同期检查继电器的两个线圈因一方无电压而使其常闭触点打开,此时只有操作闭锁开关 SAL,使其触点 1—3 接通,解除 KSY 的闭锁作用,为接通合闸回路做好准备。

应注意的是,闭锁开关 SAL 的触点 1—3 接通时为切除同期闭锁装置,触点 1—3 断开时为投入同期闭锁装置。平时 SAL 开关应打在同期闭锁投入位置,即触点 1—3 应断开。

(二)手动准同期装置接线

图 12-29 所示为手动准同期装置系统接线图。

图中有 2 台 6.3 kV 的发电机经升压变压器将电压升高为 35 kV 后与系统相连接,主接线采用发电机变压器组接线,发电机 G1、G2 的主断路器 QF1、QF2 为同期点,发电厂共设 2 个同期点。

当同期点选在发电机断路器 QF1 时,发电机变压器组为待并系统,35 kV 母线为运行系统,双方的电压经过同期开关 SAS1 触点引到同期电压小母线上。

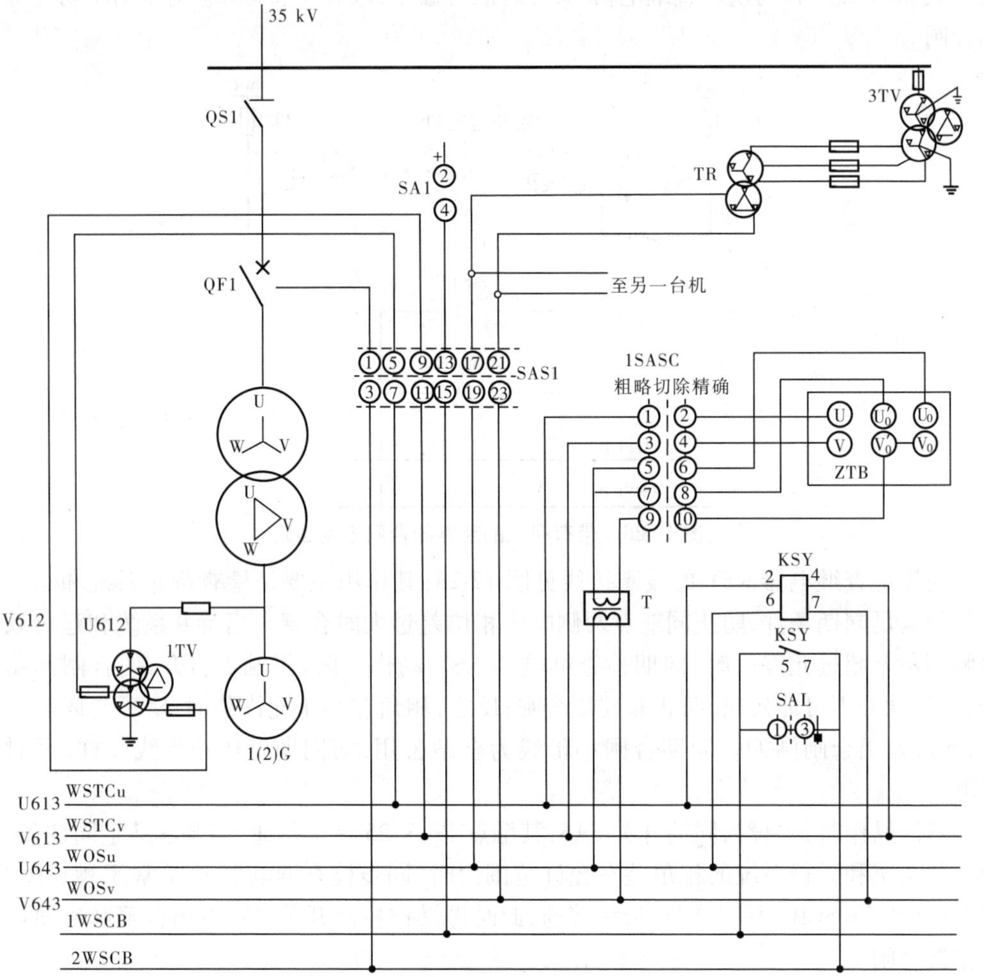

设 备 表

符号	名称	型式	技术特性	数量	备注
装于机组LCU屏					
ZTB	同期表	MZ-10,100 V	单相	1	
KSY	同期继电器	BT-1B/200	DC220 V	1	
1SASC	转换开关	LW12-16/4.5722.3T		1	
SAL	转换开关	LW12-16/4.0071.1T		1	
SAS1	同期开关	LW12-16/4.2324.6Y		1	
SA1	控制开关	LW12-16Z/4.0011.1Q		1	
T2	隔离变压器	100V/100V,50VA,0.5级		1	
装于公用 LCU屏					
TR	转角变压器	D.y1.100V/100V,50VA,0.5级		1	

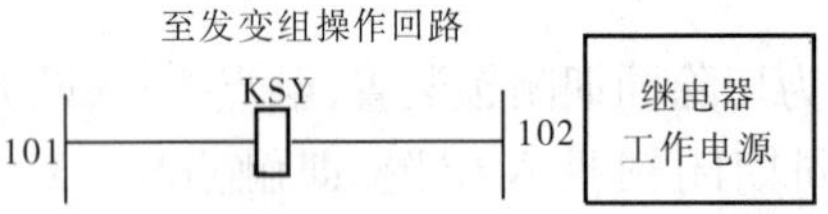

图 12-29 手动准同期装置系统接线图

发电机进行手动准同期并列操作过程如下：

(1)先将发电机的同期开关 SAS1 投入，然后开机升速，机组达到起动开度，当机组转速大于 95%(或 90%)额定转速时，对发电机起励、建压，使发电机电压升至接近系统电压。

(2)检查发电机三相电压是否平衡,额定空载励磁电流及励磁电压是否正常。

(3)检查闭锁开关 SAL 是否在同期闭锁投入位置,即 SAL 触点 1—3 断开。

(4)将同期表计切换开关 1SASC 转至"粗略同期"位置,组合式同期表上的频率差表和电压差表投入工作,指针开始指示。

(5)根据频率差和电压差指示,调整发电机的电压及频率,当频率差表和电压差表的指针接近于零位时,将 1SASC 转至"精确同期"位置,将同期表投入,指针开始转动。当指针快要达到同步线时,根据断路器的具体合闸时间,准确掌握同期点提前合闸的角度,迅速操作断路器控制开关 SA1,手动发出合闸命令,将断路器合闸。

(6)断路器合闸成功后,将同期开关 SAS1、同期表计开关 1SASC 转至断开位置,同期装置退出工作,并网结束。

(7)根据调度指令带上有功、无功负荷。

在实际操作过程中,为防止非同期并列,在下列情况下不准合闸:

(1)若同期表的指针经过同步线时不是很平稳而是有跳动现象,不准合闸。因为这可能是同期表的内部有卡住现象。

(2)若同期表的指针停在同步线上不动,也不准合闸。因为此时虽然满足同期条件,但是由于断路器的合闸需要一定的时间,若此时间内两者的电压、频率及相角差有变动,会使断路器正好合闸在不同期点上。

(3)若同期表的指针向红线移动过快,也不准合闸。因为此时待并发电机和系统的频差很大,不易掌握断路器合闸操作的时间,容易造成非同期合闸。

发电机的并网操作非常重要,在一定程度上关系到整个发电厂与电网的安危。因此,操作者必须具有丰富的现场经验和实际工作的锻炼,并有一定的理论知识,且在操作时注意力高度集中,密切监视有关表计的变动情况,抓住每一个可能的机会稳、准地进行发电机的并列操作,以确保发电机安全地并入电网运行。

另外必须注意的是,水电站中同期开关的配置数量和同期点的个数相等,但是同期开关的操作手柄只能有一个,即全厂共用一个可抽出的操作手柄,当某断路器需要合闸操作时,将手柄插入相应的同期开关中,接通同期开关,当断路器合闸完毕,将同期开关手柄转至断开位置,取出手柄,此时方可进行下一台断路器的合闸工作。如果每个同期开关都配置操作手柄,则由于某种原因可能使几个同期开关的触点同时接通,这样有可能发生下列情况:

(1)操作某一台断路器合闸时,可能引起其他断路器一起合闸,造成重大事故。

(2)同期操作时几组电压互感器二次电压同时经过同期开关触点引接到同期电压小母线,而造成电压互感器二次回路非同期短路,从而烧毁电压互感器二次侧熔丝。

(3)一台发电机运行,另一台发电机停机检修时,有可能向检修中的发电机等设备反馈高压,从而引起检修人员的触电事故。

(三)自动准同期装置接线

由于手动准同期操作的劳动强度较大,要求操作人员有较高的技术水平和实践经验,且操作时间长,若操作不当便会产生较大的冲击电流。为了保证同期操作准确、快捷、可靠,越来越多的发电厂采用自动准同期装置,而以手动准同期作为备用。

1. 自动准同期装置的功能

自动准同期装置的作用是替代准同期并列过程中的手动操作,以实现迅速、准确地准同期并列。该装置一般具有如下功能:

(1)能自动检查待并系统与运行系统之间的电压差、频率差和相角差的大小,当满足准同期条件时,自动发出合闸脉冲命令。在电压差和频率差不满足准同期条件时,能自动闭锁合闸脉冲命令。

(2)能检查出电压差和频率差的方向,当电压差或频率差过大时,能自动对待并系统进行电压或频率的调节,以加快自动并列的过程。

2. ZZQ－5 型自动准同期装置

ZZQ－5 型自动准同期装置是功能较为齐全的自动准同期装置,是利用线性整步电压,按恒定导前时间原理构成的,主要由合闸部分、调频部分、调压部分和电源四部分组成。

1)合闸部分

合闸部分主要作用在电压差、频率差均满足要求的情况下,导前一个时间发出合闸脉冲命令。当电压差或频率差不满足要求时,不发出合闸脉冲命令。其中又包括:

(1)导前时间获得部分。导前时间连续可调,用于保证并列断路器主触头在闭合瞬间时的相角差在0°附近。

几乎所有用于并列的断路器从发出合闸脉冲起,由“分”位置运动到“合”位置均需要经过一段时间,这段时间称为断路器的合闸时间。因断路器的结构原理等的不同,合闸时间的长短存在较大的差异。由于合闸时间的存在,合闸命令发出的正确时刻应在同期点出现之前,而提前的这段时间称为导前时间。

(2)频差检查部分。当频率差小于整定值时,允许发出合闸脉冲;当频率差大于整定值时,闭锁合闸脉冲,不允许并列合闸。

(3)压差检查部分。当电压差小于整定值时,允许发出合闸脉冲;当电压差大于整定值时,闭锁合闸脉冲,不允许并列合闸。

(4)逻辑部分。对频差检查、压差检查部分的输出和导前时间脉冲进行逻辑判断,当满足同期条件时发出合闸脉冲。

2)调频部分

调频部分的主要作用是鉴别频差方向,判断发电机的频率是高于还是低于系统频率,然后发出相应的减速或增速的调速脉冲,调整发电机频率,使频差达到允许的范围。为了使待并系统的频率迅速接近系统频率,同时又不发生过调现象,该装置能自动按比例调节。为了适应各种不同性能的调速器,调速脉冲的宽度可进行人工手动调节整定。这一任务由频差方向鉴别部分和调速脉冲形成部分来完成。

3)调压部分

调压部分主要作用是鉴别压差方向,从而发出相应的降压或升压脉冲,作用于励磁电压调节器,调整发电机电压。同时,在电压差小于整定值时,向合闸部分送出解除电压差闭锁的信号,允许合闸部分发出合闸脉冲。为了适应不同调压特性的励磁调节器,调压脉冲的宽度是可调整的。这一任务由压差方向鉴别和压差闭锁、调压脉冲形成两部分来完成。

4)电源部分

由直流系统供电，经过整流、滤波、稳压后，提供三种直流稳压工作电源，即 +55 V、+40 V 和 +12 V，供装置用电。

在 ZZQ－5 装置的面板上有 6 只信号灯，前 5 只分别显示各调节脉冲(合闸、增速、减速、升压、降压)发出的时刻，信号灯 6 显示同期点两侧电压的相角差，当相角差为零时，信号灯熄灭。

3. 自动准同期装置的接线与操作

1)自动准同期装置的接线

以前发电厂一般都采用集中自动准同期装置接线，全厂装设一套自动准同期装置，由它对所有的发电机进行自动同期并网。但实际上由于每一台发电机断路器的合闸时间不尽相同，因此并列操作时很难做到冲击电流很小。目前新设计的发电厂为了减小并网时的冲击电流，每台发电机分别设置自动准同期装置。集中自动准同期装置和分散自动准同期装置的主要区别在于：集中自动准同期装置需要设置公用同期电压小母线，同期系统是公用的；而分散自动准同期装置不需要设置同期电压小母线，同期系统是单独设置的。它们的接线原理是相同的。下面以 ZZQ－5 型集中自动准同期装置为例，其接线如图 12-30 所示。

(1)2SASC 为自动准同期切换开关，它有“投入”、“试验”和“切除”三个位置时，当置于切除位置时，所有触点均断开；当置于试验位置时，触点 5—6 断开，其他触点均接通；当置于投入位置时，所有触点均接通。

(2)为防止自动准同期内部元件的故障造成非同期合闸，合闸出口回路备有试验端子和合闸信号灯，装置在试验时，将 2SASC 置于试验位置。

(3)利用增速中间继电器 KAC、减速中间继电器 KSB、升压中间继电器 KRV 和降压中间继电器 KDV，实现待并系统对运行系统的频率、电压的自动跟踪，同时利用这些中间继电器还增加了 ZZQ－5 装置的功能，使一台自动准同期装置即可对多台机组进行调节和控制。但是每次只能有一个控制对象，即投入同期开关的那台发电机组。

(4)当各同期点断路器合闸时间不相同，用一台准同期装置来实现几台断路器同期操作时，应把装置的导前时间整定在最长的合闸时间上，而控制合闸时间较短的断路器时，加接一台时间均衡器。

(5)接线图中保留组合式同期表，是当自动准同期装置检修或故障时需要手动准同期并网用。

(6)自动准同期接线中调速、调压回路与发电机控制屏上的手动调速、调压回路应有互相闭锁接线，防止在两处同时调节操作。

选用自动准同期装置时，设计工作要考虑与其他回路的正确配合，以防止影响本装置或其他回路的正确工作。

自动准同期装置在使用前应根据制造厂的说明书，按部件逐项进行严格的检查与试验；然后根据各项允许值进行整定，再做成组的试验与检查，反复验证无误后，才算合格。安装接线时，也要仔细查对。调整完毕的自动准同期装置不允许任意改变其整定值，以免

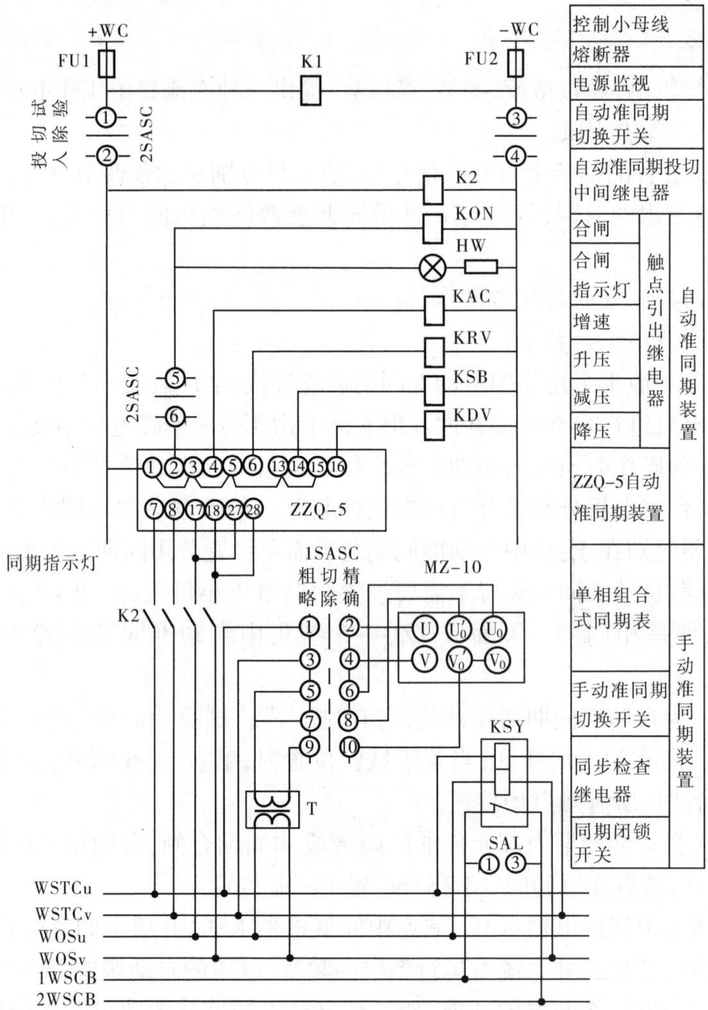

图 12-30　ZZQ－5 型集中自动准同期装置接线图

影响使用，甚至造成事故。

2）发电机自动准同期装置的操作过程（参照图 12-30 进行）

（1）首先起动机组，开机、升速、建压。

（2）将发电机同期开关 SAS 投入，然后将 2SASC 转至“投入”位置，将 ZZQ－5 型装置投入工作。装置自动跟踪系统的电压、频率，通过中间继电器，发出增速、减速脉冲，通过调速器自动调节发电机频率，发出升压和降压脉冲，通过励磁调节器自动调节发电机电压。

（3）当满足同期条件时，KON 动作，发出合闸脉冲，自动合上断路器，完成同期并网操作。

（4）断路器合闸成功后，将 SAS、2SASC 开关转至切除位置，同期装置退出工作，并网结束。

（5）根据调度指令带上有功、无功负荷。

(四)微机自动准同期

由于模拟式自动准同期装置在原理上存在缺陷,精度不高,自动调节过程较慢,因而会使得并列时间延长,有时甚至发生危及发电机安全的误并列。随着微处理器的飞速发展、电力系统自动化水平的日益提高,微机型的自动准同期装置得到了广泛的应用。

微机自动准同期装置可以克服模拟自动准同期装置存在的问题,具有以下特点:

(1)原理上保证合闸冲击电流接近于零。

(2)控制精度高,控制准同期条件第一次出现时就能准确地将发电机投入系统。

(3)可以实现对待并系统电压及频率的调节,尽快促成准同期条件的到来,加快并列速度。

(4)结构简单,方便扩充功能,运行直观,调试维护简便。

(5)具有极高的可靠性和安全性。

(6)适用范围广。可适用于各种同期合闸操作,同期对象可多达十几个,且能根据不同对象,自动取其相应的同期参数,完成不同对象的同期合闸;可自动补偿△/Y 接线引起的相角差和电压差。

用微机实现自动准同期可以采用两种方式:一种是设置独立的微机同期装置;另一种是将同期并列功能附设在机组控制中,把机组的起动、同期并列操作合为一个完整的功能。

第七节 二次回路安装接线图

一、二次回路的编号

为了便于安装施工和在投入使用后进行维护检修,在二次接线图中应用数字对回路进行编号,即用一定的数字来代表二次设备间的某一连接。编号的目的是:根据编号了解该回路的性质和用途;根据编号能进行正确的接线,便于安装、施工和运行、检修。对回路的要求是简单、易记、通俗、清晰。

回路的编号一般由 3 位或 3 位以下的数字组成,对于交流回路为了区分相别,数字前面加上 U、V、W、N、Z(或 PE)等文字符号。

对不同用途的回路规定了编号数字范围。

对二次回路编号,应根据等电位原则进行。等电位是指在电气回路中,连接一点的全部导线都用一个数码表示。当回路经过开关或被继电器触点等隔开后,因为在触点断开时,其两端已经不是等电位,应给予不同的编号。

在展开接线图中有的电气触点被表示在另外一张图中,或用在另外的安装单元中,则要标明去处,对于从别处引入的回路,则要标明从何处引入。

(一)直流回路编号

直流回路的编号方法是:先从正电源出发,以奇数顺序编号,直到最后一个有压元件为止。负电源回路按偶数顺序编号,回路经过主要的压降元件后,即改变其极性,回路编号也随之改变。

直流回路的数字标号组如表 12-6 所示。

表 12-6 中的希腊文字"Ⅰ、Ⅱ、Ⅲ、Ⅳ"表示四个标号组,每组用一对熔断器引下的控制回路编号,例如一台三绕组的变压器,每侧装有一台断路器,则 QF1 的控制回路应取 101 ~ 199,QF2 的控制回路应取 201 ~ 299,QF3 的控制回路应取 301 ~ 399。

表 12-6 直流回路数字标号组

回路名称	数字标号组			
	Ⅰ	Ⅱ	Ⅲ	Ⅳ
正电源回路	1	101	201	301
负电源回路	2	102	202	302
合闸回路	3 ~ 31	103 ~ 131	203 ~ 231	303 ~ 331
绿灯或合闸回路监视继电器的回路	5	105	205	305
跳闸回路	33 ~ 49	133 ~ 149	233 ~ 249	333 ~ 349
红灯或跳闸回路监视继电器的回路	35	135	235	335
备用电源自动合闸回路	50 ~ 69	150 ~ 169	250 ~ 269	350 ~ 369
开关器具的位置信号回路	70 ~ 89	170 ~ 189	270 ~ 289	370 ~ 389
事故跳闸音响信号回路	90 ~ 99	190 ~ 199	290 ~ 299	390 ~ 399
保护回路	01 ~ 099(或 J1 ~ J99、K1 ~ K99)			
机组自动控制回路	401 ~ 599			
励磁控制回路	601 ~ 649			
发电机励磁回路	651 ~ 699			
信号及其他回路	701 ~ 999			

为了便于安装和运行,对于一些比较重要的常见回路(如跳闸、合闸回路,直流电源回路,信号回路等)都给予了固定编号。如:正电源用 1、101、201 表示;负电源用 2、102、202 表示;合闸回路用 3、103、203 表示;跳闸回路用 33、133、233 表示等。在具体工程中,并不是展开接线图中的每一个回路都要编号,而只对引接到端子排上的回路标注编号即可。

(二)交流回路编号

交流回路数字标号组如表 12-7 所示。交流回路编号为了区分相别,数字前面加上 U、V、W、N(中性线)、Z(零线)等文字符号。交流电流回路使用数字范围是 400 ~ 599,交流电压回路使用数字范围是 600 ~ 799。使用的标号组尽量与互感器的数字序号相对应。例如两组电流互感器,一组为 TA1,另一组为 TA2,则对应 TA1 的 U 相回路编号应取为 U411 ~ U419,对应 TA2 的 V 相回路编号应取为 V421 ~ V429。

交流回路的编号不分奇数和偶数,从电源处开始按顺序编号。

(三)小母线编号

小母线的作用是,使二次回路接线清晰和便于接线;提高二次回路工作的可靠性。在原理图中,小母线用粗实线表示,并标注以文字标号。

表 12-7 交流回路数字标号组

回路名称	互感器的文字符号	回路标号组				
		U 相	V 相	W 相	中性线	零线
保护装置及测量表计的电流回路	TA	U401 ~ U409	V401 ~ V409	W401 ~ W409	N401 ~ N409	Z401 ~ Z409
	TA1	U411 ~ U419	V411 ~ V419	W411 ~ W419	N411 ~ N419	Z411 ~ Z429
	TA2	U421 ~ U429	V421 ~ V429	W421 ~ W429	N421 ~ N429	Z421 ~ Z429
保护装置及测量表计的电压回路	TV	U601 ~ U609	V601 ~ V609	W601 ~ W609	N601 ~ N609	Z601 ~ Z609
	TV1	U611 ~ U619	V611 ~ V619	W611 ~ W619	N611 ~ N619	Z611 ~ Z619
	TV2	U621 ~ U629	V621 ~ V629	W621 ~ W629	N621 ~ N629	Z621 ~ Z629
控制保护及信号回路		U1 ~ U398	V1 ~ V398	W1 ~ W398	N1 ~ N398	
绝缘监察电压表公共回路		U700	V700	W700	N700	

小母线的标号如表 12-8 所示。

表 12-8 小母线的标号

小母线名称	文字标号	数字标号
合闸小母线	+ WCL; - WCL	
控制电源小母线	+ WC; - WC	1,101;2,202
信号电源小母线	+ WS; - WS	701; 702
事故音响小母线	WAS	708
故障音响小母线	WFS	709
闪光信号小母线	WF	100
灯光信号小母线	WL	726
同期合闸小母线	1WSCB;2WSCB	719;720
待并系统同期电压小母线	WSTCu,WSTCv、WSTCw	U610,V610,W610
运行系统同期电压小母线	WOSu,WOSw	U620,V620
公共的 V 相电压小母线	WBV	V600
转角变压器辅助小母线	WTAu,WTAv,WTAw	U790,V790,W790

(四)二次回路编号举例

相应的二次回路编号如图 12-2 所示。图中下列回路:U412、W412、105、107、109 等的编号可以省略，因为这些回路是屏内设备之间的连接，不需通过端子进行连接。

二、电缆编号

安装在各处的屏柜和设备，是用电缆联系起来的，由于水电站中电缆众多，为便于安装、运行和检修，应对电缆进行编号。电缆的编号通常采用文字和数字的组合，用以表示电缆的序号、用途、敷设的场所和走向等。

控制电缆编号的组成格式如下：

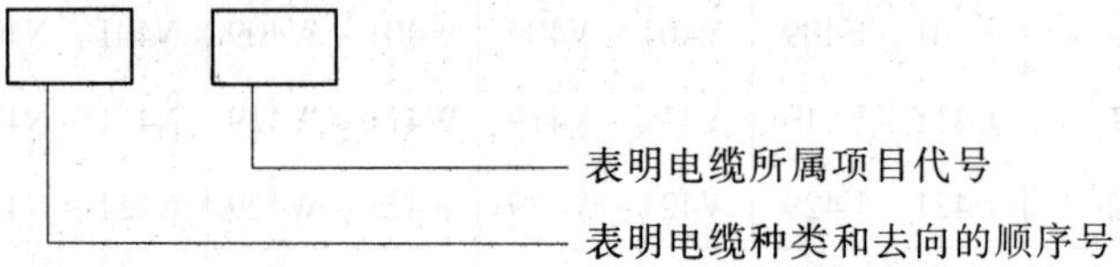

一般情况下序号 01～099 表示电力电缆，100～999 表示控制电缆。

电缆两端均有标志牌，标志牌的内容有电缆编号、型号、规格和电缆走向等。比如有一根控制电缆连接发电机保护屏和发电机开关柜上的二次设备，则应有两块电缆标志牌，分别挂在电缆的两端，如下所示：

=GS1121KVV—0.5　4×2.5 1 号发电机保护屏至 1 号发电机开关柜

=GS1121KVV—0.5　4×2.5 1 号发电机开关柜至 1 号发电机保护屏

三、安装接线图

安装接线图是二次接线的主要施工图纸，也是提供厂家进行屏柜加工、安装、配线的图纸。施工图经过施工和试运行检验并修正后，就成为对二次回路进行维护、试验和检修的基本图纸。

安装接线图一般包括三种图，即屏面布置图、端子接线图、屏背面接线图。在设计出展开图后，根据选用的设备，设计相应屏内设备的屏面布置图，最后根据展开图和屏面布置图，设计出端子接线图。有了展开图、屏面布置图和端子接线图就可向制造厂定制屏、柜，厂家根据这三种图纸，设计出屏背面接线图，然后加工生产。

（一）屏面布置图

二次图的屏面布置图是根据二次回路的展开图，选好二次设备的型号之后进行设计绘制的。屏面布置图是为屏面开孔及安装设备时用的。因此，屏面布置图中对设备尺寸及设备间距都要求按比例准确地画出，这是二次设备在屏上安装位置的依据，并附有设备表。

二次设备的布置、排列应按照一定的顺序，如在继电保护屏上，一般把调试工作量较少的继电器放在屏的上部（如电流、电压、时间继电器等）；中部放置调试工作量较大的继电器;下部放置信号继电器、试验盒、切换片等。按照这样的方式布置是符合接线顺序要求的,否则会使得屏内的接线迂回、曲折,不但浪费导线,而且给运行、维护和检修也带来不便。在控制屏上,一般把电流表、电压表、频率表和功率表等安装在屏的上部,光字牌、信号灯和控制开关等放在屏的中部位置。同一块屏上有两个以上安装单元时,设备一般按纵向划分,相同的安装单元尽可能采用对称布置方式。

1. 屏的型式

(1)直立屏。常用型号为 PK－1 型,屏高 2 360 mm,深 550 mm,宽有 600 mm 和 800 mm 两种。根据需要可以做成控制屏、保护屏、励磁屏等。

(2)集控台。除了控制屏,某些电站还采用桌式的集控台,便于值班员在中控室控制。集控台台面上可布置模拟主接线、开关、按钮、表计、指示灯,为便于检修,台面可向上打开。

如图 12-31 所示为 35 kV 线路保护屏的屏面布置图。表 12-9 为图 12-31 屏面布置图的设备表。

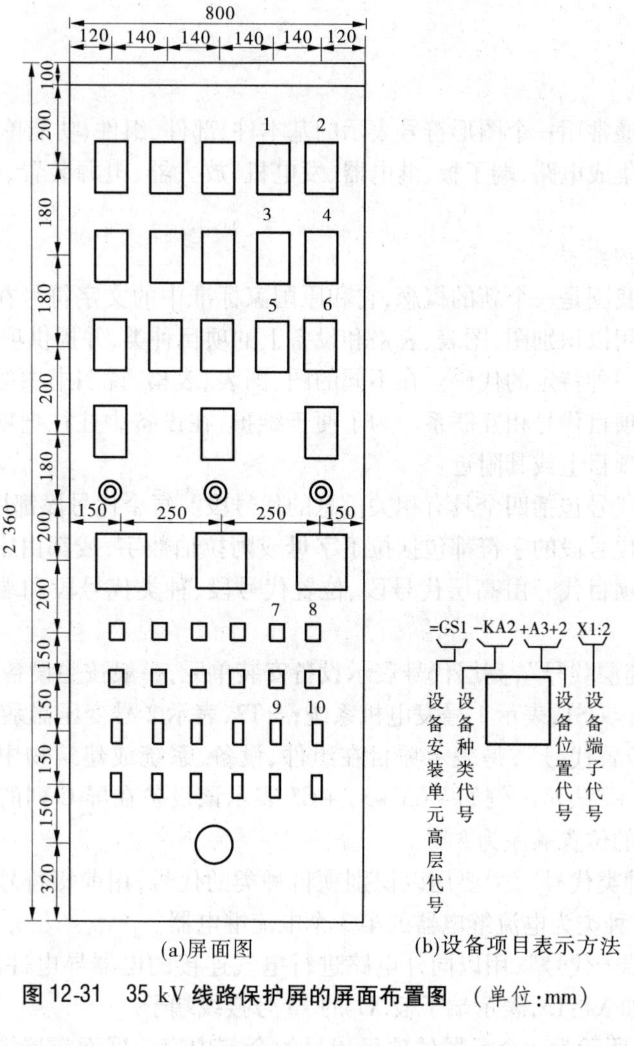

图 12-31　35 kV 线路保护屏的屏面布置图　(单位:mm)

表 12-9　35 kV 线路保护屏设备

编号	符号	名称	型号	技术特性	数量	备注
			安装单位 + A3			
1、2	KA1、KA2	电流继电器	DL - 31/20	10 ~ 20 A	2	
3、4	KA3、KA4	电流继电器	DL - 31/10	5 ~ 10 A	2	
5	KT	时间继电器	DS - 32	220 V	1	
6	KOU	出口中间继电器	DZ - 202	220 V	1	
7、8	KS1、KS2	信号继电器	DX - 31	0.5 A	2	
9、10	XB1、XB2	连接片			2	
11、12	FU1、FU2	熔断器	R1 - 10/1 A	250 V	2	装屏后

2. 项目代号

1)项目

在电气图上通常用一个图形符号表示的基本件、部件、组件、功能单元、设备、系统等，如电阻、连接片、集成电路、端子板、继电器、发电机、放大器、电源装置、开关设备等，都可称为项目。

2)项目代号的组成

项目代号在我国是一个新的概念，它和原国家标准中的文字符号在结构上有很大区别。项目代号是用以识别图、图表、表格和设备上的项目种类，并提供项目的层次关系、实际位置等信息的一种特定的代码。在不同的图、图表、表格、说明书中的项目和设备中的该项目均可通过项目代号相互联系。为了便于维护，在设备中往往把项目代号的全部或一部分表示在该项目上或其附近。

完整的项目代号包括四个具有相关信息的代号段。每个代号段都用特定的前缀符号加以区别。每个代号段的字符都包括拉丁字母或阿拉伯数字，或都由字母和数字共同组成。完整的设备项目代号由高层代号段、位置代号段、种类代号段和端子代号段四部分组成。

第一段为"高层代号"，高层代号表示设备安装单元，一般按主设备划分，用前缀符号"="表示。例如 =GS1，表示 1 号发电机系统；=T2，表示 2 号变压器系统。

第二段为"位置代号"，是表示项目在组件、设备、系统或建筑物中的实际位置的代号，用前缀符号"+"表示。例如 +C3 +3，+C3 表示该设备在屏 C 列的 3 号屏上，+3 表示该设备在屏上的位置顺序为 3 号。

第三段为"种类代号"，主要用以识别项目种类的代号，用前缀符号"-"表示。例如 -KA3，表示设备种类为电流继电器的第 3 个电流继电器。

第四段为"端子代号"，用以同外电路进行电气连接的电器导电件的代号，用前缀符号":"表示。例如 X1:13，表示端子板 X1 的 13 号接线端子。

图 12-31(b)所示为一个元器件项目代号的全部内容。屏面布置图上的项目代号意

义应和单元安装接线图上的代号一致，以便于相互对照、查阅。图12-31(b)上位置代号 +A3 +2 中的 +2 顺序号应和设备表中的顺序号一致，以便在设备表中查出这个设备的名称、型号和规范。如2号设备在设备表上查得为电流继电器。此外，在屏面布置图上还要标出每一安装单元的名称及有关展开图的图号，以便查询。

有关项目代号的简化、组合等内容，因学时关系，这里不作详叙。可参看有关制图标准。

(二)端子接线图

1. 接线端子的分类及用途

接线端子是二次接线中不可缺少的配件。二次回路中，不同屏的设备之间应通过控制电缆和端子来连接。许多端子组合在一起时构成端子排。端子排一般都安装在屏后两侧。接线端子允许电流一般为10 A。

端子主要由绝缘座和导电片组成。绝缘座一般由胶木粉压制而成，其作用是绝缘导电片与接线端子的固定槽板，另外也可避免端子接线时误碰到邻近端子上的导电部分，在绝缘座的下部有一锁扣弹簧，是供接线端子固定在槽板内用的。如图12-32所示为不同类型端子的导电片。常用的端子按用途可以分为以下几种类型：

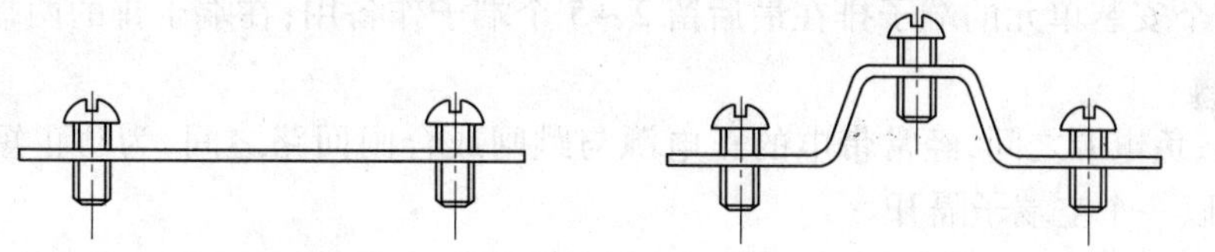

(a)B1-1型　(b)B1-4型

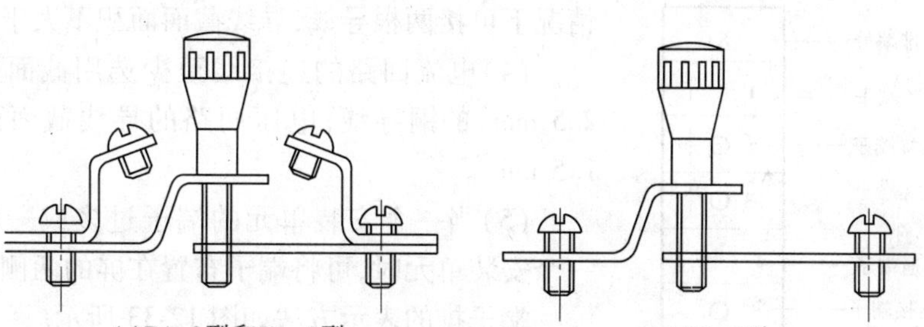

(c)B1-2型和B1-3型　(d)B1-7型

图12-32　不同类型端子的导电片

(1)一般端子(B1-1型)。供一般连接用，是用得最多的端子，其导电片如图12-32(a)所示。

(2)连接端子(B1-4型)。通过绝缘座上部的中间缺口，用导电片把两个端子连在一起，使各种回路并头或分头，其导电片如图12-32(b)所示。

(3)试验端子(B1-2型)。用于需要接入试验仪表的电流回路中，可以在不开断电流互感器二次侧情况下测量电流，其导电片如图12-32(c)所示。

(4)连接试验端子(B1-3型)。它同时具有试验端子和连接端子的作用，和试验端子相似。所不同的是其绝缘座上部的中间有一缺口，应用在彼此连接的电流试验回路中，其导电片如图12-32(c)所示。

(5)特殊端子(B1-7型)。用于需要很方便地断开的回路中，其导电片如图12-32(d)

所示。

(6)终端端子(B1－5型)。用于固定或分离不同安装单元的端子排。

2. 应经过端子排连接的回路

(1)屏内设备与屏外设备的连接,其中交流电流回路应经过试验端子;

(2)屏内各安装单元之间的连接;

(3)屏内设备与直接接至小母线上的设备之间的连接;

(4)各安装单元的正、负电源引接;

(5)为节省控制电缆,通过本屏转接的过渡回路。

3. 端子排的排列顺序

端子排的排列应使运行、检修、调试方便,适当地照顾端子排与设备相对应,即当设备位于屏的上部时,其端子排也最好排于上部,这样可以节省材料。每个安装单元都有独立的端子排,端子排垂直布置时,排列由上而下;端子排水平布置时,排列自左至右。排列顺序一般为交流电流回路、交流电压回路、信号回路、控制回路、其他回路、转接过渡回路。

设计端子排时还需考虑下列因素:

(1)每个安装单元的端子排在最后留2~5个端子作备用;在端子排的两端用终端端子固定。

(2)正、负电源之间,经常带电的正电源与跳闸或合闸回路之间,为防止短路及断路器误动,常以一个空端子隔开。

(3)端子排的每一个端子一般只接一根导线,特殊情况下可接两根导线,导线截面面积不大于6 mm^2。

(4)电流回路的连接线至少选用截面面积不小于2.5 mm^2 的铜导线;电压回路的导线截面面积不小于1.5 mm^2。

(5)当一个安装单元的端子过多或一块屏上只有一个安装单元时,可将端子布置在屏的两侧。

端子排的表示方法如图12-33所示。

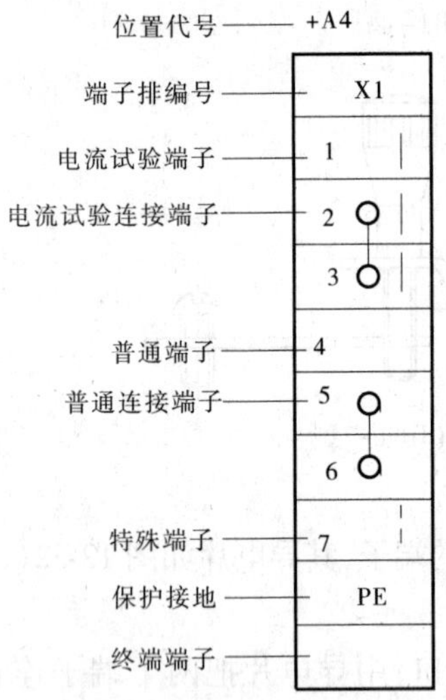

图12-33　端子排表示方法

(三)屏背面接线图

屏背面接线图是制造厂生产过程中配线的依据,也是施工和运行的重要参考图纸。它是以展开图、屏面布置图和端子接线图作为原始资料,由制造厂的设计部门绘制提供的。它用来表明屏内设备之间的连接情况以及和端子排的连接情况。

1. 屏背面展开图

屏背面接线图和屏面布置图从两个相反方向来表示设备的排列,所以屏背面接线图中设备的位置排列应与屏面布置图中设备排列相反。

屏的结构在屏背面接线图中是以展开平面图形式表示的,即从屏的后面将它的立体结构向上和左右展开为屏背面、屏左侧、屏右侧、屏顶四部分。

(1)屏背部分。是装设各种控制和保护设备的,如测量仪表、控制开关、继电器及信号设备等。

(2)屏侧部分。是装设端子排用的,分左侧端子排和右侧端子排。

(3)屏顶部分。装设各种小母线、熔断器、附加电阻、警铃等,以便于操作调整。

2. 二次设备在屏背面接线图上的表示

(1)屏背面接线图上设备的相对位置与实际的安装位置相符合,因设备本身及设备间的距离尺寸已在屏面布置图上标明,所以屏背面图上的设备不再按比例画出。

(2)屏背面接线图上设备的外形与实际形状相符,设备的内部接线不画出,只画出引出线的端子和端子编号。背视图看得见的设备轮廓框线用实线表示;看不见的设备轮廓框线用虚线表示。对有些元件可用简化的外形或图形符号表示,如电阻、熔断器等。

(3)屏背面接线图上的设备符号和标号,必须和展开图及屏面布置图上的一致。设备的标号方法与屏面布置图的一样,如图 12-31 所示。为了使接线图清晰明了,一般可用简化的项目代号表示,即在设备轮廓线上,根据设备在屏上的位置,按照从左到右、从上到下的顺序,用阿拉伯数字给每一个设备编号,但编号应和屏面布置图上的编号一致。

3. 单元接线图

设备与设备、设备与端子排等之间的连接,常用单元接线图表示,单元接线图的表示方法有两种。

1)连续线表示法

如图 12-34(a)所示,表示两端子之间导线的线条是连续的,每一根连接导线都用连续的实线表示,在线的两端大都标注了导线号,如 81、82、…,而且每一根导线两端的线号相同,图中清楚地表示出项目 A、B、X 之间的连接关系。这种标记方法实际上是一种独立标记方法,这种表示法线条较多,只适用于较简单的接线情况。

2)中断线表示法

如图 12-34(b)所示,表示两端子之间导线的线条是中断的,在中断处必须标明导线的去向,即"远端标记"法,这种表示法也称为相对编号法。如甲、乙两端子用导线连接起来,在甲端子旁标着乙端子的号,在乙端子旁标着甲端子的号。例如连接项目 A 的端子 6 与项目 X 的端子 1 之间的 86 号线,其两端分别标注对端的端子号"X:1"和"A:6"。中断线表示法省略了导线的线条,使接线图更清晰,故在实际工程中广泛应用。

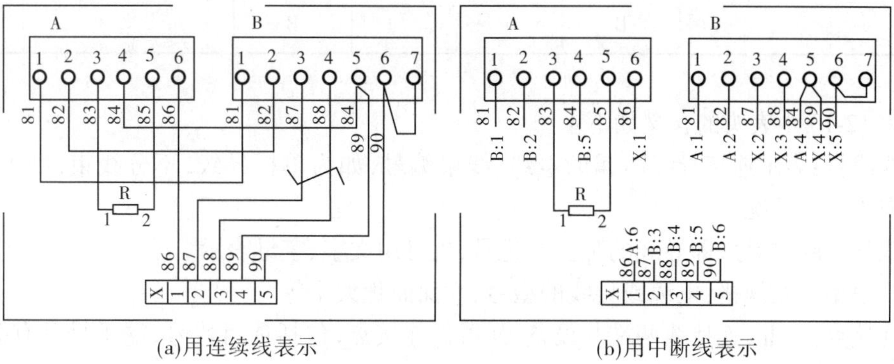

(a)用连续线表示　　　　(b)用中断线表示

图 12-34　单元接线示意图

在实际安装配线时,相对编号的数字是写在特制的白色塑料套管上(简称方向套),然后套在导线的两端,便于安装、运行和检修时查找接线。

4. 单元接线表

单元接线表包括线缆号、线缆型号及规格、项目代号、两端连接端子号和其他说明等内容。单元接线表是对相应的单元接线图所表示内容的归纳和总结,是单元接线图的重要补充,但不是重复,因为有些内容(如导线的型号规格)在图中不易表示,用接线表表示则更方便。因此,在一般情况下,单元接线表与接线图同时给出;对一些项目较少、接线简单的单元也可只给出单元接线表。

表 12-10 示出了单元接线表的一般格式,其表示的内容与图 12-34 完全相同。

表 12-10 单元接线表(与图 12-34 对应)

线缆号	线号	线缆型号及规格	连接点Ⅰ			连接点Ⅱ			附注
			项目代号	端子号	参考	项目代号	端子号	参考	
	81	BX－1.5	A	1		B	1		
	82	BX－1.5	A	2		B	2		
	83	BX－1.5	A	3		R	1		
	84	BX－1.5	A	4		B	5	89	
	85	BX－1.5	A	5		R	2		
	86	BX－1.5	A	6		X	1		
	87	KVB－2×1.5	B	3		X	2		绞线 T1
	88	KVB－2×1.5	B	4		X	3		绞线 T1
	89	BX－1.5	B	5	84	X	4		
	90	BX－1.5	B	6		X	5		
	—		B	6		B	7		连接

表 12-10 中表头的含义如下:

线缆号:表示连接导线所属的电缆、线束编号,如为单根导线,不分线束,则不表示。本例属于这一情况。

线号:导线标号,即导线的独立标记号,也可用文字、字母表示。

线缆型号及规格:电缆或导线的型号、截面面积大小等。

连接点Ⅰ、Ⅱ:连接线两端与设备、元器件连接点,包括项目代号、端子号及有关的其他说明。

附注:与连接线有关的其他说明。

(四)安装接线图的识图方法

在掌握了展开接线图的识图和安装接线图的表达原则后,则可进行安装接线图的识图。

图 12-35 为图 12-2 所示的 35 kV 线路电流保护的安装接线图,它包括屏侧端子接线、屏体背面的设备安装接线和屏顶设备的接线。

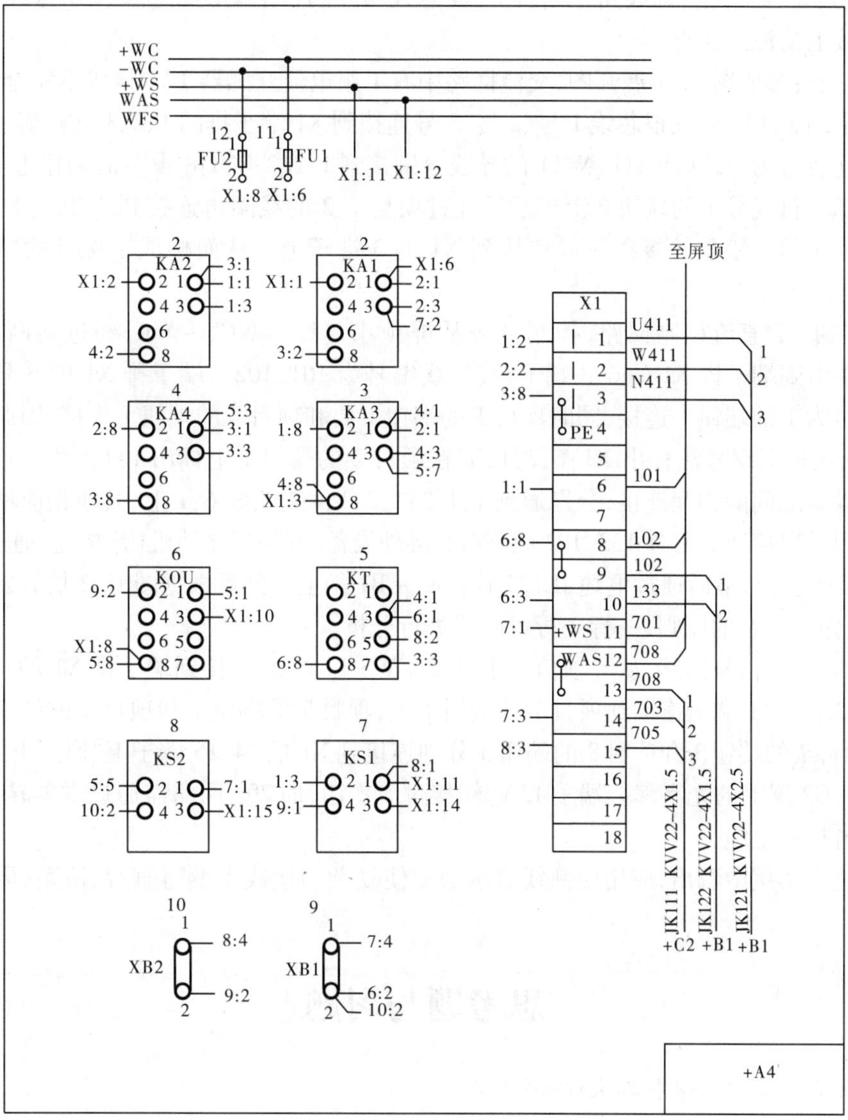

图 12-35　35 kV 线路电流保护的安装接线图

识图步骤如下所述。

第一步:对照图 12-2 的展开图,了解该单元接线由哪些设备组成及其工作原理,弄清楚图 12-2 上设备各安装在什么地方。从图 12-35 端子排和设备标号可以看出,此图的保

护屏安装单元为 + A4 屏(A 列 4 号屏),屏上装有电流继电器 KA1 等 12 个项目。设备项目代号分别用简化编号法编为 1 ~ 12。屏顶部分有 5 条小母线,为控制母线 + WC、- WC,信号母线 + WS,事故母线 WAS,预告母线 WFS。屏右侧装有 18 个端子组成的端子排 X1。

电流互感器 TA1 和断路器 QF 装于 + B1(B 列 1 号开关柜);光字牌 HL1、HL2 装于 + C2(C 列 2 号屏)上,即线路控制台上,注意线路控制台上无法设置屏顶小母线,在信号回路连接上需注意这点。

第二步:参照图 12-2 展开图,交流回路中有 1 组电流互感器 TA1 接成不完全星形,通过控制电缆 JK121 的三根芯线 1 号、2 号、3 号连接到 X1 端子排的 1、2、3 试验端子上。然后通过连线号为 U411、W411、N411 的导线分别接到 1:2、2:2、3:8 设备的端钮上。1:2 表示连接到项目代号 1 的端钮 2 上。然后经过项目 1、2 的线圈再连接到 3:2、4:2 上,最后项目 3 和 4 的端钮 8 并接在一起连接到 X1 的 3 端子上。从而构成了保护的交流起动回路。

第三步:看直流控制回路,控制电源从屏顶小母线 + WC、- WC,经过熔断器 FU1、FU2 分别引到端子排 X1 的 6、8 端子,其导线编号为 101、102。端子排 X1 的 6 号端子与项目代号为 1 的端钮 1 连接,同时项目 1 的端钮 1 要和项目 2 的端钮 1 连接,因此在项目 1 的端钮用相对编号法标出 X1:6、2:1,而在项目 2 的端钮 1 上标出 1:1。然后正电源通过屏内设备之间的相互连接,分别通到 1:1、2:1、3:1、4:1、5:3、6:1 上,其他相应回路按展开接线图予以接通。另外 133、102 回路需和屏外设备(开关柜操动机构)相连,通过 X1:9、X1:10 端子引出,最后通过电缆 JK122 连接到 + B1 柜上。然后根据图 12-2 展开图按照先上后下、先左后右的原则,一行一行对回路进行分析。

第四步:看信号回路,从屏顶信号小母线 + WS 和 WAS 连接到端子排 X1 的 11、12 号端子上,X1 的 11 端子连接到项目 7 的端钮 1 上,项目 7 的端钮 1 和项目 8 的端钮 1 相互连接,项目 7 的端钮 3 和项目 8 的端钮 3 分别连接到 X1 的 14、15 端子上,通过电缆 JK111 连接到 + C2 屏上的光字牌。端子 13 起转接过渡作用,即 708 回路需通过本屏转接,这样可以节省控制电缆。

从这个实例中看出,应用中断线表示法能使复杂的接线图变得直观、清楚,因而应用广泛。

思考题与习题

1. 什么叫二次回路和二次设备?
2. 水电站二次回路主要指哪些部分?
3. 提供水电站某典型主接线图,要求学生根据电气主接线图配置互感器。
4. 水电站中测量仪表是如何配置的?
5. 智能交流电参数测量仪和传统的测量仪表相比有何优点?
6. 电力系统为何要装设交流绝缘监察装置? 工作原理是什么?
7. 值班员发现发电机 10.5 kV 母线单相接地信号后如何处理?

8. 什么叫操作电源？它的作用是什么？目前常用的有哪几种？

9. 发电厂中使用的蓄电池有哪几类？各有何优缺点？

10. 什么是蓄电池的容量？为什么蓄电池会自放电？

11. 何谓蓄电池的浮充电方式？如何判断蓄电池组是处于浮充电运行状态还是处于放电运行状态？

12. 何谓蓄电池的均衡充电？均衡充电的方法是什么？

13. 蓄电池的维护主要应做好哪几项工作？

14. 高频开关直流电源系统有什么优点？它主要由哪几部分组成？

15. 高频开关整流模块具有什么特点？什么叫 $N+1$ 冗余组合？

16. 高频开关直流电源中调压模块是如何进行调压的？

17. 发电厂和变电站为什么要装设直流绝缘监察装置与电压监察装置？它们的工作原理各是什么？

18. 过充电、欠充电对蓄电池有何危害？

19. 直流系统中测量正、负极对地电压的目的是什么？

20. 直流系统接地后如何进行处理？

21. 断路器的控制回路应满足哪些基本要求？

22. 断路器的控制回路主要由哪几部分组成？

23. 断路器为什么要采用防跳装置？防跳装置应满足什么要求？防跳继电器如何起到防跳作用？

24. 断路器在合闸位置时红灯亮，说明跳闸线圈中有电流通过，但断路器为何不跳闸？

25. 断路器控制回路在断路器操作任务完成后，用什么方法切断控制电流，以满足分、合闸线圈短时通电的要求？

26. 断路器的灯光位置信号是利用什么原理实现的？

27. 具有音响监视的断路器控制回路中，在什么情况下会发出操作电源消失信号？

28. 断路器的操动机构一般有哪几种类型？

29. 试述弹簧操动机构控制回路的特点。

30. 灭磁开关是如何进行防跳的？

31. 水电站中常见的信号装置有哪些？各起什么作用？

32. 什么是水电站的中央信号？中央信号分几类？通过哪几种信号相互作用后反应？

33. 何谓可重复动作的中央音响信号系统？实现重复动作的关键元件及重复动作的基本原理是什么？

34. 事故信号是如何起动的？如何试验？如何复归？

35. 新型中央信号装置有哪些特殊功能？

36. 同步发电机的同期方式有哪几种？各有哪些优点、缺点？

37. 什么是同期点？发电厂设置同期点的原则是什么？哪些断路器要设置同期点？

38. 同期电压如何正确地引入同期电压小母线上？转角变压器有什么作用？接线组别和变比应怎样考虑？

39. 在同期装置接线中同期检查继电器和同期闭锁开关起什么作用？

40. 在采用 MZ－10 型组合式同期表的同期装置接线中,隔离变压器起什么作用?

41. 为什么发电厂中只允许使用一只同期开关操作手柄?

42. 试述手动准同期和自动准同期并网的主要操作步骤。

43. 二次接线图有哪几种形式？各有何特点?

44. 安装接线图有哪几种形式？各有什么作用?

45. 项目代号有何作用？完整的设备项目代号由哪几部分代号段组成？其表示的方法和含义是什么?

46. 什么叫中断线表示法？它的优点是什么?

47. 哪些回路的连接应经过端子排?

48. 要求提供有 10 个项目以上的电气二次展开接线图,利用中断线表示法画出其端子图和屏背面接线图。

附　录

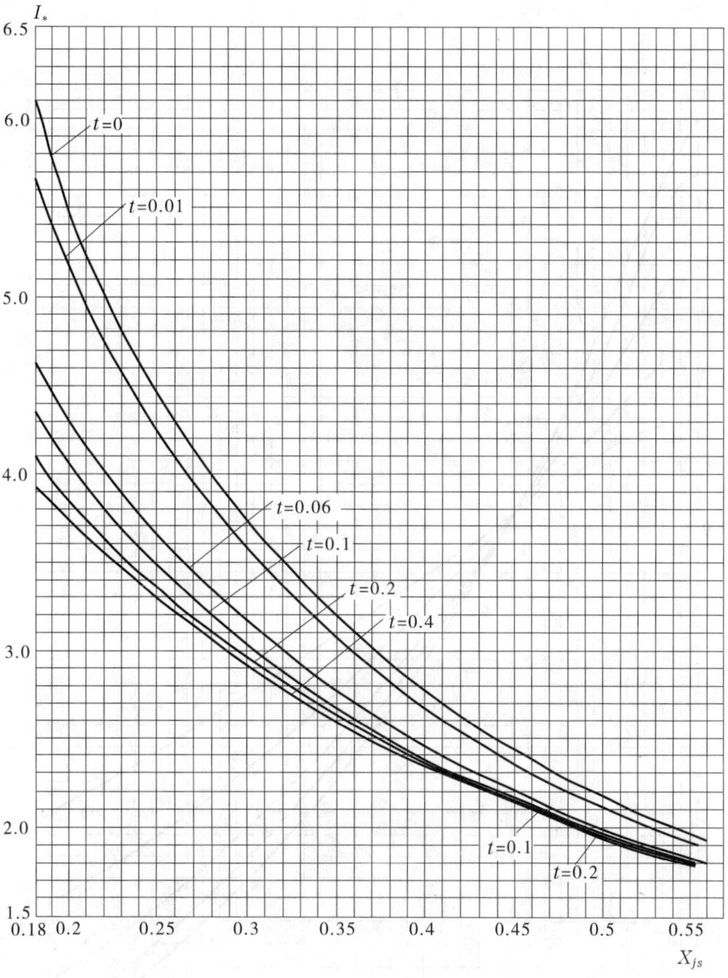

附图 1　水轮发电机运算曲线(一)(X_{js} = 0.18 ~ 0.56)

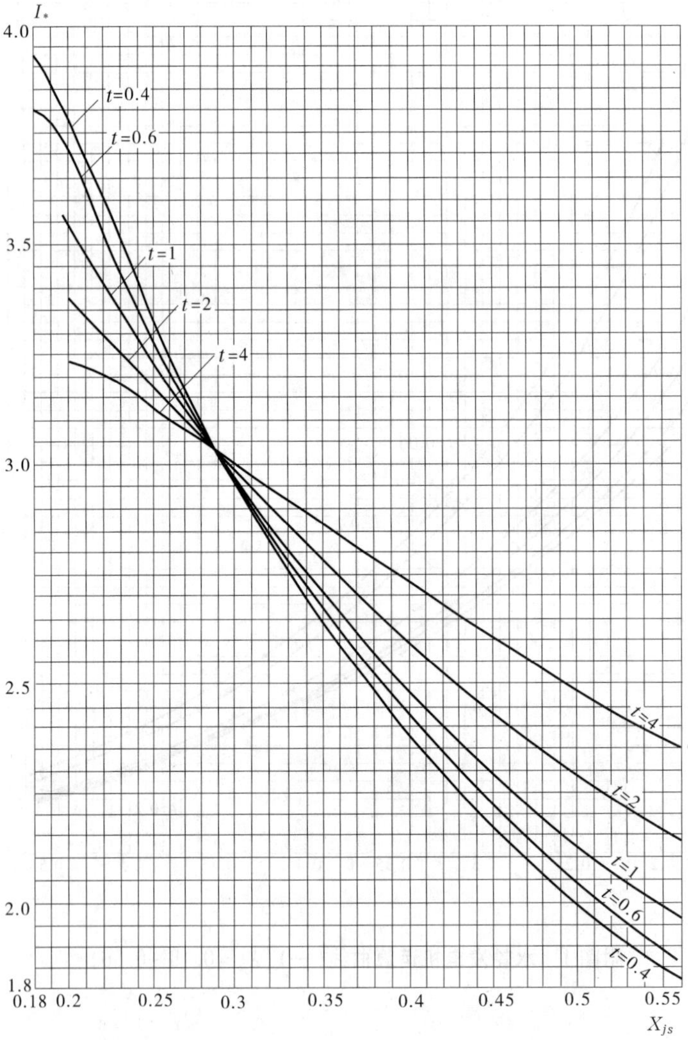

附图 2　水轮发电机运算曲线(二)(X_{js}=0.18~0.56)

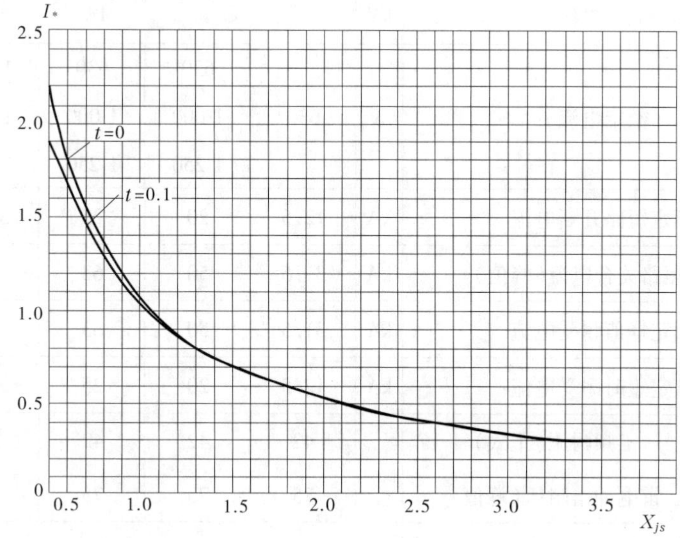

附图 3　水轮发电机运算曲线(三)(X_{js} = 0.5 ~ 3.5)

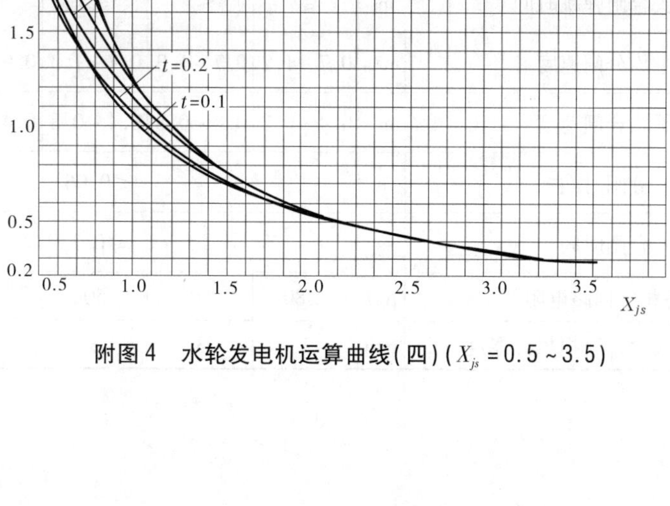

附图 4　水轮发电机运算曲线(四)(X_{js} = 0.5 ~ 3.5)

附表1　常用高压断路器的技术数据

一、ZN28(A)－12 真空断路器技术数据

序号	名　称		单位	ZN28－12 参数表				
1	额定电压		kV	12				
2	额定电流		A	630	630 1 000 1 250	630 1 000 1 250	1 250 1 600 2 000	2 000 2 500 3 150
3	额定短路开断电流		kA	12.5	20	25	31.5	40
4	额定短路关合电流(峰值)		kA	31.5	50	63	80	100
5	额定峰值耐受电流		kA	31.5	50	63	80	100
6	额定短时耐受电流		kA	12.5	20	25	31.5	40
7	额定绝缘水平	工频耐压(干式)		42	42	42	42	42
		雷电冲击耐压(峰值)		75	75	75	75	75
8	额定操作顺序			分 0.3 s—合分—180 s—合分				
9	机械寿命		次	10 000	10 000	10 000	10 000	10 000
10	额定短路开断电流开断次数		次	50	50	50	50	50
11	操动机构额定合闸电压		V	110，220				
12	操动机构额定分闸电压		V	110，220				
13	触头开距		mm	11 ±1	11 ±1	11 ±1	11 ±1	11 ±1
14	超行程(触头弹簧压缩长度)		mm	4 ±1	4 ±1	4 ±1	4 ±1	4 ±1
15	三相分、合闸不同期性		ms	≤2	≤2	≤2	≤2	≤2
16	触头合闸弹跳时间		ms	≤3	≤3	≤3	≤3	≤3
17	平均分闸速度		m/s	0.7～1.2	0.7～1.3	0.7～1.3	0.9～1.3	0.9～1.3
18	平均合闸速度		m/s	0.4～0.8	0.4～0.8	0.4～0.8	0.4～0.8	0.4～0.8
19	分闸时间		s	≤0.06				
20	合闸时间		s	≤0.2				
21	各相主回路电阻		μΩ	≤80	50	50	40	40
22	动静触头允许磨损累计厚度		mm	3	3	3	3	3

续附表 1

二、户外高压断路器主要技术数据

序号	名　称	开关型号及技术数据		
		ZW30－40.5	LW34－40.5	LW30－126
1	额定电压(kV)	40.5	40.5	126
2	额定电流(A)	2 000	1 600、2 500、3 150	3 150
3	机械寿命(次)	10 000	3 000	3 000
4	额定短路开断电流(kA)	31.5	40	40
5	额定短路关合电流（峰值 kA)	80	100	100
6	额定短时耐受电流(热稳定电流 kA)	31.5(4 s)	40(4 s)	40(4 s)
7	额定峰值耐受电流(动稳定电流)(峰值 kA)	80	100	100
8	额定失步开断电流(kA)	10	10	10
9	合闸时间(额定操作电压下)(ms)	$45 \leqslant t_{合} \leqslant 100$	$60 \leqslant t_{合} \leqslant 100$	$60 \leqslant t_{合} \leqslant 100$
10	分闸时间(额定操作电压下)(ms)	$30 \leqslant t_{分} \leqslant 65$	$55 \leqslant t_{分} \leqslant 65$	$55 \leqslant t_{分} \leqslant 65$
11	额定开合单个电容器组电流(A)	630	630	

附表 2　高压隔离开关技术数据

型号	额定电压(kV)	最高工作电压(kV)	额定电流(A)	耐受电流		备注
				极限通过电流峰值(kA)	4 s 热稳定电流短时(kA)	
GW17－110	110	126	1 250、1 600	80	31.5	
GW4－35	35	40.5	630、1 000、1 250、2 000、2 500	50、80、80、100、100	20、31.5、31.5、31.5、40	不接地
GW4－35D	35	40.5	630、1 000、1 250、2 000	50、80、80、100	20、31.5、31.5、40	单接地 Ⅰ、Ⅱ
GW5－35	35	40.5	630、1 000、1 250	50、80、80	20、31.5、31.5	不接地
GW5－35D	35	40.5	630、1 250、1 000	50、80、80	20、31.5、31.5	单接地 Ⅰ、Ⅱ
GW5－35DD	35	40.5	630、1 250、1 600	50、80、80	20、31.5、31.5	双接地 Ⅰ、Ⅱ
GN19－10	10	12	400、630、1 250	31.5、50、100	12.5、20、40	
GN19－10C3	10	12	400、630、1 250	31.5、50、100	12.5、20、40	两侧为套管

附表 3　高压熔断器技术数据

产品型号	额定电压（kV）	最高工作电压（kV）	额定电流范围（A）熔件/熔管	额定开断电流（kA）	额定断流容量不小于（MVA）
RN3－6	6	7.2	2、3、5、7.5、10、15、20、30、40、50/50	20	200
			75/75	20	200
			100、150、200/200	20	200
RN3－10	10	12	2、3、5、7.5、10、15、20、30、40、50/50	12	
			75/75	12	
			100、150、200/200	12	
RN3－35	35	40.5	2、3、5、7.5	3.5	200
RN2－10	6	7.2	0.5		1 000
	10	12	0.5		1 000
RN2－35	35	40.5	0.5		1 000
RW3－10	10	12	50	6.3	5～50
			100	6.3	10～100
			200	8	20～200
RW5－35	35	40.5	100	6.3	10～400
			200	8	30～800
RW10－35	35	40.5	0.5		2 000
			2、3、5、7.5、10		600

附表 4　高压电流互感器技术数据(一)

型号/额定一次电流(A)	准确度等级	额定二次负荷(VA)				10P 限值系数	热稳定倍数或电流(kA)	动稳定倍数或电流(kA)
		0.2 级	0.5 级	1 级	10P(5P)			
LA－10GYW1/5～300	0.2/10P,0.5/10P,1/10P,10P/10P		10	10	15	≥10	90(1 s)	160
LAJ－10GYW1/20～300	0.2/10P,0.5/10P,1/10P,10P/10P	10	25	25	15	≥15	120(1 s)	215
LFJ－10,LFJ－10Q,LDJ－10,LDJ－10Q/5～400	0.2/10P,0.5/10P,1/10P,10P/10P	10	10		15	≥15	100(2 s)	250～350
500～800		15	15		20		63(4 s)	200
1 000～3 000		20	20		25		20(4 s)	65

续附表 4

型号/额定一次电流(A)	准确度等级	额定二次负荷(VA)				10P 限值系数	热稳定倍数或电流(kA)	动稳定倍数或电流(kA)
		0.2 级	0.5 级	1 级	10P(5P)			
LZZB10－12/		10	15	30	20			
10～300		150					150	
50～150		10	15	30	20		21 kA	52.5 kA
50～200	0.2/10P,0.5/10P,	10	15	3	20(30)	≥15	31.5 kA	80 kA
50～400	1/10P,10P/10P	10	20	40	15(30)		45 kA	112.5 kA
150～500		10	20	40	15(30)		63 kA	130 kA
300～1 200		10	30	60	20(30)		80 kA	160 kA
1 500～3 000		20	40	60	(30)		100 kA	160 kA
LMZB11－12/								
1 500～2 000	0.5/0.5/10P/10P,			50	50	≥15		
3 000～4 000	0.5/10P/10P/10P		60		60			
LZZB9－35D/								
3～500	0.5/10P/10P,	15	30		50		31.5 kA	80 kA
600～800	0.2/10P/10P	30	50		50	≥15	31.5 kA	80 kA
1 000～2 000		30	50		50		40 kA	100 kA
LZZB2－35W/20		20	50		20		5.6 kA	14 kA
30～50	0.2/10P,0.5/10P,	20	50		20		7 kA	17.5 kA
75～100	0.2/0.5/10P,	20	50		20		14 kA	35 kA
150～200	0.2/10P/10P,	20	50		20	≥15	25 kA	63 kA
300～400	0.5/10P/10P,	20	50		20		40 kA	100 kA
500～600	0.2/0.5/10P/10P	20	50		20		45 kA	100 kA
800～2 000		30	30		60		63 kA	130 kA
LWCD－35/800		20	50		50		56	140
15～600	0.2,0.5,10P	20	50		50		75	187.5
1 000		20	50		50		45	100

注:额定电流序列为 5,10,15,20,30,40,50,60,75,100,150,200,300,400,500,600,800,1 000,1 200,1 500,2 000,2 500,3 000。

附表 5　高压电流互感器技术数据(二)

序号	型号规格	接线抽头	电流比(A)	准确级次(A)	额定二次负荷(Ω)	10% 倍数
1	LR35－100	K1－K2	50/5	1	0.4	
		K1－K3	75/5	1	0.6	
		K1－K4	100/5	0.5	0.6	
2	LRB－35－100	K1－K2	50/5	10P	0.4	2
		K1－K3	75/5	10P	0.6	2
		K1－K4	100/5	10P	1.2	4
3	LR－35－200	K1－K2	100/5	0.5	0.6	
		K1－K3	150/5	0.5	0.6	
		K1－K4	200/5	0.5	0.8	
4	LRB－35－200	K1－K2	100/5	10P	1.2	4
		K1－K3	150/5	10P	1.2	6
		K1－K4	200/5	10P	1.2	10

续附表 5

<table>
<tr><th>序号</th><th>型号规格</th><th>接线抽头</th><th>电流比(A)</th><th>准确级次(A)</th><th>额定二次负荷(Ω)</th><th>10% 倍数</th></tr>
<tr><td>5</td><td>LR－35－300</td><td>K1－K2
K1－K3
K1－K4</td><td>100/5
200/5
300/5</td><td>0.5
0.5
0.5</td><td>0.6
0.8
0.8</td><td></td></tr>
<tr><td>6</td><td>LRB－35－300</td><td>K1－K2
K1－K3
K1－K4</td><td>100/5
200/5
300/5</td><td>10P
10P
10P</td><td>1.2
1.2
1.2</td><td>4
6
10</td></tr>
<tr><td>7</td><td>LR35－400</td><td>K1－K2
K1－K3
K1－K4</td><td>200/5
300/5
400/5</td><td>0.5
0.5
0.5</td><td>1.2
1.2
1.2</td><td></td></tr>
<tr><td>8</td><td>LRB－35－400</td><td>K1－K2
K1－K3
K1－K4</td><td>200/5
300/5
400/5</td><td>10P
10P
10P</td><td>1.2
1.2
1.2</td><td>10
10
10</td></tr>
<tr><td>9</td><td>LR－35－2000</td><td>K1－K2
K1－K3
K1－K4</td><td>1 500/5
1 800/5
2 000/5</td><td>0.5(0.2)
0.5(0.2)
0.5(0.2)</td><td>1.2～1.6
1.2～1.6
1.2～1.6</td><td></td></tr>
</table>

附表 6　LVQB－110/220 高压电流互感器技术数据

<table>
<tr><th rowspan="2">序号</th><th rowspan="2">电流比(A)</th><th rowspan="2">额定一次电流(A)</th><th rowspan="2">额定二次电流(A)</th><th colspan="2">测量级</th><th colspan="2">保护级</th><th colspan="2">额定输出(VA)</th><th rowspan="2">3 s 短时热电流(kA)</th><th rowspan="2">额定动稳定电流(kA)</th></tr>
<tr><th>准确级</th><th>仪表保安系数</th><th>准确级</th><th>准确限值系数</th><th>测量级</th><th>保护级</th></tr>
<tr><td rowspan="2">1</td><td rowspan="2">2×300/5</td><td>300</td><td rowspan="11">5 或 1</td><td rowspan="11">0.2 级或 0.5 级</td><td rowspan="11">FS5 或 FS10</td><td rowspan="11">5P 级或 10P 级</td><td rowspan="11">20</td><td rowspan="4">30</td><td rowspan="8">50</td><td>31.5</td><td>80</td></tr>
<tr><td>600</td><td>50</td><td>125</td></tr>
<tr><td rowspan="2">2</td><td rowspan="2">2×400/5</td><td>400</td><td>31.5</td><td>80</td></tr>
<tr><td>800</td><td>50</td><td>125</td></tr>
<tr><td rowspan="2">3</td><td rowspan="2">2×500/5</td><td>500</td><td rowspan="4">40</td><td>31.5</td><td>80</td></tr>
<tr><td>1 000</td><td>50</td><td>125</td></tr>
<tr><td rowspan="2">4</td><td rowspan="2">2×600/5</td><td>600</td><td>31.5</td><td>80</td></tr>
<tr><td>1 200</td><td rowspan="4">50</td><td rowspan="4">125</td></tr>
<tr><td>5</td><td>1 500/5</td><td>1 500</td><td>50</td><td rowspan="3">60</td></tr>
<tr><td>6</td><td>2 000/5</td><td>2 000</td><td rowspan="2">60</td></tr>
<tr><td>7</td><td>2 500/5</td><td>2 500</td></tr>
</table>

注:1. 每台产品可带 6 个二次线圈;

2. 用户有特殊要求时可以协商解决。

附表 7　高压电压互感器技术数据

产品型号	额定电压(kV)	准确级及额定输出(VA) $\cos\varphi=0.8$				极限输出(VA)	额定绝缘水平(kV)
	一次/二次/辅助线圈	0.2	0.5	1	6P/3P		
$JDZ_{10}-10$	6/0.1	15	30	60	—	200	7.2/32/60
	10/0.1	15	30	60	—	200	12/42/75
$JDZX_{10}-10$	$\frac{6}{\sqrt{3}}/\frac{0.1}{\sqrt{3}}/\frac{0.1}{3}$	15	30	60	50	200	7.2/32/60
	$\frac{10}{\sqrt{3}}/\frac{0.1}{\sqrt{3}}/\frac{0.1}{3}$	15	30	60	50	200	12/42/75
$JDZ_{10}-10$	6/0.1	15	30	60	—	200	7.2/32/60
$JDZX_2-35W$	$\frac{35}{\sqrt{3}}/\frac{0.1}{\sqrt{3}}/\frac{0.1}{3}$	30	100		100	800	7.2/32/60
JD6-35	35/0.1	75	150	250			
JDX6-35	$\frac{35}{\sqrt{3}}/\frac{0.1}{\sqrt{3}}/\frac{0.1}{3}$	75	150	250	100	1 000	
	$\frac{35}{\sqrt{3}}/\frac{0.1}{\sqrt{3}}/\frac{0.1}{\sqrt{3}}/\frac{0.1}{3}$	30	60			2×500	
JDC6-110	$\frac{110}{\sqrt{3}}/\frac{0.1}{\sqrt{3}}/0.1$	150	300	500	/500	2 000	126/200/480
JDQFX1-110	$\frac{110}{\sqrt{3}}/\frac{0.1}{\sqrt{3}}/\frac{0.1}{\sqrt{3}}/0.1$	100	300	400	/300		126/230/550

参 考 文 献

[1] 应明耕.水电站电气部分[M].1版.杭州:浙江大学出版社,1988.

[2] 尹厚丰,应明耕. 水电站电气设备[M].1版.北京:中国水利水电出版社,1996.

[3] 卢文鹏,吴佩雄.发电厂变电所电气设备[M].1版.北京:中国电力出版社,2005.

[4] 水利电力部西北电力设计院.电力工程电气设计手册——电气一次部分[M].北京:中国电力出版社,1996.

[5] 许建安.中小型水电站电气设计手册[M].北京:中国水利水电出版社,2007.

[6] 钱武,金永棋.水电站电气二次部分[M].北京:中国水利水电出版社,2000.

[7] 黄林根,吴卫国,熊杰.电气设备运行与维护[M].南京:河海大学出版社,2005.